BRIAN HAUGHTON

Verlorenes Wissen, verbotene Wahrheit

Die geheimen Mysterien der Weltgeschichte

Aus dem Englischen von Dr. Michael Schmidt

WILHELM HEYNE VERLAG
MÜNCHEN

Für meine Mutter und meinen Vater

FSC
Mix
Produktgruppe aus vorbildlich
bewirtschafteten Wäldern und
anderen kontrollierten Herkünften

Zert.-Nr. SGS-COC-1940
www.fsc.org
© 1996 Forest Stewardship Council

Verlagsgruppe Random House FSC-DEU-0100
Das für dieses Buch verwendete
FSC-zertifizierte Papier *EOS* liefert Salzer, St. Pölten.

Deutsche Erstausgabe 03/2008

2. Auflage
Copyright © 2006 by Brian Haughton
Copyright der deutschen Ausgabe © 2007 by Wilhelm Heyne Verlag, München,
in der Verlagsgruppe Random House GmbH
Die Originalausgabe erschien unter dem Titel
»Hidden History. Lost Civilizations, Secret Knowlegde,
and Ancient Mysteries.«
bei Career Press, 3 Tice Rd., Franklin Lakes, NJ 07417 USA.
All rights reserved.
Printed in Germany 2008
Redaktion: Kristof Kurz
Umschlaggestaltung: HildenDesign, München
Umschlagmotiv: © André Klaassen/Shutterstock
Gesetzt aus der 11,4/15,4 Punkt Minion
bei Christine Roithner Verlagsservice, Breitenaich
Druck und Bindung: GGP Media GmbH, Pößneck

ISBN 978-3-453-70085-7

http://www.heyne.de

Inhalt

Vorwort 9

Einführung 15

Erster Teil · Geheimnisvolle Orte 19

Das versunkene Land Atlantis 21

Amerikas Stonehenge: Das Rätsel von Mystery Hill 31

Petra: Die geheimnisvolle Felsenstadt 38

Das Rätsel von Silbury Hill 47

Troja: Der Mythos einer untergegangenen Stadt 56

Chichén Itzá: Die Stadt der Maya 65

Die Sphinx: Ein archetypisches Rätsel 73

Das Labyrinth von Knossos und der Mythos
des Minotauros 81

Die steinernen Wächter der Osterinsel 90

Das versunkene Land Mu oder Lemuria 98

Stonehenge: Kultzentrum und Ahnenverehrung 106

El Dorado: Die Suche nach der goldenen Stadt 117

Die untergegangene Stadt Helike 125

Verborgene ägyptische Schätze im Grand Canyon? 133

Newgrange: Observatorium, Tempel oder Grabstätte? 141

Machu Picchu: Die vergessene Stadt der Inkas 151

Die Bibliothek von Alexandria 159

Die Große Pyramide: Ein Rätsel in der Wüste 168

Zweiter Teil · Mysteriöse Artefakte 177

Die Nazca-Linien 179
Die Karte des Piri Reis 187
Das ungelöste Rätsel des Diskus von Phaistos 195
Das Grabtuch von Turin 203
Die Steinkugeln von Costa Rica 211
Talos: Ein altgriechischer Roboter? 218
Die Batterie von Bagdad 225
Die alten Hügelfiguren in England 232
Das Artefakt aus den Coso Mountains 241
Die Himmelsscheibe von Nebra 248
Die Arche Noah und die Sintflut 255
Der Kalender der Maya 264
Der Antikythera-Mechanismus: Ein antiker Computer? .. 272
Antike Flugzeuge 282
Die Schriftrollen vom Toten Meer 291
Die rätselhaften Kristallschädel 300
Das Voynich-Manuskript 309

Dritter Teil · Rätselhafte Menschen 319

Die Moorleichen Nordeuropas 321
Geheimnisse um Leben und Tod Tutanchamuns 330
Der wahre Robin Hood 338
Die Amazonen: Kriegerinnen am Rande der Zivilisation .. 347
Das Geheimnis von »Ötzi« 356
Geschichte und Mythos der Tempelritter 365
Das prähistorische Rätsel um den *Homo floresiensis* 374

Die Magier und der Stern von Betlehem 383

Die Druiden 390

Die Königin von Saba 400

Das Geheimnis der Tarim-Mumien 408

Die grünen Kinder von Woolpit 415

Apollonios von Tyana: Ein antiker Wundertäter? 424

König Artus und die Ritter der Tafelrunde 433

Vierter Teil · Weitere Geheimnisse 443

Geheimnisvolle Orte 445

Mysteriöse Artefakte 449

Rätselhafte Menschen 454

Anhang 457

Literaturhinweise und Internetseiten 459

Dank 476

Über den Autor 477

Vorwort von Frank Joseph

Auf die Unzufriedenheit des Lesers mit den oft unzureichenden Erklärungen der Schulgelehrten über die Welt, in der wir leben, reagieren die Verlage, indem sie zunehmend Bücher auf den Markt bringen, die alternative Überlegungen zur herrschenden Lehrmeinung anstellen. Weil sie gegen offizielle Paradigmen zu Felde ziehen, sind ihre unkonventionellen Autoren typischerweise provokant, aber zumeist eher phantasievoll als glaubwürdig. Brian Haughton unterscheidet sich insofern von seinen Kollegen, als er sich bemüht, die von akademisch gebildeten Wissenschaftlern erbrachten Beweise mit neuen, von Amateurforschern postulierten Theorien in Einklang zu bringen. Dieses Buch ist das Ergebnis seiner Anstrengungen. Es stellt einen Ausgleich zwischen Fakten und Theorie her und ist in der Tradition der altehrwürdigen Seriosität römischer Schriftsteller wie Livius und Cicero geschrieben. Sie stellten eindeutig die Fakten heraus und lieferten wichtige Interpretationen, überließen es aber uns Lesern, eigene Schlussfolgerungen zu ziehen. Auch Haughtons Leser werden feststellen, dass sie auf genau die gleiche Weise einbezogen werden – ihre Fantasie wird herausgefordert, indem sie erweitert wird. Der Grund dafür liegt auf der Hand: Sein Werk ist wahrhaft enzyklopädisch, da es sich mit 49 historischen Rätseln aus der ganzen Welt befasst, die von der fernen Antike über das englische Stonehenge und die Große Pyramide von Ägypten bis zu den neueren Erkenntnissen über das Grabtuch von Turin und die Schriftrollen vom Toten Meer reichen. Sein Buch ist somit sowohl für alle Leser, die damit noch nicht vertraut sind, eine hervorragende Einführung in diese Rätsel als auch ein für eklektische Forscher unentbehrliches Referenzwerk.

Haughton befasst sich zunächst mit Atlantis, das weithin als das größte (und umstrittenste) aller historischen Rätsel gilt. Wollte man alle Theorien, die ihm gewidmet sind, auch nur im Ansatz darstellen, würde dies allein schon ein ganzes Buch füllen. Doch Haughton nimmt sich geschickt die Hauptargumente vor, die für als auch gegen die Existenz und die Lage von Platons »untergegangenem Kontinent« sprechen. Dadurch sind wir weniger verwirrt von der Fülle der einander widersprechenden Meinungen als vielmehr fasziniert von den Möglichkeiten seiner Entdeckung im 21. Jahrhundert. Das Buch verweist aber auch auf das Gegenstück von Atlantis im Pazifik, besonders angesichts der neueren Entdeckungen im Gebiet der japanischen Inseln. In den klaren Gewässern von Yonaguni fanden Taucher vor kurzem rund dreißig Meter unter der Wasseroberfläche ein pyramidenartiges Gebilde. Kann diese künstlich wirkende Formation aus massivem Gestein das Ergebnis eines natürlichen Vorgangs sein? Oder ist es ein Überrest der untergegangenen Kultur von Lemuria oder Mu, die hinduistische Klosteraufzeichnungen in Birma und Indien erwähnen?

Die Bewohner von Atlantis wie von Lemuria sollen über eine Technik verfügt haben, die ihrer Zeit weit voraus war, und Haughton legt konkrete Beweise für ein wissenschaftliches Niveau vor, das mit der Zeit seines Entstehens und seiner Anwendung unvereinbar ist. Einer der wichtigsten Belege ist die sogenannte Bagdader Batterie, die, angetrieben von Zitrussäften, eine elektrolytische Vergoldung von Statuetten ermöglichte. Diese simple Vorrichtung legt gleichwohl die Vermutung nahe, dass zumindest die Grundlagen der Elektrizität bekannt waren und angewendet wurden – über 2000 Jahre, bevor Thomas Edison die erste elektrische Glühbirne einschaltete. Haughtons Vergleich des Maya-Kalenders mit der in Deutschland gefundenen Nebra-Scheibe und dem Mechanismus von Antikythera (den man vom Meeresboden der Ägäis geborgen hat) beweist, dass die Menschen der Antike etwas von Informatik verstanden. Der Maya-Kalender sagt ja bekanntlich eine gewaltige globale Veränderung voraus (die sich zur Wintersonnenwende des Jahres 2012 ereignen wird), und Haughton erklärt mit einfachen Worten die unglaublich komplexe Mathematik, die dieser fraglos bedeutenden wissenschaftlichen Leistung zugrunde lag. Während derart raffinierte Geräte im Westen erst seit der spanischen Conquista vor 500 Jahren bekannt sind, wurde erst vor wenigen Jahren in Deutschland ein weiterer Computer gefunden, der vor dem Industriezeitalter entstand. Die auf die Spätbronzezeit (um 1500 v. Chr.) datierte Nebra-Scheibe ist eine astronomische Uhr, die aufgrund ihrer komplexen Möglichkeiten und ihrer handwerklichen Verarbeitung allen anderen Objekten aus jener Zeit und Gegend weit voraus ist. Allein schon ihre Existenz lässt auf eine materielle Gesellschaft jenseits des Kulturkreises der griechisch-römischen Welt schließen, deren Niveau man sich bislang nicht vorstellen konnte. Zeitlich datiert sie über 1400 Jahre vor einem vergleichbaren Instrument, das um die Wende zum 20. Jahrhundert Fischern vor der griechischen Insel Antikythera ins Netz ging. Dieses Gerät besteht aus einem komplexen Getriebe von Zahnrädern, von dem die Historiker bislang annahmen, dass Vergleichbares erst seit der europäischen Renaissance existierte. Anscheinend besaß auch die Antike schon ihren Leonardo da Vinci, der einen effizienten astronomischen Computer entwickelte, welcher klein genug war, um auf Schiffen zur Himmelsnavigation mitgeführt zu werden.

Davor wurde eine weitere Scheibe in der kretischen Stadt Phaistos gefunden, die 200 Jahre älter als der Fund von Nebra ist. Die minoische Scheibe ist zwar nicht so komplex wie die deutschen, griechischen und Maya-Versionen, ist aber mit winzigen, beweglichen Typen versehen – fast 3000 Jahre, bevor Johannes Gutenbergs Druckerpresse anlief. Haughton zeigt, dass die Technik unserer Ahnen weitaus höher entwickelt war, als es uns die Schulgelehrten weismachen wollen. Die Beschreibung dieser ungewöhnlichen Funde ist einleuchtend und prägnant, und der Leser wird vergeblich ein anderes Buch suchen, in dem all diese Beispiele einer unerwartet hoch entwickelten Technik in einem Band versammelt sind. Dabei reichen Haughtons Untersuchungen weit über die üblichen wissenschaftlichen Leistungen hinaus, wenn er »Geheimnisvolle Orte« aufsucht – etwa die Osterinsel mit ihren Riesenfiguren, eine präkolumbianische Stadt im Grand Canyon oder das älteste Bauwerk auf Erden: einen riesigen, mit Quarz verkleideten Grabhügel im irischen Newgrange, rund 50 Kilometer nördlich von Dublin.

Als »Rätselhafte Menschen« stellt uns Haughton König Artus, den Hüter des Heiligen Grals, die Amazonen, die für die Befreiung der Frau mit dem Schwert kämpften, und das ausgestorbene indonesische Volk der erfinderischen Zwerge vor und nennt die historischen Fakten hinter den sagenumwobenen Gestalten von Robin Hood, der Königin von Saba und des Pharaos Tutanchamun. Besonders aktuell sind die Ausführungen über das Schicksal des berühmtesten altägyptischen Monarchen, in denen Brian Haughton die neuesten computertomographischen Untersuchungen der königlichen Mumie heranzieht. Starb König

Tut bei einem Unfall, der es seinem betagten Nachfolger, einem Nichtadeligen, ermöglichte, sich des Throns zu bemächtigen? War ein verdeckter Mordanschlag die Todesursache? Nirgendwo sonst finden wir eine so breit angelegte Sammlung unterschiedlicher Informationen über antike Wunder. Offenkundig zieht Haughton die Glaubwürdigkeit der Theorie vor, und da er über die Gabe zur klaren, präzisen Darstellung verfügt, ist sein Buch nicht bloß eine Nacherzählung längst bekannter Fakten, sondern eine neuartige, umfassende Enzyklopädie des Fremden und Faszinierenden, zu der jeder greifen muss, der sich für die ferne Vergangenheit interessiert.

Einführung

Unsere antike Vergangenheit hat uns eine verwirrende Vielfalt von Geheimnissen hinterlassen. Einige davon sind wirklich rätselhaft, andere hingegen lassen sich mit ein wenig Forschung leicht lösen. Geheimnisvolle Orte wie Stonehenge und die Große Pyramide mögen auf der ganzen Welt berühmt sein, aber wie viel wissen wir tatsächlich über ihre Erbauung, ihren Zweck und über die Menschen, die sie errichteten? Mysteriöse Artefakte, deren Ursprung und Verwendung zuweilen unbekannt sind oder die auf unerklärlich fortschrittliche Weise hergestellt wurden, können uns einen faszinierenden Einblick in die oft erstaunlich komplexen Kulturen längst vergangener Zeiten vermitteln. Und dann sind da auch noch die Menschen selbst. Moderne Techniken wie die DNA-Untersuchungen und die Sauerstoffisotopenanalyse (die an Zahnschmelz durchgeführt wird, um die Herkunft eines Menschen zu bestimmen) stellen die rätselhaften Bewohner der antiken Welt in einem atemberaubend neuen Licht dar. Interessanterweise haben moderne wissenschaftliche Techniken zwar Rätsel gelöst, doch manchmal damit auch neue geschaffen. So zeigt beispielsweise die chemische Analyse an einem Aristokraten, der vor 4200 Jahren bei Stonehenge bestattet wurde, dass er wahrscheinlich in der Schweiz geboren wurde. Und damit stellt sich sogleich die Frage: Was hat er so weit von seiner Heimat entfernt gemacht? Die Interpretation der Vergangenheit hängt oft von dem ab, was der Interpret von der Geschichte erfahren will. Wenn nämlich die alten Geheimnisse mit einer bestimmten Absicht untersucht werden oder damit eine bestimmte Ideologie bewiesen werden soll, ist es ziemlich wahrscheinlich, dass auch irgendein Beleg gefunden wird, der diese Theorie auch bestätigt. Gelegentlich, wie im 19. Jahrhundert bei den Ausgrabungen von Heinrich Schliemann am mutmaßlichen Standort der Stadt Troja geschehen, kann diese Methode spektakuläre – wenn auch nicht immer zutreffende – Ergebnisse liefern.

Leider werden die Beweise für eine Lieblingstheorie gewöhnlich dadurch gewonnen, dass man widersprüchliche Daten ignoriert oder ein einzelnes Artefakt, eine Person oder gar einen Ort aus dem ursprünglichen Zusammenhang herauslöst. Stellen wir uns beispielsweise vor, Sie möchten beweisen, dass Irland von den Römern erobert wurde, obwohl die überwiegende Mehrheit der Archäologen und Historiker davon überzeugt ist, dass dies nie geschah. In Irland gibt es eine beträchtliche Menge römischer Funde, von denen viele von der herkömmlichen Archäologie anerkannt sind, und mit denen Sie Ihre Behauptung leicht untermauern können. Aber wenn man sich diese römischen Objekte genauer betrachtet und ihren ursprünglichen Kontext untersucht, bemerkt man, dass diese Artefakte leicht zu transportieren sind: Keramiken, Münzen und Schmuckstücke. Römische Objekte findet man in Irland gewöhnlich an religiösen Stätten wie dem großen Grabhügel bei Newgrange nördlich von Dublin, die zur Römerzeit bereits Jahrtausende alt waren. Dies kann bedeuten, dass die Objekte nicht auf eine römische Invasion verweisen, sondern vielmehr religiöse Opfergaben von Pilgern darstellen, die höchstwahrscheinlich aus Großbritannien angereist waren. Betrachtet man die Artefakte hingegen nur flüchtig und isoliert von ihrem Kontext, ist es unmöglich, zu dieser Schlussfolgerung zu gelangen.

Natürlich muss man stets sorgfältig zwischen echten und falschen Geheimnissen unterscheiden, und aus diesem Grund wurden auch einige dieser falschen Rätsel in dieses Buch aufgenommen. Es ist schon überraschend, dass sich für viele scheinbar unerklärliche Geheimnisse (besonders im Zusammenhang mit ungewöhnlichen Objekten) bei genauerer Untersuchung eine prosaische Erklärung finden lässt. Mit der Zunahme von Webseiten, die uralten Geheimnissen, Geheimgesellschaften und unerklärlichen Artefakten gewidmet sind, werden nur durch das Internet irgendwelche Geschichten erfunden. Ohne dass es dafür irgendwelche Belege oder Forschungsergebnisse gibt, werden sie unkritisch als Fakten wiedergegeben. Eines der besten Beispiele für diese »Internet-Wahrheiten« ist das angeblich uralte Coso-Artefakt, mit dem sich ein kurzes Kapitel in diesem Buch befasst. Ein Hauptproblem bei vielen Spekulationen um unerklärliche alte Artefakte besteht darin, dass die Objekte aus ihrem ursprünglichen Zusammenhang gerissen werden, um eine bestimmte Theorie zu beweisen. Nur weil die Menschen im prähistorischen Großbritannien und im alten Peru Figuren in die Landschaft ritzten, bedeutet dies noch lange nicht, dass es irgendeine Form von Kontakt zwischen den beiden Ländern gab. Vielmehr deutet dies auf das grundlegende menschliche Bedürfnis hin, sich mit Hilfe der Landschaft auszudrücken, weil die Menschen möglicherweise glaubten, ein Teil von ihr zu sein. Das Leben in vielen alten Kulturen war voller Magie und Geheimnissen, aber um dies auch nur teilweise zu verstehen, ist es oft erforderlich, sich von heutigen Obsessionen und Sehnsüchten zu lösen. Geschieht dies nicht, laufen wir Gefahr, die Menschen des Altertums in moderne, schlecht sitzende Gewänder zu hüllen und gleichsam als antike Menschen des 21. Jahrhunderts zu interpretieren, die man in ihren ursprünglichen Kulturen nicht wiedererkennen würde.

Ebenso unklug ist es jedoch, die Geheimnisse der Vergangenheit gänzlich zu leugnen und zu glauben, dass die moderne Archäologie und Naturwissenschaft für jedes alte Rätsel eine Lösung parat hat (was noch dazu für eine ziemlich langweilige Lektüre sorgen würde). Unkonventionelle Theoretiker wie Graham Hancock, Robert Bauval und Christopher Knight mögen zuweilen zu unkritisch mit dem Beweismaterial für untergegangene Kulturen und antike Technologien umgehen, aber sie sind bessere Schriftsteller als die meisten Archäologen. Akademiker werden niemals die Faszination ihres Themas dem allgemeinen Publikum vermitteln, wenn sich ihre Publikationen, die sich an eine breitere Leserschaft richten, wie Fachberichte oder Anmerkungen zu einer Vorlesung für Doktoranden lesen. Natürlich gibt es auch hier Ausnahmen: Mike Pitts *Hengeworld*, Francis Pryors *Britain BC* und Barry Cunliffes *Facing the Ocean: The Atlantic and Its Peoples, 8000 BC to AD 1500* sollte jeder lesen, der sich für alte Geschichte interessiert.

In diesem Buch werden die Rätsel der Menschheitsgeschichte in drei Kategorien eingeteilt: Geheimnisvolle Orte, Mysteriöse Artefakte und Rätselhafte Menschen. Diese rein persönliche Auswahl der Themen stellt den Versuch dar, die interessantesten Geheimnisse der Archäologie zusammenzubringen und eine breite Vielfalt an Kulturen, Epochen und Geheimnisarten zu erfassen. Mit diesem Buch verfolge ich keine bestimmte Theorie oder Weltanschauung – ich hoffe, meine Leser werden die dargebotenen Beweise dazu nutzen, sich ihre eigenen Gedanken über die Rätsel unserer geheimnisvollen Vergangenheit zu machen.

Erster Teil

Geheimnisvolle Orte

Das versunkene Land Atlantis

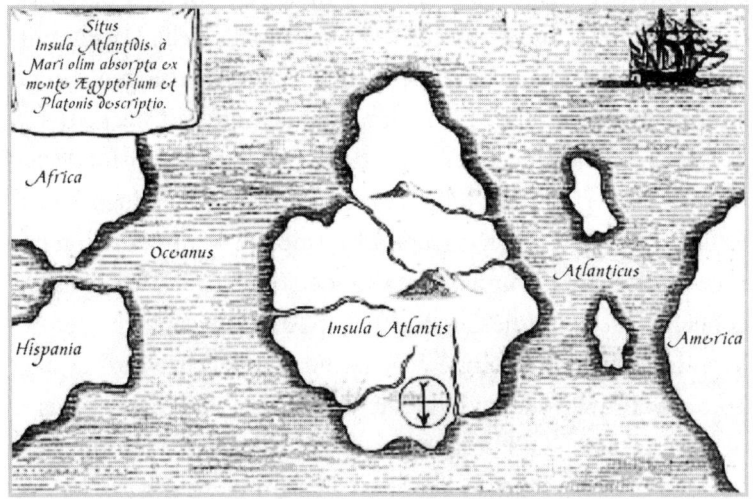

Athanasius Kirchers Karte der möglichen Position von Atlantis.
Aus: Mundus Subterraneus *(1669).*

Das geheimnisvolle, versunkene Land Atlantis beschäftigt seit
über 2000 Jahren die Fantasie von Dichtern, Gelehrten, Archäologen, Geologen, Okkultisten und Forschungsreisenden. Die
Vorstellung von einer hoch entwickelten Inselkultur (die ihre
Blütezeit in der fernen Antike erlebte und über Nacht von einer
gewaltigen Naturkatastrophe zerstört wurde) hat Menschen, die
an die historische Wahrheit der Atlantis-Sage glauben, dazu inspiriert, praktisch jeden Winkel der Erde nach Überresten dieser
einst so bedeutenden Kultur zu durchstöbern. Die meisten Archäologen sind der Meinung, dass die Sage von Atlantis eben nur

eine Sage ist – eine allegorische Erzählung ohne jede historische Bedeutung. Und dann sind da noch die Okkultisten, die die Geschichte von Atlantis dahingehend verstehen, dass sie entweder eine untergegangene spirituelle Heimstätte (wie Mu/Lemuria) oder eine völlig andere Ebene der Existenz darstellt. Was hat Atlantis an sich, dass es zu so unterschiedlichen Deutungen anregt? Könnte hinter der Geschichte irgendeine Wahrheit stecken?

Die ursprüngliche Quelle, aus der letztlich alle Informationen über Atlantis stammen, bilden die beiden kurzen Dialoge *Timaios* und *Kritias* des griechischen Philosophen Platon, die irgendwann zwischen 359 und 347 v. Chr. entstanden sind. Platons angebliche Quelle für die Geschichte von Atlantis war ein entfernter Verwandter, der berühmte athenische Gesetzgeber und Lyriker Solon. Solon wiederum habe die Geschichte vernommen, als er den Hof von Amasis besuchte, eines altägyptischen Königs, der von 569 bis 525 v. Chr. in der Stadt Sais am Westrand des Nildeltas lebte. Anlässlich eines Besuchs im Tempel von Neith habe sich Solon mit einem Priester unterhalten, der ihm die Geschichte von Atlantis erzählte. Dieser Priester beschrieb ihm eine riesige Insel, die größer als Libyen und Asien zusammen gewesen sei und vor 9000 Jahren jenseits der Säulen des Herkules (der Straße von Gibraltar) im Atlantischen Ozean gelegen habe. Atlantis sei von einem Bündnis von Königen regiert worden, die von Poseidon abstammten, dem Gott des Meeres und der Erdbeben, dessen ältester Sohn Atlas der Insel und dem sie umgebenden Ozean ihren Namen gegeben habe.

Das Reich der Atlanter reichte vom Atlantik bis ins Mittelmeer und erstreckte sich von Ägypten im Süden bis nach Italien im Norden. Bei dem Versuch, ihr Reich weiter in die Mittelmeerregion auszudehnen, sahen sich die Atlanter der vereinten Mächte von Europa, angeführt vom Stadtstaat Athen, gegenüber. In jener fernen Zeit sei Athen bereits eine große Stadt und Gesellschaft gewesen, beherrscht von einer Kriegerelite, die Reichtümer verschmähte und ein spartanisches Leben führte. Die Armeen von Atlantis seien schließlich allein von den Athenern besiegt worden, nachdem deren Verbündete sie im Stich gelassen hätten. Doch kurz nach diesem Sieg »kam ein Tag und eine Nacht voll entsetzlicher Schrecken«, wie Platon es formulierte, und nach verheerenden Erdbeben und Überschwemmungen sei der Kontinent Atlantis im Ozean versunken.

Die Zerstörung von Atlantis und seine Lage jenseits der Straße von Gibraltar beschreibt Platon in seinen Dialogen nur mit wenigen Zeilen – im Gegensatz zu seiner viel ausführlicheren Schilderung der physischen und politischen Struktur der Insel. Zunächst war Atlantis ein idyllischer Ort, gesegnet mit reichhaltigen natürlichen Ressourcen: Wäldern, Früchten, wilden Tieren (sogar Elefanten habe es gegeben) und gewaltigen Erzlagern. Jeder König auf der Insel besaß seine eigene Stadt, über die er ganz allein herrschte. Doch am spektakulärsten war die Hauptstadt, in der die Nachkommen von Atlas regierten. Diese alte Metropole war von drei konzentrischen, durch Landstreifen getrennte Wasserringe umgeben. Diese waren mit Abwehrmauern versehen, von denen jede mit einem anderen Metall überzogen war – die äußere mit Bronze, die mittlere mit Zinn, und die innere Mauer »funkelte im roten Schimmer von Orichalcum«, einem unbekannten Metall. Die Atlanter gruben durch die kreisförmigen Wälle einen riesigen unterirdischen Kanal, der den zentralen Palast mit dem Meer verband, und schlugen aus den Steinwänden des äußeren Walls einen Hafen heraus. Der Haupttempel des Poseidon auf der zentralen Zitadelle war dreimal größer als der Parthenon in

Athen und gänzlich mit Silber verkleidet (außer den Spitzen, die mit Gold überzogen waren). Im Tempelinneren war die Decke mit Elfenbein bedeckt und mit Gold, Silber und Orichalcum verziert; dieses fremdartige Metall bedeckte auch die Wände, Säulen und den Fußboden des Tempels. Er enthielt auch zahlreiche Goldstatuen, unter anderem eine von Poseidon in einem Streitwagen, der von sechs geflügelten Pferden gezogen und von einer so kolossalen Größe war, dass der Kopf des Gottes das Dach der 127 Meter hohen Decke berührte.

Alle anderen antiken Quellen für den untergegangenen Kontinent Atlantis halten sich an Platon und bieten bestenfalls verheißungsvolle Einblicke in das, was die Menschen in der Antike wirklich über Atlantis glaubten. Im 4. Jahrhundert v. Chr. erwähnte der griechische Philosoph und Aristotelesschüler Theophrastos von Lesbos Kolonien von Atlantis, aber leider ist sein Werk großenteils verloren gegangen. In seinen Kommentaren zu Platons Dialogen aus dem 5. Jahrhundert n. Chr. ließ sich Proclus auch über die Wirklichkeit von Atlantis aus, als er bemerkte, dass die Atlanter »viele Zeitalter lang über alle Inseln im Atlantischen Meer geherrscht hatten«. Proclus berichtet uns auch, dass Crantor, der erste Kommentator der Werke Platons im 4. Jahrhundert v. Chr., Sais in Ägypten besucht und dort eine goldene Säule mit Hieroglyphen über die Geschichte von Atlantis erblickt habe. Claudius Aelianus, ein römischer Schriftsteller im 2. Jahrhundert n. Chr., erwähnt Atlantis in seinem Werk *Über die Natur der Tiere* und schildert eine riesige Insel im Atlantischen Ozean, die in den Überlieferungen der Phönizier (und dann der Karthager von Cádiz) als antike Stadt an der Küste im Südwesten Spaniens bekannt war.

Viele Jahrhunderte lang war es überwiegend still geworden um die Legende von Atlantis, bis sie im 19. Jahrhundert zu neuem

Leben erwachte. Ernsthaft betrieben wurde die moderne Suche nach der sagenhaften Insel seit dem Jahr 1882, als Ignatius Donnelly, ein amerikanischer Kongressabgeordneter und Schriftsteller, sein Buch *Atlantis: the Antediluvian World* veröffentlichte. Donnelly nahm Platons Bericht von Atlantis beim Wort und versuchte nachzuweisen, dass alle bekannten antiken Kulturen von dem untergegangenen Kontinent abstammten. Etwa zur gleichen Zeit begann sich Madame Helena Blavatsky (die Mitbegründerin der Theosophischen Gesellschaft und eine führende Persönlichkeit in der wachsenden okkulten Bewegung) für die Vorstellung von untergegangenen Kontinenten wie Atlantis und Lemuria zu interessieren. Blavatsky erwähnt Atlantis wiederholt in ihrem ersten Werk, *Die entschleierte Isis*, das 1877 erschien. Madame Blavatskys gewaltiges Opus *Die Geheimlehre* (1888) beruhte anscheinend auf einem mystischen Werk mit dem Titel *Das Buch von Dzyan*, das angeblich in Atlantis geschrieben worden war. Da-

*Der amerikanische
Kongressabgeordnete
und Autor
Ignatius Donnelly.*

rin gibt sie eine ausführliche Beschreibung von Atlantis und seiner Bewohner zum Besten – samt ihrer fortschrittlichen Technik, alten Flugmaschinen, Riesen und übermenschlichen Kräften. Einige dieser eher abenteuerlichen Aspekte von Blavatskys Schilderung sollten entscheidenden Einfluss auf eine Reihe von Atlantis-Theoretikern haben, obwohl ihr untergegangener Kontinent anscheinend eher auf einer anderen, spirituelleren Ebene existiert – ganz anders als der physisch konkrete Kontinent, den sich Donnelly vorstellte.

Zu Beginn des 20. Jahrhunderts hielt das weltberühmte Medium Edgar Cayce viele Vorträge über Atlantis. Er glaubte, Atlantis sei eine hoch entwickelte Kultur gewesen, die Schiffe und Flugzeuge besessen habe (das erinnert an Blavatsky), welche von einem geheimnisvollen Energiekristall angetrieben worden seien. Cayce sagte voraus, ein Teil von Atlantis würde 1968 oder 1969 im Gebiet von Bimini, in der Nähe der Bahamas, entdeckt werden. Im September 1968 wurde ein etwa ein Kilometer langer Abschnitt von genau ausgerichteten Kalksteinblöcken, den man heute Bimini Road nennt, vor der Küste von North Bimini entdeckt – viele vermuten darin die Überreste des untergegangenen Atlantis.

Doch 1980 veröffentlichte Eugene Shinn vom U.S. Geological Survey die Schlussfolgerungen seiner Untersuchung der Unterwassersteine bei Bimini. Die Ergebnisse seiner Tests deuteten darauf hin, dass die Blöcke dort auf natürliche Weise entstanden sein müssen. Die Radiokarbondatierungen der in den Steinen eingebetteten Muscheln lagen zwischen 1200 bis 300 v. Chr. – das war also der Zeitraum, in dem die so genannte Straße angelegt worden war. Und das ist erheblich später als die Zeit, in der Atlantis mutmaßlich existiert haben soll.

Viele Forscher haben sich an die antiken Schriftsteller gehalten und nach Atlantis im Mittelatlantik gesucht und als möglichen Standort der Überreste des untergegangenen Kontinents den Mittelatlantischen Rücken ausgemacht – eine lange Kette von unterseeischen Vulkanen. Mit dem heutigen Wissensstand um die Kontinentalverschiebung (die auf der Aktivität der Plattentektonik beruht) schließen die Geologen die Möglichkeit aus, dass im Atlantis ein einigermaßen großer Kontinent existieren hatte können. Doch die Plattentektonik ist noch immer nur eine Theorie, und bis diese bewiesen ist, werden Menschen, die an einen untergegangenen Kontinent im Atlantik glauben, ihre Suche fortsetzen. Falls sich der Inselkontinent im Mittelatlantik befindet, folgern diese Forscher (und erinnern damit an Ignatius Donnellys Behauptungen aus den Achtzigerjahren des 19. Jahrhunderts), dass die Azoren, eine Gruppe von neun Inseln inmitten einer Kette von Unterwasserbergen, seine Überreste sein könnten. Andere fügen Madeira, die kanarischen und kapverdianischen Inseln hinzu, auch wenn es dort bis jetzt nicht den geringsten Beweis für eine verschwundene alte Kultur gibt.

Fast jedes Jahr warten die Zeitungen mit der Schlagzeile »Atlantis gefunden!« auf. Es ist unglaublich, an wie vielen Orten Atlantis hypothetisch angesiedelt wird. Lange Zeit glaubte man, die spätbronzezeitliche minoische Kultur auf Kreta, die anscheinend durch ein gewaltiges Erdbeben auf der Nachbarinsel Thera (dem heutigen Santorin) zerstört wurde, habe indirekt Platons Konzept von Atlantis beeinflusst. Doch die Erforschung des spätbronzezeitlichen Kreta hat ergeben, dass die minoische Kultur noch lange nach dem Erdbeben von Thera floriert hat. Andere Gegenden in Europa und im Mittelmeerraum, wo Atlantis existiert haben soll, sind Irland, England, Finnland, die Insel Helgoland, Andalusien in Südspanien, die Insel Spartel in der Straße von Gibraltar, Sardinien, Malta, die Stadt Helike auf dem griechischen Festland, ein Gebiet im Mittelmeer zwischen Zypern und Syrien, Israel, Troja im Nordwesten der Türkei und Tantalis. Ferner wurden das Schwarze Meer, Indien, Sri Lanka, Indonesien, Bolivien, Französisch-Polynesien, die Karibik und die Antarktis als Standorte der untergegangenen Stadt vorgeschlagen.

Diese ebenso zahlreichen wie gänzlich unterschiedlichen Theorien haben viele skeptische Forscher in ihrer Meinung bestärkt, Platons Atlantis sei bloß eine politische Allegorie, die dazu diente, Athen als den vollkommenen Staat zu glorifizieren, der gegen ein dekadentes und habgieriges atlantisches Reich kämpfte. Für diese Forscher beginnt und endet die Geschichte bei Platon. Solon habe Ägypten nie besucht und die Atlantis-Legende auch nicht von dem Priester in Sais vernommen. Sie erklären, Platon habe Atlantis im Atlantik, also jenseits der Säulen des Herkules, angesiedelt, weil dieser gewaltige Ozean zu seiner Zeit die Grenze der bekannten Welt darstellte. Auch wenn es in der antiken Literatur vor Platon keinerlei Hinweise auf Atlantis gibt, findet sich dennoch eine Anspielung darauf in den *Historien* des griechischen Historikers Herodot (484–425 v. Chr.), der feststellt, Solon habe bestimmte Gesetze von Amasis aus Sais in Ägypten übernommen. Dies deutet immerhin darauf hin, dass Solon während der von Platon in seinen Dialogen genannten Zeit in Ägypten gewesen war. Aus Platons Schriften geht eindeutig hervor, dass er zum Teil bestrebt war, Athen zu verherrlichen und seine politischen und philosophischen Anschauungen zu vermitteln, denen zufolge Reichtum und Macht nicht imstande seien, eine vollkommen gestaltete und gut regierte Gesellschaft zu überwinden. Um seine Darstellung auszuschmücken, kann Platon durchaus Details einer Katastrophe hinzugefügt haben, die tatsächlich stattgefunden hatte, und zwar in allernächster Nähe.

Im Sommer 426 v. Chr. ereignete sich gleich nördlich von Athen eines der verheerendsten Erdbeben in der antiken Geschichte Griechenlands. Der von diesem gewaltigen Beben ausgelöste Tsunami verursachte schwere Schäden entlang der Küste nördlich von Athen und zerstörte einen Teil der Insel *Atalante*. 373 v. Chr. (also rund 15 Jahre, bevor Platon seine Dialoge schrieb) zerstörten und überschwemmten ein katastrophales Erdbeben und der anschließende Tsunami die reiche alte griechische Stadt Helike an der Südküste des Golfs von Korinth auf dem griechischen Festland. Helike galt als die Stadt von Poseidon und enthielt einen heiligen Hain des furchtbaren Gottes der Erdbeben und des Meeres, der gleich hinter dem in Delphi rangierte. Mit Sicherheit gibt es zwischen diesen Erdbeben und der Zerstörung von Platons Atlantis Parallelen, die darauf hindeuten, dass sich der Philosoph bei seiner Darstellung großenteils auf die jüngere Geschichte seines Landes bezog. Doch wenn Platon einfach auf neuere Katastrophen in Griechenland zurückgriff, um seine Argumentation zu beleben, warum schrieb er dann seine Geschichte ägyptischen Priestern zu? Gewiss hätten seine Zeitgenossen die Schilderung eines katastrophalen Erdbebens im Gebiet von Athen oder Korinth wiedererkannt, besonders wenn es sich erst ein oder zwei Jahrzehnte zuvor ereignet hatte. Platons Quellen für seine Geschichte sind also noch nicht vollständig geklärt.

Die jüngste Theorie über die Lage von Atlantis wurde 2004 von dem deutschen Physiker Rainer W. Kühne vorgetragen. Anhand von Satellitenfotos identifizierte er ein Gebiet im südwestlichen Spanien, das Merkmale aufweist, die scheinbar mit Platons Beschreibung von Atlantis übereinstimmen. Die Fotos einer Salzmarschregion namens Marisma de Hinojos nahe der Stadt Cadiz zeigen zwei rechteckige Gebilde und Teile konzentrischer Ringe, die sie möglicherweise einstmals umgeben haben. Kühne glaubt, die Rechtecke könnten die Überreste eines silbernen und eines goldenen Tempels sein, die Poseidon beziehungsweise Cleito und Poseidon gewidmet waren und die Platon in seinen Dialogen beschrieben hat. Kühne glaubt auch, das Gebiet sei möglicherweise zwischen 800 und 500 v. Chr. durch eine Flut zerstört worden. Um seine Theorie für die Verortung von Atlantis auf dem Festland statt auf einer Insel zu stützen, erklärt er, die griechischen Quellen könnten bei der Übersetzung der Geschichte ein ägyptisches Wort für *Küstenlinie* mit dem Wort für *Insel* verwechselt haben. Kühne hofft, Ausgrabungen an dieser Stätte organisieren zu können, um seine Theorien zu überprüfen. Werden diese Ausgrabungen in einem Gebiet gleich jenseits der Säulen des Herkules endlich das Geheimnis von Atlantis lüften?

Amerikas Stonehenge:
Das Rätsel von Mystery Hill

Ansicht eines Teils des amerikanischen Stonehenge.
© Stan Shebs.

Mystery Hill oder Amerikas Stonehenge, wie diese Anlage auch genannt wird, liegt in North Salem in New Hampshire, rund 65 Kilometer nördlich von Boston. Dieser rätselhafte megalithische Komplex ist über etwa 12 Hektar verstreut und besteht aus einer ungeordneten Mischung von Menhiren, Steinmauern und unterirdischen Kammern. Mystery Hill ist keine einzigartige Stätte, sondern eines von hunderten Gebieten mit ungewöhnlichen Steinarrangements und unterirdischen Kammern, die in

Nordamerika, vorwiegend in New England, zu finden sind. Beispiele aus Massachusetts sind die Upton Chamber, mit Steinen ausgekleidete Tunnel in Goshen und eine bienenkorbartige Steinkammer in Petersham. Steinkammern und -mauern gibt es auch bei Gungywamp im Bezirk Groton in Connecticut, und eine große Steinkammer findet man in South Woodstock in Vermont. Man weiß zwar nicht, welche Funktionen einige dieser ungewöhnlichen Bauten hatten, aber viele Leute spekulierten darüber, dass sie von prähistorischen europäischen Siedlern für zeremonielle Zusammenkünfte und astronomische Ereignisse errichtet wurden.

Die neuere Geschichte von Mystery Hill beginnt bei dem Farmer Jonathan Pattee, der von 1826 bis 1848 an der Stätte lebte. Es gibt verschiedene Berichte über Pattee – unter anderem soll er dort eine Schwarzbrennerei betrieben haben. Glaubwürdiger ist die Geschichte, dass er und sein Sohn Seth Gegner der Sklaverei waren, die eine Zwischenstation der sogenannten »unterirdischen Eisenbahn« betrieben, durch die Sklaven zur Flucht aus dem Süden verholfen wurde. Tatsächlich gibt es einen gewissen Beleg dafür, nämlich in Form von Ketten, die an der Stätte entdeckt wurden und heute im Besucherzentrum des amerikanischen Stonehenge ausgestellt sind. Während der folgenden fünfzig Jahre kauften und entfernten Steinmetze einen Großteil der Steingebilde am Mystery Hill. Man vermutet, dass die meisten dieser Steine in die Kleinstadt Lawrence in Massachusetts gebracht und für den Bau des Lawrence-Dammes sowie für Straßen verwendet wurden. 1937 erwarb der Versicherungsvertreter William Goodwin den Mystery Hill und nahm bei seinen Ausgrabungen viele strukturelle Veränderungen vor, um seine Theorie zu stützen, dass hier einst irische Mönche gelebt hätten. Folglich ist die Geschichte der Stätte inzwischen äußerst verworren. 1950 wurde Mystery Hill von Robert Stone gepachtet und 1956 erworben. Er begann das Gebiet um Mystery Hill zu restaurieren, zu untersuchen und zu konservieren, und 1958 errichtete er ein Besucherzentrum und machte die Stätte für die Öffentlichkeit zugänglich. Seit sie in Amerikas Stonehenge umgetauft wurde, ist sie eine vielbesuchte Touristenattraktion.

Eines der rätselhaftesten Gebilde von Mystery Hill ist eine etwa drei mal zwei Meter große, rund vier Tonnen schwere Steinplatte, die auf vier Steinbeinen ruht und einem riesigen Tisch ähnelt. Um den Rand dieser Platte verläuft eine tiefe Rille mit einem Ausguss, was manche Leute dazu verleitet, dieses Artefakt als Opferstein zu bezeichnen. Nach einer beliebten Theorie leitete die Rille das Blut der Opfer in Libationsschalen. Nur weist dieser »Opferstein« leider eine ausgeprägte Ähnlichkeit mit einem anderen großen Stein im Farmer's Museum im westlichen Massachusetts auf. Doch dieses Objekt hat nichts mit irgendwelchen grässlichen Opferriten zu tun, sondern diente der Herstellung von Seife – daher sein Name »Laugenstein«. Derartige Steine findet man relativ häufig auf einstigen kolonialen Farmen in New England.

Eine weitere Besonderheit des Mystery-Hill-Komplexes sind die vielen mit Inschriften versehenen Steine, die man im Laufe der Jahre an der Stätte gefunden hat. Der verstorbene Dr. Barry Fell, Biologieprofessor an der Harvard University, hat sich ausgiebig mit den Inschriften am Mystery Hill und an vielen anderen Stätten in Nordamerika befasst und behauptet (in seinem 1976 erschienenen Buch *America B. C.*), es handle sich dabei um die altirische Ogham-Schrift sowie um phönizische und iberisch-punische Schriften. Aufgrund der Inschriften, der astronomischen Ausrichtung und des megalithischen Architekturstils glauben viele Leute, Mystery Hill habe als prähistorisches Zeremonialzentrum gedient, das von europäischen Einwanderern errichtet worden sei. Sie vermuten, dass die Phönizier (eine Seefahrerkultur aus dem heutigen Syrien und Libanon, die ihren Höhepunkt um 1200–800 v. Chr. erlebte) vor mindestens 2500 Jahren in Amerika gewesen seien und mit der bereits am Mystery Hill lebenden keltischen Gemeinschaft Handel getrieben hätten, also westeuropäischen Stämmen, die vom achten vorchristlichen Jahrhundert bis in die ersten nachchristlichen Jahrhunderte existiert hatten. Das sind in der Tat aufsehenerregende Behauptungen – die Frage ist nur, ob es dafür auch irgendwelche aufsehenerregenden Beweise gibt. Zunächst einmal wurde Fells Buch sowohl von Archäologen als auch von Linguisten in Zweifel gezogen. Am wenigsten überzeugen die Fotos der Ogham-Inschriften und der punischen Inschriften in *America B.C.* Die Mehrheit der Zeilen und Kratzer, die Fell als antike Schriften identifizierte, wirkt völlig beliebig und lässt sich glaubwürdiger als eine Reihe von zufälligen Schrammen erklären, die ein Pflug hinterließ, als relativ moderne Graffiti, als Folge der Steinbrechmethoden der Farmer oder schlicht als die natürlichen Texturen, Spalten und Risse, die sich an den meisten Felsen befinden. Eine Untersuchung dieser Steine durch Archäologen und Schriftexperten wäre erforderlich, um Fells Behauptungen genauer überprüfen zu können. Doch da einige der Inschriftensteine von Mystery Hill entfernt und »zur sicheren Aufbewahrung weggeschafft« wurden, ist ihr ursprünglicher Kontext inzwischen leider verloren gegangen, was ihre genaue Identifikation und Datierung zusätzlich erschwert.

Wenn man sich das archäologische Beweismaterial von Mystery Hill genauer ansieht, wird klar, dass die Theorie, die Stätte sei ein von den Kelten besetzter und von den Phöniziern besuchter antiker Tempelkomplex gewesen, nicht gehalten werden kann. Das Fehlen datierbarer präkolonialer Artefakte im Umkreis des Ortes stellt ein wesentliches Problem für den Nachweis eines prähistorischen, europäischen Ursprungs dar. Von Gary S. Vescelius im Jahr 1955 durchgeführte Ausgrabungen erbrachten 8000 Artefakte, die alle auf eine Benutzung der Stätte im späten 18. Jahrhundert hindeuteten. Vescelius stellte vor allem fest, dass viele dieser Artefakte aus dem 18. Jahrhundert in situ unter und im Inneren von Steinmauern in der Y-Höhle gefunden wurden – ein Beweis dafür, dass dieser Bau später als die Objekte entstanden sein muss. Tatsächlich ist von Archäologen bislang kein einziges phönizisches oder keltisches Objekt irgendwo in Nordamerika gefunden worden. Diese Kelten und Phönizier, die angeblich in Amerika Inschriften in Stein meißelten, hinterließen keine andere Spur ihrer Anwesenheit, nicht einmal eine einzige Tonscherbe.

Die scheinbar unerklärlichen Steinarbeiten am Mystery Hill und anderswo in New England lassen sich großenteils der Tätigkeit von Farmern im 18. und 19. Jahrhundert zuschreiben, die Felder mit Mauern abgrenzten und gemauerte Fundamente und steinerne Lagergebäude errichteten. Manche der verbliebenen Bauten stammen vielleicht von den lokalen amerikanischen Ureinwohnern, wie Edwin C. Ballard in seiner Untersuchung der U-förmigen Steingebilde in der Gegend feststellte. Es besteht auch durchaus die Möglichkeit, dass an bestimmten Stellen des Mystery-Hill-Komplexes Pottasche und Perlasche produziert wurde. Pottasche wird erzeugt, indem einer Laugenlösung aus Holzasche Wasser entzogen wird. Die Pottasche wird dann in einem Ofen von allen Kohlenstoffunreinheiten gereinigt – es bleibt ein feines, weißes Pulver, die Perlasche. Es gibt verschiedene Hinweise auf die Bedeutung von Pottasche und Perlasche für die

Wirtschaft des Landes im 18. Jahrhundert. So hat der Gouverneur von Massachusetts 1765 nachweislich erklärt, dass die Produktion von Pottasche und Hanf sowie der Export von Bauholz nach England die besten geschäftlichen Unternehmungen der Kolonien darstellten.

Pottasche wurde auf Farmen und Gehöften erzeugt und an Hausierer verkauft, die sie dann an Hersteller weiterverkauften, welche sie in ihren Fabriken, den so genannten »ashies«, in Perlasche umwandelten. Außer dem Brennofen zum Umwandeln der Pottasche in Perlasche gab es in diesen Fabriken noch einen kleinen Steinbau, den so genannten »ashery«, in dem große Mengen Holz verbrannt wurden. Diese Bauten hatten ein Dach mit einem Loch darin sowie zwei Öffnungen, eine an der Seite, durch die weiteres Holz auf das Feuer gegeben wurde, und die andere im Boden, um die Asche entnehmen zu können. Wenn man nun an den Laugenstein und die verschiedenen Steinbauten an der Stätte denkt, ist es überaus wahrscheinlich, dass man am Mystery Hill einer derartigen Tätigkeit nachging. Die Bauten, die einst Teil dieser Perlaschefabriken waren, wurden nie als solche identifiziert, vielleicht weil eine so prosaische Erklärung nicht zu den Theorien jener Leute passt, die Mystery Hill phantastischere Funktionen zuschreiben.

Allerdings gibt es Radiokarbondaten, die aus Holzkohle gewonnen wurden, welche man neben einer Steinhacke und einem Hammerstein fand, und dies ist tatsächlich ein Beleg dafür, dass der Mystery Hill bereits im zweiten Jahrtausend v. Chr. von Menschen bewohnt war. Aber wahrscheinlich verweist dies eher auf die Anwesenheit amerikanischer Ureinwohner als auf Europäer der Bronze- oder Eisenzeit. Einige Forscher behaupten, viele Steine am Mystery Hill seien auf auffällige astronomische

Punkte ausgerichtet und die Stätte könne noch heute als genauer astronomischer Kalender verwendet werden, wobei sich mit Hilfe der Steine spezielle Sonnen- und Mondkonstellationen im Jahreslauf bestimmen ließen. Doch die so genannten Himmelsausrichtungen an der Stätte (sofern sie nicht völlig zufällig sind) können amerikanischen Indianern zugeschrieben werden, deren Interesse an Sonnen- und Mondkonstellationen auch an anderen Stätten der amerikanischen Ureinwohner zu erkennen ist, wie etwa an den Pyramiden von Kahokia bei St. Louis.

Was also gibt es dann für eine Erklärung für den Mystery Hill? Wahrscheinlich war die Stätte ursprünglich ein Jagdlager der amerikanischen Ureinwohner, das vermutlich irgendwann im zweiten Jahrtausend v. Chr. errichtet worden war. Was die Steinbauten betrifft, so lassen sie sich überwiegend mit postkolonialen Aktivitäten von Farmern und der Industrie seit dem späten 18. Jahrhundert erklären, auch wenn das eine oder andere Element uns weiterhin Rätsel aufgibt. Der verworrene Zustand des Mystery-Hill-Komplexes führt an sich schon leicht zu Missverständnissen, und damit ist klar, dass sich das Geheimnis der Stätte selbst mit einer Reihe präziser Ausgrabungen unter Umständen niemals lösen lässt. Es steht natürlich jedem frei, einen prähistorischen, europäischen Ursprung für Amerikas Stonehenge zu postulieren, auch wenn das verfügbare Beweismaterial in eine völlig andere Richtung deutet. Am Ende verraten uns diese Theorien jedoch mehr über ihre Anhänger als über den wirklichen Ursprung und Zweck von Mystery Hill.

Petra:
Die geheimnisvolle Felsenstadt

Der Siq, der enge Zugang zu Petra.
© Thanassis Vembos.

Die aus massivem Fels herausgehauene antike Ruinenstadt Petra
(*petra* ist das griechische Wort für *Stein* oder *Fels*) liegt innerhalb
eines Rings von unwirtlichen Sandsteinbergen in einer Wüste
südwestlich vom heutigen Amman, rund 80 Kilometer südlich
des Toten Meeres in Jordanien. Ihre Lage ist so geschützt, dass sich
dieser spektakuläre Komplex aus Tempeln, Grabstätten und
Häusern selbst heute nur zu Fuß oder auf Pferden erreichen lässt.

Der Zugang zu Petra erfolgt durch eine enge gewundene Schlucht im Gestein, den so genannten *Siq* (Arabisch für *Spalte*), der an der engsten Stelle nur zwei Meter breit ist. Dieses großartige Geheimnis der Wüste enthält beinahe 1000 Monumente – einst gab es hier Brunnen, Gärten und eine ständige Wasserversorgung. Aber warum wurde all dies an einem derart abgelegenen, trockenen Ort aus dem Sandstein herausgehauen? Wer erbaute diese majestätische Stadt, und was geschah mit ihren Bewohnern?

Die früheste bekannte Bevölkerung von Petra war ein Semitisch sprechender Stamm, die so genannten Edomiter, die in der Bibel als Nachkommen von Esau erwähnt werden. Aber die unglaubliche Architektur von Petra wurde zum Großteil erst durch die Kultur der Nabatäer geschaffen. Die Nabatäer waren ursprünglich arabische Nomaden, die sich seit dem 4. Jahrhundert v. Chr. in verschiedenen Teilen von Palästina und im südlichen Jordanien niedergelassen hatten. Etwa um diese Zeit machten sie Petra zu ihrer Hauptstadt. Die natürliche Befestigung der Stätte an einer Handelsroute zwischen den Kulturen der Araber, Assyrer, Ägypter, Griechen und Römer stärkte die Macht der Nabatäer. Als sie die Kontrolle über die Karawanenroute zwischen Arabien und Syrien gewannen, entwickelten sie bald ein Handelsreich, das sich im Norden bis Syrien erstreckte, und die Stadt Petra wurde das Zentrum des Gewürzhandels.

Der von den Nabatäern durch ihre Handelstätigkeit angehäufte Reichtum in Petra ermöglichte ihnen einen Baustil, der heimische Traditionen mit hellenistischem (griechischem) Einfluss kombinierte. Eine der herausragendsten Leistungen der Nabatäer in Petra entsprang schierer Notwendigkeit: ihre Stadt lag am Rande einer dürren Wüste, sodass eine Wasserversorgung erste Priorität hatte. Folglich entwickelten sie überaus raffinierte

Dämme sowie Wasserschutz- und Bewässerungssysteme. Aber der Reichtum der Nabatäer erweckte auch den Neid ihrer Nachbarn, und sie waren gezwungen, im späten 4. Jahrhundert v. Chr. mehrere Angriffe des Seleukidenkönigs Antigonos gegen ihre Hauptstadt abzuwehren. Das Seleukidenreich wurde 312 v. Chr. von Seleukos I. gegründet, einem der Generäle von Alexander dem Großen, und umfasste den Großteil des östlichen Gebietes von Alexanders Reich. 64–63 v. Chr. wurden die Nabatäer vom römischen General Pompeius besiegt, und 107 n. Chr. wurde das Gebiet unter Kaiser Trajan ein Teil der römischen Provinz Arabia Petraea. Petras Blütezeit hielt auch während der Römerzeit an, in der verschiedene Gebäude wie ein riesiges Theater, eine Straße mit Kolonnaden und ein Triumphbogen über dem Siq errichtet wurden. Man schätzt, dass in Petra damals 20 000 bis 30 000 Menschen lebten. Doch als die Stadt Palmyra in Zentralsyrien, an einer Handelsroute zwischen Persien, Indien, China und dem Römischen Reich gelegen, an Bedeutung gewann, erlebte die Wirtschaft in Petra ihren Niedergang.

Im 4. Jahrhundert gehörte Petra zum christlich-byzantinischen Reich, aber im Jahr 363 wurden die frei stehenden Teile der Stadt bei einem verheerenden Erdbeben zerstört. Um diese Zeit wurde Petra anscheinend von den Nabatäern verlassen. Niemand weiß genau, warum sie sich dazu entschlossen – aber höchstwahrscheinlich nicht wegen des Erdbebens, da nur sehr wenige, wertvolle Funde an der Stätte ausgegraben wurden, was darauf hindeutet, dass ihr Aufbruch nicht plötzlich erfolgte. Ein weiteres katastrophales Erdbeben im Jahr 551 zerstörte die Stadt so gut wie vollständig, und nach der Eroberung durch die Muslime im 7. Jahrhundert geriet Petra allmählich in Vergessenheit. Ein erneutes Erdbeben im Jahr 747 beschädigte die Stadt noch weiter.

Danach wurde es bis zum frühen 12. Jahrhundert still um sie, als die Kreuzfahrer ein kleines Fort nahe der Stadt errichteten. Nach dem Abzug der Kreuzfahrer im 13. Jahrhundert blieb Petra Sandstürmen und Überschwemmungen überlassen, die einen Großteil der einst so bedeutenden Stadt unter sich begruben, bis auch ihre Ruinen in Vergessenheit gerieten.

Erst 1812 entdeckte der Schweizer Forschungsreisende Jean Louis Burckhardt die vergessene Stadt wieder und lenkte die Aufmerksamkeit der westlichen Welt auf sie. Burckhardt bereiste den Nahen Osten als muslimischer Händler verkleidet (unter dem Decknamen Scheich Ibrahim Ibn Abdallah), um Nachforschungen anzustellen und das Leben im Orient kennen zu lernen. Während er sich in Elji aufhielt, einer kleinen Siedlung unweit von Petra, vernahm Burckhardt Erzählungen von einer verlassenen Stadt in den Bergen des Wadi Mousa. Er gab sich als Pilger aus, der an der alten Stätte ein Opfer darbringen wollte, und überredete zwei beduinische Dorfbewohner, ihn durch den engen Siq zu führen. Anscheinend unternahm Burckhardt nur eine kurze Tour durch die Überreste von Petra, bevor er eine Ziege am Schrein des Propheten Aaron opferte und nach Elji zurückkehrte. Allerdings gelang es dem Forscher noch, eine Karte der Ruinen anzufertigen, und sinngemäß notierte er in seinem Tagebuch, dass er Petra wiederentdeckt habe.

Seit der Zeit von Burckhard rätseln viele Reisende, Gelehrte und Archäologen über den Zweck der aus dem Fels geschnittenen Stadt Petra, die so verborgen an einem derart geheimen Ort liegt. Die romantisch-antike Atmosphäre der Stätte wurde in der berühmten Zeile aus dem 1845 entstandenen Gedicht »Petra« von John William Burgon beschworen, der Petra als »rosenrote Stadt halb so alt wie die Zeit« beschrieb. Aber was genau war die Funktion dieses seltsamen Ortes – war er eine Festung, ein Handelszentrum oder eine heilige Stadt? Überall dort sind Königsgräber, öffentliche Grabstätten und Schachtgräber (in denen anscheinend Verbrecher lebendig begraben wurden) zu finden. Doch Belege von archäologischen Untersuchungen im Laufe des letzten Jahrzehnts lassen vermuten, dass Petra vielleicht viele unterschiedliche Funktionen im Laufe der Jahrhunderte hatte, in denen es bewohnt war. Der großartige Eingang zu der Stätte ist der etwa 1,5 Kilometer lange Siq, die enge Schlucht, die sich durch das steil aufragende goldbraune Sandsteinmassiv windet. Viele kleine Nabatäergräber sind in die Wände des Siq gehauen, der auch die Fähigkeiten der Nabatäer als Wasserbauingenieure demonstriert, nämlich in Form von Kanälen, die einst Tonröhren enthielten, durch die ursprünglich Trinkwasser in die Stadt geleitet wurde. Ein weiteres Beispiel für die technischen Fertigkeiten der Nabatäer ist rechts am Eingang zum Siq zu sehen. Heute wie vor 2000 Jahren fließt nach starkem Regen Wasser durch den Wadi Mousa (das Tal von Moses) in den Siq und droht die Stadt zu überschwemmen. 1963 gab es in Petra eine verheerende Überschwemmung, und danach beschloss die Regierung, einen Damm zu errichten, um das Hochwasser umzuleiten. Während des Baus entdeckten die Ausgräber zu ihrem Erstaunen, dass die Nabatäer wahrscheinlich irgendwann im 2. Jahrhundert v. Chr bereits einen Damm angelegt hatten, um das Wasser vom Eingang weg über ein geniales Tunnelsystem nach Norden zu lenken. Dieses System leitete schließlich das Wasser wieder ins Zentrum der Stadt zurück, wo es von der Bevölkerung genutzt werden konnte.

Schließlich öffnet sich der Siq auf spektakuläre Weise, und sichtbar wird das bekannteste und beeindruckendste Monument von Petra, das vom klassischen Stil beeinflusste Schatzhaus

(*Khazne* auf Arabisch). Der Name geht auf eine beduinische Legende zurück, derzufolge der Schatz eines Pharao im Inneren einer riesigen Steinurne verborgen sei, die auf dem Dach des Bauwerks thront. Die Beduinen, die die Geschichte glaubten, feuerten immer wieder ihre Flinten auf die Urne ab, in der Hoffnung, sie aufzubrechen und den Schatz zu bergen. Die noch immer an der Urne sichtbaren Einschusslöcher belegen dies. Die gut erhaltene, fast 40 Meter hohe und 25 Meter breite Fassade des Schatzhauses, die aus dem massiven Sandstein herausgeschnitten wurde, ist mit herrlichen Säulen und kunstvoll gearbeiteten Skulpturen verziert, die nabatäische Gottheiten und mythologische Gestalten darstellen. Das Bauwerk hat wohl als Königsgrab gedient – die Grabstätte des Königs befand sich vielleicht in der kleinen Kammer an der Rückseite –, wurde anscheinend aber auch als Tempel verwendet, auch wenn man nicht weiß, welchem Gott oder welchen Göttern er geweiht war.

Das »Schatzhaus«
in Petra.
© Thanassis Vembos.

Das genaue Entstehungsdatum des Khazne steht nicht fest – höchstwahrscheinlich wurde es im 1. Jahrhundert v. Chr. errichtet.

Eines der wenigen erhaltenen freistehenden Gebäude in Petra ist der große gemauerte Tempel des Dushara, geheimnisvollerweise auch *Qasr al-Bint Firaun,* »Haus der Pharaonentochter«, genannt. Dieser umfassend restaurierte gelbe Sandsteintempel erhebt sich auf einer Plattform und besteht aus massiven, 20 Meter hohen Wänden. Der irgendwann zwischen 30 v. Chr. und 40 n. Chr. erbaute Tempel war Dushara, dem Hauptgott der Nabatäer, geweiht und weist die größte Fassade in Petra auf. Im Inneren ist er in drei Räume unterteilt, wobei der mittlere Raum als Sanktuarium oder Allerheiligstes diente.

Diesem Bau gegenüber steht der Tempel der geflügelten Löwen, so benannt nach zwei verwitterten Löwen, die zu beiden Seiten des Eingangs stehen. Mit der Erforschung und Ausgrabung dieses Bauwerks, des bedeutendsten je entdeckten Nabatäertempels, hat sich die amerikanische Erforschung Petras über 20 Jahre lang befasst. Anscheinend war der Tempel der präislamischen arabischen Fruchtbarkeitsgöttin Allat geweiht, die eine der drei Hauptgöttinnen von Mekka war. Der Tempel der geflügelten Löwen ist eigentlich kein einzelnes Bauwerk, sondern ein Tempelkomplex, zu dem auch Werkstätten und Wohnbereiche gehörten. (Eine der Werkstätten stellte sogar Souvenirs her!) Fast mit Sicherheit ist er der in den Schriftrollen vom Toten Meer erwähnte Tempel der Aphrodite in Petra. Durch die Fülle der Ausgrabungen, die man dort tätigte, sind seine exakten Daten bekannt. Demnach erfolgte die Grundsteinlegung im August des Jahres 28 n. Chr., und im Mai 363 wurde der Tempel durch das Erdbeben zerstört, das auch viele andere Gebäude der Stadt zum Einsturz brachte.

Das größte Baudenkmal in Petra und eines der auffallendsten ist *Ed-Deir* (das Kloster), das seinen Namen seiner Verwendung als Kirche während der byzantinischen Epoche (um 330–1453) verdankt. Das spektakulär hoch auf einem Berg außerhalb der eigentlichen Stadt gelegene Bauwerk ist 47 Meter breit und 40 Meter hoch, und sein großartiger Eingang reicht bis zu einer Höhe von rund sieben Metern. Der Bau ist wie das Schatzhaus aus einer Felswand herausgeschlagen. Tatsächlich ähnelt das Kloster einer größeren, gröberen, verwitterten Version des berühmteren Monuments von Petra. Die Archäologen glauben, dass die Errichtung von Ed-Deir während der Herrschaft des Nabatäerkönigs Rabel II. (76–106) begann, aber nie abgeschlossen wurde.

Das Kloster in Petra. – © Thanassis Vembos.

1989 geriet Petra erneut in den Blickpunkt der Öffentlichkeit, nämlich durch den Film *Indiana Jones und der letzte Kreuzzug*, mit Harrison Ford als Hauptdarsteller. Im Film fungierte das Schatzhaus als geheimer Tempel, der seit Jahrhunderten verborgen war und in dem Indiana Jones schließlich den Heiligen Gral entdeckt. Im Jahr 2005 machte Petra erneut Schlagzeilen, als der Dalai Lama hier eine Veranstaltung mit Nobelpreisträgern leitete, die zusammen mit dem Schauspieler Richard Gere eine zweitägige Konferenz in der rosaroten Stadt mit dem Titel »Eine Welt in Gefahr« abhielten. Der glücklicherweise ausgezeichnete Erhaltungszustand eines Großteils der antiken Stadt lässt sich durch den Umstand erklären, dass die meisten Gebäude aus massivem Fels herausgeschlagen wurden. Doch wie dies bei vielen antiken Monumenten der Fall ist, sind die Sandsteinbauten in Petra durch den übermäßigen Tourismus ständig gefährdet, und insbesondere die freistehenden Gebäude leiden unter der Einwirkung von Salz, Wasser und Winderosion. Am 6. Dezember 1985 wurde Petra von der UNESCO dem Weltkulturerbe zugefügt, und in den letzten Jahren haben sich Konservatoren daran gemacht, die Löcher und Risse im Stein mit einer speziellen Mischung zu füllen, die dem ursprünglichen Sandstein der über 2000 Jahre alten Bauwerke so nahe wie möglich kommt. So können wir hoffen, dass eine der schönsten und spektakulärsten Ruinenstädte der Welt uns mindestens noch weitere 2000 Jahre erhalten bleibt.

Das Rätsel von
Silbury Hill

Silbury Hill, der die umgebenden Hügel kaum überragt.
Foto des Autors.

Tief im Kennet-Tal in Wiltshire in Südengland erhebt sich der geheimnisvolle Silbury Hill, der größte von Menschenhand errichtete Hügel Europas und einer der größten der Welt. Er befindet sich inmitten der in prähistorischer Zeit heiligen Landschaft um das heutige Dorf Avebury und enthält einen Komplex von neolithischen Monumenten: einen riesigen »Henge« (eine ungefähr kreisförmige, von einem Erdwall umschlossene Fläche), Steinkreise, Steinkolonnaden und Grabkammern. Der eindrucksvolle Erdwall von Silbury Hill ist 40 Meter hoch, die abgeflachte Spitze hat einen Durchmesser von rund 30 Metern, und die Basis ist etwa 160 Meter breit. Dem rund 40 Meter breiten Graben, der Silbury umgibt, wurde großenteils das Material entnommen, aus dem der Hügel besteht – etwa 248 000 Kubikmeter Kreide und Erde. Man schätzt, dass die Errichtung des Monuments 1500 bis 2000 Mann erforderte, die ein Jahr lang arbeiteten, 300 bis 400 Mann, die über fünf Jahre, oder 60 bis 80 Mann, die über 25 Jahre lang arbeiteten. Insgesamt geht man von 4 bis 6 Millionen Personenstunden aus – manche Schätzungen reichen bis zu 18 Millionen Stunden. Wegen seiner Dimensionen wird Silbury oft mit der Großen Pyramide in Ägypten verglichen, die ungefähr zur gleichen Zeit wie der riesige englische Erdwall entstand. Nach der kürzlich vorgenommenen Radiokarbondatierung eines Geweihfragments erlangte Silbury seine endgültige Form wahrscheinlich zwischen 2490 und 2340 v. Chr. Aber was war der Zweck eines so gewaltigen Unternehmens, das so viele Arbeitskräfte und ein erstaunliches Organisationsgeschick erforderte?

Derzeit sind sich die Archäologen nicht einig darüber, wie viele Bauphasen es bei dem riesigen Erdwall bei Silbury gab, obwohl wir wissen, dass seine Erbauer zu seiner Errichtung Werkzeuge aus Stein, Knochen, Holz und Horn verwendeten. Der verstorbene Richard Atkinson, der in den späten Sechzigerjahren des vorigen Jahrhunderts den Wall ausgrub, ging hypothetisch von drei getrennten Phasen aus. In der ersten auf eine Zeit um 2700 v. Chr. datierten Phase (Silbury I) bestand der Erdwall aus einem niedrigen, abwechselnd mit Schichten von Kreidegeröll und Torf bedeckten Kieshügel. Er war rund fünfeinhalb Meter hoch und hatte einen Durchmesser von etwa 35 Metern. Atkinson glaubte, dass Silbury II rund 200 Jahre später begonnen wurde und aus einem viel größeren Hügel bestand, der über Silbury I errichtet wurde.

In dieser Phase hatte der Erdwall an seiner Basis einen Durchmesser von etwa 75 Metern und eine Höhe von knapp 20 Metern. Silbury III stellte die endgültige Form des Hügels her und bildet im Grunde den Erdwall, den wir heute sehen. Atkinson glaubte, Silbury III sei aus Lagen von Kreide errichtet worden, von denen heute nur die obersten zwei sichtbar sind. Jede dieser horizontalen Stufen war in einem Winkel von 60 Grad nach innen geneigt, um dem Monument eine gewisse Stabilität zu verleihen; dann wurden die Lagen mit Erde aufgefüllt, wahrscheinlich aus dem Graben am Fuße des Hügels. Entgegen Atkinsons Drei-Phasen-Theorie lassen jüngste Vermessungen von Teilen von Silbury den Schluss zu, dass es bloß eine einzige Bauphase gegeben hat. Dies lässt sich letztlich nur durch eine vollständige Vermessung des gesamten Monuments klären.

Um das Geheimnis von Silbury Hill zu lüften, wurden bislang drei Hauptausgrabungen unternommen. Die erste wurde vom Herzog von Northumberland im Jahr 1776 durchgeführt, der ein Team von Bergarbeitern aus Cornwall von der Oberseite des Walls aus nach unten graben ließ. Sie fanden jedoch nichts von Belang, und da die Arbeiter den Schacht nach dem Abschluss der Untersuchungen nicht wieder richtig auffüllten, führte ihre Ausgrabung letztlich zum teilweisen Kollaps des Gipfels im Jahr 2000. Der Altertumsforscher Dean Merewether beaufsichtigte im Jahr 1849 die Ausschachtung eines Tunnels von der Seite des Hügels bis zu seinem Kern, aber auch das konnte die Funktion von Silbury Hill kaum erhellen. Professor Richard Atkinsons von der BBC gesponserte Ausgrabungen an dem rätselhaften Erdwall, die von 1968 bis 1970 stattfanden, sind bislang die umfassendste Untersuchung der Stätte. Einer von Atkinsons Gräben folgte Merewethers Tunnel, erbrachte aber keinerlei sensationelle Funde – wenige wertvolle

Artefakte, aber keine Begräbnisstätten und keine Hinweise auf die Funktion des Baus. Doch aufgrund seiner Arbeit an der Stätte konnte Atkinson seine Theorie über die Errichtung des Hügels aufstellen. Seine Ausgrabungen förderten auch etliche mit Umweltgegebenheiten zusammenhängende Belege zutage, etwa die Anwesenheit fliegender Ameisen in den Torfschichten. Daraus hat man geschlossen, dass die Arbeit am Erdwall im Monat August begonnen wurde – worin einige Leute einen Zusammenhang mit dem keltischen Fest namens Lughnasadh oder Lammas vermuteten. Auch wenn Silbury 2000 Jahre vor der Blütezeit der Kelten errichtet wurde, gibt es doch Beweise für eine keltische Kultur in Großbritannien.

Zwar sind die meisten Archäologen um eine Erklärung der Funktion von Silbury Hill verlegen, doch in den 300 Jahren, seit die Stätte erforscht wird, hat es jede Menge Theorien gegeben. Die Forscher des 18. und 19. Jahrhunderts glaubten, dass der Erdwall den Grabhügel eines alten britischen Königs darstellte. Tatsächlich heißt es in lokalen Volkssagen, dass der Hügel die Ruhestätte eines unbekannten Königs Sil (oder Zel) sei oder dass er eine lebensgroße Statue von Sil auf einem goldenen Pferd enthalte. Einer anderen Legende zufolge habe der Teufel vorgehabt, eine riesige Schürze voll Erde über der nahe gelegenen Stadt Marlborough auszuleeren, aber von der Magie der Priester im benachbarten Avebury gezwungen worden sei, dies bei Silbury zu tun. Volkssagen enthalten zwar oft ein Körnchen Wahrheit, doch nie wurden irgendwelche menschlichen Überreste bei Ausgrabungen am Hügel entdeckt, wenngleich man einräumen muss, dass bislang noch nicht das gesamte Bauwerk erforscht worden ist. Anderen Theorien über den Erdwall zufolge habe die abgeflachte Spitze von Silbury als Plattform für Druidenopfer gedient, oder das Ganze sei ein Tempel für Merkur, eine riesige Sonnenuhr, ein astronomisches Observatorium, eine symbolische Darstellung der Muttergöttin, eine Energiequelle für vorbeifliegende Raumschiffe der Außerirdischen oder ein Zentrum für Zusammenkünfte und Gerichtsverfahren gewesen. Tatsächlich wurden im 18. Jahrhundert Jahrmärkte auf dem Hügel abgehalten.

Nahaufnahme des geheimnisvollen Silbury Hill.
Foto des Autors.

Ein Merkmal des riesigen Erdwalls, das auf eine rituelle Funktion hinzudeuten scheint, ist ein möglicher spiralförmiger Pfad, der sich den Hügel hinaufschlängelt. Eine neue Theorie (die durch eine dreidimensionale seismische Vermessung im Jahr 2001 belegt wurde) richtet sich gegen Richard Atkinsons Hypothese einer Errichtung des Hügels in flachen Schichten – vielmehr könnten Atkinsons Stufen ein spiralförmig verlaufender Sims sein. Diese Spirale erfüllte vielleicht den doppelten Zweck einer Zugangsroute zum Gipfel während der Bauarbeiten und eines

Pfads für rituelle Prozessionen. Diese Idee wäre auch mit der weiten Verbreitung des Spiralmotivs in der neolithischen Kunst vereinbar, wie man es zum Beispiel am Tempelgrab bei Newgrange in Irland finden kann. Dass der Hügel irgendeine religiöse Bedeutung hatte, erscheint glaubwürdig angesichts seiner Lage innerhalb des Komplexes von rituellen, zeremoniellen und Bestattungsmonumenten im Gebiet um Avebury, das seinerseits nur rund 30 Kilometer nördlich von dem ungefähr zur gleichen Zeit entstandenen Monument bei Stonehenge liegt.

Der riesige Graben, der Silbury umgibt und der einst wahrscheinlich gezielt mit Wasser gefüllt wurde, kann ein weiterer Beweis für eine rituelle Funktion sein. Im Frühsommer 2001 wurde eine rund zehn Meter breite Markierung mit geraden Rändern in der Vegetation festgestellt, die sich bis zum Graben um den Silbury-Hügel erstreckte. Die Vegetationsmarkierung verweist auf einen tiefen, von Menschenhand angelegten Graben unter dem Boden hin – möglicherweise, wie manche Archäologen glauben, ein Kanal, durch den Wasser aus lokalen Quellen in den Graben um Silbury Hill geleitet wurde. Gräben um prähistorische Stätten wie Henges und Hügelforts wurden vielleicht nicht immer nur zu praktischen Zwecken angelegt, sondern könnten auch eine weniger greifbare Funktion gehabt haben, etwa als Barriere, die das Religiöse vom Weltlichen trennte oder die Stätte vor bösen Einflüssen schützte. Als Silbury Hill erbaut wurde, war es wahrscheinlich ein strahlend weißes Gebilde, das von einem spiegelnden Wassergraben umgeben war. Doch statt ein solches Ehrfurcht gebietendes Gebilde auf einem Hügel zu errichten, wo es kilometerweit im Umkreis zu sehen gewesen wäre, legten seine Erbauer Silbury in einem Tal an, wo es kaum über den Horizont hinausragt und von den meisten Monumenten in der Umgebung aus kaum zu erblicken ist. Vielleicht verweist dies darauf, dass der Boden, auf dem das Gebilde errichtet wurde, genauso wichtig wie der Bau selbst war, auch wenn seine Lage im Tiefland andererseits seine gewaltige Größe betont.

Interessanterweise scheint Silbury Hill seine Bedeutung als heilige Stätte noch lange nach seiner Erbauung bewahrt zu haben. Ausgrabungen am Hügel haben ein große Menge römischer Funde erbracht – etwa einen rituellen, plattformartigen Einschnitt im Hügel, über 100 römische Münzen im Graben um den Hügel herum und viele römische Schächte und Brunnen. Im benachbarten Waden Hill wurde eine römisch-britische Siedlung entdeckt, die (zusammen mit den Funden am Silbury Hill selbst) darauf hindeutet, dass Silbury noch in der Römerzeit als heilige Stätte diente. Hier gibt es faszinierende Parallelen mit Newgrange, das ebenfalls während der Römerzeit seine rituelle Bedeutung bewahrte. Die religiöse Anziehungskraft von Silbury hat anscheinend bis ins Mittelalter angehalten, worauf weitere Funde an der Stätte schließen lassen: Keramik, Eisennägel, eine eiserne Speerspitze und eine Münze mit dem Bildnis König Ethelred II. (von 1010). Die Eisennägel wurden in kleinen Löchern gefunden, die für hölzerne Pfosten gegraben worden waren, worin man zunächst einen Hinweis auf eine Abwehranlage erblickte – vielleicht ein Fort auf dem Hügel. Doch diese Pfostenlöcher wurden an der Innenseite der Terrassen festgestellt, und das hieße, dass sie eher als Befestigung statt zur Abwehr dienten. Weitere Arbeiten am Hügel werden mit Sicherheit noch mehr Belege für ein mittelalterliches Interesse an Silbury zutage fördern.

Leider ist die neuere Geschichte von Silbury Hill ziemlich beunruhigend. Im Jahr 2000 erzeugte der Kollaps des Ausgrabungsschachts von 1776 (aufgrund starken Regens) ein erhebliches Loch in der Spitze des Erdwalls. Positiv an dieser Katastrophe war immerhin, dass sie es der English Heritage Society ermöglichte, eine seismische Vermessung des Hügels durchzuführen, um das Ausmaß des durch den Kollaps verursachten Schadens zu ermitteln. Glücklicherweise führten die anschließenden Reparaturarbeiten zu weiteren archäologischen Untersuchungen des Erdwalls (die den zuvor erwähnten spiralförmigen Stufenpfad zutage brachten) sowie zur ersten sicheren Radiokarbondatierung der Stätte. Seit diesem Kollaps ist der Silbury-Hügel für die Öffentlichkeit gesperrt, um langfristig die Stabilität des Ortes zu gewährleisten. Aber trotz aller Verbotsschilder wird jedoch weiterhin versucht, in die Stätte einzudringen und auf den Gipfel zu klettern. Die schlimmsten Übeltäter waren bislang die beiden Holländer Janet Ossebaard und Bert Janssen, professionelle Getreidekreisforscher und Alienjäger. Weil das Paar hinter Silbury eine Art antikes Kraftwerk vermutete, legte es zusammen mit einem weiteren Getreidekreisfan unter dem von der English Heritage Society installierten provisorischen Dach einen Tunnel an und seilte sich in den Schacht ab, wodurch es den Hügel beschädigte. Es gibt sogar ein im Handel erhältliches Video von der Untersuchung des Paares im Inneren von Silbury – es zeigt »den Abstieg in das Loch, das spontane Entzünden eines Handydisplays, das Erscheinen wunderschöner farbiger Lichtkugeln und die Entdeckung von Geheimkammern im Inneren von Silbury Hill«. Für unbefugtes Betreten und Vandalismus wurden die beiden später zu einer Geldbuße von 5000 Pfund verurteilt.

Im November 2005 gab die English Heritage Society neue Pläne zur Stabilisierung von Silbury Hill bekannt. So sollen die durch die oft plump durchgeführten Untersuchungen der Stätte im 18. und 19. Jahrhundert verursachten Schächte und Höhlen mit Kreide aufgefüllt werden. In den kommenden Jahren will man auch die Erosion des Monuments untersuchen, die daraus resultiert, dass seit Jahrtausenden begeisterte Besucher auf den Hügel klettern. Da der Zugang zur Stätte nicht beaufsichtigt wird, wird es immer wieder Menschen geben, die die Verbotsschilder ignorieren und auf den Gipfel zu klettern versuchen. Die English Heritage Society wird dies hoffentlich bei der Umsetzung ihrer neuen Strategie berücksichtigen. All dies bringt uns freilich einer Erklärung um den Sinn der Errichtung von Silbury Hill nicht näher. Vor allem muss der großartige Erdwall im Kontext des heiligen Gebiets von neolithischen Monumenten, in dem er liegt, betrachtet werden. Die Bedeutung des Hügels mag untrennbar mit der ihn umgebenden Landschaft und den anderen benachbarten Monumenten verbunden sein, etwa dem West Kennet Long Barrow (einem rechteckigen Grabhügel) sowie dem Henge und den Steinalleen von Avebury. Die ganze Gegend von Avebury fungierte über Generationen hinweg als gewaltiges religiöses Zentrum, und vielleicht wurde die Erinnerung an die Ahnen in einer schriftlosen Kultur so in materieller Form bewahrt. Möglicherweise ist auch Silbury Hill eine solche Erinnerung an unsere fernen Vorfahren.

Troja: Der Mythos
einer untergegangenen Stadt

Die Mauern der ausgegrabenen Stadt Troja.
Foto von Adam Carr.

Die legendäre Stadt Troja, Schauplatz des zehn Jahre währenden Trojanischen Krieges, ist mit einigen der bedeutendsten Gestalten der griechischen Mythologie untrennbar verbunden – von den Göttinnen Hera, Athene und Aphrodite (und der unvergleichlichen Schönheit Helenas) bis hin zu den tatkräftigen Helden Achilles, Paris und Odysseus. Die meisten Menschen kennen die Geschichte um den Fall Trojas. Aber ist denn etwas Wahres an der Erzählung dieses gewaltigen Konfliktes, der durch die Liebe von Paris zu Helena verursacht wurde und erst endete, als die Griechen die Trojaner mit ihrem hölzernen Pferd überlisteten? Fand dieser Krieg wirklich statt? Gab es überhaupt eine Stadt namens Troja?

Die Legende von Troja beginnt mit der Hochzeit von König Peleus, einem der Argonauten, der Jason auf seiner Suche nach dem goldenen Flies begleitete, mit seiner Frau Thetis, einer Meeresgöttin. Das Paar versäumte es, Eris, die Göttin der Zwietracht, zur Hochzeitsfeier einzuladen, aber sie erschien dennoch bei dem Fest und warf voller Zorn einen goldenen Apfel mit der Aufschrift »Der Schönsten«auf die Tafel. Hera, Athene und Aphrodite griffen gleichzeitig nach dem Apfel. Um den Konflikt zu lösen, übertrug Zeus die schwierige Entscheidung dem schönsten Mann unter den Lebenden – Paris, dem Sohn von Priamos, des Königs von Troja. Hera stellte Paris große Macht in Aussicht, wenn seine Wahl auf sie fiele, Athene verhieß ihm Kriegsruhm, und Aphrodite lockte ihn mit der Liebe der schönsten Frau der Welt. Paris entschied sich dafür, den goldenen Apfel Aphrodite zu reichen, die ihm dafür Helena, die Frau von Menelaos, versprach. Paris begab sich zur griechischen Stadt Sparta, um sie zu finden. Der trojanische Prinz wurde in Menelaos' Palast in Sparta als Ehrengast willkommen geheißen. Aber als Menelaos aufgrund eines Begräbnisses Sparta verlassen musste, flohen Paris und Helena samt einem Großteil des königlichen Schatzes nach Troja. Bei seiner Rückkehr war Menelaos verständlicherweise empört darüber, dass seine Frau entführt und sein Schatz entwendet worden waren. Unverzüglich berief er Helenas alte Freier zu sich, die einst geschworen hatten, die Ehe von Helena und Menelaos zu schützen, und sie beschlossen, ein Heer aufzustellen und nach Troja zu segeln. Dies war der Beginn des Trojanischen Krieges.

Nach über zweijähriger Vorbereitung sammelte sich die griechische Flotte (die aus über 1000 Schiffen unter dem Kommando von Agamemnon, dem König von Mykene, bestand) im Hafen von Aulis im östlichen Zentralgriechenland, um nach Troja aufzubrechen. Doch es fehlte der Wind, um die Schiffe anzutreiben. Der Seher Kalchis erzählte Agamemnon, dass er seine Tochter Iphigenie der Göttin Artemis opfern müsse, um für günstigen Wind zu sorgen. Als diese barbarische, aber anscheinend notwendige Tat vollbracht war, konnten die Griechen nach Troja segeln. Neun Jahre lang tobte die Schlacht, und in dieser Zeit wurden auf beiden Seiten viele große Helden erschlagen, so etwa Achilles, der von Paris getötet wurde. Aber dennoch vermochten die Griechen nicht, die großen Mauern von Troja zu bezwingen und in die Stadt einzudringen. Im zehnten Kriegsjahr veranlasste der listenreiche Odysseus den Bau eines riesigen Holzpferdes, in dessen hohlem Inneren sich griechische Krieger samt Odysseus versteckten. Das Pferd wurde vor die Tore von Troja gestellt, und die griechische Flotte verließ den Hafen, als ob sie sich geschlagen gäbe. Als die Trojaner sahen, wie die Schiffe davonfuhren, und als sie das große Holzpferd vor der Stadt erblickten, glaubten sie, den Sieg davongetragen zu haben, und schleppten das Pferd hinter die Mauern von Troja. In der Nacht kletterten die Griechen aus dem Pferd und öffneten die Stadttore, um das griechische Heer einzulassen. Die völlig überrumpelten Trojaner wurden niedergemetzelt. Polyxena, die Tochter von Priamos, wurde am Grab von Achilles geopfert, ebenso Astynax, der Sohn Hektors. Zwar hatte Menelaos vorgehabt, die untreue Helena zu töten, aber überwältigt von ihrer Schönheit verschonte er sie.

Die Geschichte von Troja wurde zuerst in Homers *Ilias* erzählt, die um 750 v. Chr. entstand. Weitere Details fügten spätere Autoren wie die römischen Dichter Vergil (in seinem Epos *Äneis*) und Ovid (in seinen *Metamorphosen*) hinzu. Die meisten antiken griechischen Historiker wie Herodot und Thukydides waren von der historischen Wahrheit des Trojanischen Krieges überzeugt. Diese Autoren nahmen Homer beim Wort und siedelten Troja auf einem Hügel über dem Hellespont (den heutigen Dardanellen) an – den Meerengen zwischen der Ägäis und dem Schwarzen Meer. Diese Lage war von großer strategischer Bedeutung für den Handel. Jahrhundertelang durchsuchten Entdecker und Altertumsforscher, die von der Sage um Troja fasziniert waren, diese Gegend, die in der Antike Troas hieß und heute im Nordwesten der Türkei liegt. Der berühmteste und erfolgreichste Forscher, der nach der bedeutenden Stadt suchte, war der deutsche Kaufmann Heinrich Schliemann. Nach der Lektüre von Homers *Ilias* war er überzeugt, dass Troja auf einem Hügel bei Hisarlık gelegen hatte, ein paar Kilometer von den Dardanellen entfernt. Im Jahre 1870 begann er dort mit seinen Ausgrabungen, die er bis 1890 fortführte. Schliemann entdeckte die Überreste einer Reihe antiker Städte aus der Frühbronzezeit (drittes Jahrtausend v. Chr.) bis zur Römerzeit. Da Schliemann glaubte, Troja müsse sich in den unteren Schichten befunden haben, hackte er sich rasch und nachlässig durch die oberen Schichten, wobei er viele wichtige Dinge unwiderruflich zerstörte. 1873 grub er eine Vielzahl goldener Artefakte aus, die er *Schatz des Priamos* nannte. Er verkündete der Welt, er habe Homers Troja gefunden.

Es hat viele Diskussionen darüber gegeben, ob Schliemann die Goldartefakte tatsächlich an diesem Ort gefunden oder ob er sie dort platziert hat, um seine Behauptungen zu belegen, dass dies wirklich die Stätte der sagenumwobenen Stadt Troja sei. Man weiß, dass Schliemann die Tatsachen mehr als einmal verdreht hat. Er behauptete zwar, als Erster die Stätte von Troja bei Hisarlık entdeckt zu haben, als er Troas zum ersten Mal aufsuchte, doch der englische Archäologe und Diplomat Frank Calvert hatte bereits vor ihm auf Hisarlık gegraben, das zum Grundbesitz seiner Familie gehörte. Calvert war überzeugt, Hisarlık sei die Stätte des antiken Troja, und arbeitete mit Schliemann bei dessen erster Ausgrabung auf dem Hügel zusammen. Doch als Schliemann später weltweit für die Entdeckung der homerischen Stadt gefeiert wurde, weigerte er sich einzuräumen, dass Calvert irgendetwas damit zu tun hatte. Derzeit versuchen englische und amerikanische Erben von Frank Calvert, auf dem Gerichtsweg an einen Teil des Schatzes zu gelangen, den Schliemann und Calvert an der Stätte von Hisarlık geborgen hatten. Inzwischen glaubt man, dass die von Schliemann entdeckten spektakulären Gold-

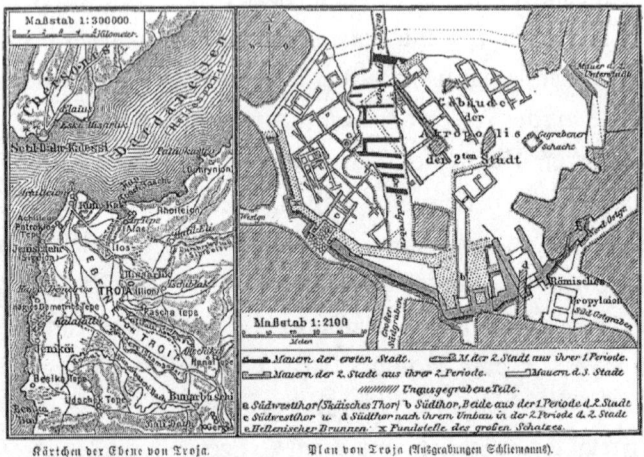

Karte von Troja aus dem Jahr 1880.

funde aus einer viel früheren Stadt auf dem Hügel von Hisarlık stammen. Die Stadt nämlich, die Schliemann für Homers Troja hielt, ist tatsächlich auf 2400 bis 2200 v. Chr. zu datieren, also mindestens 1000 Jahre vor dem allgemein akzeptierten Datum des Trojanischen Krieges.

Ungeachtet seiner egoistischen Einstellung hat Schliemann immerhin die Welt auf die Stätte von Hisarlık aufmerksam gemacht. Nach seinen Ausgrabungen wurden weitere Arbeiten bei Hisarlık 18893/94 von Wilhelm Dörpfeld, 1932 bis 1938 von dem amerikanischen Archäologen Carl Blegen und von 1988 bis 2005 von einem Team der Universität Tübingen und der University of Cincinnati unter der Leitung des verstorbenen Professors Manfred Korfmann durchgeführt. Die Ausgrabungen bei Troja zeigen, dass es dort neun getrennte Phasen und Städte mit verschiedenen Unterphasen gegeben hat. Diese Phasen beginnen im dritten Jahrtausend v. Chr. (der Frühbronzezeit) bei Troja I und enden in der hellenistischen Epoche (323 v. Chr. bis um 31 n. Chr.) mit Troja XI. Die spätbronzezeitliche Phase Troja VIIa (um 1300 bis um 1180 v. Chr.) ist die Stadt, die meist als wahrscheinlichster Kandidat für Homers Troja genannt wird, und zwar vor allem wegen ihrer Datierung, die mit Homers Schilderungen übereinzustimmen scheint und aufgrund der Tatsache, dass Brandspuren darauf hindeuten, dass die Stadt in einem Krieg zerstört wurde. Kontakte zwischen dem griechischen Festland und Troja VII sind in Form von importierten mykenischen Artefakten, insbesondere von Keramik aus der Spätbronzezeit belegt. Außerdem hatte die Stadt Troja VIIa eine beträchtliche Größe, und in der Festung wie in der Stadt wurden archäologische Funde wie menschliche Überreste und einige Bronzepfeilspitzen geborgen. Doch ein Großteil von Troja VIIa ist noch nicht ausgegraben, und die Funde sind im Allgemeinen zu mager, als dass man mit Sicherheit behaupten könnte, die Zerstörung sei auf Menschenhand und nicht auf eine Naturkatastrophe wie etwa ein gewaltiges Erdbeben zurückzuführen. Doch wenn wir Homers Schilderung von Troja als historische Wahrheit interpretieren, dann würde nach gegenwärtigem Wissensstand Troja VIIa am ehesten den Tatsachen entsprechen. Vor kurzem wurden neue Beweise gefunden, die die These vom Hisarlık-Hügel als der Stätte von Troja zu belegen scheinen, und zwar von den Geologen John C. Kraft von der University of Delaware und John V. Luce vom Trinity College in Dublin. Die beiden nahmen eine geologische Untersuchung der Landschaft und der Küstenmerkmale der Gegend um Hisarlık vor, die ergab, dass die Sedimentologie und die Geomorphologie der Region mit den in Homers *Ilias* geschilderten Landschaftsmerkmalen übereinstimmen.

Vielleicht steckt sogar eine gewisse historische Wahrheit hinter dem wohl absonderlichsten Detail in Homers Epos – dem kolossalen Trojanischen Pferd. Der englische Historiker Michael Wood hat dargelegt, dass das Trojanische Pferd wohl weniger ein cleverer Schachzug war, in die Stadt zu gelangen, sondern es sich eigentlich um einen großen Rammbock oder eine primitive Belagerungsmaschine handelte, die einem Pferd ähnelte. Solche Geräte sind aus dem antiken Griechenland bekannt. So benutzten zum Beispiel die Spartaner Rammböcke bei der Belagerung von Plataä im Jahr 429 v. Chr. Andererseits symbolisierte das Pferd Poseidon, den schrecklichen Gott der Erdbeben. Vielleicht also ist das Trojanische Pferd eine Metapher für ein Erdbeben, das die Stadt heimsuchte, ihre Abwehranlagen zerstörte und so dem griechischen Heer leichten Zugang verschaffte. Weitere, wenn auch umstrittene Beweise für die historische Existenz von Troja gibt es in Dokumenten, die man in Archiven des Hethiter-Reiches (in Anatolien in der heutigen Türkei) gefunden hat. Diese Dokumente, die auf die Zeit um 1320 v. Chr. datiert wurden, verweisen auf militärische und politische Spannungen mit einem mächtigen Reich namens *Ahhiyawa* aufgrund der Kontrolle über das Königreich *Wilusa*. Wilusa könnte mit dem griechischen *Ilios*, also Troja, identisch sein, Ahhiyawa mit *Achäa*, dem Land der Achäer, wie Homer die Griechen in der *Ilias* nennt. Diese Gleichsetzungen bleiben zwar umstritten, werden aber zunehmend dank der Fortschritte bei der Untersuchung der Beziehungen zwischen Griechenland und dem Nahen Osten während der Spätbronzezeit von den Gelehrten akzeptiert. Leider besitzen wir noch keinen hethitischen Text, der sich speziell auf einen Konflikt in der Troas bezieht und der eindeutig mit dem Trojanischen Krieg in Verbindung gebracht werden kann.

Gab es also um 1200 v. Chr. einen ausgedehnten Konflikt bei Hisarlık, von dem wir sagen können, dass es der Trojanische Krieg war? Vielleicht nicht. Homer schrieb über ein halbmythisches Heldenzeitalter, dessen Details mindestens über vier Jahrhunderte hinweg mündlich weitergegeben worden waren. Selbst wenn der Krieg stattgefunden hatte, wäre ein Großteil der Geschichte verloren gegangen oder im Laufe der Zeit verändert worden. Allerdings gibt es Details in Homers Epos, die bis in die Spätbronzezeit zurückzureichen scheinen, wie verschiedene Arten von Rüstung und Waffen, die eher um 1200 v. Chr. als um 750 v. Chr. existiert haben, als der Dichter sein Werk schrieb. Homer erwähnt auch bestimmte griechische Städte, von denen zwar zu seiner Zeit kaum eine Spur übrig war, die aber zur Zeit des Trojanischen Krieges von besonderer Bedeutung waren. Archäologische Ausgrabungen an einigen dieser Stätten lieferten oft den Beweis dafür, dass die Städte in der Tat während der Spätbronzezeit von großem Einfluss waren. Doch angesichts von Trojas günstiger Lage oberhalb des Hellesponts, an den Grenzen des Hethiter-Reiches und der griechischen Welt, muss das Gebiet wohl Schauplatz mehr als eines bewaffneten Konflikts während der Spätbronzezeit gewesen sein. Vielleicht erinnert Homers Geschichte eher an eine Reihe dieser Konflikte zwischen der griechischen Welt und den Bewohnern der Troas und verdichtet sie zu einem letzten epischen Kampf, einem Krieg, der alle Kriege beendete. In gewisser Hinsicht basiert somit die Geschichte vom Trojanischen Krieg grob auf historischen Ereignissen, die durchs Nacherzählen über Jahrhunderte hinweg ausgeschmückt und um übernatürliche Elemente angereichert wurden. Vielleicht wurde sogar die schöne Helena von einem späteren Geschichtenerzähler in die ursprüngliche, eher historische Erzählung eingeschmuggelt.

Chichén Itzá:
Die Stadt der Maya

Der Tempel der Krieger in Chichén Itzá.
Foto von Keith Pomakis.

Die geheimnisvolle Ruinenstadt Chichén Itzá (wörtlich *Der Mund des Brunnes der Itzás*) fasziniert Archäologen, Forscher und Historiker, seit sie erstmals von Bischof Diego de Landa wiederentdeckt und beschrieben wurde, der im späten 16. Jahrhundert eine Geschichte von Yucatán verfasste. Chichén Itzá erlebte ihren Höhepunkt etwa vom Jahr 600 bis zum Jahr 1200 n. Chr. und war damals wohl das politische und religiöse Zentrum der Halbinsel Yucatán. Die Stätte besteht aus vielen kunstvoll konstruierten und verzierten Steinbauten wie Tempelpyramiden, Palästen, Observatorien, Bädern und Ballspielplätzen, die alle ohne die Verwendung von Metallwerkzeugen errichtet wurden. Aus nicht genau bekannten Gründen verließen die Maya Chichén Itzá um den Beginn des 13. Jahrhunderts, und seine Ruinen wurden dem vordringenden Dschungel überlassen.

Zwar wusste man noch Jahrhunderte nach dem Verlassen der Stadt von der Existenz Chichén Itzás, doch die Ruinen wurden erst seit den Dreißigerjahren des 19. Jahrhunderts erforscht. Von 1839 bis 1842 unternahmen der amerikanische Forscher und Schriftsteller John Lloyd Stephens und der englische Architekt und Zeichner Frederick Catherwood verschiedene Reisen durch Südamerika, auf denen sie zahllose alte Stätten aufsuchten. Das Ergebnis ihrer Forschungen waren zwei bedeutende Bücher, *Incidents of Travel in Central America, Chiapas and Yucatán* (1841) und *Incidents of Travel in Yucatán* (1843), die von Stephens verfasst und von Catherwood illustriert worden waren. Zwischen 1875 und 1883 unternahmen der französische Altertumsforscher und Fotograf Augustus Le Plongeon und seine Frau Alice die ersten Ausgrabungen in Chichén Itzá. Dabei gelangen ihnen unglaubliche Stereographien der Maya-Stätten. Allerdings wurden Plongeons Schlussfolgerungen über die Maya durch seine Theorie getrübt, Südamerika sei der Ursprung aller Weltkulturen. In den folgenden Jahrzehnten gab es verschiedene andere Expeditionen, etwa die des Italieners Teoberto Maler, der in den Achtzigerjahren des 19. Jahrhunderts drei Monate lang in Chichén Itzá lebte und dabei die Ruinen umfassender dokumentierte als irgendjemand vor ihm. 1889 besuchte der Kolonialdiplomat, Forscher und Archäologe Alfred P. Maudslay die Stätte und vermaß und fotografierte die Ruinen. Maudslays Assistent Edward H.

Thompson (der damalige US-Konsul in Yucatán) ließ sich später mit seiner Maya-Frau in Chichén Itzá nieder und verbrachte 30 Jahre damit, Untersuchungen an den Ruinen vorzunehmen, wobei er Artefakte aus Kupfer, Gold und Jade sowie menschliche Knochen aus der Cenote Sagrada holte, dem Heiligen Brunnen, einer Doline aus Kalkstein, die der Stadt ihren Namen gab.

Professionelle Archäologen der Carnegie Institution an der Harvard University begannen 1924 mit ihrer Arbeit in Chichén Itzá. Das 20 Jahre dauernde Ausgrabungsprojekt wurde von Sylvanus G. Morley geleitet, der 1907 als Gast von Edward H. Thompson erstmals die Ruinen besucht hatte. 1961 unterzog das mexikanische Nationalinstitut für Anthropologie und Geschichte die Cenote einer methodischen Durchsuchung und barg 4000 Artefakte. Seit 1993 führt das in Mexiko ansässige Chichén Itzá Archaeological Project (unter der Leitung von Dr. Peter Schmidt) an der Stätte Ausgrabungen, Recherchen und Restaurierungsarbeiten durch, um das gesamte Gebiet zu kartieren, die Keramik zu untersuchen und die vielen in einem nur teilweise ausgegrabenen Zustand hinterlassenen Bauten zu restaurieren.

Die alte heilige Stadt Chichén Itzá liegt im nordöstlichen Dschungel der Halbinsel Yucatán, rund 120 Kilometer südöstlich von Mérida. Warum die Maya ihre heilige Stadt gerade hier anlegten, lässt sich am besten durch die Anwesenheit natürlicher Dolinen erklären, die in dieser Gegend *cenotes* heißen, da eine ganzjährige Versorgung mit Wasser aufgrund des Fehlens oberirdischer Flüsse lebenswichtig war. Die erwähnte Cenote Sagrada ist die berühmteste dieser Dolinen und diente den Maya als Schauplatz ritueller Opfer für ihren Regengott Chaac. In Zeiten extremer Dürre wurden hier anscheinend auch Menschen geopfert, um den Gott versöhnlich zu stimmen.

Man geht allgemein davon aus, dass Chichén Itzá im Jahr 514 von dem Priester Lakin Chan, auch Itzámna genannt, gegründet wurde und in ihrer Blütezeit mehrere hundert Gebäude umfasste. Die Ruinen der Stadt lassen sich in zwei Gruppen unterteilen: in die Bauten der klassischen Maya-Zeit (250–900), die zwischen dem 7. und dem 10. Jahrhundert errichtet wurden, sowie in die Bauwerke der Maya-Tolteken-Zeit, die vom späten 10. Jahrhundert bis zum Beginn des 13. Jahrhunderts dauerte. Die Tolteken, ein weiteres Volk der amerikanischen Ureinwohner, das wahrscheinlich aus Zentralmexiko stammte, machten Chichén Itzá im späten 10. Jahrhundert zu ihrer Hauptstadt – ob durch Gewalt oder irgendein Abkommen mit den Maya ist nicht bekannt. Während der Maya-Tolteken-Zeit wurden die spektakulärsten Bauten von Chichén Itzá errichtet.

Das Bauwerk, das man am ehesten mit den Maya und Chichén Itzá verbindet, ist wohl die riesige Stufenpyramide, die die Stadt beherrscht und *Tempel von Kukulcán* oder spanisch *El Castillo* genannt wird. Der Tempel besteht eigentlich aus zwei Bauwerken: einer größeren Pyramide, die über einem früheren, bescheideneren Bau errichtet wurde. Das ganze Gebäude ist rund 30 Meter hoch, und jede seiner vier Seiten hatte einst 91 Stufen, die zusammen mit der krönenden Plattform 365 Stufen ergaben – eine für jeden Tag des Jahres. Ein weiterer Beweis für die kalendarische Bedeutung des Tempels sind seine 52 Seitenplatten (die den 52-Jahre-Zyklus des Maya-Kalenders darstellen) und die 18 Terrassen (entsprechend der 18 Monate im religiösen Jahr der Maya). Außerdem ist die Pyramide genau nach den beiden Tagundnachtgleichen ausgerichtet. Im Inneren der älteren der beiden Pyramidentempel führen schmale Stufen zur Spitze des Gebäudes, wo Archäologen den aus Stein gemeißelten, leuchtend rot bemalten und mit Jadesplittern versehenen Jaguarthron sowie eine Skulptur von Chac Mol entdeckten. Letzteres Objekt ist eine Art Steinaltar, der aus einer halb liegenden Gestalt besteht, die eine Schale oder ein Tablett über ihrem Bauch hält. Man glaubt, dass dieses Tablett für Weihrauchopfer an die Statue verwendet wurde, die als Bote zu den Göttern fungierte. Die Schale kann auch dazu gedient haben, menschliche Herzen zu empfangen, die den Opfern herausgeschnitten wurden. Während der Frühjahrs- oder Herbsttagundnachtgleiche (21. März bzw. 21. September), wenn das Sonnenlicht die Stufen der Nordseite der Pyramide erreicht, entsteht die spektakuläre Illusion eines Schlangenschattens, der die Pyramide hinaufgleitet, während die Sonne über den Himmel wandert.

El Castillo (das Schloss) von Chichén Itzá.
Foto von Aaron Logan.

Östlich von El Castillo steht der *Templo de los Guerrerros* oder Kriegertempel, eine große Pyramide mit abgeflachter Spitze, die ursprünglich ein verputztes Holzdach besaß. Der Tempel hat Säulen, die mit Basreliefs von Kriegern verziert sind und großenteils noch ihre ursprüngliche Farbe aufweisen. Hunderte von Säulen umgeben den Tempel – die Überreste eines verfallenen Gebäudes, das *Grupo de las Mil Columnas*, »Halle der tausend Säulen«, genannt wird.

Auf der Westseite der Stätte steht der Tempel der Jaguare. Seinen Namen verdankt das Gebäude der Prozession von Jaguaren, die in die Front des oberen Teils eingemeißelt sind. Es wurde im mayanisch-toltekischen Architekturstil von etwa 900 bis 1100 errichtet. Im Tempelinneren findet man einige der faszinierendsten Wandmalereien Chichén Itzás, zum Beispiel die Darstellung einer Schlacht zwischen Maya und Tolteken. Neben dem Tempel der Jaguare befindet sich der Ballspielplatz (*Juego de Pelota*), einer von zwölf Plätzen für das in Chichén Itzá entdeckte mittelamerikanische Ballspiel. Mit seinen Abmessungen von 168 mal 38 Metern ist das Spielfeld das größte, das je in Zentralamerika angelegt wurde, und es ist auch das am besten erhaltene. Ganz genau weiß man nicht, wie das von den Maya *Pok-Ta-Pok* genannte Spiel gespielt wurde, doch es war wohl eher rituelle Zeremonie als Freizeitvergnügen. Einig ist man sich darin, dass ein Spieler jedes Teams einen festen Leder- oder Gummiball durch die Öffnungen der an den gegenüberliegenden Wänden des Spielplatzes befestigten steinernen Zählringe bugsieren musste – und zwar ohne Zuhilfenahme von Händen oder Füßen. Das konnte ein tödlicher Sport sein, da man annimmt, dass der Kapitän des Gewinner- oder Verliererteams (da sind sich die Forscher nicht ganz einig) am Ende des Spiels dem Gott geopfert wurde, indem man ihn enthauptete. Doch aufgrund der Größe dieses speziellen Ballspielplatzes in Chichén Itzá nehmen eine Reihe von Gelehrten an, dass dieses Spiel eigentlich ein Ding der Unmöglichkeit war. Aufgrund der gewaltigen Länge des Spielfelds wären die Spieler nicht in der Lage gewesen, den Ball von einem Ende zum anderen zu befördern, und die Steinringe, die sich an den senkrechten Wänden in einer Höhe von fast 6 Metern befinden, wären für die Spieler völlig außer Reichweite gewesen.

Einer anderen Hypothese zufolge soll der Ballspielplatz als ritueller Ort gedient haben, wo Zeremonien abgehalten wurden, die eine ähnliche Bedeutung wie das eigentliche Spiel hatten. Platten an den Seitenwänden des Spielplatzes sind mit Szenen von Ballspielen verziert – unter anderem mit Spielern in einem stark gepolsterten Dress. Ein besonders grausames Bild stellt die Enthauptung eines Spielers vor beiden Teams dar. Ein Großteil der Schöpfungsgeschichte der Maya (das *Popol Vuh*) befasst sich mit einem Ballspiel, das in der diesseitigen Welt wie in der Welt der Toten gespielt wird und damit auf seine religiöse Bedeutung verweist. In einem Teil des Mythos spielen die Zwillingshelden das Spiel um ihr Leben gegen die Herren der Unterwelt. In einem anderen Teil wird die Verwendung eines Balles beschrieben, der aus einem in Gummi gehüllten abgeschlagenen Kopf bestand.

Drastischere Illustrationen der Bedeutung des menschlichen Schädels im Ritual der Maya weist das *Tzompantli*, die Wand der Schädel, auf, eine zentral gelegene etwa 60 mal zwölf Meter große, T-förmige Steinplattform. Sie diente als Basis für Holzstangen, auf denen die abgeschlagenen Köpfe feindlicher Krieger wie von Menschenopfern aufgespießt und öffentlich zur Schau gestellt wurden. Die Wände bedecken Basreliefs von Schädeln sowie von Adlern, geflügelten Schlangen und Maya-Kriegern, die Menschenköpfe tragen. Diese Wand der Schädel sollte wahrscheinlich die Stärke der Maya demonstrieren und muss für feindliche Armeen ein furchtbarer Anblick gewesen sein.

Im Südteil der Stadt steht eine der größten Leistungen der Maya-Architekten in Chichén Itzá: das gut 20 Meter hohe Observatorium, *El Caracol*, der Schneckenturm, genannt – der Name bezieht sich auf die spiralförmige Innentreppe des Gebäudes, die an ein Schneckenhaus erinnert. Heute findet man nur noch die Ruinen eines zylindrischen Bauwerks mit einem Turm auf einer rechteckigen Plattform vor. An mehreren Punkten befinden sich Öffnungen, die wahrscheinlich als kleine Fenster zur Beobachtung und Verfolgung von Sternen und Planeten dienten. Südlich von El Caracol steht das Nonnenkloster, *Las Monjas* genannt, ein kolossaler Bau, der an seiner Basis etwa 70 mal 35 Meter groß und rund 18 Meter hoch ist. Dieses kunstvoll verzierte Gebäude wurde im Laufe von mehreren Jahrhunderten errichtet, diente aber wohl nicht als Kloster, sondern als Regierungspalast der Stadt.

In den Maya-Chroniken wird berichtet, dass die Maya im Jahr 1221 gegen die Maya-Tolteken-Herren aufbegehrten, die damals in Chichén Itzá herrschten. Belege für dabei entstandene Zerstörungen fanden Archäologen in Form von Brandmalen am Großen Markt und am Tempel der Krieger. Anschließend kam es zum Bürgerkrieg, und die Kontrolle über Yucatán ging an Mayapan über, das etwa 40 Kilometer südöstlich von Merída liegt. Die Stadt Mayapan wurde das bedeutendste Zentrum der Maya-Kultur vor der Ankunft der Spanier im Jahr 1519. Nach dem Machtwechsel im frühen 13. Jahrhundert ging es mit Chichén Itzá bergab, seine Bürger zogen fort, und als die Spanier 1517 an der Stätte eintrafen, fanden sie nur eine Geisterstadt vor, deren einstige Pracht seit langem vergangen war.

Die Sphinx:
Ein archetypisches Rätsel

Die große Sphinx von Gizeh.
Foto von Michael Reeve.

*Der Zweck der Sphinx war nun ein wenig
klarer geworden. Die ägyptischen Atlanter hatten
sie als ihre großartigste Statue, ihre erhabenste
Gestalt des Gedenkens errichtet, und sie hatten sie
ihrem Lichtgott, der Sonne, gewidmet.*

Paul Brunton

Eine Felskuppe, die von den Erbauern der Großen
Pyramide übrig gelassen worden war, als sie
das Material für ihren inneren Kern abbauten,
wurde zur Zeit von Chephren (Cheops)
zu einem riesigen liegenden Löwen mit einem
Menschenkopf umgewandelt …

I. E. S. Edwards

Diese Zitate veranschaulichen die Bandbreite der Interpretationen der Großen Sphinx – sie reichen von mystischen Überhö-
hungen bis zu nüchtern pragmatischen Überlegungen. Die im
Laufe ihrer Existenz meist von Sand bedeckte, rätselhafte Sphinx
war schon immer von einer geheimnisvollen Aura umgeben
und hat Spekulationen über ihr Alter und ihren Zweck, die Methode ihrer Errichtung, verborgene Kammern, ihre Rolle bei
Weissagungen und ihre Beziehung zu den gleichfalls mysteriösen Pyramiden ausgelöst. Viele dieser Theorien bringen die
Ägyptologen und Archäologen, die die Sphinx und ihre Geheimnisse für sich allein beanspruchen, zur Verzweiflung. Vielleicht hat dieses nationale Symbol des alten und des modernen
Ägypten, das als Wächter über dem Plateau von Gizeh thront,
immer nur eine Rolle gehabt: die Fantasie von Dichtern, Gelehrten, Mystikern, Abenteurern und Touristen im Laufe der Jahrhunderte anzuregen. Die Sphinx von Gizeh steht für das wahre
Wesen Ägyptens.

Der aufgehenden Sonne zugewandt, ruht die Große Sphinx auf
dem Gizeh-Plateau etwa zehn Kilometer westlich von Kairo am
Westufer des Nils. Ägyptische Herrscher verehrten in ihr einen
Aspekt des Sonnengottes und nannten sie *Hor-Em-Akhet* (Horus

des Horizonts). Die Sphinx liegt in einem Teil der Nekropole des antiken Memphis, dem Machtsitz der Pharaonen, unweit von den drei großen Pyramiden – der Großen Pyramide von Khufu (Cheops), Khafre (Chephren) und Menkaura (Mykerinos). Das Monument ist die größte erhaltene Skulptur der antiken Welt und etwa 73,5 Meter lang und rund 20 Meter hoch. Ein Teil der Uräusschlange (einer heiligen Kobra, die vor bösen Mächten schützte), die Nase und der rituelle Bart fehlen – Letzterer ist im British Museum zu besichtigen. Die Ausbuchtungen zu beiden Seiten des Kopfes stellen das königliche Kopftuch dar. Zwar ist der Kopf der Sphinx durch die jahrtausendelange Erosion schwer mitgenommen, doch Spuren der ursprünglichen Farbe sind noch immer neben einem der Ohren zu erkennen. Man nimmt an, dass das Gesicht der Sphinx einst dunkelrot bemalt war. Ein kleiner Tempel zwischen ihren Pfoten enthielt Dutzende von Stelen mit Inschriften, die die Pharaonen zu Ehren des Sonnengottes darin aufgestellt hatten.

Die Sphinx hat im Laufe der Zeit unter der Erosion, menschlichen Eingriffen und der Umweltverschmutzung erheblich gelitten. Vor der völligen Zerstörung hat sie einzig und allein die Tatsache bewahrt, dass sie die meiste Zeit unter Wüstensand begraben lag. Im Laufe der Jahrtausende hat es verschiedene Versuche zu ihrer Restaurierung gegeben, angefangen schon um 1400 v. Chr. durch Pharao Thutmosis IV. Nachdem er auf der Jagd im Schatten der Sphinx eingeschlafen war, träumte der Pharao, dass die große Bestie im Sand zu ersticken drohte und ihm die Krone von Ober- und Unterägypten versprach, falls er den Sand beseitigen würde. Zwischen den Vorderpfoten der Sphinx befindet sich eine Granitstele, die so genannte Traumstele, in der diese Geschichte eingeritzt ist.

Doch schon bald wurde die kolossale Skulptur erneut unter Sand begraben. Als Napoleon 1798 nach Ägypten kam, erblickte er eine Sphinx, die keine Nase mehr hatte. Aus Zeichnungen aus dem 18. Jahrhundert geht hervor, dass die Nase schon lange vor Napoleons Ankunft fehlte – einer Geschichte zufolge soll sie während der Türkenherrschaft Zielübungen zum Opfer gefallen sein. Nach einer anderen (und vielleicht der plausibelsten) Erklärung wurde sie im 8. Jahrhundert n. Chr. mit dem Meißel von einem Sufi abgeschlagen, der die Sphinx für ein frevlerisches Götzenbild hielt. 1858 wurde der Sand um die Skulptur teilweise von Augustus Mariette entfernt, dem Begründer des »Service des Antiquités de l'Égypte«, dem späteren Ägyptischen Museum in Kairo, in dessen Auftrag der französische Ingenieur Émile Baraize die Sphinx zwischen 1925 und 1936 schließlich vollständig ausgrub. Möglicherweise wurde die Große Sphinx damit zum ersten Mal seit der Antike wieder den Elementen ausgesetzt.

Die Große Sphinx im Jahr 1867 – im unrestaurierten Originalzustand und noch teilweise im Sand vergraben.

Die von den meisten Ägyptologen favorisierte Erklärung für die rätselhafte Skulptur lautet, dass Chephren, ein Pharao der Vierten Dynastie, den Stein zu einem Löwen mit seinem Gesicht zur gleichen Zeit (um 2540 v. Chr.) formen ließ, als daneben seine eigene Pyramide errichtet wurde. Allerdings gibt es weder Inschriften, die Chephren mit der Sphinx gleichsetzen, noch wird ihre Errichtung erwähnt, was verblüfft, wenn man die Dimensionen des Monuments bedenkt. Auch wenn viele Ägyptologen das Gegenteil behaupten, weiß niemand genau, wann und von wem die Sphinx erbaut wurde. 1996 gelangte ein New Yorker Detektiv und Experte für Gesichtserkennung zu der Schlussfolgerung, dass das Antlitz der Großen Sphinx mit keiner der bekannten Darstellungen von Chephrens Gesicht übereinstimme. Es gebe hingegen eine größere Ähnlichkeit mit Chephrens älterem Bruder Djedefre. Die Diskussion darüber ist noch im Gang. Das Geheimnis um Ursprung und Zweck der Sphinx hat oft mystische Interpretationen ausgelöst, etwa die des englischen Okkultisten Paul Brunton und in den Vierzigerjahren des vorigen Jahrhunderts die des amerikanischen Mediums und Propheten Edgar Cayce. In Trance sagte Cayce voraus, unter den Vorderpfoten der Sphinx würde man eine Kammer entdecken, die eine Bibliothek mit Aufzeichnungen enthielte, die bis zu den Überlebenden der Zerstörung von Atlantis zurückreichten.

Die Große Sphinx wurde aus relativ weichem, natürlichem Kalkstein herausgehauen, der im Steinbruch für den Bau der Pyramiden übrig geblieben war, während die Vorderpfoten separat aus Kalksteinblöcken hergestellt wurden. Eine der merkwürdigsten Eigenheiten der Skulptur besteht darin, dass der Körper unverhältnismäßig größer als der Kopf ist. Es könnte sein, dass aufeinanderfolgende Pharaonen den Kopf mehrere Male neu ausarbeiten ließen, auch wenn es aus stilgeschichtlichen Gründen unwahrscheinlich ist, dass dies nach der Epoche des Alten Reiches in Ägypten (die um 2181 v. Chr. endete) geschah. Vielleicht war der ursprüngliche Kopf der eines Widders oder Falken, der später zu einem menschlichen Gesicht umgearbeitet wurde. Verschiedene Reparaturen des beschädigten Kopfes im Laufe der Jahrtausende könnten die Gesichtsproportionen reduziert oder verändert haben. All diese Argumente könnten die geringe Größe des Kopfes im Verhältnis zum Körper erklären, insbesondere wenn die Große Sphinx älter ist, als traditionellerweise angenommen wird.

Über die Datierung des Monuments hat es in den letzten Jahren eine lebhafte Diskussion gegeben. Zunächst entdeckte der Autor John Anthony West Verwitterungsmuster an der Sphinx, die eher einer Erosion durch Wasser als durch Wind und Sand entsprachen. Diese Muster beschränkten sich anscheinend nur auf die Sphinx und wurden nicht an anderen Bauten auf dem Plateau festgestellt. West zog den Geologen Robert Schoch von der Universität Boston hinzu, der nach der Untersuchung der neuen Funde einräumte, dass einiges für eine Wassererosion spreche. Heute ist Ägypten zwar ein trockenes Gebiet, doch vor rund 10 000 Jahren war das Land feucht und regnerisch. Folglich gelangten West und Schoch zu der Schlussfolgerung, damit die Sphinx Effekte einer Wassererosion aufweisen könne, müsse sie zwischen 7000 und 10 000 Jahre alt sein. Die Ägyptologen lehnten Schochs Theorie als äußerst fehlerhaft ab und wiesen darauf hin, dass die einst in Ägypten vorherrschenden großen Regenunwetter lange vor der Errichtung der Sphinx aufgehört hatten. Ein ernsthafteres Argument war der Einwand, dass auf dem Gizeh-Plateau keine anderen Anzeichen einer Wassererosion zu finden sind, die Wests und Schochs Theorie bestätigten. Der Regen konnte sich wohl nicht auf dieses einzelne Monument beschränkt haben. Kritik wurde auch an West und Schoch geübt, weil sie das hohe Niveau der lokalen Verschmutzung der Atmosphäre durch die Industrie des vergangenen Jahrhunderts ignorierten, die die Monumente von Gizeh ernsthaft beschädigt hatte.

Eine eigene Theorie zur Datierung der Sphinx vertritt der Autor Robert Bauval. Er veröffentlichte 1989 einen Aufsatz, in dem er darlegte, dass die drei großen Pyramiden bei Gizeh und ihre relative Position zum Nil eine Art 3-D-Hologramm der drei Sterne des Oriongürtels und ihrer relativen Position zur Milchstraße bilden. Zusammen mit dem Bestsellerautor Graham Hancock (*Die Spur der Götter*) entwickelte Bauval die Theorie, die Sphinx, ihre benachbarten Pyramiden und verschiedene antike Schriften würden eine Art astronomische Karte darstellen, die mit dem Sternbild Orion in Verbindung gebracht werden kann. Ihre Schlussfolgerung: Diese Karte entspricht die Position der Sterne um 10 500 v. Chr. – damit würde der Ursprung der Sphinx noch weiter zurückverlegt. Es gibt verschiedene Legenden über Geheimgänge im Umkreis der Großen Sphinx. Untersuchungen durch die Florida State University, die Universität von Waseda in Japan und die Boston University haben verschiedene Anomalien in dem Gebiet um das Monument ermittelt, obwohl diese auch natürlichen Ursprungs sein können. 1995 entdeckten Arbeiter bei der Renovierung eines nahe gelegenen Parkplatzes eine Reihe von Tunneln und Gängen. Zwei davon setzen sich in Richtung der Sphinx weiter unterirdisch fort. Bauval glaubt, diese Gänge seien zeitgleich mit der Sphinx entstanden. Als Anthony Wests Team zwischen 1991 und 1993 die Belege für eine Erosion am Monument mit Hilfe eines Seismographen untersuchte, fand es Hinweise auf Anomalien in Gestalt von regelmäßig geformten Hohlräumen oder Kammern ein paar Meter unter der Oberfläche zwischen den Vorderpfoten und zu beiden Seiten der Sphinx. Eine weitere Untersuchung wurde nicht genehmigt. Könnte also in Edgar Cayces Prophezeiung von einer Bibliothek mit Aufzeichnungen ein Körnchen Wahrheit stecken?

Heutzutage zerbröckelt die großartige Statue infolge von Wind, Feuchtigkeit und dem Kairoer Smog. Seit 1950 ist ein gewaltiges und kostspieliges Restaurations- und Konservierungsprojekt im Gange, aber in den Anfängen dieses Projekts wurde für Reparaturen Zement benutzt, der sich mit dem Kalkstein nicht vertrug und das Bauwerk zusätzlich beschädigte. Im Laufe von sechs Jahren wurden über 2000 Kalksteinblöcke eingebaut und Chemikalien in den Bau injiziert, aber diese Behandlung war erfolglos. 1988 befand sich die linke Schulter der Sphinx in einem derart desolaten Zustand, dass ganze Blöcke abfielen. Gegenwärtig werden die Restaurierungsarbeiten unter Aufsicht der ägyptischen Altertumsbehörde fortgesetzt, wobei man die beschädigte Schulter repariert und einen Teil des Unterbodens zu entwässern versucht. Folglich steht heute die Erhaltung der Sphinx eher im Mittelpunkt als die ihrer weiteren Erforschung oder neue Ausgrabungen – wir werden also wohl noch lange warten müssen, bis die Große Sphinx ihre Geheimnisse preisgibt.

Das Labyrinth von Knossos und der Mythos des Minotauros

Die Ruinen des Palastes von Knossos mit einem Teil von Arthur Evans' Rekonstruktion.
© Thanassis Vembos.

Die archäologische Stätte von Knossos liegt auf einem Hügel rund fünf Kilometer südöstlich der Stadt Heraklion, der modernen Hauptstadt der ägäischen Insel Kreta. Knossos wurde von der bronzezeitlichen Kultur der Minoer errichtet, so benannt nach dem legendären König Minos von Kreta. Die minoische Kultur existierte rund 1500 Jahre auf dieser Insel, von 2600 bis 1100 v. Chr., und erlebte ihren Höhepunkt vom 18. bis zum 16. Jahrhundert v. Chr. Im Mittelpunkt der außergewöhnlichen Stätte von Knossos steht der große Palast, ein riesiger Komplex von Räumen, Sälen und Höfen, der ungefähr 21 000 Quadratmeter umfasst. Eng verbunden ist der Palast von Knossos in der griechischen Mythologie mit Theseus, Ariadne und dem gefürchteten Minotauros. Ja, einige Gelehrte nehmen an, dass die Legende des von Daidalos errichteten Labyrinths, in dem sich die schreckliche Kreatur aus Mensch und Tier verbarg, auf die komplexe Anlage des Palastes zurückgeht. Archäologische Funde in Knossos (und anderswo auf Kreta) bieten sogar düstere Hinweise auf die Praxis von Menschenopfern. Athen habe – so der Mythos – alle sieben Jahre 14 Mädchen und Jungen entsandt, die dem Minotauros zum Fraß vorgeworfen wurden.

Die Stätte von Knossos wurde im Jahr 1878 von dem kretischen Kaufmann und Antikenforscher Minos Kalokairinos entdeckt, der einige Abschnitte vom Westflügel des Palastes freilegte. Doch die systematischen Ausgrabungen begannen erst im Jahr 1900 durch Sir Arthur Evans, den Direktor des Ashmolean Museum in Oxford, der das ganze Areal erwarb und seine Untersuchungen bis 1931 fortsetzte. Evans legte mit seinem Team unter anderem den Hauptpalast, eine große Fläche der minoischen Stadt und mehrere Friedhöfe frei. Dabei unterzog er den Palast von Minos, wie er ihn nannte, einer umfassenden, jedoch sehr umstrittenen Restaurierung – für einige Archäologen ist der Palast in seiner gegenwärtigen Form ebenso sehr ein Produkt von Evans' Fantasie und seinen vorgefassten Meinungen wie der antiken Minoer. Nach Evans wurden und werden weitere Ausgrabungen vorgenommen, und zwar von der British School of Archaeology in Athen und vom Archäologischen Dienst des griechischen Kulturministeriums. Der Hügel, auf dem Knossos liegt, war schon seit sehr langer Zeit von Menschen bewohnt, nämlich kontinuierlich von der Neusteinzeit (7000–3000 v. Chr.) bis hin zur Römerzeit. Der Name *Knossos* geht auf das Linear-B-Wort für die Stadt zurück: *ko-no-so*. Linear B ist die älteste erhaltene Form der griechischen Sprache und war vom 14. bis zum 13. Jahrhundert v. Chr. auf Kreta und auf dem griechischen Festland in Gebrauch. Beispiele der Linear-B-Schrift wurden in Knossos in Form von Tontäfelchen gefunden, auf denen Palastschreiber Details über die Arbeiten und die Verwaltung der Hauptindustrien festhielten, wie die Produktion von aromatisiertem Öl, Gold- und Bronzegefäßen, Streitwagen und Textilien sowie den Vertrieb von Gütern wie Wolle, Schaffleisch und Getreide. Evans fand in Knossos auch Tontäfelchen mit der älteren, noch nicht entzifferten kretischen Linear-A-Schrift.

Der erste minoische Palast wurde in Knossos um 2000 v. Chr. erbaut und bestand bis 1700 v. Chr., als er von einem gewaltigen Erdbeben zerstört wurde. Damit endete die Periode des Alten Palastes, wie sie von Archäologen genannt wird. Auf den Ruinen wurde ein neuer, komplexerer Palast errichtet, der das goldene Zeitalter der minoischen Kultur oder die Periode des Neuen Palastes einleitete. Dieser Große Palast oder Palast von Minos war die krönende Leistung der minoischen Kultur und das Zentrum des mächtigsten Stadtstaates auf Kreta. Der aus Holz und Steinen erbaute mehrstöckige Komplex diente als Verwaltungs- und Religionszentrum und wies etwa 1400 Räume auf. Der Plan des Palastes von Knossos ähnelte dem anderer Paläste dieser Zeit auf Kreta, etwa dem in Phaistos im südlichen zentralen Teil der Insel, obwohl Knossos offenbar die Hauptstadt darstellte. Minoische Paläste bestanden generell aus vier Flügeln, die um einen rechteckigen zentralen Hof angeordnet waren, der als Herzstück des ganzen Komplexes fungierte. Jeder Abschnitt des Palastes von Knossos hatte eine eigene Funktion. So enthielt der Westteil die Schreine, zeremonielle Suiten und enge Lagerräume, die voller großer Speicherkrüge waren, den so genannten *Pithoi*. Der kunstvoll verzierte Thronsaalkomplex befand sich ebenfalls in diesem Abschnitt – in ihm war ein Steinsitz in die Wand eingebaut, dem eine Reihe von Bänken gegenüberstand. Dieser Sitz wurde von Arthur Evans als Königsthron interpretiert, und der Name ist geblieben. Ganz im Westen des Komplexes befand sich der große gepflasterte Westhof, der offizielle Zugang zum Palast. Der Ostflügel des Gebäudes hatte einst vier Ebenen, von denen heute noch drei erhalten sind. Dieser Teil des Komplexes beherbergte vermutlich die Wohnräume der minoischen Herrscherelite, Werkstätten, einen Schrein und eine der eindrucksvollsten Leistungen minoischer Architektur: die Große Treppe. Andere Teile

Der Thronsaal im Palast von Knossos.

des Palastes umfassen große Wohnungen mit einer Kanalisation aus Terrakottaröhren und vielleicht dem ersten Beispiel von Toiletten mit Wasserspülung.

Einige der außergewöhnlichsten Entdeckungen in Knossos sind die reich verzierten Fresken, die die verputzten Wände und zuweilen sogar die Fußböden und Decken zieren. Diese Wandmalereien zeigen Fürsten, Hofdamen, Fische, Blumen und merkwürdige Spiele, bei denen junge Leute über angreifende Stiere springen. Als diese Wandgemälde gefunden wurden, waren sie fragmentarisch, oft fehlten wichtige Teile, und anschließend wurden sie von Evans und dem Künstler Piet de Jong rekonstruiert und ersetzt. Folglich ist die Genauigkeit der Rekonstruktionen sehr umstritten, auch wenn kein Zweifel daran besteht, dass viele Fresken eine religiöse oder rituelle Bedeutung haben.

Zwischen 1700 v. Chr. und 1450 v. Chr. befand sich die minoische Kultur auf ihrem Höhepunkt, und die Stadt Knossos und das sie umgebende Siedlungsgebiet wiesen eine Bevölkerung von bis zu 100 000 Einwohnern auf. In dieser Zeit mussten die minoischen Zentren zwei große Erdbeben überstehen – das schwerste fand wahrscheinlich Mitte des 17. Jahrhunderts v. Chr. statt (einige Forscher datieren es allerdings erst auf 1450 v. Chr.) und wurde von einem gewaltigen Vulkanausbruch auf der rund 100 Kilometer von Kreta entfernten Kykladeninsel Thera (dem heutigen Santorin) verursacht. Die Explosionswucht dieses Ausbruchs war noch größer als die der Atombombe von Hiroshima und zersprengte die Insel Thera in drei Teile. Um die Mitte des 15. Jahrhunderts v. Chr. schließlich setzte aufgrund einer Kombination häufiger Erdbebenschäden, periodischer Überfälle vom griechischen Festland aus und des Zusammenbruchs der Handelsnetze der Niedergang der minoischen Kultur ein.

Vielleicht weil die Anlage des Palastes von Minos so komplex ist und dadurch sozusagen einem Labyrinth ähnelt, gilt er manchen Forschern als Ursprung des Mythos von Theseus und dem Minotauros. Der Hauptteil des Mythos erzählt von Theseus, der in Athen vom Blutzoll erfuhr, den König Minos von Kreta für die Ermordung seines Sohnes durch die Athener verlangte. Dies bedeutete, dass jedes Jahr sieben junge Männer und sieben Jungfrauen von Athen nach Kreta geschickt werden mussten, wo sie dem schrecklichen Minotauros, halb Stier, halb Mensch, übergeben wurden. Diese Bestie war in einem Labyrinth eingeschlossen, das der berühmte Architekt Daidalos angelegt hatte. Entsetzt über diese Praktiken, meldete sich Theseus freiwillig für das alljährliche Opfer, um den Minotauros zu töten. Als Theseus gerade mit den vorgesehenen Geiselopfern auf einem Schiff mit schwarzem Segel nach Kreta übersetzen will, nimmt ihm sein Vater Aigeus das Versprechen ab, wenn es ihm gelinge, den Minotauros zu erschlagen, bei seiner Rückkehr ein weißes Segel zu setzen, als Zeichen dafür, dass er am Leben und wohlauf sei. Als die Gruppe auf Kreta eintrifft, verliebt sich König Minos' Tochter Ariadne sogleich in Theseus und willigt ein, ihm dabei zu helfen, Minotauros zu töten. Ariadne gibt Theseus einen seidenen Faden, der dem Helden dazu dient, wieder aus dem Labyrinth hinauszufinden, nachdem er das Monster getötet hat. Anschließend bricht das Paar nach Athen auf, aber unterwegs lässt Theseus Ariadne auf der Insel Naxos zurück, wo sie vom Gott Dionysos gerettet wird. Leider vergisst Theseus bei der Annäherung an Athen das Versprechen, das er seinem Vater gegeben hat, und ersetzt das schwarze nicht durch das weiße Segel. König Aigeus glaubt, sein Sohn sei getötet worden, und springt von einer Klippe in den Tod.

Es gibt Belege dafür, dass die Verbindung von Knossos mit Theseus und dem Minotauros noch lange, nachdem die Minoer nicht mehr existierten, erhalten blieb. Dies sind vor allem Münzen, zum Beispiel eine Silbermünze aus Knossos, die zwischen 500 und 413 v. Chr. in Umlauf war und auf der einen Seite einen heranstürmenden Minotauros und auf der anderen einen Irrgarten oder ein Labyrinth zeigt. Auf einer anderen Münze ist der Kopf von Ariadne, umgeben von einem Labyrinth, dargestellt. Der Mythos war auch in der Römerzeit äußerst beliebt, und zahlreiche Mosaiken stellen das Labyrinth von Knossos dar. Das spektakulärste befindet sich wahrscheinlich in einer römischen Villa bei Salzburg aus dem 5. Jahrhundert n. Chr. Doch einige Forscher bezweifeln, dass der Minotauros-Mythos ursprünglich mit der Architektur des Palastes von Knossos zusammenhängt. Sie verweisen auf den Unterschied zwischen einem Labyrinth, das nur einen einzigen Weg ins Zentrum besitzt, und einem Irrgarten, bei dem es viele verschiedene Möglichkeiten gibt. In der Tat ist es verlockend, beides als Symbol der Geheimnisse von Leben und Tod zu betrachten: als ein abstraktes Konzept, das mit einem religiösen Ritual zusammenhängt, wobei der im Zentrum des Labyrinths wartende Minotauros für etwas steht, das im Herzen von uns allen verborgen ist.

Die Geschichte der 14 jungen Leute, die von Athen nach Knossos als Opfer für den Minotauros gebracht werden, galt immer nur als schlichter Mythos. Aber es gibt einen archäologischen Hinweis, der diese grauenvolle Geschichte unter Umständen bestätigt. 1979 entdeckten Ausgräber im Keller des Nordhauses im Knossos-Komplex 337 menschliche Knochen. Ihre Analyse ergab, dass sie mindestens zu vier Individuen gehörten, lauter Kindern. Eine weitere Untersuchung enthüllte das grausige Detail, dass

79 dieser Knochen Schnittkerben einer feinen Klinge aufwiesen, die nach der Interpretation des Knochenspezialisten Loius Binford vorgenommen worden waren, um das Fleisch zu entfernen. Da die Möglichkeit ausgeschlossen wurde, dass das Ablösen des Fleisches von den Knochen Teil eines Bestattungsrituals war (es wurden nur Fleischbrocken entfernt, nicht das gesamte Fleisch), gelangte der Ausgräber Peter Warren, Professor für Klassische Archäologie an der Universität Bristol, zu der Schlussfolgerung, die Kinder seien wahrscheinlich rituell geopfert und dann gegessen worden.

Ein Fund in dem nur sieben Kilometer südlich von Knossos gelegenen, vier Räume umfassenden Heiligtum bei Anemóspilia (1979 erstmals von J. Sakellarakis ausgegraben) deutete ebenfalls auf Menschenopfer hin. Bei der Untersuchung des westlichen Tempelraums entdeckten die Archäologen drei Skelette. Das erste gehörte einem 17-jährigen Mann, der auf der rechten Seite mit zusammengebundenen Füßen und einen Bronzedolch in der Brust auf einem Altar lag. Neben dem Altar hatte einst eine Säule mit einem Kanal um die Basis herum gestanden, der anscheinend das Blut des Opfers auffangen sollte. Die Untersuchung der Knochen des jungen Mannes ergab, dass er wahrscheinlich an Blutverlust gestorben war. In der Südwestecke des Raumes wurden die Überreste einer 28-jährigen Frau gefunden, die auf dem Boden ausgestreckt lag, und neben dem Altar entdeckte man das Skelett eines knapp 1,80 Meter großen Mannes von Ende dreißig. Die Hand dieses Mannes war erhoben, als ob er versucht habe, sich zu schützen, und seine Beine waren durch herabfallendes Mauerwerk zerbrochen worden. Ein weiteres Skelett, das für eine Identifikation zu stark beschädigt war, wurde ebenfalls in dem Gebäude gefunden. Der Tempel war um 1600 v. Chr. durch ein

Feuer zerstört worden, das wahrscheinlich auf ein Erdbeben zurückging. Drei dieser Menschen waren durch das herabfallende Dach und Mauerwerk der oberen Wände getötet worden, aber anscheinend war der Jüngling zu diesem Zeitpunkt bereits tot.

Nach den archäologischen Belegen zu schließen, waren Menschenopfer auf dem minoischen Kreta wohl nicht sehr weit verbreitet. Die erwähnten Beispiele mögen Ausnahmen gewesen sein, vielleicht ein verzweifelter Versuch, die Götter in schwierigen Zeiten günstig zu stimmen, wahrscheinlich während schwerer Erdbeben. Bemerkenswerterweise betrafen die Opfer sowohl im Nordhaus in Knossos wie im Tempel von Anemóspilia junge Erwachsene oder Kinder, und das erinnert doch sehr an die sieben jungen Männer und die sieben Jungfrauen, die aus Athen entsandt wurden, um den Minotauros zufrieden zu stellen. Vielleicht sind die Ursprünge der Legende vom Knossos-Labyrinth zum Teil in dieser entsetzlichen Praxis des Menschenopfers zu suchen, das in instabilen Zeiten erfolgte, als man die Sicherheit der gesamten Gemeinschaft in Gefahr glaubte.

Die steinernen Wächter
der Osterinsel

Eine Gruppe Moais auf ihren zeremoniellen Plattformen.
© Thanassis Vembos.

Die isolierteste bewohnte Insel der Welt, die Osterinsel (heute *Rapa Nui, Große Insel,* genannt), liegt im Südosten des Pazifik, rund 3500 Kilometer von der nächsten menschlichen Siedlung entfernt. Die Insel besitzt ungefähr die Form eines Dreiecks und besteht aus Vulkangestein. Am berühmtesten ist sie wegen ihrer zahlreichen rätselhaften Steingiganten, die entlang der Küste verstreut sind; weniger bekannt ist vielleicht die bislang nicht entzifferte geheimnisvolle Schrift namens *Rongorongo.*

Die ursprünglichen Bewohner der Osterinsel nannten sie *Te Pito O Te Henua* (Nabel der Erde), aber wer diese ersten Siedler waren oder woher sie kamen, sind viel diskutierte Themen. Die wohl umstrittenste Theorie über die Bevölkerung der Insel stammte von dem norwegischen Forscher und Archäologen Thor Heyerdahl. Ihm zufolge war die Osterinsel teilweise von einer Präinka-Gesellschaft besiedelt worden, die von Peru aus auf gewaltigen ozeantüchtigen Flößen mit Hilfe des vorwiegend westlichen Passatwinds segelten. Um zu beweisen, dass es theoretisch möglich sei, den Pazifik auf solch einem Gefährt zu überqueren, baute Heyerdahl 1947 eine Nachbildung eines dieser Balsaholzflöße und nannte es nach einem Sonnengott der Inkas *Kon-Tiki*. Auf dem Pazifik legten Heyerdahl und sein Team in 101 Tagen rund 7000 Kilometer zurück, bevor sie am Riff des Raroia-Atolls im Tuamotu-Archipel östlich von Tahiti strandeten. 1951 wurde der Dokumentarfilm über die Expedition der *Kon-Tiki* mit einem Oscar ausgezeichnet. Diese Expedition bewies also, dass es für südamerikanische Völker möglich war, den Pazifik auf einem Floß zu überqueren und die Polynesischen Inseln zu besiedeln. Aber an Heyerdahls Experiment sind Zweifel angebracht. Die *Kon-Tiki* war ein Wasserfahrzeug, das Flößen aus dem 16. Jahrhundert nachgebaut war, also nach der Einführung des Segels durch die Spanier. Wir wissen also nicht, wie weit die Konstruktion seines Floßes den Wasserfahrzeugen entsprach, die 800 Jahre vor dem Erscheinen der Spanier in Gebrauch waren, als die mutmaßlichen Besiedlungsexpeditionen im Pazifik stattfanden. Und als sich Heyerdahl zum ersten Mal auf seine Fahrt begeben wollte, waren die Strömungen vor der Küste so stark, dass die *Kon-Tiki* rund 80 Kilometer auf die See hinausgeschleppt werden musste, bevor das Segel gesetzt werden konnte.

Heyerdahl bezog in seine Theorie des südamerikanischen Ursprungs der Besiedlung der Osterinsel um das Jahr 800 auch botanische, linguistische und architektonische Belege ein. Doch die seit Heyerdahls kühner Seefahrt gesammelten archäologischen Beweise haben seine Hypothese nahezu vollständig widerlegt, insbesondere, da die Besiedlung der Insel zum Zeitpunkt der angeblichen Pazifiküberquerung bereits abgeschlossen war. Woher also kamen die ersten Bewohner der Osterinsel? Aufgrund ihrer extrem isolierten Lage hätte eine Fahrt zur Osterinsel aus jeder Richtung mindestens zwei Wochen gedauert, Tausende von Kilometern auf offener See hätten zurückgelegt werden müssen. Eine solche Fahrt verweist eindeutig auf ein maritimes Volk. In den polynesischen Kulturen gab es erfahrene Seeleute und Erbauer großer seetüchtiger Kanus und Flöße, die mit Hilfe der Position der Sterne, der Windrichtung und der natürlichen Bewegungen von Vögeln und Fischen navigierten. Linguistische Belege deuten auf eine Besiedlung von Rapa Nui durch Menschen aus Ostpolynesien zwischen den Jahren 300 und 700 hin, möglicherweise von den Marquesas oder der Insel Pitcairn aus. Letztere ist die nächste bewohnte Insel und liegt rund 2000 Kilometer westlich. Diese Kolonisation war wahrscheinlich Teil einer nach und nach Richtung Osten erfolgenden Migration, die um das Jahr 2000 v. Chr. von Südostasien ausging. Auf einen westlichen Ursprung verweist auch ein auf der Osterinsel verbreiteter Mythos. Er schildert, wie vor rund 1500 Jahren ein polynesischer König namens Hotu Matua (der *Große Vater*) mit seiner Frau und seiner Familie in einem Doppelkanu zur Insel kam, indem er von einer ungenannten polynesischen Insel in Richtung des Sonnenaufgangs fuhr. Kurz vor seinem Tod begab sich Hotu Matua an die Westspitze der Osterinsel, um zum letzten Mal zu seiner Heimat zurückzublicken.

Neuere DNA-Studien haben eine Kolonisation durch Südamerikaner praktisch ausgeschlossen. Skelette aus Grabstätten auf der Osterinsel weisen nämlich einen genetischen Marker auf, das so genannte Polynesische Motiv, das beweist, dass die Insulaner Nachkommen von Siedlern aus dem östlichen Polynesien und nicht aus Südamerika sind.

Die unglaublichen Riesenstatuen der Osterinsel sind Forschern und Archäologen seit Jahrhunderten ein Rätsel. Es gibt fast 900 solcher Statuen, die von den Insulanern Moai genannt werden und im Durchschnitt gut 4 Meter groß und 14 Tonnen schwer sind – die höchste war fast 20 Meter hoch und wog um die 270 Tonnen. Diese geheimnisvollen Monolithen wurden aus gehärteter Vulkanasche gemeißelt und bestehen aus einem länglichen stilisierten Menschenkopf mit spitzem Kinn und einem kurzen Körper mit an den Seiten anliegenden Armen. Sie wurden so aufgestellt, dass sie ins Innere der Insel blicken, um vielleicht stumme Wacht über die Inselbevölkerung zu halten. Bei einigen Statuen waren die Augen wohl ursprünglich mit roten und weißen Steinen und Korallen gefärbt, und noch heute gibt es Exemplare, bei denen die seltsam starrenden Augen intakt sind. Über die Hälfte der 887 Statuen sind entlang der Küste verteilt, während die restlichen Moais noch in Rano Raraku stehen, dem Steinbruch, in dem sie entstanden, was auf ein recht plötzliches Ende des Statuenbaus hindeutet. Die meisten Monolithen wurden auf zeremoniellen Bauten, den *Ahus*, errichtet. Diese Ahus wurden aus Blöcken von Vulkangestein gebaut und bestehen aus Plattformen, Rampen und Plätzen. Bis zu 15 Moais wurden auf diese Ahus gestellt, die als Religionszentren für Tänze und Zeremonien im Zusammenhang mit der Ahnenverehrung fungierten.

*Einige Moais
im Detail.*

Die meisten Moais wurden in der Zeit zwischen 1100 und 1600
n. Chr. gemeißelt, transportiert und errichtet, als die Insel noch
dicht bewaldet war und eine geschätzte Bevölkerung von 9000 bis
15 000 Einwohnern besaß. Die meisten Statuen standen noch aufrecht, als der holländische Forschungsreisende Jakob Roggeveen
am Ostersonntag, dem 5. April 1722, landete (daher der Name
der Insel). Auch der englische Forscher und Kartograph James
Cook fand noch viele stehende Statuen vor, als er 1774 die Insel
erreichte. Eines der großen Geheimnisse der Osterinsel ist die
Frage, wie es den Bewohnern gelang, die riesigen Steinstatuen zu
bewegen und aufzurichten. Jo Anne Van Tilburg von der University of California in Los Angeles ist Spezialistin für Polynesische
Studien und hat auf der Osterinsel über 15 Jahre lang geforscht.

Mit Hilfe einer Computersimulation hat Van Tilburg aus den Daten über verfügbare Arbeitskräfte und Materialien, Gesteinsarten und einfachste Transportrouten eine plausible Hypothese erarbeitet, wie die Statuen bewegt wurden. Danach mussten die Giganten zunächst auf dem Rücken auf einen Holzschlitten gelegt und dann über eine hölzerne Kanuleiter gezogen werden – also Holzstämme in einem Abstand von rund einem Meter, über die der Schlitten gleiten konnte. Sobald die Statuen an den Zeremonialplattformen eintrafen, wurden sie mit Hebelkraft in eine aufrechte Position gebracht und mit Hilfe des Schlittens festgehalten. 1999 überprüften Van Tilburg und ein Team von 73 Personen diese Theorie mit einigem Erfolg – bislang ist diese Methode die beste Hypothese dafür, wie die großen Steinfiguren transportiert und errichtet wurden.

Viel schwieriger und komplizierter ist die Antwort auf die Frage, *warum* die Menschen auf Rapa Nui die gewaltige Aufgabe übernahmen, diese gigantischen Steinfiguren herzustellen, zu transportieren und zu errichten. Außer der nicht entzifferten Rongorongo-Schrift, die wahrscheinlich erst aus dem späten 18. Jahrhundert stammt, sind auf der Osterinsel keinerlei schriftliche Aufzeichnungen überliefert, die uns dabei helfen könnten, die Glaubensvorstellungen der Bewohner und die Bedeutung der Moais zu verstehen. Verschiedenen Theorien zufolge stehen sie vielleicht für verehrte Ahnen oder mächtige, zu der Zeit regierende Häuptlinge. Die Statuen müssen auch eine wichtige Rolle als Statussymbole gespielt haben, die die Kraft und das Organisationstalent der Menschen verkörperten, die sie erschufen. Jo Anne Van Tilburg glaubt, die Figuren hätten eine Doppelrolle besessen: Sie hätten keine individuellen Porträts von Häuptlingen dargestellt, sondern seien sowohl standardisierte Abbilder bedeutender

Herrscher als auch Vermittler zwischen dem Volk, den Häuptlingen und den Göttern gewesen.

Einst gab es auf der Insel einen dichten Wald aus Palmen, aber als die Holländer 1722 eintrafen, war die Landschaft bereits baumlos. Eine Pollenanalyse hat ergeben, dass schon im Jahr 1150 die tiefliegenden Teile der Insel praktisch vollständig gerodet waren. Als die Bäume verschwunden waren, setzte eine erhebliche Bodenerosion ein, die Probleme beim Anbau von Feldfrüchten verursachte. Dieser ökologische Kollaps führte zu Übervölkerung, Nahrungsknappheit, Bürgerkrieg und schließlich zum Untergang der Gesellschaft von Rapa Nui. Einige Stätten auf der Insel weisen sogar Belege für Kannibalismus auf. Bei Stammeskriegen wurden dann alle heiligen Statuen an der Küste von den Inselbewohnern niedergerissen. Zwar verbrauchten die Bewohner von Rapa Nui gewaltige Mengen Holz für den Transport und die Errichtung ihrer Statuen, für den Kanubau und zur Landgewinnung für die Landwirtschaft, doch sind sie vielleicht nicht allein für die Entwaldung verantwortlich. Auch die polynesische Ratte, die im Pazifikraum als Nahrungsquelle dient, hat anscheinend zum Absterben der heimischen Palme beigetragen, indem sie die Palmnüsse fraß und damit das Nachwachsen neuer Bäume verhinderte.

Der erste Kontakt mit Europäern erwies sich für die Rapa Nui beinahe genauso als Katastrophe wie der Zusammenbruch ihres Ökosystems. In Raubzügen zwischen 1859 und 1862 verschleppten peruanische Sklavenhändler alle gesunden Männer und Frauen, wahrscheinlich um die tausend Insulaner, zur Arbeit in Bergwerken auf den Inseln vor der Küste von Peru. Nach Protesten des Bischofs von Tahiti durften die Osterinsulaner schließlich wieder heimkehren. Aber als diejenigen, die nicht bereits an Krankheiten und Überarbeitung gestorben waren, auf Rapa Nui eintrafen, schleppten sie Pocken und Lepra ein. Rasch breiteten sich diese Krankheiten auf der Insel aus, und 1877 gab es nur noch 110 Bewohner. Infolge dieser erzwungenen Entvölkerung ist tragischerweise ein erheblicher Teil der mündlichen Geschichte und Kultur der Osterinsulaner verloren gegangen.

1888 wurde die Insel von Chile annektiert, und anschließend nahm die Bevölkerung wieder zu. Zwar legte die chilenische Regierung 1935 den Rapa-Nui-Nationalpark an, doch die verbliebenen einheimischen Bewohner wurden in einem Reservat außerhalb der Hauptstadt Hanga Roa zusammengepfercht, während das übrige Land an Schafzüchter verpachtet wurde. 1964 setzte eine Unabhängigkeitsbewegung ein, und in den Achtzigerjahren wurde die Schafhaltung eingestellt und die gesamte Insel zu einem historischen Park erklärt. 1992 hatte sie 2770, zehn Jahre später 3791 Einwohner, die zumeist in der Hauptstadt leben. Auch wenn die offizielle Amtssprache Spanisch ist, beherrschen die meisten Insulaner noch immer die Sprache von Rapa Nui. 1995 wurde der Rapa-Nui-Nationalpark von der UNESCO zum Weltkulturerbe erklärt – eine überfällige Anerkennung der bedeutenden Leistungen dieser einzigartigen und rätselhaften Kultur.

Das versunkene Land
Mu oder Lemuria

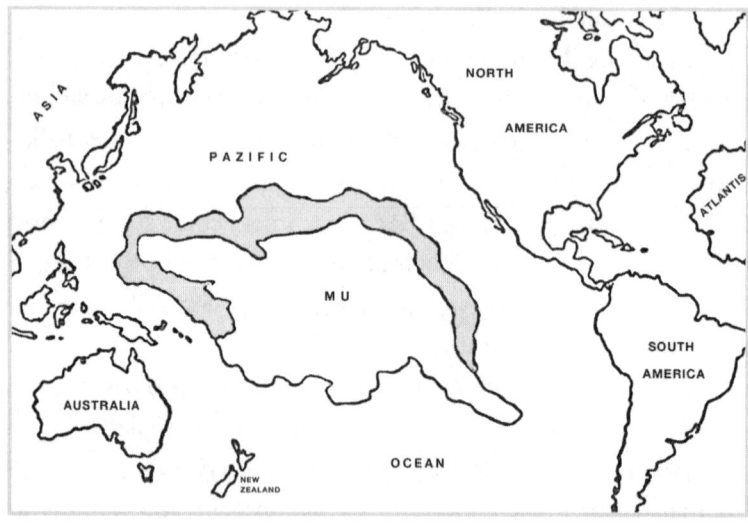

Die geografische Position des Kontinents Mu. Nach James Churchward,
The Lost Continent of Mu *(1926).*

Lemuria und Mu sind Synonyme für ein untergegangenes Land, das angeblich irgendwo im südlichen Pazifik lag. Dieser alte Kontinent war anscheinend die Heimat einer fortgeschrittenen und hoch spirituellen Kultur, vielleicht gar der Ursprung der ganzen Menschheit, versank aber vor vielen Jahrtausenden infolge einer wie auch immer gearteten geologischen Katastrophe in den Fluten. Die Abertausende im ganzen Pazifik verstreuten Felsinseln (einschließlich der Osterinsel, Tahiti, Hawaii und Samoa) sollen die einzigen erhaltenen Überreste dieses einst so großen Kontinents sein. Diese Theorie eines sowohl in physischer wie auch spiritueller Hinsicht untergegangenen Landes wurde von allen möglichen Seiten aufgestellt, vor allem von Wissenschaftlern in der Mitte des 19. Jahrhunderts, die nach einer Erklärung für die ungewöhnliche Verteilung verschiedener Tier- und Pflanzenarten im Indischen und Pazifischen Ozean suchten. Im späten 19. Jahrhundert befasste sich die Okkultistin Madame Blavatsky aus einem spirituellen Blickwinkel mit Lemuria und beeinflusste danach viele andere Leute, es ihr gleichzutun, so etwa den parapsychologischen Heiler und Propheten Edgar Cayce. Populär wurde Lemuria/Mu als einst real existierender Ort im 20. Jahrhundert durch den britischen Ex-Colonel James Churchward, und noch heute hat diese Theorie viele Anhänger. Aber gibt es auch irgendwelche physischen Belege, die diese Behauptungen von der Existenz eines alten, versunkenen Kontinents im Pazifischen Ozean stützen? Oder müssen diese Geschichten um ein untergegangenes Land auf eine ganz andere Weise interpretiert werden, vielleicht als Symbol eines vergangenen mythischen Goldenen Zeitalters?

Das Land Mu hat eigentlich keine besonders lange Geschichte, und es wird auch nicht in irgendwelchen alten Mythologien erwähnt, wie einige Autoren behauptet haben. Der Name Mu stammt von dem exzentrischen Amateurarchäologen Augustus Le Plongeon (1826–1908), der als Erster die Ruinen der archäologischen Stätte von Chichén Itzá in Yucatán in Mexiko fotografisch dokumentiert hat. Allerdings schadete es Plongeons Glaubwürdigkeit erheblich, als er versuchte, ein Buch der Maya, den so genannten *Troano-Codex* (auch Madrid-Codex genannt), zu übersetzen. In seinen Büchern *Sacred Mysteries Among the Mayans and Quiches* (1886) und *Queen Moo and the Egyptian Sphinx*

(1896) folgerte Plongeon aus dem Troano-Codex, die Maya von Yucatán seien die Ahnen der Ägypter und vieler anderer Kulturen. Er glaubte auch, dass ein alter Kontinent, den er Mu nannte, durch einen Vulkanausbruch zerstört worden sei und dass die Überlebenden dieser Katastrophe die Maya-Kultur begründet hätten. Plongeon setzt Mu mit Atlantis gleich und behauptet, dass eine »Königin Moo«, die ursprünglich aus Atlantis stammte, sich nach Ägypten begeben habe, wo sie Isis genannt wurde und die ägyptische Kultur begründete. Doch Fachleute für Archäologie und Geschichte der Maya halten Plongeons Interpretation des Maya-Buches als nicht haltbar. Was er als Hieroglyphen deutete, erwies sich dann auch zum Großteil als ornamentale Verzierung.

Lemuria, wie der andere Name für den versunkenen Kontinent lautet, wurde ebenfalls im 19. Jahrhundert geprägt. Ernst Haeckel (1834–1919), ein deutscher Naturforscher und Anhänger Darwins, behauptete, eine Landbrücke über den Indischen Ozean (die Madagaskar mit Indien verband) könnte die weite Verbreitung der Lemuren erklären – kleiner, primitiver, in Bäumen lebender Säugetiere, die in Afrika, auf Madagaskar, in Indien und im Ostindischen Archipel beheimatet sind. Bizarrer ist Haeckels Behauptung, die Lemuren seien die Vorfahren der Menschen und diese Landbrücke sei die »mutmaßliche Wiege der menschlichen Rasse«. Andere bekannte Wissenschaftler wie der Evolutionstheoretiker T. H. Huxley und der Naturforscher Alfred Russell Wallace zweifelten nicht an der Existenz eines großen Kontinents im Pazifik vor Millionen von Jahren, der von einem verheerenden Erdbeben zerstört worden und versunken war – genau wie Atlantis. Vor der Entdeckung der Kontinentalverschiebung war es in der Mitte bis zum Ende des 19. Jahrhunderts nicht unüblich, dass

Wissenschaftler die Verbreitung der Flora und Fauna der Erde mit Hilfe von untergegangenen Landmassen und Landbrücken erklärten. 1864 verlieh der englische Zoologe Philip Lutley Sclater (1829–1913) dem hypothetischen Kontinent in seinem Artikel »The Mammals of Madagascar« in *The Quarterly Journal of Science* den Namen *Lemuria*.

Die untergegangene Kultur von Lemuria/Mu rückte auf dramatische Weise wieder ins Blickfeld der Öffentlichkeit, als Colonel James Churchward 1931 sein skurriles Werk *The Lost Continent of Mu* veröffentlichte, das erste von fünf Büchern über diesen Kontinent. Darin behauptete er, der untergegangene Kontinent Mu habe sich einst von einem Gebiet nördlich von Hawaii bis zu den Fidschiinseln und der Osterinsel im Süden erstreckt. Laut Churchward war Mu der ursprüngliche Garten Eden und seine immerhin 64 Millionen Bewohner besaßen eine technisch fortschrittliche Kultur. Vor rund 12 000 Jahren sei Mu von einem Erdbeben ausgelöscht worden und im Pazifik untergegangen. Tausend Jahre später wäre dann auch Atlantis, eine Kolonie von Mu, auf die gleiche Weise zerstört worden. Alle großen alten Kulturen der Welt, von den Babyloniern und Persern bis zu den Maya und den Ägyptern, seien die Überreste von Mu-Kolonien. Churchward behauptete, diese sensationellen Informationen habe er erhalten, als er sich als junger Offizier in Indien während einer Hungersnot in den Achtzigerjahren des 19. Jahrhunderts mit einem indischen Priester anfreundete. Dieser Priester habe Churchward erzählt, er und zwei seiner Vettern seien die einzigen Überlebenden eines 70000 Jahre alten esoterischen Ordens, der auf Mu selbst entstanden sei. Dieser Orden habe sich die Naacal-Bruderschaft genannt.

Der Priester zeigte Churchward eine Reihe alter Täfelchen, die von diesem Naacal-Orden in einer vergessenen alten Sprache beschrieben worden seien, vermutlich der Ursprache der Menschheit, die zu lesen er dem Offizier beibrachte. Später behauptete Churchward, gewisse Steinartefakte aus Mexiko enthielten Teile der »heiligen, erleuchteten Schriften von Mu« – vielleicht übernahm er damit einige Ideen von Augustus Le Plongeon und seiner Interpretation des Troano-Codex, um einen Beweis für die Existenz von Mu zu liefern. Leider hat Churchward seine exotischen Behauptungen nicht belegt: Er veröffentlichte nie eine Übersetzung der rätselhaften Naacal-Täfelchen, und seine Bücher – die auch heute noch viele Anhänger haben – sind eher unterhaltsame Lektüre als eine auf Tatsachen basierende Studie über Lemuria/Mu.

Zoologen und Geologen erklären inzwischen die Verbreitung der Lemuren sowie anderer Tiere und Pflanzen im Gebiet des Pazifischen und des Indischen Ozeans als Ergebnis der Plattentektonik und der Kontinentalverschiebung. Die Theorie der Plattentektonik (die noch immer nur eine Theorie ist) geht davon aus, dass sich bewegende Platten der Erdkruste, die auf weniger starren Mantelgesteinen ruhen, die Kontinentalverschiebung, vulkanische und seismische Aktivität sowie die Bildung von Gebirgsketten verursachen. Das Konzept der Kontinentalverschiebung wurde zuerst 1912 von dem deutschen Wissenschaftler Alfred Wegener vorgeschlagen, die Theorie als solche jedoch wurde erst 50 Jahre später von der Wissenschaft allgemein akzeptiert. Dem heutigen Verständnis der Plattentektonik zufolge halten Geologen die Annahme eines im Pazifik versunkenen Kontinents für ein Ding der Unmöglichkeit.

Die Idee, dass Lemuria kein materieller Ort, sondern dagegen eine verlorene spirituelle Heimat sei, stammt wahrscheinlich aus den Schriften der schillernden russischen Okkultistin Helena

Petrovska Blavatsky (1831–91). Sie gründete (zusammen mit dem Anwalt Henry Steel Olcott) im Jahr 1875 in New York die Theosophische Gesellschaft, einen esoterischen Orden, der sich dem Studium der mystischen Lehren des Christentums und der östlichen Religionen verschrieb. In ihrem umfangreichen Werk *Die Geheimlehre* (1888) schildert Blavatsky die Geschichte der Menschheit, beginnend vor Jahrmillionen mit den Herren des Lichts. Danach behauptet sie die Existenz von fünf »Wurzelrassen« auf der Erde, die jeweils in einer erderschütternden Katastrophe ausstarben. Die dritte dieser Wurzelrassen nannte sie die »Lemuro-Atlantier«, vor Jahrmillionen existierende bizarre, der Telepathie mächtige Riesen, die Dinosaurier als Haustiere hielten. Die Lemuro-Atlantier gingen schließlich, zusammen mit ihrem Kontinent im Pazifischen Ozean unter. Aus ihren Nachkommen gründete sich die vierte Wurzelrasse der menschlichen Atlantier, die wegen des Gebrauchs von schwarzer Magie untergingen, als der Kontinent von Atlantis vor 850 000 Jahren versank. Die heutige Menschheit stellt die fünfte Wurzelrasse dar.

Blavatsky behauptete, dies alles habe sie aus dem »Buch Dzyan« erfahren, welches angeblich in Atlantis verfasst und ihr von indischen Adepten, den Mahatmas, gezeigt worden war. Blavatsky hat nie behauptet, Lemuria entdeckt zu haben, ja, in ihren Schriften verweist sie auf Philip Schlater, der den *Namen* Lemuria geprägt habe. *Die Geheimlehre* ist ein äußerst schwieriges Buch, eine komplexe Mischung aus östlichen und westlichen Kosmologien, mystischem Gefasel und esoterischen Weisheiten, die größtenteils nicht beim Wort genommen werden sollten. Blavatsky lieferte die erste okkulte Interpretation von Lemuria, die nicht unbedingt mit der von Churchward postulierten Theorie eines real existierenden Kontinents gleichgesetzt werden. Was Blavatsky und andere Okkultisten seither im Zusammenhang mit Lemuria vorgebracht haben, könnte unter Umständen als ein idealer spiritueller Zustand der Seele interpretiert werden, als eine Art verlorenes spirituelles Land. Gleichwohl gibt es sogar heute noch etliche Parapsychologen und Propheten, für die das alte Lemuria oder Mu eine physische Realität besaß – ja, einige erinnern sich unter Hypnose an ihr früheres Leben als Bürger des zum Untergang verurteilten Kontinents.

Doch das ist noch nicht das Ende der Geschichte. In den letzten 20 Jahren haben untergegangene Kulturen aufgrund einer Reihe faszinierender Entdeckungen unter Wasser erneut für Schlagzeilen gesorgt. 1985 entdeckte ein japanischer Tauchlehrer vor der Südküste von Yonaguni, der westlichsten japanischen Insel, eine zuvor unbekannte Stufenpyramide. Kurz darauf bestätigte Professor Masaaki Kimura (ein Meeresgeologe an der Ryukyu-Universität in Okinawa) die Existenz der 200 Meter langen und

150 Meter breiten Felsformation. Dieser rechteckige Steinziggurat, Teil eines Komplexes von Unterwassersteingebilden, die Rampen, Stufen und Terrassen ähneln, soll irgendwann vor 3000 bis 8000 Jah-

Madame H. P. Blavatsky
in New York, 1877.

ren entstanden sein. Einige Forscher sind der Meinung, diese Ruinen seien die Überreste einer untergegangenen Kultur – diese Gebilde könnten vielleicht die älteste Architektur der Welt darstellen. Auch auf einen Zusammenhang mit Lemuria und Atlantis wurde verwiesen. Doch Geologen, die sich auf dieses Gebiet spezialisiert haben, widersprechen diesen Vermutungen – die »Unterwasserbauten« seien natürliche Gebilde und ähneln anderen bekannten geologischen Formationen in dieser Region. Die Diskussion über diese umstrittenen Bauten ist noch immer im Gang.

2001 wurden die Überreste einer großen versunkenen Stadt in 35 Metern Tiefe im Golf von Khambhat vor der Westküste von Indien ausgemacht. Ein Jahr später wurden weitere akustische Vermessungen vorgenommen und Belege für eine menschliche Besiedelung, wie zum Beispiel die Fundamente großer Gebäude, Keramik, Wandabschnitte, Perlen, Teile von Skulpturen und Menschenknochen gefunden. Ein Holzstück wurde mit Hilfe der Radiokarbonmethode auf 7500 v. Chr. datiert, und damit wäre die Stätte 4000 Jahre älter als die früheste bekannte Kultur Indiens. Die Forschung an diesem faszinierenden Ort geht weiter, und eines Tages – falls sich die Daten als korrekt erweisen sollten – könnte sie unser Verständnis von den ersten Kulturen der Welt radikal verändern. Ganz gleich, ob diese Unterwasserfunde im Pazifischen und im Indischen Ozean sich als Überreste vergessener Kulturen herausstellen oder nicht – eines ist sicher: Immer wird der Mensch nach einer verlorenen Heimat oder nach einer im spirituellen Sinn befriedigenderen antiken Vergangenheit suchen. Somit wird Lemuria oder Mu stets mehr als bloß ein versunkener Ort sein.

Stonehenge:
Kultzentrum und Ahnenverehrung

Die monumentalen Ruinen bei Stonehenge,
die geheimnisvoll auf der Salisbury Plain aufragen.
Foto des Autors.

Das wie eine dicht gedrängte Gruppe von Steinriesen auf der Salisbury Plain in Wiltshire in Südengland bedrohlich aufragende Stonehenge ist vielleicht das bekannteste antike Monument der Welt. Der Name *Stonehenge* stammt aus dem Angelsächsischen und bedeutet etwa so viel wie *hängende Steine.* Aber die Geschichte dieses großartigen Monuments reicht Jahrtausende weiter zurück als die Ankunft der Sachsen in Großbritannien, die irgendwann im 5. Jahrhundert erfolgte. Seine Ursprünge liegen

weit vor den geheimnisvollen keltischen Druiden der letzten vorchristlichen Jahrhunderte, weit bevor das Eisen in Europa bekannt oder die Große Pyramide im Wüstensand von Ägypten
errichtet wurde. Wer erbaute dieses rätselhafte Steinmonument,
und welche Rolle spielte es in der prähistorischen Landschaft von
England und im Europa vor Tausenden von Jahren?

Was Besucher heutzutage in Stonehenge zu sehen bekommen,
ist eine kreisförmige Anordnung großer, aufrecht stehender Steine, die von Erdwällen umgeben sind – die Überreste der letzten
Phase einer Reihe von Bauten, die etwa zwischen 3100 v. Chr. und
1600 v. Chr. an diesem Ort errichtet wurden. Während dieses
Zeitraums wurde Stonehenge in drei weitgespannten Bauphasen
angelegt, obwohl es Belege für eine menschliche Tätigkeit an der
Stätte sowohl vor wie auch nach diesem Datum gibt. Eine der bedeutendsten und faszinierendsten Entdeckungen, die je auf dem
Areal von Stonehenge gemacht wurden, sind vier große mesoli-
thische Gruben oder Pfostenlöcher, die auf die Zeit zwischen
8500 und 7650 v. Chr. datiert und unter einem Parkplatz neben
der Stätte gefunden wurden. Diese relativ großen Löcher hatten
einen Durchmesser von etwa 75 Zentimetern und waren einst
mit Kiefernpfosten bestückt. Drei der Löcher waren von Osten
nach Westen ausgerichtet, was auf eine rituelle Funktion hindeutet – man vermutet, dass sie vielleicht Totempfähle enthielten,
und tatsächlich lässt sich nur schwerlich erkennen, welchem anderen Zweck sie gedient haben könnten. Das Gebiet um Stonehenge ist voller prähistorischer Monumente, die zum Teil in der
frühen neolithischen Epoche (um 4000–3000 v. Chr.) erbaut
wurden und damit vor Stonehenge entstanden sind. Beispiele dafür sind der lange *Tumulus* (Grabhügel) im gut zwei Kilometer
entfernten Winterbourne Stoke, das Robin Hood's Ball genann-

te *Causewayed Enclosure* (eine Art prähistorischer Dammeinfrie-
dung) knapp zwei Kilometer nordwestlich von Stonehenge und
der *Lesser Cursus* (eine etwa 2,8 Kilometer lange und 90 Meter
schmale Einfriedung) rund 800 Meter nördlich. Als die Bauleute
der ersten Phase mit ihrer Arbeit in Stonehenge begannen, geschah dies bereits in einer heiligen Landschaft, die seit über 5000
Jahren rituell genutzt wurde.

Die erste der drei Bauphasen von Stonehenge begann um
3100 v. Chr. und bestand aus einem Kreis aus Holzpfosten, der
von einem Graben und einem Wall umgeben war. Dieser *Henge*
(damit bezeichnen die Archäologen eine kreisförmige oder
ovale, von einem Erdwall umschlossene Fläche) hatte einen
Durchmesser von ungefähr 115 Metern und besaß einen großen
Eingang im Nordosten und einen kleineren im Süden. Dieses
Monument wurde mit Hilfe von Hirschgeweihen und den Schul-
terblättern von Ochsen oder Rindern ausgehoben. Neuere Ausgrabungen in diesem Graben haben bei dem Bau verwendete
Geweihstücke zutage gefördert, die bewusst von den Erbauern
dieses Monuments zurückgelassen worden waren. Merkwürdig
an dieser Phase ist unter anderem, dass noch andere Tierknochen, hauptsächlich von Rindern, in den Boden des Grabens gesteckt wurden, die sich als 200 Jahre älter als die Geweihhacken
erwiesen. Anscheinend haben die Menschen, die diese Gegenstände vergruben, sie vorher lange Zeit aufbewahrt – vielleicht
waren die Knochen heilige Objekte, die aus einer früheren Ri-
tualstätte entfernt und nach Stonehenge gebracht worden waren.
Für die zweite Phase in Stonehenge sind kaum Belege erhalten, doch nach den Knochen von mindestens 200 eingeäscher-
ten Leichnamen zu schließen, muss die Stätte als Friedhof für
Brandbestattungen gedient haben.

In der dritten Phase, die um 2600 v. Chr. begann, wurde der einfache Erd- und Holzhenge durch einen steinernen Henge ersetzt. Im Zentrum des Monuments wurden zwei konzentrische Halbkreise aus 80 sogenannten Blausteinen errichtet. Diese Steine, die um die vier Tonnen wogen, stammten aus den Preseli Hills in Pembrokeshire im Südwesten von Wales und wurden über eine rund 360 Kilometer lange Route herbeigeschafft. Außer den Blausteinen wurde ein rund fünf Meter langer grüner Sandstein, der so genannte Altarstein, aus Milford Haven südlich der Preseli Hills nach Stonehenge gebracht. Wie die Blausteine auf die Salisbury Plain gelangten, ist heftig umstritten, auch wenn die meisten Archäologen heute glauben, dass sie von Menschen herbeigeschleppt wurden. Am naheliegendsten ist es, dass die Erbauer von Stonehenge die Steine über Rollen und Schlitten zum Meer bei Milford Haven transportierten und sie dann auf Flößen übers Meer und auf dem Fluss nach Stonehenge verschifften – eine schier unglaubliche Organisations- und Arbeitsleistung. Diese versuchte man im Jahr 2001 mit einem Experiment nachzuvollziehen. Den freiwilligen Helfern gelang es zwar, aus den Preseli Hills einen drei Tonnen schweren Stein in einem Holzschlitten über Rollen zur See hinabzuziehen, aber als der Stein auf das Floß gelegt wurde, rutschte er ins Meer und versank. Interessanterweise heißt es in einer alten Legende, Stonehenge gehe auf den Zauberer Merlin zurück, der einen gewaltigen Bau, den so genannten Giant's Dance (Riesentanz), auf magische Weise von Irland herübergeflogen habe. Konnte der Transport der Blausteine aus Wales eine entstellte Überlieferung der eigentlichen Herkunft Stonehenges aus dem Westen sein?

Ebenfalls in der dritten Bauphase wurde der nordöstliche Eingang zu der Umfriedung derart erweitert, dass er exakt auf den

Sonnenaufgang am Mittsommertag und auf den Sonnenuntergang am Mittwintertag der damaligen Zeit ausgerichtet war. Ein weiteres Merkmal, das zur Landschaft von Stonehenge in dieser Phase hinzugefügt wurde, war die so genannte Avenue, ein Zeremonienweg, der aus einem parallelen Paar von Gräben und Wällen besteht, die sich über eine Strecke von rund drei Kilometern vom Monument bis zum Fluss Avon hinabziehen.

Um 2300 v. Chr. wurden die Blausteine ausgegraben und durch riesige Sarsensteine ersetzt, die aus den rund 30 Kilometer entfernten Marlborough Downs herbeigeschafft wurden. Die jeweils rund vier Meter hohen, zwei Meter breiten und etwa 25 Tonnen schweren Sarsensteine wurden in einem Kreis mit einem Durchmesser von 30 Metern angeordnet und mit Decksteinen (Lintels) verbunden. Innerhalb dieses Kreises wurden fünf Trilithen (je zwei aufrecht stehende und mit einem Deckstein versehene Steine) aus geglättetem Sarsenstein hufeisenförmig aufgestellt, sodass die Öffnung nach Nordosten ausgerichtet war. Die riesigen Steine dieses zentralen Hufeisens wogen jeweils bis zu 50 Tonnen. Später in dieser Phase, zwischen 2280 und 1930 v. Chr., wurden die Blausteine wieder errichtet und mindestens dreimal neu angeordnet, bis sie schließlich einen inneren Kreis und ein Hufeisen zwischen dem Sarsenkreis und den Trilithen bildeten und damit die beiden Anordnungen von Sarsensteinen widerspiegelten. Man glaubt, dass um diese Zeit weitere Blausteine von Wales nach Stonehenge transportiert wurden. Zwischen 2000 und 1600 v. Chr. wurde außerhalb des äußeren Sarsenkreises ein doppelter Ring von Gruben angelegt, die so genannten Y- und Z-Löcher, die möglicherweise weitere Steine aufnehmen sollten. Aus unbekanntem Grund wurden keine Steine hinzugefügt, und die Gruben füllten sich wieder auf natürliche Weise. Nach 1600 v. Chr. fand in Stonehenge keine weitere Bautätigkeit mehr statt, und das Monument wurde anscheinend aufgegeben. Gleichwohl wurde die Stätte noch immer gelegentlich aufgesucht, wie Funde von eisenzeitlicher Keramik, römischen Münzen und das Grab eines enthaupteten Sachsen aus dem 7. Jahrhundert n. Chr. belegen.

Detailaufnahme von Stonehenge: Die großen Sarsensteine.
Foto des Autors.

Es gibt viele Spekulationen darüber, wie Stonehenge erbaut wurde. Ein Experiment in den Neunzigerjahren des vorigen Jahrhunderts ergab, dass es einem Team aus 200 Menschen möglich wäre, alle 80 Sarsensteine aus den Marlborough Downs mit Hilfe eines Holzschlittens über mit Fett bedeckte Holzschienen nach Stonehenge zu transportieren – und zwar in zwei Jahren oder länger, falls die Arbeiten sich auf bestimmte Jahreszeiten beschränkten. Das Experiment veranschaulichte, dass die Steine mit Hilfe von hölzernen A-Rahmen in ihre aufrechte Position manövriert und dann mit Seilen hochgehievt werden konnten. Die Decksteine wurden dann möglicherweise auf hölzernen Plattformen angehoben und nach und nach schließlich in ihre endgültige Position geschoben, wenn das einfache Gerüst die Oberkante der aufrechten Steine erreicht hatte. Ein faszinierender Aspekt der Konstruktion von Stonehenge besteht darin, dass die Steine mit Hilfe von Zimmermannstechniken bearbeitet wurden. Nachdem sie mit Hilfe von Steinkugeln, so genannten Fäusteln (Exemplare davon wurden an der Stätte gefunden), behauen wurden, bis sie die richtige Größe erreicht hatten, versah man sie mit Spundlöchern und Zapfen, sodass die Decksteine sicher auf den aufrechten Steinen ruhen konnten. Die Decksteine ihrerseits wurden durch eine weitere Holzbearbeitungstechnik, nämlich durch Nut und Feder, gegen ein Verrutschen gesichert.

Viel interessanter als die Frage, wie Stonehenge erbaut wurde, ist, *warum* es erbaut wurde. Leider sind die archäologischen Funde von Stonehenge für ein derart bedeutendes Bauwerk relativ mager. Dies liegt zum Teil daran, dass die Ausgrabungen noch bis vor wenigen Jahrzehnten insgesamt unprofessionell durchgeführt und unzureichend dokumentiert wurden. Skelette gingen verloren oder wurden stark beschädigt, Artefakte wurden verlegt und Ausgrabungsnotizen vernichtet. Ungeachtet dieser Verluste vermitteln Belege von erhaltenen Grabstätten, die an oder in der Nähe entdeckt wurden, einen faszinierenden Einblick in das Leben der Menschen der frühen Bronzezeit in dieser Gegend.

Die Hauptbestattungen in Stonehenge erfolgten alle etwa gleichzeitig, nämlich von 2400–2150 v. Chr. (frühe Bronzezeit). Die Untersuchung eines Skeletts aus dem äußeren Graben des Monuments ergab, dass der Mann aus nächster Nähe mit bis zu sieben Pfeilen erschossen worden war, wahrscheinlich von zwei Personen, wobei die eine von links, die andere von rechts auf ihn anlegte. War dies eine Hinrichtung oder eine Form von Menschenopfer? Eine weitere erstaunliche Grabstätte wurde 2002 in Amesbury, rund 4,5 Kilometer südöstlich von Stonehenge, entdeckt. Das darin gefundene Skelett wurde der Bogenschütze von Amesbury oder der König von Stonehenge genannt. Auf ein hochrangiges Individuum verweisen die reichhaltigen Grabbeigaben: fünf Humpen, 16 schön gearbeitete Feuersteinpfeilspitzen, mehrere Eberzähne, zwei Sandsteinarmschienen (die die Arme vor der zurückschnellenden Bogensehne schützten), ein Paar goldene Haarspangen, drei kleine Kupfermesser und ein Feuersteinwerkzeug sowie Werkzeuge zur Metallbearbeitung. Die Goldobjekte sind nicht nur die ältesten, die je in Großbritannien gefunden wurden. Der Tote muss einer der frühesten Metallbearbeiter auf den britischen Inseln gewesen sein. Untersuchungen des Skeletts ergaben, dass der Bogenschütze ein stark gebauter Mann zwischen 35 und 45 war, jedoch einen Abszess am Kiefer und einen Unfall erlitten hatte, bei dem ihm die linke Kniescheibe abgerissen worden war. Aber der überraschendste Aspekt dieses Funds ist folgender:

Bei der Sauerstoffisotopenanalyse am Zahnschmelz des Bogenschützen fand man heraus, dass er im Gebiet der Alpen aufgewachsen war, und zwar in der Schweiz, in Österreich oder in Deutschland. Die Analyse der Kupfermesser ergab, dass sie aus Spanien und Frankreich stammten. Das ist in der Tat ein unglaublicher Beleg für den Kontakt zwischen den Kulturen in Europa vor 4200 Jahren. Bedeutete das ungewöhnlich reichhaltige Begräbnis des Königs von Stonehenge, der offenkundig eine bedeutende Person von hohem Rang war, dass er eine wesentliche Rolle beim Bau des ersten aus Stein errichteten Monuments in Stonehenge gespielt hatte? Ein zweiter Leichnam, der aus der gleichen Zeit wie der Bogenschütze stammt, wurde neben seinem Grab entdeckt. Dieses Skelett, dessen Analyse ergab, dass es sich vielleicht um den Sohn des Bogenschützen handelt, war mit zwei goldenen Haarspangen im selben Stil wie derjenigen des Bogenschützen bestattet, obwohl sie sich aus irgendeinem Grund im Kiefer des Toten befanden. Aufgrund der Sauerstoffisotopenanalyse war dieser Mann im Gebiet um die Salisbury Plain aufgewachsen, hatte aber seine späte Jugend vielleicht in Mittelengland oder im Nordosten Schottlands verbracht.

Eine Gruppe von frühbronzezeitlichen Leichnamen, die Boscome Bowmen, wurde in einem Massengrab bei Boscombe Down in der Nähe von Stonehenge gefunden. Die Skelette, die man wegen der Menge an Feuersteinpfeilspitzen in ihrem Grab für Bogenschützen hält, stammen von sieben verschiedenen Individuen: drei Kindern, einem Teenager und drei Männern, die anscheinend alle miteinander verwandt waren. Die Gegenstände aus diesem Grab ähneln denen, die beim Bogenschützen von Amesbury gefunden wurden, und bestehen aus einer ungewöhnlich großen Menge von Keramikpokalen. Auch hier ließ sich die

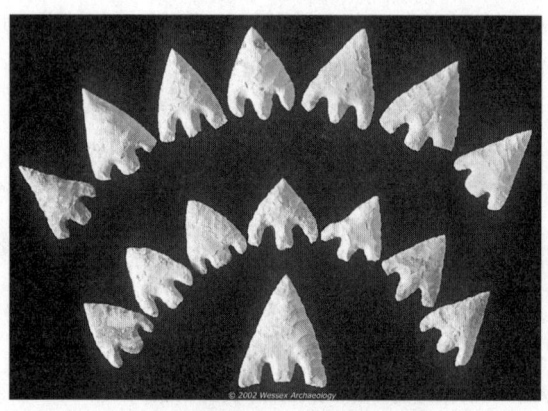

Feuersteinpfeilspitzen, die im Grab des Bogenschützen gefunden wurden.
© Wessex Archaeology.

Herkunft dieser Menschen mit Hilfe der Analyse ihrer Zähne nachweisen: Die Männer waren in Wales aufgewachsen, doch schon in ihrer Kindheit nach Südengland umgesiedelt. Da die Boscombe Bowmen etwa zur gleichen Zeit gelebt hatten, in der die walisischen Blausteine nach Stonehenge transportiert und dort errichtet worden waren, glauben viele Forscher, dass sie auf ihrer rund 360 Kilometer langen Wanderung zur Salisbury Plain die Steine begleitet haben könnten. Somit würden die Grabstätten des Bogenschützen von Amesbury und der Boscombe Bowmen auf faszinierende Weise belegen, dass es sich dabei um einige der Menschen handelte, die an der Errichtung von Stonehenge beteiligt waren – aber welchem Zweck diente schlussendlich dieses rätselhafte und einzigartige Monument?

Da Stonehenge auf den Sonnenaufgang am Mittsommertag beziehungsweise den Sonnenuntergang am Mittwintertag ausgerichtet ist, behaupten viele Forscher (allen voran der in England geborene Astronom Gerald Hawkins), dass die Stätte eine ganze Reihe von astronomischen Zusammenhängen aufweist. Doch die anschließende Analyse der Daten, die Hawkins' Theorie stützen sollten, ergab, dass viele der angeblichen astronomischen Ausrichtungen nur dadurch zustande kamen, weil man Merkmale aus unterschiedlichen Epochen sowie natürliche Gruben und Löcher, die nicht zum Monument gehören, miteinander in Verbindung brachte.

Entscheidend für eine Deutung von Stonehenge ist, dass es zwar ein einzigartiges Bauwerk ist, aber kein isoliertes Monument darstellt. Stonehenge entwickelte sich zum Brennpunkt einer weitreichenden prähistorischen Zeremoniallandschaft, was man an den zahlreichen Grabhügelfriedhöfen erkennen kann, die um das Monument herum errichtet wurden. Wir haben bereits festgestellt, dass die Landschaft der Salisbury Plain schon Jahrtausende vor dem Bau von Stonehenge als heilig galt. Aber in welchem Sinne? Der englische Archäologe Mike Parker Pearson und Ramilisonina, ein Archäologe aus Madagaskar, haben mit Hilfe der modernen Anthropologie dargelegt, dass die Stonehenge-Menschen Holz mit den Lebenden und den dauerhaften Stein mit den Ahnen assoziierten. Da es zwei bedeutende Holzhenge-Stätten in der Nähe von Stonehenge gibt – Durrington Walls und Woodhenge –, gehen Pearson und Ramilisonina hypothetisch von einer rituellen Route für Begräbnisprozessionen aus, die bei Sonnenaufgang entlang des Flusses Avon von den aus Holz erbauten Durrington Walls im Osten und dann bei Sonnenuntergang entlang der Avenue bis Stonehenge, dem Reich der Ahnen im Westen verliefen. Das wäre dann eine heilige Reise von Holz zu Stein über fließendes Wasser gewesen, ein symbolischer Übergang vom Leben zum Tod. Weil es aus dem Zentrum von Stonehenge kaum archäologische Funde gibt, bedeutet dies höchstwahrscheinlich, dass nur wenige Menschen Zutritt zum Monument hatten – nicht jeder durfte das Innere zu betreten. Es ist schwer zu sagen, ob diese wenigen Auserwählten Priester waren oder auch den Bogenschützen von Amesbury mit einschlossen. Aber die Interpretation des Steinbaus als Symbol für die Ahnen erscheint ziemlich schlüssig, auch wenn wahrscheinlich eine einzige Hypothese den bemerkenswerten Menschen, die Stonehenge erbauten, niemals gerecht werden kann.

El Dorado:
Die Suche nach der goldenen Stadt

Der Bergsee Guatavita, angeblich Schauplatz
der Zeremonie des goldenen Mannes des Muisca-Stammes.
© Carlos A. Gomez-Gallo.

»Über die Berge
Des Mondes,
Durchs Tal des Schattens,
Reite, mutig reite«,
Erwiderte der Schatten,
»Wenn du nach Eldorado suchst!«

»El Dorado« von Edgar Allan Poe (1849)

Eine sagenhaft reiche Stadt, die tief inmitten des Amazonas-dschungels begraben liegt, Heimat eines mexikanischen Königs, von Kopf bis Fuß mit Goldstaub bedeckt, eine Vision, die Suche nach einem unerreichbaren Heiligen Gral, Verderben und Traum – all dies war El Dorado und ist es noch immer. Im 16. Jahrhundert unternahmen spanische Konquistadoren überaus gefahrvolle Reisen, in der Hoffnung, die sagenhafte Stadt aus Gold zu erblicken. 1596 schrieb der englische Abenteurer Sir Walter Raleigh, er kenne ihre genaue Lage, und selbst im 21. Jahrhundert geben Forscher die Hoffnung nicht auf, El Dorado in den dichten Dschungeln von Peru oder am Grunde eines geheimnisvollen Sees in Kolumbien zu finden. Sind all diese Bemühungen vergebens? Ist El Dorado Wirklichkeit oder existiert die Stadt nur in der Mythologie der Ureinwohner Kolumbiens?

Die Legende vom Goldenen Mann (*El Dorado* auf Spanisch) war in Kolumbien und Peru bekannt, als die Spanier im frühen 16. Jahrhundert eintrafen. Manche Forscher glauben, die Legende basiert auf einer Zeremonie, die vom isolierten Stamm der Muisca praktiziert wurde, einer hoch entwickelten, Gold verarbeitenden Gesellschaft, die in rund 2500 Meter Höhe in den Anden lebte. Anscheinend fand die Zeremonie (anlässlich der Ernennung eines neuen Königs oder Oberpriesters) am Guatavita-See nördlich des heutigen Bogotá statt. Zu Beginn des Rituals opferte der neue Herrscher dem Gott des Sees, danach baute der Stamm ein Floß aus Binsen und füllte es mit Weihrauch und Duftkräutern. Der nackte Körper des neuen Königs wurde sodann mit Balsamsaft bestrichen und mit feinem Goldstaub bestreut. Als der Häuptling bereit war, setzte ihn der Stamm zusammen mit einem großen Stapel Gold und Smaragden sowie vier Unterhäuptlingen, die goldene Kronen, Halsketten, Ohrringe und andere Kostbarkeiten mit sich führten, auf das Floß. Begleitet von Trompeten- und Flötentönen verließen sie das Ufer und trieben in die Mitte des Sees. Sobald das Gefährt dort anlangte, verstummte die Musik, und der König und seine Unterhäuptlinge warfen ihre Reichtümer als Opfergaben ins Wasser. Der neue Häuptling war nun als Herr und König anerkannt.

John Hemming erwähnt in seinem Buch *The Search for El Dorado*, im 17. Jahrhundert sei es bei Stämmen am Orinoco in Venezuela üblich gewesen, sich am ganzen Körper mit einem speziellen Öl einzureiben, das als Kleidung und Schutz gegen Moskitos diente. An bestimmen Festtagen wurde das Öl zusätzlich mit verschiedenen bunten Zeichnungen bedeckt. Selbst heute noch bemalen Stämme am Amazonas sich den Körper mit Pflanzenfarben. Falls der Stamm genügend Gold besaß, ist es durchaus plausibel, dass es auch als Körperschmuck verwendet wurde. Vielleicht also steckt in der Legende vom goldenen Mann schließlich doch ein Körnchen Wahrheit – aber ist sie auch der Ursprung der Geschichte von El Dorado?

Mit den Anfängen von El Dorado verbinden sich noch andere Elemente. Einem Gerücht zufolge, das zur Zeit der Eroberung unter den Spaniern kursierte, war es einer Rebellengruppe von Inkakriegern gelungen, den Konquistadoren zu entkommen und in die Berge von Venezuela zu flüchten. Angeblich nahmen die Rebellen große Mengen Gold und Edelsteine mit und gründeten ein geheimes neues Reich. Außerdem wurden von gefangenen Indios verschiedene Geschichten erzählt, die von einem reichen Land jenseits der Berge östlich von Quito, der heutigen Hauptstadt von Ecuador, handelten, wo die Menschen mit goldenen Ornamenten bedeckt waren. In einem Brief aus dem Jahr 1542 an Karl V., den König von Spanien, bezeichnet der Konquistador

Gonzalo Pizarro dieses reiche Land als Lago El Dorado, vielleicht eine Anspielung auf die Muisca-Zeremonie vom goldenen Mann. Pizarro war einer von mehreren spanischen Eroberern, die Expeditionen ausrichteten, um nach der sagenhaften Stadt zu suchen. Ein weiteres Element in der Geschichte um El Dorado ist das Interesse der Spanier an dem von den Inkas verwendeten Zimt. In Europa waren Gewürze als Methode zur Konservierung von Nahrungsmitteln (in der Zeit vor Kühl- und Gefrierschränken) hoch geschätzt, und der Handel mit ihnen erbrachte großen Profit.

Die Konquistadoren erfuhren von den Eingeborenen, dass sie das Gewürz von Stämmen bekamen, die östlich von Quito lebten. Im Februar 1541 verließ eine Expedition unter der Leitung von Gonzalo Pizarro und Francisco de Orellana, seinem Leutnant, sowie 220 spanischen Abenteurern und 4000 Bergindios als Trägern Quito, um nach Zimt und dem sagenhaften El Dorado zu suchen. Während seiner besessenen Suche ließ Pizarro die Indianer oft brutal foltern, bis sie ihm erzählten, was er über die Existenz des verborgenen Goldes und der Zimtbäume hören wollte. Die Expedition folgte dem Lauf der Flüsse Coca und Napo, doch bald wurden die Vorräte knapp, und es dauerte nicht lange, bis über die Hälfte der Spanier und 3000 Indios umgekommen waren. Im Februar 1542 teilte sich die Expedition auf, wobei Francisco de Orellana weiter dem Lauf des Napo folgte und Pizarro entschied, sich über Land nach Quito zurückzukämpfen. Am Napo entlang schlugen Orellana und seine Männer sich schließlich bis zum Amazonas durch und befuhren ihn in seiner gesamten Länge bis zum Atlantik – eine unglaubliche Leistung. Aber El Dorado fanden sie nicht.

Doch dadurch ließen sich die Spanier nicht entmutigen. Angetrieben von ihrer Gier nach Gold und Gewürzen, verbrachte eine Reihe von Abenteurern einen Großteil des 16. Jahrhunderts mit der Suche nach dem riesigen Schatz, der ihrer Meinung nach an irgendeinem verborgenen Ort in den Dschungeln oder Gebirgen von Ecuador oder Kolumbien auf sie wartete. 1568 erhielt der reiche Forscher und Konquistador Gonzalo Jiménez de Quesada von König Philipp den Auftrag, die südlichen Llanos zu erkunden, ein ausgedehntes, tropisches Grasland in Kolumbien. Im Dezember 1569 brach die Expedition, die 300 Spanier und 1500 Indios umfasste, von der kolumbianischen Hauptstadt Bogotá auf, um nach El Dorado zu suchen. Aber das Unternehmen, das sich mit undurchdringlichen Sümpfen voller Moskitos und der Ödnis der staubigen Ebenen konfrontiert sah, endete in einer Katastrophe. Drei Jahre später kehrte Quesada nach Bogotá zurück – nur noch in Begleitung von 64 Spaniern und vier Indios.

Der ursprüngliche Mythos von der Muisca-Zeremonie am Guatavita-See und der von Gonzalo Pizarro erwähnte See El Dorado – diese Kombination überzeugte viele Forschungsreisende und Abenteurer, dass die untergegangene Stadt tatsächlich in der Nähe eines Sees liegen könnte. So startete denn der englische Seefahrer Sir Walter Raleigh 1595 eine weitere Suche nach El Dorado, um damit die verlorene Gunst von Königin Elisabeth I. zurückzuerlangen. Viele Wochen lang befuhr er den Orinoco, fand aber nichts. Doch in seinem Buch *The Discovery of the Large, Rich and Beautiful Empire of Guyana with a Relation to the Great and Golden City of Manoa* behauptete Raleigh, El Dorado sei eine Stadt am See Parima im Gebiet des Orinoco in Guiana (dem heutigen Venezuela). Raleighs Karte, die die Stadt am See zeigte, war so überzeugend, dass die Lage des mythischen Parima-Sees während der nächsten 150 Jahre in den Karten von Südamerika übernommen wurde. Erst im frühen 19. Jahrhundert wies der deutsche Naturforscher Alexander von Humboldt nach, dass weder der See noch die Stadt je existiert hatten.

Während der Parima-See ganz und gar mythisch war, gab es nie einen Zweifel an der Existenz des Guatavita-Sees. Vielleicht war dies doch der Ort, an dem El Dorado lag. Sobald die spanischen Eroberer erfuhren, dass der Stamm der Muisca kostbare Objekte im Guatavita-See opferte, machten sie sich unverzüglich an dessen Entwässerung. Der reiche Kaufmann Antonio de Sepúlveda ließ 1562 von einem Arbeitstrupp von Indios einen Graben anlegen, um den See abzulassen, aber es gelang ihm nur, den Wasserspiegel geringfügig abzusenken. Allerdings fand Sepúlveda tatsächlich eine Reihe von Goldscheiben und Smaragden im Schlick am Rande des Sees. Gleichwohl verzeichnete die Gesamtausbeute dieses Unternehmens nur »232 Pesos und 10 Gramm gutes Gold«. Bei einem weiteren Versuch, den See abzulassen, fand Don »Pepe« Paris, ein prominenter Bürger von Bogotá, im Jahr 1823 keine kostbaren Goldartefakte. Weitere Entwässerungsprojekte vom Beginn bis zur Mitte des 20. Jahrhunderts förderten zwar ein paar interessante Gegenstände zutage, doch nichts, was man aufgrund der angeblich so zahlreichen Goldopfer in dem heiligen See erwarten würde. Schließlich beendete die kolumbianische Regierung 1965 diese Bemühungen, die bis dato unübersehbare Spuren hinterlassen hatten, und stellte den Guatavita-See unter Naturschutz.

1969 wurde ein außerordentlich detailreiches, massivgoldenes Modell eines rund 26 Zentimeter langen Floßes von zwei Landarbeitern in einer Höhle nahe der Stadt Pasca bei Bogotá gefunden. Auf dem Floß befindet sich eine königliche Gestalt, die 10 Diener überragt, die alle einen kunstvollen Kopfschmuck tragen. Viele sahen darin eine Bestätigung der Existenz des Muisca-

Ritus am Guatavita-See. Tatsächlich war ein fast identisches Floß am Rande des Siecha-Sees südlich des Dorfes Guatavita während eines Entwässerungsversuchs im Jahr 1856 gefunden worden. Später gelangte dieses goldene Floß in die Hände eines gewissen Salomon Koppel, der es an das Kaiserliche Museum in Berlin verkaufte, aus dem es nach dem Ersten Weltkrieg verschwand. Diese Flöße sind mit Sicherheit ein Beweis für eine Zeremonie, die an diesem See stattfand, auch wenn die Muisca-Kultur nicht nur das Wasser, sondern auch Berge, Sterne, Planeten und die Ahnen kultisch verehrte. Vor allem aber gewann der Stamm selbst kein Gold, sondern erwarb es durch Tauschhandel mit anderen Stämmen. Folglich sind seine Goldobjekte klein und gewöhnlich sehr dünn, genau wie das erhaltene Goldfloß. Es ist unwahrscheinlich, dass die Muisca Gold in genügenden Mengen besaßen, um entweder ihren Häuptling mit Goldstaub zu bedecken oder es während der Zeremonie, von der im Mythos die Rede ist, großzügig in den See zu kippen.

Dennoch sind moderne Forscher weiterhin fasziniert von der Möglichkeit, endlich El Dorado zu finden. Im Jahr 2000 verkündete der Amerikaner Gene Savoy, er habe die versunkene präkolumbianische Stadt Cajamarquilla tief im jungfräulichen Regenwald in Ostperu entdeckt. Einige Mitglieder seines Teams behaupteten, dass die Stätte, zu der auch Tempel und Grabstätten gehören, möglicherweise die Überreste des sagenhaften El Dorado darstellen. Ein polnisch-italienischer Journalist und Abenteurer namens Jacek Palkiewicz war nicht so zurückhaltend, als er 2002 erklärte, seine Expedition habe El Dorado unter einem See auf einem Plateau nahe dem Manu-Nationalpark südöstlich von Lima in Peru ausfindig gemacht. In beiden Fällen sind die Untersuchungen noch nicht abgeschlossen.

Doch trotz der über 450 Jahre währenden Suche scheinen wir von der Entdeckung des sagenhaften Reichtums von El Dorado genauso weit entfernt zu sein wie einst die Spanier in der Mitte des 16. Jahrhunderts. Der Begriff als solcher ist mittlerweile eine Metapher für das unbeirrte Streben nach Reichtum, der gleich hinter der nächsten Ecke zu liegen scheint und doch stets unerreichbar ist. Zweifellos gibt es untergegangene prähispanische Städte, die in der Weite des Regenwaldes am Amazonas noch ihrer Entdeckung harren, aber El Dorado – sei es ein goldener Mann oder eine goldene Stadt – existiert nur in der Fantasie von Menschen, die davon besessen sind, möglichst rasch reich zu werden.

Die untergegangene Stadt Helike

Die Ebene von Helike und der Golf von Korinth vom Gebirge aus gesehen.
© Dr. A Siokou.

Die antike Stadt Helike, ungefähr 150 Kilometer westlich von Athen an der Südküste des Golfs von Korinth gelegen, wurde in der frühen Bronzezeit (2600–2300 v. Chr.) gegründet. Die erste prähistorische Siedlung versank in den Wellen, etwa 2000 Jahre, bevor die eigentliche Stadt zerstört wurde. Im 8. Jahrhundert v. Chr. schrieb Homer, Helike habe Schiffe in den Trojanischen Krieg entsandt und dem Kommando von Agamemnon unterstellt. Als Helike im 4. Jahrhundert v. Chr. unterging, war es eine wohlhabende und erfolgreiche Metropole, die die Führung über die zwölf Städte des ersten Achäischen Bundes (einer Union von lokalen Stadtstaaten) innehatte und Kolonien im Ausland gründete, wie etwa Priene an der Küste von Kleinasien und Sybaris in Süditalien. Helikes Tempel, ein Heiligtum des Poseidon Helikonios, war in ganz Griechenland berühmt und fand nur im Orakel von Delphi, auf der anderen Seite des Golfs von Korinth, ernsthafte Konkurrenz.

Aber all dies sollte sich in einer schrecklichen Winternacht des Jahres 373 v. Chr. ändern. Fünf Tage lang nahmen Bewohner der Stadt erstaunt wahr, wie Schlangen, Mäuse, Marder und andere Tiere von der Küste in höhere Regionen flüchteten. Dann wurden in der fünften Nacht »riesige Flammensäulen« (heute Erdbebenlichter genannt) am Himmel beobachtet, denen ein gewaltiges Erdbeben und eine rund zehn Meter hohe Tsunamiwelle folgten. Die Küstenebene wurde überspült, und nachdem Helike in sich zusammengestürzt war, rauschte der Tsunami herein und riss mit dem zurückweichenden Wasser die Gebäude und ihre Bewohner mit sich. Die Stadt und ihre Umgebung versanken zusammen mit zehn spartanischen Schiffen, die im Hafen vor Anker gelegen hatten, im Meer. Auch die Nachbarstadt Boura und der Tempel des Apollon in Delphi wurden zerstört.

Als am nächsten Morgen ein Rettungstrupp eintraf, war von der einst so großartigen Stadt nichts weiter übrig geblieben als die Baumspitzen im heiligen Hain des Poseidon, die aus den Wellen ragten. Vielleicht weil Helike ein verehrtes Zentrum der Anbetung des Poseidon (des Gottes der Erdbeben und des Meeres) gewesen war, entstand unter ihren eifersüchtigen Nachbarn eine Überlieferung, der zufolge die Zerstörung der Stadt eine Strafe war, die der zornige Gott aufgrund der Entweihung seines Heiligtums gesandt hatte. Nach der Katastrophe wurde das ehemalige Gebiet von Helike unter den Nachbarn verteilt, wobei die Stadt Aegio die Führung des Achäischen Bundes übernahm. Jahrhunderte später wurde dort eine römische Stadt errichtet, die anscheinend ebenfalls durch ein Erdbeben im 5. Jahrhundert n. Chr. teilweise zerstört wurde. Noch lange nach der Katastrophe berichteten antike Autoren wie Plinius, Ovid und Pausanias, dass die versunkenen Ruinen von Helike auf dem Meeresboden zu erkennen seien. Der griechische Philologe, Astronom und Dichter Eratosthenes (276–194 v. Chr.) besuchte die Stätte und notierte Berichte von einheimischen Fährleuten über eine aufrechte Bronzestatue von Poseidon, die in einer Binnenlagune versunken war und in der sich oft die Netze von Fischern verfingen. Aber bald darauf verlandete das Gebiet, und alles wurde unter Schlamm begraben.

1861 bargen deutsche Archäologen, die die Region besuchten, eine Bronzemünze aus Helike, die einen herrlichen Kopf von Poseidon darstellte. Ansonsten kam nichts von der antiken Stadt zum Vorschein. Alle antiken Autoren hatten behauptet, die Überreste der Stadt lägen im Golf von Korinth, doch jahrzehntelang suchten zahlreiche Expeditionen vergebens danach. 1988 wurde das Helike-Projekt gegründet, um die verlorene Stadt ausfindig zu machen, aber auch eine Sonarvermessung des Meeresbodens lieferte keine Ergebnisse. Folglich nahmen sich die Leiterin des Helike-Projekts, die Archäologin Dora Katsonopoulou, und Dr. Steven Soter vom American Museum of Natural History vor, die Küstenebene zu untersuchen. 2001 entdeckte das Team unter Schlick und Kies Ruinen klassischer Bauten – die Überreste der Stadt Helike, die von dem Erdbeben im Jahr 373 v. Chr. zerstört worden war. Die Ruinen lagen fast einen Kilometer im Landesinneren – kein Wunder, dass niemand sie im Meer gefunden hatte.

Analysen der Mikroorganismen in der Schicht aus feinem dunklem Ton, die die Gebäude bedeckte, ergaben, dass die Stadt in einer seichten Binnenlagune untergegangen war, die später verlandet war. Die Entdeckung von Meermuscheln und der möglichen Überreste von Seetang an der Stätte beweist, dass die Ruinen von Helike sich wahrscheinlich längere Zeit unter der Meeresoberfläche befunden haben.

Die Überreste eines der antiken Gebäude veranschaulicht plastisch das Schicksal der Stadt. Eine der Wände war in Richtung des Meeres hin eingestürzt – ein eindeutiger Beweis dafür, dass sie von einer zurücklaufenden Riesenwelle eingedrückt wurde. Unter den Ausgrabungen zwischen den Trümmern der zerstörten Wände und Mauern – Keramikbruchstücke und Terrakotta-Götzenbilder – befand sich eine Silbermünze mit einem Bild von Apollon mit Lorbeerkranz, die ein paar Jahrzehnte vor dem Erdbeben in der Nachbarstadt Sikyon gegossen worden war. Viele Forscher glauben, dass das traurige Schicksal dieser einst so großartigen antiken Stadt der Auslöser für die Legende von Atlantis gewesen ist, von der zum ersten Mal der athenische Philosoph Platon 360 v. Chr., also wenige Jahre nach dem Erdbeben von Helike, berichtete. Darauf hat auch eine BBC-Reportage aus dem Jahr 2002, *Helike – The Real Atlantis*, hingewiesen.

Die Gegend um das antike Helike ist eines der seismisch aktivsten Gebiete in Europa, und an der Stätte hat es mindestens seit 4000 Jahren alte Siedlungen gegeben, die von Erdbeben zerstört wurden. Es überrascht daher kaum, dass die antike Stadt das Zentrum eines Kults war, der Poseidon, dem Gott der Erdbeben, gewidmet war. Im August 1817 zerstörte ein Erdbeben, dem eine plötzliche Explosion voranging, fünf Dörfer an der Stelle, wo Helike einst gestanden hatte. 1861 versanken rund zwölf Kilometer Küstenlinie auf einer Breite von etwa 160 Metern rund zwei Meter tief im Meer. Im Juni 1995, als das Team des Helike-Projekts in der Gegend arbeitete, gab es ein Erdbeben mit einer Stärke von 6,2 auf der Richterskala, bei dem zehn Menschen in der benachbarten Stadt Aigion umkamen und ein Hotel im heutigen Eliki einstürzte, wobei 16 Opfer zu beklagen waren.

Das Helike-Delta und der Golf von Korinth.
© Dr. A. Siokou.

Dr. Steven Soter sammelte viele Schilderungen merkwürdiger Ereignisse, die diesem Beben vorausgingen und an die alten Berichte über das Erdbeben erinnern, das Helike zerstört hatte. So hörten die Menschen das Geräusch heftiger Böen, obwohl es windstill war, Hunde heulten unerklärlicherweise, unterirdische Explosionen, seltsame Lichter am Himmel und Feuerkugeln erschienen. Zahlreiche Tintenfische wurden von einheimischen Fischern gesichtet, und in der Nacht vor dem Erdbeben fanden sich zahlreiche tote Mäuse auf der Straße, die alle von Autos überfahren worden waren, als sie versucht hatten, in die Berge zu flüchten. Diese Vorfälle erinnern an das Verhalten von Tieren bei dem Tsunami von 2004, der Sri Lanka, Südindien und Thailand heimsuchte und von einem gewaltigen Seebeben mit der Stärke von 9,5 auf der Richterskala im Indischen Ozean ausgelöst worden war. In Sri Lanka, wo zehntausende Menschen umkamen, flohen die Tiere ins Landesinnere, bevor der Tsunami heranrollte. Obwohl er viele Menschenleben im Gebiet des Yala National Park, Sri Lankas größtem Wildtierreservat, forderte, fand man keine verendeten Tiere. Experten glauben, dass Tiere eine Art sechsten Sinn haben, mit dem sie Naturkatastrophen im Voraus spüren. Dies legt jedenfalls ihr Verhalten vor den Erdbeben bei Helike nahe.

Einer der bedeutendsten Funde der Ausgrabungen von Helike waren Pflastersteine, die wahrscheinlich von einer antiken Straße stammen. Die Archäologen des Helike-Projekts hoffen nun, dass diese Straße sie näher zum Zentrum der antiken Stadt führen wird. Allerdings ist es fraglich, ob ein so ungeheuer verheerender Tsunami irgendwelche Funde für die Archäologen hinterlassen hat. Gleichwohl ist das Team zuversichtlich, dass ein Großteil der Stadt sich noch an Ort und Stelle befindet. Bestärkt darin hätte sie sicherlich der verstorbene Spyridon Marinatos, der Entdecker der prähistorischen Stadt Akrotiri auf der griechischen Insel Santorin. Als einer der ersten modernen Forscher, die nach der untergegangenen Stadt suchten, stellte Marinatos Spekulationen darüber an, dass Unmengen von antiken Bronze- und Marmorstatuen unter den Ruinen der Stadt begraben sein müssten, und rechnete mit der Entdeckung einer antiken Stadt, deren archäologische Schätze sogar die von Pompeji übertreffen würden.

Die Ebene von Helike mit Blick auf das Gebirge.
© Dr. A. Siokou.

Abgesehen von der ständigen Gefahr weiterer Erdbeben in der Gegend muss das Helike-Projekt heute mit einer weiteren Gefährdung der Stätte rechnen. In der Römerzeit verlief eine Straße von Korinth nach Patras durch Helike. Bei Ausgrabungen fand man Spuren dieser Straße. Vor kurzem begann die griechische Eisenbahn eine neue Strecke zu verlegen, die Athen mit Patras verbinden wird. Derzeit verkehren Züge auf dieser Strecke bereits bis Korinth, und im Jahr 2010 wird man wohl Patras erreicht haben. Im Augenblick ist geplant, die Route in den nächsten zwei, drei Jahren mitten durchs Zentrum der antiken Stadt zu legen. Somit wären die Überreste des antiken Helike ein für alle Mal zerstört, noch bevor die Ausgräber die Chance gehabt haben, die mit Sicherheit unschätzbaren Belege für das Leben im prähistorischen und antiken Griechenland zu bergen.

Um diese bedeutende archäologische Stätte vor der Zerstörung durch den Eisenbahnbau zu schützen, hat die UNESCO Helike in die Liste der 100 am meisten gefährdeten archäologischen Stätten aufgenommen. Doch das Land entlang der Küste in der Region, wo das Projekt seine Ausgrabungen geplant hat, wird rasch erschlossen, und Dora Katsonopoulou hat an das griechische Kulturministerium appelliert, die Gegend zu einer archäologischen Zone zu erklären, in der neue Baumaßnahmen verboten sind.

Leider haben derzeit die griechische Archäologische Behörde und das Kulturministerium die Bedeutung der Stätte nicht anerkannt. Hoffentlich erkennt man, wie wichtig diese Ausgrabungen sind, bevor es zu spät ist, damit die versunkene Stadt Helike nicht für immer verloren geht.

Verborgene ägyptische Schätze
im Grand Canyon?

Blick in den Grand Canyon vom Tiyo Point, North Rim.
Foto von Scott Catron.

Am 5. April 1909 brachte die in Phoenix erscheinende Zeitung
Arizona Gazette einen anonymen Leitartikel mit der Überschrift
»Forschungen im Grand Canyon«. Darin wurde eine vom Smith-
sonian Institute finanzierte archäologische Unternehmung »un-
ter der Leitung von Prof. S. A. Jordan« geschildert, der von einem
Forscher im Dienste des Smithsonian Institute namens G. E. Kin-

kaid begleitet wurde. Die *Gazette* behauptete, das Team habe eine riesige unterirdische Zitadelle im Grand Canyon gefunden, die »nicht nur die älteste archäologische Entdeckung in den Vereinigten Staaten, sondern eine der wertvollsten der Welt« sei.

Kinkaid beschrieb in der *Gazette*, wie er zu dieser Entdeckung gelangt sei, während er allein in einem Holzboot auf dem Colorado River vom Green River in Wyoming aus nach Yuma unterwegs gewesen sei und nach Mineralien gesucht hatte. Rund 70 Kilometer vom El Tovar Crystal Canyon entfernt (wahrscheinlich um den Marble Canyon herum, im Gebiet des heutigen Reservats der Navajo-Indianer) bemerkte Kinkaid »Flecken in der Sedimentformation etwa 600 Meter über dem Flussbett«. Unter großen Schwierigkeiten sei er die Canyonwand hinaufgeklettert, bis er eine kleine Höhlenöffnung erreichte, von der aus Stufen abwärts führten. Kinkaid sei hinabgestiegen und habe an einer Querkammer, 30 Meter vom Eingang entfernt, das eingeritzte Bildnis eines Götzen im Schneidersitz gefunden, das seiner Meinung nach Buddha ähnelte und wahrscheinlich tibetanischen Ursprungs war. Rund hundert Meter weiter in dem 3,60 Meter breiten Gang entdeckte er eine Krypta, die Mumien enthielt. Eine davon richtete er auf und fotografierte sie mit Blitzlicht. Er fand zahlreiche Nebengänge, Räume und verschiedene Artefakte wie Kupferwerkzeuge, Urnen und Becher aus Kupfer und Gold, glasierte Keramikgefäße, gravierte gelbe Steine, die überall auf den Fußböden verstreut waren, sowie ein unbekanntes graues Metall, das Platin ähnelte. Außerdem fand er Hieroglyphen, die er für »ägyptisch oder orientalisch« hielt.

Kinkaid schätzte, dass über 50 000 Menschen bequem in den Höhlen hätten Unterschlupf finden können. Die Zeitung erwähnte, einige der Artefakte seien nach Washington, D.C., gebracht worden, und das Smithsonian Institute untersuche unter der Leitung von Prof. S. A. Jordan sorgfältig die Zitadelle. Die Entdeckungen, hieß es weiter, »beweisen fast schlüssig, dass das Volk, das diese geheimnisvolle Höhle bewohnt hat, orientalischen Ursprungs war, möglicherweise aus Ägypten, und bis zu Ramses zurückdatiert«.

Was steckt hinter dieser erstaunlichen Geschichte? Existieren noch andere Belege außer diesem einen einzigen, anonymen Zeitungsartikel? Tatsächlich gibt es einen früheren Artikel in derselben Zeitung, und zwar vom 12. März 1909, der sich ebenfalls auf G. E. Kinkaid bezieht. Darin wird Kinkaids Fahrt auf dem Colorado knapp geschildert und erwähnt, dass »einige interessante archäologische Entdeckungen« gemacht worden seien, aber nichts deutet darauf hin, wie unglaublich diese Funde waren. Aus irgendeinem Grund hat die *Arizona Gazette* die Story nicht weiter verfolgt. Nach dem Mai 1909 wird das Thema mit keinem Wort mehr erwähnt, bis der Artikel von David Hatcher Childress, einem Autor populärwissenschaftlicher Bücher über antike Geheimnisse, wiederentdeckt und 1993 in *Nexus*, einer Zeitschrift für parapsychologische Themen, veröffentlicht wurde. Anschließend gelangte er ins Internet, und die Geschichte von den Ägyptern im Grand Canyon wird inzwischen auf hunderten von Webseiten ausgebreitet. Die meisten sind nichts weiter als Nachdrucke von Childress' Artikel in *Nexus*, und alle beziehen sich auf den ursprünglichen Zeitungsartikel. Seit 1909 also gibt es keinen einzigen Beweis, der die Behauptungen der Originalquelle bestätigen würde.

Im Januar 2000 nahmen Amateurforscher, die sich mit der mysteriösen Geschichte befassten, Kontakt zur Smithsonian Institution auf und wollten mehr über das Thema erfahren. Man erklärte ihnen, im Laufe der Jahre habe es viele Anfragen wegen des Zeitungsartikels von 1909 gegeben, aber die Abteilung für Anthropologie hatte in ihren Unterlagen nichts über einen Professor Jordan, Kinkaid oder eine untergegangene ägyptische Kultur in Arizona gefunden. Weitere Recherchen ergaben dann doch die Erwähnung eines Archäologen namens Professor S. A. Jordon, der sich jedoch mit o und nicht mit a schrieb. Darüber hinaus war er anscheinend Europäer und nicht Amerikaner. Doch für einige Amateurforscher beweist dies nur, dass die gesamte Entdeckung geheim gehalten und vertuscht wurde. Sie verweisen auf die vielen unerforschten Höhlen, Tunnel und Löcher im Canyon sowie auf die Tatsache, dass ein Großteil des Gebiets um den Ort, wo Kinkaid angeblich seine Entdeckung machte, inzwischen staatlicher Besitz und für die Öffentlichkeit gesperrt ist. Dies trifft sicher auf die 120 Meter tiefe Stanton's Cave zu, in der man bei Ausgrabungen tausende alter indianischer Artefakte und die Überreste von 10 000 Jahre alter kalifornischer Riesenkondore fand. Dies ist eine bedeutende archäologische und paläologische Stätte, die heute im National Register of Historic Places aufgeführt ist. Sie ist inzwischen zusammen mit anderen Höhlen in der Gegend mit einem großen Stahltor versperrt und für die Öffentlichkeit nicht zugänglich. Der etwas unheimliche Grund für dieses Vorgehen? Man will die Kolonie von Townsend-Großohrfledermäusen, die in den Höhlen leben, davor schützen, von Besuchern gestört zu werden.

Eine weitere seltsame Eigenheit des Grand Canyon – die mit dem Zeitungsartikel von 1909 in Verbindung zu stehen scheint – ist die große Vielfalt orientalischer und ägyptischer Namen für viele Gipfel und Kuppen, insbesondere im Gebiet von Kinkaids merkwürdigen Höhlen. Um den Ninety-four Mile Creek und den Trinity Creek herum gibt es Namen wie Isis Temple, Tower of Set, Tower of Ra, Horus Temple, Osiris Temple, während sich im Gebiet des Haunted Canyon die Cheops Pyramid, das Buddha Cloister, der Buddha Temple, der Manu Temple und der Shiva Temple befinden. Gibt also vielleicht der geheimnisvolle Ursprung dieser Namen einen Hinweis auf die Lage von Kinkaids verborgenem Schatz?

Leider ist die Erklärung für diese Namen viel prosaischer. Schuld daran ist Clarence E. Dutton, Artilleriehauptmann der US-Army, dessen höchst bedeutsames Werk *The Tertiary History of the Grand Canyon District* 1882 erschien. Dutton bemerkte gewisse Ähnlichkeiten zwischen den Gipfeln des Grand Canyon und einigen der großen Architekturdenkmäler der Menschheit, und so verlieh er den natürlichen Formationen des Grand Canyon die meisten ihrer exotischen Namen. Die übrigen wurden von Francois Matthes benannt, einem staatlichen Kartografen, der im Frühjahr 1902 die topografische Kartierung des Grand Canyon für den US-Geological Survey vornahm. Daran ist also nichts Geheimnisvolles – höchst seriöse historische Darstellungen des Grand Canyon (*Frommer's Grand Canyon National Park* und Stephen J. Pynes *How the Canyon Became Grand* beispielsweise) geben diese Fakten wieder. Es wäre durchaus möglich, dass die ägyptischen und indianischen Namen der Formationen des Grand Canyon den anonymen Autor zu seinem Artikel in der *Gazette* inspiriert haben.

Ist also dieser Artikel nichts weiter als eine simple Zeitungsente, ähnlich der in *The Dallas Morning News*, die am 19. April 1897 von einem UFO-Absturz in Aurora in Texas berichteten? Viele Details des Artikels von 1909 lassen dies vermuten. Zunächst einmal hat niemand jemals die Fotos gesehen, die Kinkaid angeblich in den Höhlen gemacht hat, oder die Artefakte, die er entnommen haben will. Sicher hätte sie jemand im Laufe von über 90 Jahren früher oder später zu Gesicht bekommen. Ein weiteres Problem ist das Fehlen dokumentarischer Belege, die die Existenz von G. E. Kinkaid oder von Prof. S. A. Jordan beweisen. Außerdem spricht der Artikel in der *Gazette* vom Mai 1909 vom Smithsonian *Institute* statt korrekterweise von der *Institution* (viele Internetseiten, die die Story aufgreifen, übernehmen diesen Fehler). Es ist jedoch naheliegend, dass jemand, der in der Smithsonian Institution angestellt ist, den Unterschied bemerkt hätte. Ein weiterer Fehler im Artikel ist die Behauptung, Kinkaid sei »das erste weiße Kind, das in Idaho geboren wurde«. Tatsächlich war dies Eliza Spalding, die am 5. November 1837 in Lapwai als Kind von Henry und Eliza Spalding auf die Welt kam.

Möglicherweise war der Artikel über die Entdeckungen im Grand Canyon auch von Legenden der Hopi-Indianer über ihre Ahnen inspiriert, die einst in einer Unterwelt im Grand Canyon gelebt haben sollen. Tatsächlich war eine Schilderung dieser Überlieferung der Hopi-Indianer an den Originalartikel der *Gazette* angehängt. Diese Legenden könnten zwar teilweise für den Ursprung der Story verantwortlich sein, aber damals gab es noch andere Anregungen für den anonymen Autor. 1869 leitete Major John Wesley Powell die erste erfolgreiche Expedition auf dem Colorado River durch das (damals unbekannte) Gebiet des Grand Canyon. Als Powell auf eine große Flusshöhle namens Redwall Cavern stieß, bemerkte er interessanterweise, wenn man sie als Theater verwenden würde, »böte sie Platz für 50 000 Menschen« – und das erinnert wiederum an Kinkaids Schätzung, 50 000 Menschen seien in den Höhlen unterzubringen.

Auch die Brown-Stanton-Expedition von 1889 mag einige Anregungen geliefert haben. Auf dieser Expedition sollte eine

Schlucht im Grand Canyon für den Bau einer möglichen Eisenbahnlinie entlang des Colorado River nach Kalifornien vermessen werden. Nachdem drei Mitglieder der Expedition im Marble Canyon ertrunken waren, stellte das verbliebene Team fest, eine Weiterarbeit sei unmöglich, und versuchte aus dem Canyon herauszukommen. Sie passierten die spektakulären Quellen von Vasey's Paradise, und nachdem sie die Kalksteinwand über dem Fluss erklommen hatten, entdeckten sie »eine ganze Reihe von Felsbehausungen samt Stücken von zerbrochener Keramik, die über die ganze Wand verstreut waren«. Stanton beschloss, die verbliebenen Vorräte hier zu lagern und weiterzuforschen. Er fand etwa 50 Meter über dem Fluss eine Höhle in der Kalksteinfelswand (die oben erwähnte Stanton's Cave). Von dort aus folgten sie einem prähistorischen Pfad den South Canyon hinauf und gelangten so in Sicherheit.

Außerdem muss daran erinnert werden, dass Ende des 19. und zu Beginn des 20. Jahrhunderts jede Menge Geschichten über fantastische untergegangene Länder wie Atlantis, Lemuria und Mu kursierten. Kinkaids angebliche Karriere basierte anscheinend also auch zum Teil auf dem Typus des Abenteurers und Altertumsforschers jener Zeit, wie ihn exemplarisch der Reisende, Fotograf und Amateurarchäologe Augustus Le Plongeon (1825–1908) verkörperte. Die Vorstellung vom untergegangenen Land Mu taucht ja zum ersten Mal in den Werken von Le Plongeon auf. Er war auf der Insel Jersey, vor der Küste der Normandie, geboren und führte ein abenteuerliches Leben – so fotografierte er unter anderem die Maya-Ruinen auf der Halbinsel Yucatán, arbeitete als Landvermesser in San Francisco und studierte Fotografie in London. Damals gab es auch bedeutende archäologische Funde, und ihre prominenten Entdecker machten wiederholt Schlagzeilen, so zum Beispiel Heinrich Schliemann, der in den Siebzigerjahren des 19. Jahrhunderts die mutmaßliche Ruine von Troja im Nordwesten der Türkei und den Palast von Mykene in Griechenland erforschte. Zu nennen wären hier auch der englische Ägyptologe Flinders Petrie, der 1884 mit seinen Ausgrabungen in Ägypten begann, und Arthur Evans, der 1900 anfing, den prähistorischen Palastkomplex bei Knossos auf Kreta freizulegen. Einige oder all diese Persönlichkeiten konnten für den Artikel Pate gestanden haben.

In jenen Berichten über die frühen Erforscher des Grand Canyon, bei den furchtlosen Archäologen und Altertumsforschern der Zeit sowie in den indianischen und ägyptischen Namen der Formationen des Grand Canyon also sind die Ursprünge für G. E. Kinkaid und den Zeitungsartikel von 1909 zu suchen – nicht etwa in realen Funden im Inneren einer mysteriösen, vergessenen Höhle.

Newgrange: Observatorium, Tempel oder Grabstätte?

Luftaufnahme von Newgrange.
© Regierung von Irland.

Brú na Bóinne (Wohnstatt am Boyne) ist ein Areal auf einem Hügel über einer Schleife des Flusses Boyne im irischen County Meath. Es besteht aus verschiedenen prähistorischen archäologischen Stätten, einschließlich eines Friedhofs mit rund 40 Ganggräbern. Ein Ganggrab ist eine Grabstätte, meist aus der Jungsteinzeit (um 4000 v. Chr. – um 2000 v. Chr.), bei der die Grabkammer über einen niedrigen Gang zu erreichen ist. Die bekanntesten und eindrucksvollsten Konstruktionen im Brú-na-Bóinne-Komplex sind die Ganggräber von Newgrange, Knowth und Dowth, wobei das schönste Beispiel vielleicht Newgrange selbst ist.

Das riesige neolithische Grab von Newgrange (auf Irisch *Si An Bhru* – was in etwa so viel wie Feenheimstatt bedeutet), eines der großartigsten prähistorischen Monumente der Welt, wurde wahrscheinlich vor rund 5100 Jahren erbaut und ist damit über 600 Jahre älter als die Große Pyramide von Gizeh in Ägypten und 1000 Jahre früher entstanden als die Trilithen von Stonehenge. Es ist ungefähr kreisförmig, hat einen Durchmesser von etwa 80 Metern und bedeckt eine Fläche von knapp 5000 Quadratmetern. Der Hügel des Monuments wurde aus kleinen Steinen erbaut und mit Rasen bedeckt und ist von 97 großen Steinen umgeben, die zum Teil kunstvoll mit megalithischen Ornamenten verziert sind. Auf diesen Steinen ruht eine hohe Mauer aus weißem Quarz. Die große Steinplatte, die heute an der Wand außerhalb des Eingangs lehnt, diente ursprünglich dazu, den Gang zu versperren, als das Grab fertiggestellt war. Der gut 18 Meter lange Gang, der nur ein Drittel der Länge des Hügels ausmacht, ist mit grob behauenen Steinplatten ausgekleidet und führt zu einer kreuzförmigen Kammer mit einem herrlichen, steilen und sechs Meter hohen Kragsteingewölbe. Die Nischen in der Kammer sind mit Spiralen verziert und enthalten drei massige Steinbecken, von denen eines aus Granit und zwei aus Sandstein gemeißelt sind und einst nach Ansicht der Archäologen verbrannte menschliche Überreste enthielten.

Erst 1699, als der überwachsene Hügel von Newgrange als Steinbruch für den Bau einer Straße in der Nähe ausgebeutet wurde, entdeckte man das Ganggrab wieder. Einer der ersten

Menschen, die das Grab betraten, war der walisische Antiquitätenhändler und zeitweilige Kustos des Ashmolean Museum in Oxford Edward Lhuyd (1660–1709), der es zunächst für eine Höhle hielt. Er legte die erste Untersuchung über Newgrange vor, die aus Beschreibungen und Zeichnungen bestand und 1726 von Thomas Molyneux veröffentlicht wurde. 1909 katalogisierte George Coffey, Kustos für irische Antiquitäten am Nationalmuseum in Dublin, zahlreiche Ganggräber, darunter auch Newgrange, und veröffentlichte seine Ergebnisse 1912 unter dem Titel »New Grange and other Incised Tumuli in Ireland«. Doch erst 1962 begannen die ersten größeren Ausgrabungen unter der Leitung von Professor Michael J. O'Kelly vom Department of Archaeology des University College in Cork. Während eines Ausgrabungsprogramms von 1962 bis 1975 wurde das riesige Ganggrab ausgiebig restauriert – sogar die ursprüngliche Fassade aus glänzend weißem Quarz wurde mit Hilfe von Steinen, die sich an Ort und Stelle fanden, so gut es ging nachgebaut. Kritiker dieser Restaurierung wenden jedoch ein, nur Menschen des 20. Jahrhunderts würden sich *vorstellen*, dass das Bauwerk um 3200 v. Chr. so ausgesehen haben könnte.

Man schätzt, dass das Ganggrab von Newgrange rund 200 000 Tonnen Material enthält und dass an dem ganzen Bau 300 Arbeiter mindestens 20 bis 30 Jahre lang tätig gewesen sein mussten. Es wurden abgerundete Steine aus dem Fluss Boyne verwendet. Die weißen Quarzsteine für die Fassade jedoch kamen aus den rund 80 Kilometer entfernten Wicklow Mountains und wurden wahrscheinlich auf dem Boyne per Boot herbeigeschafft. Die großen Steinplatten, mit denen die Wände und die Decke des Gangs ausgekleidet sind, wurden wohl auf Holzrollen aus einem etwa 14 Kilometer entfernten Steinbruch nach Newgrange transportiert.

Dieser gewaltige Aufwand an Zeit und Arbeit verweist auf ein sozial fortgeschrittenes und gut organisiertes Volk sowie auf eine Gemeinschaft von herausragenden Handwerkern.

Das Innere des Monuments mit seinen monolithischen Kunstwerken.
© Regierung von Irland.

Die Ganggräber von Newgrange, Knowth und Dowth sind zu Recht aufgrund ihrer reichhaltigen megalithischen Felskunst (um 4500 v. Chr. – 1500 v. Chr.) berühmt. Allein Knowth enthält ein Viertel aller bekannten megalithischen Kunstwerke in Europa. In Newgrange sind mehrere Steine im Inneren des Monuments sowie des äußeren Rings mit Spiralmustern sowie Becher- und Ringmarken verziert. Viele dieser Steine sind auf ihren verdeckten Seiten bearbeitet, als sollte dies nicht für jeden sichtbar sein. Das spektaku-lärste megalithische Kunstwerk befindet sich an der großen Platte, die neben dem Eingang zum Grab lehnt. Sie ist über und über mit Rautenmustern und einer Dreifachspirale bedeckt – zwei andere Exemplare befinden sich im Inneren des Monuments. Derartige Motive findet man auch auf Steinen in anderen Ganggräbern auf der Isle of Man und der Insel Anglesey in Nordwales. Diese Moti-ve wurden zwar auch in der späteren keltischen Kunst verwendet, doch was sie darstellen, ist unbekannt – vielleicht sind es Aufzeich-nungen astronomischer und kosmischer Beobachtungen.

Eingang zu Newgrange mit der riesigen Torplatte,
die mit megalithischer Kunst bedeckt ist.
© Regierung von Irland.

Den Hügel von Newgrange umgibt ein Ring aus zwölf aufrecht stehenden Steinen, die bis zu 2,40 Meter hoch sind. Ursprünglich standen hier vielleicht rund 35 dieser Steine, die aber im Laufe der

Zeit entweder entfernt oder zerstört wurden. Der Ring, der das letzte Baustadium an der Stätte darstellt, wurde um 2000 v. Chr. errichtet, lange, nachdem das große Ganggrab nicht mehr verwendet wurde, doch seine Anwesenheit verrät, dass das Areal für die einheimische Bevölkerung noch immer eine gewisse Bedeutung hatte – vielleicht im Zusammenhang mit Astronomie oder Ahnenverehrung.

Am berühmtesten ist Newgrange wohl wegen eines spektakulären Phänomens, das sich an der Stätte jedes Jahr für ein paar Tage um den 21. oder 22. Dezember herum ereignet. Der Eingang zum Ganggrab von Newcombe besteht aus einem Tor aus zwei aufrecht stehenden Quadern und einem horizontalen Deckstein. Über dem Tor befindet sich eine Öffnung, die so genannte *Dach-* oder *Lichtluke.* Jedes Jahr, kurz nach 9 Uhr am Morgen der Wintersonnenwende, dem kürzesten Tag des Jahres, geht die Sonne im Boyne Valley über einem Hügel auf, den die Einheimischen Red Mountain nennen, was wahrscheinlich auf die Farbe des Sonnenaufgangs an diesem Tag verweist. Dann schickt die Sonne direkt durch die Lichtluke von Newgrange einen Lichtstrahl, der durch den Gang wandert und die zentrale Kammer an der Rückseite des Grabhügels erhellt. Nach nur 17 Minuten zieht sich der Strahl wieder zurück, und die Kammer versinkt erneut im Dunkel.

Dieses spektakuläre Ereignis wurde erst 1967 von Professor Michael O'Kelly wiederentdeckt, obwohl es in heimischen Sagen schon davor bekannt war. Newgrange ist eine von drei bekannten Orten mit einer solchen Lichtluke – die anderen beiden sind *Cairn G* auf dem Carrowkeel Megalithic Cemetery im irischen County Cork und das Ganggrab bei *Bryn Celli Ddu* auf Anglesey in Nordwales. Möglicherweise gibt es noch eine vierte Konstruktion dieser Art in einer Grabkammer bei Crantit auf der Insel Orkney in Schottland, die 1998 entdeckt wurde. Dies ist jedoch noch umstritten. Newgrange hingegen ist die am besten erbaute und komplexeste dieser Stätten und demonstriert auf spektakuläre Weise das hoch entwickelte Wissen über Vermessungstechnik und Astronomie, das die jungsteinzeitlichen Bewohner der Gegend besessen haben müssen. Das Ganggrab veranschaulicht auch, dass für die Menschen, die ihr Monument nach der Wintersonnenwende ausrichteten, die Sonne eine bedeutende Rolle in ihren religiösen Anschauungen dargestellt haben muss.

Das Monument aus größerem Abstand betrachtet.
© Regierung von Irland.

Ein oft diskutierter Aspekt des Newgrange-Monuments ist seine primäre Funktion. Ausgrabungen in den Kammern erbrachten relativ wenige archäologische Funde, wahrscheinlich, weil die meisten in den Jahrhunderten entfernt worden waren, in denen die Stätte offen zugänglich war (von 1699 bis 1962, als sie von O'Kelly untersucht wurde). Diese Funde bestanden aus zwei Grabmalen und mindestens drei verbrannten Leichen, die man alle in der Nähe der großen Steinbecken entdeckte, in denen anscheinend die Knochen der Toten aufbewahrt wurden. Wenn man bedenkt, dass ein Großteil des Materials geplündert wurde und alle noch verbliebenen Menschenknochen nur aus kleinen Fragmenten bestanden, was eine eindeutige Identifizierung einzelner Individuen erschwerte, dann müssen ursprünglich erheblich mehr als fünf Menschen in den Kammern bestattet gewesen sein. Die archäologischen Funde im Inneren des Monuments waren nicht gerade spektakulär. Bis auf ein paar Goldobjekte: zwei Goldtorques (ein wie ein Kragen um den Hals getragener Schmuck), eine Goldkette und zwei Ringe. Ferner entdeckte man einen großen phallusähnlichen Stein, ein paar Anhänger und Perlen, einen Knochenmeißel und mehrere Knochennadeln. Das Fehlen von Keramikfunden in Newgrange ist typisch für Ganggräberfriedhöfe, die anscheinend bestimmten Professionen und einer äußerst begrenzten Zahl von Menschen vorbehalten waren. Doch nicht alle Forscher sind sich darin einig, dass Newgrange überhaupt jemals als Grabstätte fungierte. In seinem 2004 erschienen Buch *Newgrange – Temple to Life* bestreitet der in Südafrika geborene Autor Chris O'Callaghan, dass Newgrange ein Ganggrab sei. Er behauptet vielmehr, es gebe keine echten Beweise für gezielte Bestattungen von Menschen in Newgrange, und glaubt, die bei den Ausgrabungen gefundenen Knochenfragmente seien wahrscheinlich von Tieren hereingeschleppt worden, lange, nachdem Newgrange nicht mehr benutzt wurde. Seiner Theorie zufolge wurde das Monument gebaut, um die Vereinigung des

Sonnengottes mit Mutter Erde zu feiern – als Symbol der Lebenskraft an sich. Die Lichtluke oder das Sonnenfenster hätte es dem Sonnengott ermöglicht, in den Gang des Hügels (der für Mutter Erde stand) einzudringen und tief in die Kammer (die symbolische Gebärmutter) vorzustoßen. Diese Theorie geht zum Teil auf die Ausrichtung der Stätte auf die Wintersonnenwende und vielleicht auf die phallisch geformte Säule sowie auf Kalkkugeln zurück, die sich in der Kammer befanden und möglicherweise männliche Sexualorgane darstellten. Doch es ist gar nicht nötig, Newgrange auf eine einzige Funktion zu beschränken. Und die geringe Menge von Menschenknochen, die an der Stätte gefunden wurden, scheint, wie bereits erwähnt, nicht der Gesamtzahl der in den Kammern Bestatteten zu entsprechen, da wahrscheinlich eine erhebliche Menge Knochen aus dem Monument entfernt wurde, möglicherweise durch herumstreunende Tiere oder von Menschen, die nach Reliquien suchten. Newgrange hat viele Verbindungen zur irischen Mythologie und wurde sogar noch im 20. Jahrhundert *Sidhe* oder Feenhügel genannt. Im Zusammenhang mit ihm stehen eine Reihe berühmter mythischer Gestalten der Iren wie die Tuatha Dé Danann, die alten mythischen Herrscher von Irland, Aengus Og, sein traditioneller Eigentümer, sowie der Held Cúchulainn. Es gibt auch verschiedene mythische Interpretationen von Newgrange. So habe es als Haus der Toten fungiert, wobei der Gang und die Kammern als Annehmlichkeit für die darin wohnenden Geister trocken gehalten und die Dachluke geöffnet und geschlossen worden sei, um die Geister ins Grab hinein- und wieder herauszulassen. Es galt auch als Aufenthaltsort des großen Gottes Dagda, und zu bestimmten Zeiten im Jahr wurden solchen Göttern wertvolle Opfer dargebracht. Es gibt tatsächlich archäologische Belege für Opfergaben in Newgrange, lange nachdem es aufgehört hatte, als Grabstätte und Observatorium zu dienen. So hat man im Monument verschiedene römische Gegenstände wie Goldmünzen, Anhänger und Broschen – zum Teil in tadellosem Zustand – gefunden. Da die Römer Irland nie eroberten, müssen viele dieser Opfergaben von Römern oder römisch-britischen Besuchern aus Britannien stammen, unter Umständen von Pilgern, die ein bereits 3000 Jahre altes religiöses Monument verehrten.

1993 wurden Newgrange und die benachbarten Ganggräber von Knowth und Dowth wegen ihrer großen kulturellen und historischen Bedeutung von der UNESCO zum Weltkulturerbe erklärt. Heute zieht Newgrange pro Jahr mehr als 200 000 Besucher an, die alle an Führungen des Brú na Bóinne Visitor Center teilnehmen, da die Stätte nicht mehr direkt zugänglich ist. Wer allerdings um den 21. Dezember herum das großartige Schauspiel der Wintersonnenwende erleben will, muss sich auf lange Wartefristen einstellen. 2005 gab es rund 27 000 Voranmeldungen für einen Besuch der Grabstätte zu diesem Zeitpunkt. Folglich werden die wenigen Auserwählten ausgelost. Man muss ein Anmeldeformular ausfüllen, das an der Empfangstheke im Brú na Bóinne Visitor Center erhältlich ist, und Anfang Oktober werden 50 Namen gezogen, 10 für jeden Morgen, an dem das Naturphänomen zu beobachten ist. Dann bekommt jeder dieser Glückspilze zwei Plätze in der Kammer zugewiesen. Nun fragt man sich natürlich, wie die Menschen der Jungsteinzeit die Beobachter der Wintersonnenwende an dieser herrlichen Stätte auswählten …

Machu Picchu:
Die vergessene Stadt der Inkas

Gesamtansicht der überwältigenden Szenerie von Machu Picchu.
© John Griffiths.

Die wahrscheinlich spektakulärste archäologische Stätte in Südamerika und das berühmteste Symbol der Inkas, *Machu Picchu*
(Alter Gipfel), befindet sich in einem subtropischen Gebiet 2300
Meter über dem Meeresspiegel in den Anden von Peru. Sie liegt
fast 500 Kilometer südöstlich von Lima, der modernen peruanischen Hauptstadt, und 180 Kilometer nordwestlich von Cuzco,
der Hauptstadt des Inkareiches. Das riesige Inkareich bestand von

1438 bis 1533; sein Zentrum war zwar das heutige Peru, aber es umfasste auch Ecuador, Bolivien, Chile, Teile von Argentinien und das Südende von Kolumbien. Die Inkas waren die letzte der hoch entwickelten, in den Anden heimischen Gesellschaften vor der Ankunft der Europäer.

Machu Picchu war nur einer Handvoll einheimischer Bauern bekannt, bis es 1911 von Hiram Bingham, dem Leiter der Peruanischen Expedition der Yale University, wiederentdeckt wurde. Bingham wurde von einem Bauern namens Melchior Arteaga geführt, und zunächst glaubte der Amerikaner, er und sein Team hätten eine weitere vergessene Inkastadt namens Vilcabamba entdeckt. Bingham hatte von Vilcabamba in spanischen Chroniken aus dem 16. Jahrhundert gelesen, wo eine Dschungelstadt erwähnt wurde, in die die Inkas nach ihrem gescheiterten Aufstand gegen die Spanier geflohen waren. Binghams Gruppe war überrascht von dem bemerkenswert guten Erhaltungszustand der Gebirgsstadt, 400 Jahre nachdem sie auf geheimnisvolle Weise von ihren Bewohnern verlassen worden war. Hiram Bingham bezeichnete Machu Picchu als Erster als »die vergessene Stadt der Inkas« – so auch der Titel seines ersten Buches, einem Bestseller, der dem Ort internationale Aufmerksamkeit verschaffte. Die vergessene Stadt erregte im Jahre 1913 weiteres Aufsehen, als ihr die National Geographic Society die gesamte April-Ausgabe ihrer Zeitschrift widmete.

Machu Picchu wurde zwischen 1460 und 1470 vom Inkaherrscher und Gründungsvater des Reiches, Pachacuti Inca Yupanqui, errichtet und war anscheinend bis kurz vor der Eroberung von Peru durch die Spanier im Jahr 1532 bewohnt. Die Stadt mit ihren annähernd 200 Bauwerken (Häusern, Palästen, Tempeln, Observatorien und Lagergebäuden) ist eine erstaunliche Leistung auf den Gebieten der Stadtplanung, von Hoch- und Tiefbau und der Architektur. Der Komplex bedeckt eine Fläche von gut einem Quadratkilometer und lässt sich grob in drei verschiedene Distrikte einteilen – einen landwirtschaftlichen, einen urbanen und einen religiösen. Der landwirtschaftliche Bereich enthält eine Reihe von Terrassen und Aquädukten, die die natürlichen Hänge des Landes nutzen und nicht nur als Anbauplattformen fungierten, sondern auch als Rückhaltewände die Erosion des Bodens verhinderten. Das Gebiet weist auch kleine, bescheidene Wohnstätten auf, die in schmalen Gassen errichtet wurden und wohl von Bauern bewohnt waren. Der urbane Bezirk des Komplexes ist vom landwirtschaftlichen Bereich durch eine Mauer getrennt. Im Südteil dieses Bereichs befindet sich eine Reihe von in den Fels gehauenen Nischen – Bingham nannte sie »das Gefängnis«, weil dort seiner Meinung nach Gefangene an ihren Armen durch Steinringe arretiert waren. Heutzutage sieht man darin eher einen Teil des Tempels des Kondors, ein Komplex, der nach dem in den Anden heimischen Raubvogel benannt ist, dessen Bildnis am tiefsten Punkt eines Granitvorsprungs eingemeißelt ist. Die ausgeklügelte Ansammlung von Gebäuden, die neben dem Tempel aus rötlichem Stein errichtet wurde, nennt man das Viertel der Intellektuellen, wo anscheinend die *Amautas* (hochrangige Lehrer) untergebracht waren, ein weiteres Viertel heißt die *Zone der Ñustas* (Prinzessinnen).

Das religiöse Viertel enthält großartige Inka-Architektur und Maurerarbeiten. Sein Hauptteil besteht aus der Heiligen Plaza, einem Schauplatz volkstümlicher Zeremonien, der von den bedeutendsten Bauwerken in Machu Picchu umgeben ist. Der Sonnentempel ist ein halbkreisförmiger Bau, der in den massiven Felsen geschnitten wurde und zwei Fenster aufweist, eines nach Osten, das andere nach Norden. Wissenschaftlern zufolge dienten diese beiden Fenster als Sonnenobservatorium: Das nach Osten ausgerichtete Fenster ermöglichte eine genaue Messung der Wintersonnenwende anhand des Schattens, der vom zentralen Stein geworfen wurde.

Der Drei-Fenster-Tempel, so benannt nach seinen drei großen trapezförmigen Fenstern, die sich zur Hauptplaza öffnen, enthält einen Stein mit eingemeißelten Figuren, die die drei Ebenen der Welt der Andenbewohner symbolisieren: die Hanan-Pacha (die höhere Welt oder das himmlische Paradies), die Kay-Pacha (die irdische Welt) und die Ukju-Pacha (die innere Welt, wo die Götter leben). Im religiösen Viertel steht auch der Heilige Tempel, ein ausgezeichnetes Beispiel der Inka-Maurerarbeit. Große, polierte Steinblöcke sind nahtlos zusammengefügt. Weiterhin findet sich dort das Priesterhaus und ein rätselhafter Schrein, das so genannte Intihuatana, der Pfosten der Sonne. Er ist eines der bedeutendsten und geheimnisvollsten Bauwerke in Machu Picchu. Es besteht aus einer Granitsäule – wahrscheinlich das Gnomon, also der Zeiger einer Sonnenuhr –, die sich aus einem großen pyramidenförmigen Tafelstein erhebt, und diente wohl als Sonnenobservatorium. Zu jeder Wintersonnenwende, während des Festes von Inti Raymi, dem Sonnengott, wurde dieser Gott von einem Priester symbolisch an den Stein gefesselt, um das völlige Verschwinden der Sonne zu verhindern.

Was zahllose Besucher an Machu Picchu am meisten erstaunt, ist die hohe Qualität der massiven Steinmauern und -gebäude, die ohne Mörtel und ohne die Hilfe des Rades oder von Zugtieren errichtet wurden. Das typische polygonale Mauerwerk in diesen Bauten ist größtenteils so präzise zusammengefügt, dass nicht einmal die dünnste Messerklinge zwischen die Fugen passt. Diese

Konstruktionsweise garantiert die Stabilität der Bauwerke in einem Gebiet, das für seine Erdbeben berüchtigt ist. Aufgrund der Qualität des Mauerwerks und der offenkundigen Schwierigkeit, solche großen Steine zu transportieren und aufzurichten, vermuten manche eigenwillige Theoretiker, dass beim Bauen in Machu Picchu eine Lasertechnik angewandt wurde, die entweder von irgendeiner untergegangenen alten Kultur oder von außerirdischen Besuchern stammte. Das Geheimnis um die Bauwerke von Machu Picchu wird noch dadurch verstärkt, dass es keinerlei dokumentarische Belege darüber gibt, wie diese Bauwerke eigentlich errichtet wurden. Wenn man sich mit der Inka-Architektur befasst, muss man wissen, dass es ihre Baumeister genau verstanden, die Form der Bauten der Landschaft anzupassen, in der sie entstanden. Folglich wurden bestehende Felsformationen beim Bauen genutzt, Skulpturen wurden in Felswände gemeißelt, und

Eine Inkamauer in Machu Picchu.
© John Griffiths.

Wasser wurde durch steinerne Kanäle geleitet. Wir wissen zwar nicht genau, wie die Inka derart gewaltige Blöcke bewegten, doch allgemein ist man der Ansicht, dass sie alle kräftigen Männer von gefangengenommenen Stämmen dazu einspannten, die Steine vielleicht mit Hebelkraft auf kleinere zylindrische Steine zu hieven und sie dann vorwärtszurollen, wobei sie diese Zylinder immer wieder aufs Neue unterschoben. Die meisten Gebäude und Mauern sind aus Granitblöcken erbaut und möglicherweise mit Bronze- oder Steinwerkzeugen behauen und schließlich mit Sand geglättet worden.

Umstritten ist die eigentliche Funktion von Machu Picchu. War es eine bedeutende Inkastadt mit einer großen Einwohnerzahl? Wahrscheinlich nicht. Man schätzt, dass nur etwa 1000 Menschen auf einmal in und um Machu Picchu gelebt hatten, und das deutet samt der isolierten Lage darauf hin, dass es eigentlich keine konventionelle Ansiedlung gewesen sein kann. Hiram Bingham barg bei seinen Ausgrabungen Anfang des 20. Jahrhunderts 135 mumifizierte Leichen, wovon er 109 als weiblich identifizierte. Daraus schloss er, dass die Stätte hauptsächlich als Refugium der *Acllas* fungierte, der Sonnenjungfrauen der Inka. Neuere Analysen ergaben jedoch, dass die Skelette in Wirklichkeit etwa gleich vielen Männern und Frauen zuzuordnen sind. Derzeit vertritt man die Theorie, dass der Komplex eine zeremonielle Stadt war, die auch als Königssitz und religiöse Zufluchtstätte oder Heiligtum für Könige, Priester und Priesterinnen der Inkas diente.

Warum Machu Picchu plötzlich verlassen wurde, ist ein Geheimnis. Während der spanischen Eroberung blieb die heilige Stadt unentdeckt, und darum ist zu vermuten, dass sie schon lange vorher verlassen und vergessen war. Es gibt zahllose Theorien

Der Intihuatana (Sonnenpfosten) diente den Inkas wahrscheinlich als Sonnenobservatorium.

© John Griffiths.

über diese unerklärliche Flucht, etwa dass die Stadt während einer ausgedehnten Dürrezeit austrocknete, von einem verheerenden Feuer heimgesucht oder während der Zeit des Widerstands der Inkas gegen die Spanier evakuiert wurde. Die vielleicht glaubwürdigste Theorie verweist auf die Tatsache, dass vor der spanischen Eroberung die Pocken aus Europa nach Peru eingeschleppt worden waren, dort schon bald epidemische Ausmaße annahmen und sich im ganzen Land verbreiteten. Um 1527 war bereits die Hälfte der Bevölkerung der Krankheit zum Opfer gefallen, die Herrschaft der Inkas brach zusammen, und es kam zum Bürgerkrieg. Das Fehlen jeder sozialen Ordnung und eine drastisch reduzierte Bevölkerung würden erklären, warum die Stadt relativ rasch verlassen wurde.

Heute ist dieser erstaunliche Gebirgskomplex aus Tempeln, zyklopischen Mauern, Feldern und Terrassen ein Historisches Nationalheiligtum, das von der peruanischen Regierung geschützt wird, und zählt seit 1983 zum Weltkulturerbe der UNESCO. Die vergessene Stadt der Inkas ist nicht mehr vergessen – alljährlich zieht die beliebteste Touristenattraktion in Peru rund 500 000 ausländische Besucher an. Die peruanische Regierung behauptet zwar, ein solcher Touristenansturm sei unproblematisch, doch da die UNESCO mögliche Schäden befürchtet, hat sie Machu Picchu 1998 auf die Liste der gefährdeten archäologischen Stätten gesetzt. Leider wurde Machu Picchu in den letzten Jahren in unerwünschte Kontroversen verstrickt. Während der Aufnahmen für einen Bierwerbespot im September 2000 am Intihuatana, wo Inkapriester und -priesterinnen einst die Sonne verehrten, stürzte ein 500 Kilogramm schwerer Kran um und brach ein großes Stück der Sonnenuhr ab, sodass Gustavo Manrique vom Nationalen Kulturinstitut Strafanzeige gegen die Produktionsfirma erstattete. 2005, als Machu Picchu zur Partnerstadt des antiken Petra in Jordanien erklärt wurde, leitete Peru einen Rechtsstreit um die Rückgabe tausender Artefakte ein, die Hiram Bingham 90 Jahre zuvor aus der Stadt mitgenommen hatte.

Die Bibliothek von Alexandria

Das heutige Alexandria, aus einem der Fenster
von Fort Quitbay im Westen der Stadt betrachtet.
© Ahmed Dokmak.

Weit verbreitet ist die Ansicht, dass die Bibliothek von Alexandria, einst die größte Bibliothek der Welt – die Werke der bedeutendsten Denker und Schriftsteller der Antike, so etwa von Homer, Platon, Sokrates und vieler anderer enthielt –, vor 2000 Jahren von einem gewaltigen Brand vernichtet wurde und diese Sammlung verloren ging. Seit seiner Zerstörung beschäftigt dieses Wunder der antiken Welt die Fantasie von Dichtern, Historikern, Reisenden und Gelehrten, die den tragischen Verlust von Wissen und Literatur beklagen. Heutzutage hat diese Universalbibliothek, die in einer Stadt lag, die als Wissenszentrum der antiken Welt gefeiert wurde, einen geradezu mythischen Status erlangt. Das immerwährende Geheimnis verdankt sich der Tatsache, dass keinerlei architektonische Überreste oder archäologische Funde, die sich eindeutig der Bibliothek zuordnen lassen, jemals entdeckt wurden, was für so ein angeblich berühmtes und imposantes Bauwerk überraschend ist. Dieses Fehlen jeglicher physischer Beweise lässt manche Leute sogar daran zweifeln, ob die legendäre Bibliothek in der Form, die man sich gemeinhin vorstellt, überhaupt existiert hat.

Der Mittelmeerhafen Alexandria, in dem auch der riesige Pharos-Leuchtturm, eines der sieben Weltwunder der Antike, stand, wurde 330 v. Chr. von Alexander dem Großen gegründet und wie viele andere Städte nach ihm benannt. Nach seinem Tod im Jahr 323 v. Chr. fiel sein Reich in die Hände seiner Generäle, wobei Ptolemaios I. Soter Ägypten übernahm und Alexandria 320 v. Chr. zu seiner Hauptstadt machte. Das einstmals kleine Fischerdorf im Nildelta wurde der Sitz der ptolemäischen Herrscher von Ägypten und entwickelte sich zu einem großartigen intellektuellen und kulturellen Zentrum, ja vielleicht sogar zur bedeutendsten Stadt der antiken Welt. Die Geschichte der Gründung der Bibliothek von Alexandria liegt im Dunkeln. Man glaubt, dass der Gelehrte und Redner Demetrios von Phalerum, ein aus Athen verbannter Gouverneur, etwa im Jahr 295 v. Chr. Ptolemaios dazu bewegte, eine Bibliothek zu errichten. Demetrios stellte sich dabei eine Bibliothek vor, die von jedem Buch auf der Welt ein Exemplar besitzen würde, eine Institution, die Athen Konkurrenz machen konnte. Anschließend organisierte Demetrios unter der Schirmherrschaft von Ptolemaios den Bau des Tempels der Musen, des Museion, wovon unser Wort *Museum* abgeleitet ist. Dieses Gebäude war ein Tempelkomplex nach dem Vorbild des Lyzeums des Aristoteles in Athen, einem Zentrum für philosophische Vorträge und Diskussionen.

Der Musentempel sollte der erste Teil des Bibliothekskomplexes in Alexandria sein und befand sich auf dem Gelände des Königspalastes, einem Areal, das Bruchion oder Palastviertel hieß und sich im nordöstlichen, griechischen Bezirk der Stadt befand. Das Museion war ein Kultzentrum mit Schreinen für jede der neun Musen, diente aber auch als Ort des Studiums mit Vorlesungsbereichen, Laboratorien, Observatorien, botanischen Gärten, einem Zoo, Wohnquartieren und Speisesälen sowie der Bibliothek selbst. Ein von Ptolemaios auserwählter Priester wurde zum Verwalter des Museion ernannt, und es gab auch einen eigenen, für die Manuskriptsammlung zuständigen Bibliothekar. Irgendwann während seiner Herrschaft (von 282 bis 246 v. Chr.) errichtete Ptolemaios II. Philadelphos, der Sohn von Ptolemaios I. Soter, die königliche Bibliothek als Ergänzung des von seinem Vater erbauten Musentempels. Wir wissen nicht, ob die königliche Bibliothek, die die Hauptbibliothek für Manuskripte sein sollte, ein eigener Bau neben dem Museion oder eine Erweiterung des ursprünglichen Gebäudes war. Man ist sich jedoch darin einig, dass die königliche Bibliothek tatsächlich einen Teil des Musentempels bildete.

Während der Herrschaft von Ptolemaios II. scheint die Idee einer Universalbibliothek Gestalt angenommen zu haben. Offenbar waren im Museion über 100 Gelehrte untergebracht, deren

Aufgabe es war, wissenschaftliche Forschungen durchzuführen, Vorlesungen zu halten und nicht nur Originalmanuskripte griechischer Autoren (angeblich einschließlich der Privatsammlung von Aristoteles) zu veröffentlichen, zu übersetzen, abzuschreiben und zu sammeln, sondern auch ägyptische, assyrische, persische sowie buddhistische Texte und hebräische Schriften zu übersetzen. Der Wissenshunger von Ptolemaios II. sei, wie es heißt, so groß gewesen, dass er per Erlass verfügte, dass alle Schiffe, die im Hafen anlegten, mitgeführte Manuskripte den Behörden zu übergeben hatten. Dann wurden von offiziellen Schreibern Kopien angefertigt und den ursprünglichen Besitzern ausgehändigt, während die Originale in die Bibliothek aufgenommen wurden. Eine oft zitierte Zahl für die Bestände der Bibliothek auf ihrem Höhepunkt sind eine halbe Million Dokumente, allerdings ist nicht klar, ob sich diese Schätzung auf die Menge der Bücher oder auf die Anzahl der Papyrusschriftrollen bezieht. Doch da viele Papyrusrollen benötigt wurden, um den Inhalt eines kompletten Buches wiederzugeben, muss man wohl eher von einer halben Million Rollen ausgehen. Doch selbst 500 000 Schriftrollen halten manche Gelehrte für eine zu hochgegriffene Zahl, da die Errichtung eines Gebäudes mit einem derart gewaltigen Speicherraum ein schwer zu realisierendes – aber nicht unmögliches – Unternehmen gewesen wäre. Dennoch wurde die Sammlung in der Königlichen Bibliothek während der Herrschaft von Ptolemaios II. so umfangreich, dass eine Tochterbibliothek errichtet wurde. Diese Bibliothek befand sich auf dem Gelände des Serapistempels in Rhakotis, dem ägyptischen Viertel im südöstlichen Teil der Stadt. Während der Bibliothekarstätigkeit des griechischen Schriftstellers Kallimachos (270–260 v. Chr.) enthielt die Tochterbibliothek 42 800 Schriftrollen, allesamt Abschriften der Rollen in der Hauptbibliothek.

Die angebliche totale Zerstörung der Bibliothek von Alexandria durch einen Brand, bei dem die vollständigste jemals existierende Sammlung antiker Literatur verloren ging, ist seit Jahrhunderten Thema hitziger Debatten. Was genau geschah tatsächlich mit diesem erstaunlichen Speicher des antiken Wissens, und wer war für den Brand verantwortlich? Zunächst einmal muss gesagt werden, dass »die größte Katastrophe der antiken Welt« vielleicht niemals in dem oft angenommenen Ausmaß stattgefunden hat. Gleichwohl verschwand die Bibliothek tatsächlich praktisch spurlos, so dass sie offensichtlich irgendeiner Katastrophe zum Opfer gefallen sein muss. Der beliebteste Verdächtige in diesem Fall ist Julius Cäsar. Angeblich habe er sich während der Besetzung von Alexandria im Jahr 48 v. Chr. im Königspalast befunden, da ihn die ägyptische Flotte am Verlassen des Hafens hinderte. Zur eigenen Sicherheit ließ er seine Leute die ägyptischen Schiffe in Brand setzen, doch das Feuer geriet außer Kontrolle und breitete sich auf die Teile der Stadt aus, die dem Meer am nächsten waren – Lagerhäuser, Depots und Arsenale. Nach Cäsars Tod hielt man ihn allgemein für den Zerstörer der Bibliothek. Der römische Philosoph und Dramatiker Seneca zitiert aus dem zwischen 27 v. Chr. und 14 n. Chr. entstandenen Geschichtswerk des Livius, als er behauptet, in dem von Cäsar ausgelösten Brand seien 40 000 Rollen vernichtet worden. Der griechische Historiker Plutarch erwähnt, das Feuer habe »die große Bibliothek« vernichtet. Der römische Historiker Dio Cassius (um 165–235) spricht davon, dass ein Lagerhaus mit Manuskripten während der Feuersbrunst zerstört worden sei.

In seinem Buch *Die verschwundene Bibliothek* interpretiert Luciano Canfora die Belege antiker Autoren dahingehend, dass sie keinerlei Hinweise darauf enthalten, ob die große Bibliothek selbst zerstört worden sei. Vielmehr seien nur Manuskripte, die in Lagerhäusern neben dem Hafen für den Export aufbewahrt wurden, dem Brand zum Opfer gefallen. Der bedeutende Gelehrte und stoische Philosoph Strabo arbeitete im Jahr 20 v. Chr. in Alexandria, und aus seinen Schriften geht hervor, dass die Bibliothek nicht das weltberühmte Wissenszentrum war, das es in früheren Jahrhunderten dargestellt hatte. Strabo erwähnt überhaupt keine Bibliothek, sondern nur das Museion, das er als »Teil des Königspalastes« bezeichnet. Er fährt fort, es »umfasst den überdachten Gang, die Exedra oder den Porticus, sowie eine große Halle, in der die gelehrten Mitglieder des Museions gemeinsam ihre Mahlzeiten einnehmen«. Falls die große Bibliothek dem Museion angeschlossen war, dann war Strabo offenbar der Meinung, sie nicht eigens erwähnen zu müssen, und falls er tatsächlich 20 v. Chr. dort war, dann war die Bibliothek natürlich nicht 28 Jahre zuvor von Cäsar niedergebrannt worden. Die Existenz der Bibliothek im Jahr 20 v. Chr., wenn auch vielleicht in einer weniger beeindruckenden Version, bedeutet somit, dass wir nach einem anderen Vernichter des antiken Wunders von Alexandria suchen müssen.

Im Jahr 391 n. Chr. veranlasste Kaiser Theodosius I., der das Heidentum beseitigen wollte, offiziell die Zerstörung des Serapeion, des Serapis-Tempels, in Alexandria. Dies geschah unter Theophilus, dem Bischof von Alexandria. Anschließend wurde an dieser Stätte eine christliche Kirche errichtet. Nach einer Theorie wurden auch die Tochterbibliothek des Museion, die sich in der Nähe des Tempels befand, sowie die königliche Bibliothek selbst zu dieser Zeit dem Erdboden gleichgemacht. Doch während es plausibel erscheint, dass Manuskripte aus der Bibliothek des Serapeion bei dieser Brandschatzung vernichtet wurden, spricht

*Theophilus und das Serapeion.
Illustration aus dem
frühen 5. Jahrhundert.*

nichts dafür, dass die königliche Bibliothek Ende
des 4. Jahrhunderts über-
haupt noch existierte. Keine antike Quelle erwähnt
die Zerstörung irgendeiner
Bibliothek zu dieser Zeit,
auch wenn der englische
Historiker Edward Gibbon im 18. Jahrhundert sie irrtümlicherweise Bischof Theophilus zuschreibt.

Der Letzte der angeblichen Brandstifter soll Kalif Omar gewesen sein. Im Jahr 640 nahmen die Araber (unter General Amrou
ibn el-Ass) Alexandria nach langer Belagerung ein. Die Eroberer
hätten von einer herrlichen Bibliothek gehört, die alles Wissen
der Welt enthielt, und wollten sie unbedingt sehen. Aber der Kalif ließ sich von der riesigen Sammlung von Zeugnissen des Wissens nicht beeindrucken und erklärte angeblich: »Entweder widersprechen sie dem Koran, und in diesem Fall sind sie Ketzerei,
oder sie stimmen mit ihm überein, und dann sind sie überflüs-
sig.« Dann wurden die Manuskripte zusammengetragen und als
Brennstoff für die 4000 Badehäuser in der Stadt benutzt. Es
gab so viele Schriftrollen, dass die Badehäuser von Alexandria ein

halbes Jahr lang damit beheizt werden konnten. Diese unglaublichen Fakten wurden 300 Jahre nach dem angeblichen Vorfall von dem christlichen Universalgelehrten Gregorius Bar-Hebraeus (1226–86) niedergeschrieben. Doch während die Araber vielleicht eine christliche Bibliothek in Alexandria verbrannten, hat die königliche Bibliothek mit an Sicherheit grenzender Wahrscheinlichkeit Mitte des 7. Jahrhunderts nicht mehr existiert. Das lässt sich aus der Tatsache schließen, dass eine derartige Katastrophe von keinem der zeitgenössischen Autoren wie etwa dem christlichen Chronisten Johannes von Nikiou (einem byzantinischen Mönch), dem Schriftsteller Johannes Moschus oder dem Patriarchen von Jerusalem, Sophronius, erwähnt wird.

Sinnlos ist allein schon der Versuch, einen verheerenden Brand ermitteln zu wollen, der die große Bibliothek und ihre Bestände vernichtete. Alexandria war oft genug eine instabile Stadt, insbesondere in der Römerzeit, wie dies Cäsars Kampf gegen die ägyptischen Schiffe ebenso wie das heftige Ringen zwischen den Besatzungstruppen von Königin Zenobia von Palmyra und dem römischen Kaiser Aurelian 270/271 bezeugen. Aurelian nahm Königin Zenobias Truppen schließlich die Stadt im Namens Rom ab. Zuvor wurden jedoch viele Teile von Alexandria zerstört und das Brucheion-Viertel, in dem sich der Palast und die Bibliothek befanden, angeblich »zu einer Wüste gemacht«. Einige Jahre später wurde die Stadt durch den römischen Kaiser Diokletian erneut gebrandschatzt. Eine derart wiederholte Beschädigung, die sich über mehrere Jahrhunderte verteilte, sowie das Desinteresse an den Inhalten der Bibliothek, als sich die Weltanschauungen und die nicht nur politischen Zugehörigkeiten änderten, deuten darauf hin, dass die Katastrophe allmählich, im Laufe von 400 oder 500 Jahren vonstatten ging. Der letzte historisch verbürgte

Leiter der großen Bibliothek war der Gelehrte und Mathematiker Theon (um 335–405), der Vater der Philosophin Hypatia, die 415 in Alexandria von einem christlichen Mob brutal ermordet wurde. Vielleicht wird man eines Tages in den Wüsten Ägyptens Schriftrollen entdecken, die einst der bedeutenden Bibliothek gehörten. Viele Archäologen glauben, dass die Gebäude, die einst den legendären Sitz des Wissens in Alexandria darstellten, noch immer irgendwo im nordöstlichen Teil der Stadt relativ intakt erhalten sein könnten und unter der modernen Metropole begraben sind.

2004 machte ein polnisch-ägyptisches Archäologenteam Schlagzeilen, als es behauptete, bei Ausgrabungen im Gebiet des Brucheion einen Teil der Bibliothek von Alexandria entdeckt zu haben. Die Archäologen fanden 13 Hörsäle, jeden mit einem erhabenen zentralen Podium. Allerdings stammen die Bauten aus der spätrömischen Zeit (5. bis 6. Jahrhundert) und stellen somit kaum das berühmte Museion oder die königliche Bibliothek dar. Die Untersuchungen dieses Areals sind noch nicht abgeschlossen. 1995 wurde mit dem Bau der Bibliotheca Alexandrina begonnen, einer großen Bibliothek und einem Kulturzentrum in der Nähe der ursprünglichen Bibliothek. Offiziell wurde der riesige Komplex am 16. Oktober 2002 eröffnet – zum Gedenken an die verschwundene Bibliothek von Alexandria und um die intellektuelle Strahlkraft, die das ursprüngliche Zentrum auszeichnete, wieder zu entfachen. Hoffentlich wird die Existenz einer neuen Universalbibliothek beweisen, dass zumindest der Geist der alten Bibliothek nicht verloren gegangen ist.

Die Große Pyramide:
Ein Rätsel in der Wüste

Detail der Großen Pyramide.
Foto von Alex Ibh.

Das älteste und einzige erhaltene der sieben Wunder der Antike, die Große Pyramide von Gizeh, ist nicht nur ein Symbol des alten Ägypten, sondern des Geheimnisvollen und Unbekannten schlechthin. Die Pyramide steht am Westufer des Nils in der Nekropole von Gizeh, einem Komplex antiker Monumente, der zur Zeit der Pharaonen ein Teil der alten Stadt Memphis war. Heute gehört er zum Großraum von Kairo. Aufgrund ihrer Größe und der Qualität ihrer Anlage und Konstruktion stellt das Bauwerk den Höhepunkt des Pyramidenbaus in Ägypten dar. Die Ägyptologen sind sich darin einig, dass sie um 2650 v. Chr. als Grabmal für den ägyptischen Pharao Khufu (griechisch Cheops) errichtet wurde. Doch da man nie eine Grabstätte im Inneren des Bauwerks gefunden und keinerlei Inschriften entdeckt hat, die über ihre Funktion Auskunft geben, haben einige Forscher andere Theorien für Entstehungszeit und Funktion der Großen Pyramide aufgestellt, die noch Jahrtausende nach ihrer Errichtung in Erstaunen zu versetzen vermag.

Die Große Pyramide ist die älteste und größte der drei Pyramiden in der Nekropole von Gizeh. Südwestlich von ihr befindet sich die etwas kleinere Pyramide von Khafre (Chephren), einem von Khufus Söhnen und dem mutmaßlichen Erbauer der Großen Sphinx, die östlich von seiner Pyramide steht. Noch weiter im Südwesten erhebt sich die viel kleinere Pyramide von Menkaure (Mykerinos), Khafres Sohn und Nachfolger. Die Große Pyramide ist 138,75 Meter hoch und hat eine Grundfläche von rund 50 000 Quadratmetern – ursprünglich betrugen diese Maße allerdings 146,60 Meter beziehungsweise 53 000 Quadratmeter. Bis zum 13. Jahrhundert, als der Kathedrale von Lincoln in England eine 160 Meter hohe Turmspitze aufgesetzt wurde, war sie das höchste Bauwerk der Welt. Ursprünglich war die Pyramide mit feinem weißem Kalkstein verkleidet und mit einem von Gold überzogenen Pyramidion oder Schlussstein versehen. Die vier Seiten der gewaltigen Pyramide sind exakt nach den vier Himmelsrichtungen ausgerichtet – bis auf drei Bogenminuten genau. Zum Bau des Monuments wurden über zwei Millionen Steinblöcke verwendet, die jeweils mehr als zwei Tonnen wogen. Man hat errechnet, dass die von der Großen Pyramide bedeckte riesige Fläche den Petersdom in Rom, die Kathedralen von Florenz und

Mailand, Westminster Abbey und die St. Paul's Kathedrale in London zusammen aufnehmen könnte.

Die Pyramiden von Gizeh.
© John Griffiths

Der Eingang zur Pyramide befindet sich an der Nordfassade. Im Inneren enthält sie drei Kammern, die durch ab- und aufsteigende Gänge miteinander verbunden sind. Die unterste dieser Kammern wird auch »Felsenkammer« oder die unfertige Kammer genannt. Sie ist roh aus dem Grundgestein herausgehauen, etwa 30 Meter tief unter der Oberfläche, und die Ägyptologen glauben, dass sie ursprünglich als Grabkammer König Khufus dienen sollte, der anscheinend jedoch seine Meinung änderte und eine andere Kammer weiter oben in der Pyramide anlegen ließ. Die mittlere Kammer heißt »Königinnen-Kammer«, wie die Araber sie irrtümlicherweise nannten. Sie liegt genau zwischen der Nord- und der Südseite der Pyramide und ist mit einer Grundfläche von rund 5,5 mal 5,15 Metern und einer bis zu sechs Meter hohen Spitzdecke die kleinste der drei Kammern. Viele Forscher schließen aus dem groben, unvollendeten Fußboden in der Königinnen-Kammer, dass die Arbeiten an diesem Raum aus unbekannten Gründen vor der Fertigstellung abgebrochen wurden.

Im Zentrum der Pyramide befindet sich die Königskammer. Sie besteht gänzlich aus Granit und misst von Ost nach West 10,3 Meter, 5 Meter von Nord nach Süd und hat eine Höhe von 5,7 Metern. Nahe der Westwand der Kammer steht der Sarkophag des Königs, der vermutlich einst den Leichnam von Khufu enthielt, obwohl es keine Beweise dafür gibt, dass jemals irgendjemand darin bestattet wurde. Der Sarkophag besteht aus einem einzigen Block aus rotem, ausgehöhltem Assuan-Granit und ist etwa 2,5 Zentimeter breiter als der Eingang zur Königskammer. Folglich muss der Sarkophag bereits aufgestellt worden sein, während die Kammer noch im Bau war. Angeblich hat Napoleon Ende der Neunzigerjahre des 18. Jahrhunderts eine schreckliche Nacht allein in der Königskammer verbracht – in den Dreißigerjahren des 20. Jahrhunderts hat es ihm der englische Okkultist Paul Brunton nachgetan und Ähnliches erlebt.

Ein weiteres Hauptmerkmal des Innenraums der Großen Pyramide ist die so genannte Große Galerie. Dieser Gang wurde als Fortsetzung des aufsteigenden Korridors angelegt und ist etwa 46 Meter lang und rund 8,30 Meter hoch. Er ist eine erstaunliche architektonische Leistung und besitzt ein geniales Kraggewölbe, das aus sich allmählich nach innen neigenden und oben spitz zusammenlaufenden Wänden aus poliertem Kalkstein gebildet wird. Noch immer unerklärliche und einzigartige Phänomene in der Großen Pyramide sind die geheimnisvollen Schächte, von denen jeweils zwei nach oben aus der Königs- und der Königinnen-Kammer hinausführen. Während man sie früher einfach für Luftschächte hielt, glaubt man inzwischen, dass diese engen Gänge eine gewisse religiöse Bedeutung besaßen. Sie scheinen eine astronomische Ausrichtung aufzuweisen und hängen wahrscheinlich mit dem Glauben der alten Ägypter zusammen, dass die Sterne von den Göttern und den Seelen der Toten bewohnt sind.

Neuere archäologische Entdeckungen auf dem Gizeh-Plateau geben einige Aufschlüsse über die Menschen, die die Große Pyramide erbaut haben. Unter der Leitung des Generalsekretärs der ägyptischen Altertumsbehörde, Dr. Zahi Hawass, wurden 1990 die Gräber der Pyramidenbauer in der Nähe der Pyramiden von Gizeh gefunden. Sie enthielten auch den Sarkophag eines Mannes, der anhand von Hieroglypen als Ny Swt Wsrt identifiziert wurde und wohl der Aufseher über das Dorf der Bauarbeiter war. Ein paar Jahre später entdeckte das Gizeh Plateau Mapping Project unter der Leitung des Archäologen Mark Lehner in der Nähe dieses Friedhofs eine Siedlung, in der bis zu 20 000 Menschen etwa um 2500 v. Chr. gelebt hatten. Man hat ihr den Namen »Arbeiterdorf« gegeben. Unter anderem sind dort ein Schlafsaal oder Quartiere für bis zu 2000 Zeitarbeiter sowie Belege für Kupferverarbeitung und Kochstellen zu finden.

Eines der größten Rätsel der Großen Pyramide ist es, wie so ein gewaltiges technisches Projekt organisiert und verwirklicht werden konnte. Wie wurden die riesigen Steinblöcke, die zum Teil über 40 Tonnen wogen, zu der Stätte transportiert, hochgehoben und präzise an Ort und Stelle gebracht? Einige dieser Steine wurden aus Assuan herbeigeschafft – das fast 1000 Kilometer südlich von Gizeh liegt. Wie wurde dies bewerkstelligt? Die Ägyptologen glauben, dass die Große Pyramide in einem Zeitraum von weniger als 23 Jahren (was der Regierungszeit von König Khufu entspricht) erbaut und um 2560 v. Chr. fertiggestellt wurde. Einige Hinweise auf die Baumethoden finden sich in ägyptischen Reliefs im Grab des Beamten Ti aus der Vierten Dynastie (um 2489–2345 v. Chr.) in Saqqara – sie zeigen Arbeiterteams, die riesige Obelisken und Statuen mit Hilfe von Seilen und Schlitten an Ort und Stelle ziehen. Die Frage, wie die Steine transportiert wurden – wie weit auch immer – ist anscheinend nicht so schwer zu beantworten, wenn man bedenkt, dass die Blöcke auf dem Nil nach Gizeh verschifft worden sein könnten. Um die Steine an Ort und Stelle zu hieven, wurden nach Ansicht der Ägyptologen schiefe Rampen aus Schlamm, Ziegeln und Schutt errichtet. Nach einer Hypothese von Mark Lehner könnte eine spiralförmige Rampe benutzt worden sein, die in einem benachbarten Steinbruch im Südosten begann und sich um die Außenseite der Pyramide schlängelte. Vermutlich wurden die Blöcke auf Schlitten die Rampe bis zur erforderlichen Höhe hinaufgezogen. Überreste solcher Rampen wurden an der Sinki-Pyramide in Süd-Abydos und an der Sekhemkhet-Pyramide in Saqqara entdeckt. Doch der Bau einer Rampe, die groß genug war, um bei der Errichtung der Großen Pyramide von Nutzen zu sein, wäre eine fast genauso gewaltige Aufgabe wie der Bau der Pyramide selbst.

Eine andere Theorie haben vor kurzem die Forscher Roumen V. Mladjov und Ian S. R. Mladjov sowie Dick Parry, Professor für Hoch- und Tiefbau an der Universität Cambridge, aufgestellt. Sie geht auf eine Inschrift zurück, die in einige der großen Blöcke gemeißelt ist, die beim Bau der Großen Pyramide verwendet wurden – und diese Inschrift lautet schlicht: »Diese Seite nach oben.« Diese Anweisung, so die Forscher, wäre sinnlos, wenn die rechteckigen Steinblöcke nur auf Rampen hinaufgezogen wurden.

Ihrer genialen Theorie zufolge wurden die Steinblöcke die Rampen buchstäblich hinaufgerollt, und zwar mit Hilfe von eigens für diesen Zweck hergestellten hölzernen Vorrichtungen, die massiven Rädern ähnelten. Belege für diese prototypischen Räder fanden sich in Form eines Modells einer hölzernen Wippe, die aus einem Paar dicker Bretter mit krummen Unterkanten besteht, die mit Holzstangen verstrebt sind. Dieses Modell wurde von dem englischen Archäologen Flinders Petrie im Totentempel der Hatschepsut in Deir el-Bahri am Westufer des Nils gegenüber von Luxor gefunden. Der Zweck dieser Vorrichtung ist zwar unbekannt, aber die Mladjovs und Dick Parry glauben, zwei halbkreisförmige Wippen könnten an den Steinblöcken befestigt worden sein, um letztendlich ein massives Rad zu bilden – so hätten sie ziemlich einfach eine Rampe hinaufgerollt werden können, was die Bauzeit erheblich verkürzt hätte. Es gibt nur ein Problem bei dieser Theorie: Die Blöcke, die zum Bau der Großen Pyramide verwendet wurden, unterschieden sich erheblich in ihrer Größe, und das hieße, dass diese Wippen nur für eine begrenzte Reihe von Blockgrößen hätten verwendet werden können. Dennoch erklärt diese Theorie – und zwar besser als jede andere bisher vorgebrachte –, wie man einige der Schwierigkeiten beim Bau der Großen Pyramide hätte bewältigen können.

Im Inneren der Großen Pyramide sind sämtliche Wände frei von offiziellen Inschriften, was viele Forscher veranlasst hat, andere Theorien gegenüber der allgemein akzeptierten Erklärung aufzustellen, dass das Bauwerk als Grabmal für König Khufu errichtet worden sei. Doch das Vorhandensein von Graffiti im Inneren des Monuments stützt allerdings die orthodoxe Erklärung. Diese Graffiti fanden sich an Steinen in allen fünf Entlastungskammern über der Königskammer, einem Bereich, der so schwer zugänglich ist, dass die Steine wohl kaum beschriftet worden sein konnten, nachdem sie eingefügt worden waren, wie manche Forscher behaupten. Eines dieser Graffiti lautet: »Jahr 17 von Khufus Herrschaft.« Ein anderes spricht von »den Freunden von Khufu«. Nun, auch wenn diese Inschriften in der Tat einen Beleg dafür darstellen, dass Khufu wirklich etwas mit der Pyramide zu tun hatte, ist dies mit Sicherheit kein unanfechtbarer Beweis dafür, dass die Pyramide von diesem Pharao der Vierten Dynastie stammt.

Über den Zweck der Großen Pyramide wurden viele spekulative Theorien aufgestellt. Am bekanntesten ist vielleicht die des Schriftstellers Robert Bauval, der glaubt, dass die drei Hauptpyramiden von Gizeh eine Karte der drei Sterne im Gürtel des Sternbilds Orion darstellen, wobei der Nil für die Milchstraße steht. Andere erblicken in der Großen Pyramide ein astronomisches Observatorium, ein antikes Kraftwerk, einen Initiationstempel (so ein Vorschlag der Theosophin Madame Blavatsky und vieler anderer) oder die Hinterlassenschaft einer Superrasse von Flüchtlingen des untergegangenen Kontinents Atlantis. Letzteres schlug im 20. Jahrhundert der Okkultist und Prophet Edgar Cayce vor – er hatte auch vorhergesagt, dass 1998 eine Halle der Aufzeichnungen der atlantischen Kultur entweder unter der Sphinx oder im Inneren der Großen Pyramide entdeckt werden würde. Die Vorstellung von verborgenen Kammern, die ungeheure Reichtümer, den Schätzen von Tutanchamun vergleichbar, oder vielleicht ein Magazin von Papyrusrollen mit uralten Geheimnissen enthalten, hat eine unwiderstehliche Anziehungskraft. 1993 wurde der südliche Schacht, der aus der Königinnen-Kammer aufsteigt, von einem kleinen ferngesteuerten, mit einer Videokamera ausgerüsteten Roboter erforscht, den der deutsche

Ingenieur Rudolf Gantenbrink gebaut hatte. Er legte eine Strecke von etwa 65 Metern zurück, bis er durch eine kleine Kalksteinplatte mit Kupfergriffen aufgehalten wurde. Der Schacht wurde erneut im Jahr 2003 von der ägyptischen Altertumsbehörde untersucht, die die Platte durch einen anderen Roboter durchbohren ließ und dahinter in einem Abstand von nur 25 Zentimetern eine weitere Türplatte entdeckte. Der Roboter erforschte auch den nördlichen Schacht der Kammer und fand dort das gleiche Arrangement aus zwei Kalksteintüren vor. Die Frage, was hinter diesen geheimnisvollen Türen liegt, lässt sich vielleicht beantworten, wenn ein neuer Roboter, der gerade von der Universität von Singapur konstruiert und gebaut wird, die Schächte untersucht.

Im August 2004 behaupteten die beiden französischen Amateurarchäologen Gilles Dormion und Jean-Yves Verd'hurt, mit Hilfe von Bodenradarsonden und architektonischen Analysen eine bislang unbekannte Kammer unter der Königinnen-Kammer in der Großen Pyramide entdeckt zu haben, die ihrer Meinung nach durchaus die letzte Ruhestätte von König Khufu sein könnte. Doch Anfragen, die Kammer auszugraben, wurden von Zahi Hawass von der Altertumsbehörde rundweg abgelehnt.

Anscheinend sind wir erst jetzt, dank der Technologie des 21. Jahrhunderts, in der Lage, den Geheimnissen der Großen Pyramide auf den Grund zu kommen. Wer weiß, was moderne Untersuchungsmethoden enthüllen werden – den Leichnam von Khufu, ein Archiv voller Aufzeichnungen oder einen uralten Schatz? Als die Ägypter dieses riesige komplexe Bauwerk vor mindestens 4500 Jahren konstruierten, war es wohl ihre Absicht, ein steinernes Rätsel zu bauen, ein undurchschaubares Symbol der Geheimnisse von Leben und Tod. Das ist ihnen auf bewundernswerte Weise gelungen.

Zweiter Teil

Mysteriöse
Artefakte

Die Nazca-Linien

Luftaufnahme der Kolibri-Zeichnung bei Nazca.
Foto von Bjarte Sorensen.

Die in den Wüstenboden in einem abgelegenen Teil des südlichen Peru geritzten Nazca-Linien sind die bemerkenswertesten Inschriften der Welt. Die Muster, die eine Fläche von rund 500 Quadratkilometern bedecken, sind nur aus der Luft deutlich zu erkennen. Sie stellen 300 Zeichnungen aus geraden Linien und geometrischen Figuren sowie Bilder von Tieren und Vögeln dar. Man nennt diese so genannten Scharrbilder auch *Geoglyphen* – Figuren oder Formen, die durch Beseitigen oder Arrangieren von Steinen auf dem Boden erzeugt werden.

Seit Jahren diskutieren Naturwissenschaftler und Archäologen darüber, warum diese Linien angelegt wurden, und verschiedene Theorien wurden aufgestellt, die von plausiblen bis zu extrem unglaubwürdigen Hypothesen reichen. So sollen die Linien als astronomisches Observatorium gedient haben, als rituelle Pfade, als Kalender, als Landebahn für die Raumschiffe Außerirdischer oder als Kartierung unterirdischer Wasservorräte. Der Aufwand an Zeit und Mühe, der erforderlich war, die Formen in den Wüstenboden so präzise einzuritzen, weist mit Sicherheit darauf hin, dass die Linien für die Nazca-Kultur eine entscheidende Bedeutung hatten. Aber warum wurden sie dort angelegt, und welchem Zweck dienten sie?

Die Nazca-Linien wurden wiederentdeckt, als Fluggesellschaften in den Zwanzigerjahren des vorigen Jahrhunderts mit dem Luftverkehr über der peruanischen Wüste begannen. Zwar hatte Julio Tello, der Begründer der Archäologie in Peru, die Muster schon 1926 festgehalten, doch erst als der amerikanische Historiker Dr. Paul Kosok und seine Frau 1941 zum ersten Mal Nazca aufsuchten, setzte die ernsthafte Erforschung der rätselhaften Inschriften ein.

Die Nazca-Wüste ist ein überaus trockenes Plateau, das rund 400 Kilometer südöstlich der peruanischen Hauptstadt Lima zwischen dem Pazifik und den Anden liegt. Die menschenleere Hochebene mit ihren Kunstwerken heißt *Pampa Colorada* (Bunte Ebene) und bedeckt eine Fläche von rund 720 Quadratkilometern, die sich zwischen den Städten Nazca und Palpa erstreckt. Über diese Ebene verläuft eine Ansammlung vollkommen gerader Linien von unterschiedlicher Breite und Länge, wobei die längste über 12 Kilometer und die kürzeste gut 500 Meter lang ist. Es gibt auch riesige geometrische Formen wie Dreiecke, Spiralen, Kreise und Trapeze sowie 70 außergewöhnliche Tier- und Pflanzenfiguren, etwa einen Kolibri, einen Affen, eine Spinne, eine Eidechse und einen Pelikan mit einer Länge von etwa 300 Metern. Menschenähnliche Figuren sind bei Nazca selten – nur ein paar Beispiele sind in steile Berghänge am Rande der Wüste geritzt.

Am bekanntesten ist wohl der Astronaut, eine 30 Meter lange Glyphe, die Eduardo Herran, Chefpilot bei Aerocondor, 1982 entdeckte.

Seit der Entdeckung der Linien sind viele Theorien über ihre Konstruktion aufgestellt worden. Weil viele Glyphen so groß und komplex sind und nur aus der Luft wahrgenommen werden können, hat man gemutmaßt, ein bemannter Flug sei unabdingbar gewesen, um die Linien zu planen. Der vielleicht bekannteste Vertreter dieser Ansicht ist Jim Woodman, ein Schriftsteller und Verleger aus Miami. 1974 überprüfte er zusammen mit dem englischen Ballonfahrer Julian Nott die Theorie, dass die Linien aus der Luft erschaffen worden seien, indem sie einen Ballon aus Materialien erbauten und fuhren, die auch der Nazca-Kultur zur Verfügung standen, wie etwa Schilfrohr für die Gondel und Baumwolle für die Hülle. Den beiden Männern gelang ein kurzer Flug bis in 90 Meter Höhe. Damit bewiesen sie zwar, dass es den Nazcas theoretisch möglich gewesen war zu fliegen, doch für derartige Gefährte gibt es keinerlei Beweise.

Wie die Linien angefertigt wurden, ist eigentlich kein großes Geheimnis. Die mit Eisenoxid überzogenen Steine, die die Oberfläche der Wüste bedecken, wurden einfach entfernt, sodass der darunter liegende hellere Boden zum Vorschein kam. Auf diese Weise wurden die Linien wie eine Rille von hellerer Farbe gezogen, die mit dem dunkleren Rot der Umgebung kontrastierte. Zuweilen wurden die Linien mit Steinen gesäumt, um ihre Form zu betonen. Die Nazca-Wüste ist eines der trockensten Gebiete der Erde, und dies bedeutet in Verbindung mit dem flachen, steinigen Boden, dass es nur wenig Erosion gibt – was immer also auf dieser riesigen, natürlichen Leinwand gezeichnet wird, bleibt auch darauf. Es gibt eine Reihe ziemlich einfacher Methoden, gerade Linien über längere Strecken anzulegen. Eine Methode besteht darin, dass man zwei Fluchtstäbe oder Holzstangen mit dem Auge hintereinander anpeilt und auf dieser Linie dann eine dritte Stange aufstellt. Das ist ganz einfach, wenn eine Person die Linie der ersten beiden Stangen visiert und eine zweite Person anweist, wo sie die nächste Stange aufstellen soll. Dies kann man so lange wiederholen, bis die gewünschte Länge erreicht ist.

Bei den komplizierteren Symbolen stellte man wahrscheinlich zunächst maßstabsgerechte Zeichnungen her, die man dann mit Hilfe eines Rasters in einzelne Abschnitte unterteilte. Dieses Raster übertrug man auf den Wüstenboden, um die einzelnen Abschnitte nach und nach bearbeiten zu können. Man hätte vielleicht sogar noch einfachere Methoden anwenden können. 1982 produzierte der Schriftsteller Joe Nickel zusammen mit zwei Familienangehörigen eine exakte Replik des 130 Meter großen Kondors auf einem Feld neben seinem Haus. Mit Hilfe einer primitiven Technik, die es schon in der Nazca-Kultur gab, schufen sie die Glyphe in neun Stunden, wobei sie die Linien mit bloßem Auge ohne Hilfe aus der Luft anvisierten. In seinem 1987 erschienenen Buch *Lines to the Mountain God: Nazca and the Mysteries of Peru* beschreibt Evan Hadingham einen Versuch, den er gemeinsam mit Anthony Aveni, Professor für Astronomie und Anthropologie an der Colgate University unternahm, um eine Wüstenzeichnung zu reproduzieren. In gut einer Stunde gelang es dem kleinen Team, das nur mit bloßem Auge visierte und einfache Ausrüstungsgegenstände wie Fluchtstäbe und Schnüre verwendete, eine eindrucksvolle Spiralglyphe zu produzieren. Aveni und seine Gruppe folgerten aus ihren Experimenten, dass eine der spektakulärsten Nazca-Figuren, das etwa 850 mal 100 Meter Große Rechteck, von einem Team aus 100 Menschen in zwei Monaten hätte angelegt werden können. Aber selbst dann soll damit nicht zum Ausdruck gebracht werden, dass die Konstruktion der Linien ihren Schöpfern nicht jede Menge Planung, Erfindungsreichtum und Fantasie abverlangte.

Man glaubt, dass die Nazca-Linien von der Nazca-Kultur geschaffen wurden, die in der Region von etwa 300 v. Chr. bis 800 n. Chr. existierte. Die Verbindung zwischen dieser Kultur und den Linien beruht auf Exemplaren der Nazca-Keramik, die im Zusammenhang mit den Linien gefunden wurden, der bemerkenswerten Ähnlichkeit zwischen den stilisierten Figuren auf dem Wüstenboden und in der Nazca-Kunst sowie der Radiokarbondatierung einer der Holzstangen, die zur Markierung des Endpunkts einiger der längeren Linien dienten, auf das Jahr 525. Gleich südlich der Nazca-Linien liegt Cahuachi, eine wichtige Zeremonienstadt der Nazcas, die eine Fläche von etwa 150 Hektar einnimmt. Die Stadt wurde vor etwa 2000 Jahren erbaut und 500 Jahre später, wahrscheinlich aufgrund einer Reihe von Naturkatastrophen, verlassen. Die ständige Bevölkerung der Stadt war ziemlich klein, aber da die Stadt auch als Pilgerzentrum diente, nahm die Zahl der Menschen bei wichtigen zeremoniellen Ereignissen, die wahrscheinlich mit den Nazca-Linien zusammenhingen, erheblich zu. Aber ist diese rituelle Funktion der einzige Grund für die Erschaffung der großartigen Wüstenglyphen?

Die vielleicht bekannteste Forscherin, die im Zusammenhang mit den Nazca-Linien genannt werden muss, ist die verstorbene deutsche Mathematikerin und Archäologin Maria Reiche, die 1946 mit ihrer Arbeit in Nazca begann. Reiche machte sich das Studium und die Erhaltung der Linien zur Lebensaufgabe und verbrachte 50 Jahre in der Wüste bei Nazca. Ihrer Theorie über die Nazca-Glyphen zufolge, die sie aus Ideen von Paul Kosok entwickelte (für den sie als Assistentin gearbeitet hatte), dienten sie als astronomischer Kalender, und die Nazca-Ebene selbst war ein riesiges Observatorium. 1968 wurde diese Theorie von dem amerikanischen Astronomen Gerald Hawkins überprüft, der wegen seiner Arbeit über die mögliche astronomische Bedeutung von Stonehenge bekannt ist. Hawkins gab die Positionen einer Reihe der Linien in einen Computer ein, um festzustellen, ob sie mit irgendwelchen Konstellationen der Sonne, des Mondes oder der Sterne übereinstimmen. Seine Ergebnisse zeigten, dass nur eine Minderheit der Nazca-Linien irgendeine astronomische Bedeutung hat – ein reines Zufallsergebnis also. Daher ist es unwahrscheinlich, dass die Linien irgendeinem astronomischen Zweck dienten. Kurz nach dem Beginn der UFO-Welle in den späten Vierzigerjahren des vorigen Jahrhunderts zogen die Nazca-Linien die Aufmerksamkeit jener Menschen auf sich, die darin ein Zeichen für eine Verbindung zwischen der Erde und hypothetischen außerirdischen Besuchern sehen wollten. 1955, in der Oktoberausgabe der Zeitschrift *Fate*, behauptete James W. Moseley in einem Artikel, dass, da die Markierungen nur aus der Luft sichtbar seien, die Nazcas ihre riesigen Glyphen als Signale für außerirdische Besucher erschaffen hatten. Diese Idee wurde von Louis Pauwels und Jacques Bergier in ihrem 1960 erschienenen Buch *Le Matin des magiciens* aufgegriffen. Der bekannteste Vertreter der Hypothese von der Existenz antiker Astronauten ist der Schweizer Autor Erich von Däniken. In seinem 1968 erschienenen Bestseller *Erinnerungen an die Zukunft* behauptete Däniken, die Nazca-Linien seien von antiken Astronauten als Landebahnen für außerirdische Raumfahrzeuge angelegt worden. Warum aber sollten die angeblich technisch so hoch entwickelten außerirdischen Raumfahrzeuge kilometerlange Landebahnen benötigen? Im Übrigen, so Maria Reiches Einwand gegen diese Theorie, würde wegen des weichen Lehmbodens der Wüste jedes schwere Gefährt, wie etwa ein Raumschiff, einfach bei der Landung in der Wüste versinken. Derartigen Spekulationen liegt gewöhnlich die Vorstellung zugrunde, dass eine angeblich primitive Nazca-Kultur weder die Intelligenz noch die Technik besaß, eine so raffinierte Unternehmung selbst zu planen und auszuführen.

Als beste Erklärung gilt derzeit, dass die Linien von den Nazcas für einen rituellen Zweck geschaffen wurden. Da in der Nazca-Wüste pro Jahr nur etwa ein Zentimeter Regen fällt, haben einige Forscher angenommen, die Linien seien zwischen Schreinen angelegte Pfade, auf denen vielleicht Priester während einer Zeremonie wandelten, die von Gebeten oder Tänzen um Regen begleitet wurde. Anthony Aveni glaubt, die Linien seien von einheimischen Stammesgruppen als heilige Wege erschaffen und gepflegt worden und mit der rituellen Beschaffung von Wasser verbunden gewesen. Avenis Forschungen zeigen, dass viele Nazca-Linien in der Nähe von Wasserläufen liegen und in vielen Fällen auch dem Lauf des Wassers zu folgen scheinen. Vielleicht hatten die Linien zum Teil auch die Funktion, auf Wasserquellen zu verweisen?

Eine Theorie im Zusammenhang mit der Theorie der religiösen Wege wurde vom englischen Forscher und Filmemacher Tony Morrison vorgebracht. Morrison befasste sich ausgiebig mit den alten Pfaden der Nazcas und stieß auf eine Reihe von Schreinen am Wegesrand, die oft nichts weiter als Steinhaufen waren, verbunden durch gerade Linien. Morrison glaubt, dass die Nazca-Linien riesige Versionen dieser Pfade darstellen, auf denen Schamanen eine »Reise der Seele« absolvierten. Schamanen waren Angehörige eines Stammes, die als Mittler zwischen der sichtbaren Welt und der unsichtbaren Welt der Geister fungierten und in den meisten Gesellschaften der amerikanischen Ureinwohner eine besondere Rolle spielten. Als die Schamanen zum Beispiel auf den Linien der Tierglyphen entlanggingen, versuchten sie, eine Verbindung zu starken Tiergeistern herzustellen. Für den Stamm trat der Schamane in einem veränderten Bewusstseinszustand mit den in den Glyphen beheimateten übernatürlichen Mächten persönlich in Kontakt und versuchte, ihre Energie zu nutzen. Vielleicht, um Regen herbeizuführen, vielleicht aber auch für einen anderen Zweck, von dem wir uns noch keine Vorstellung machen können. Die Erfahrungen der Schamanen waren meist mit einer Art von Flugerlebnis verbunden, sodass Erich von Däniken vielleicht zum Teil Recht hatte, als er behauptete, die Glyphen seien so angelegt, dass sie aus der Luft gesehen werden können. Doch dazu sind keine außerirdischen Besucher erforderlich – das Motiv, die Nazca-Linien zu erschaffen, hing wohl mit den Berggeistern der Nazcas hoch oben in den nebligen Anden zusammen, ihren im Himmel wohnenden Göttern und den mystischen Flügen ihrer Schamanen.

Die Karte des Piri Reis

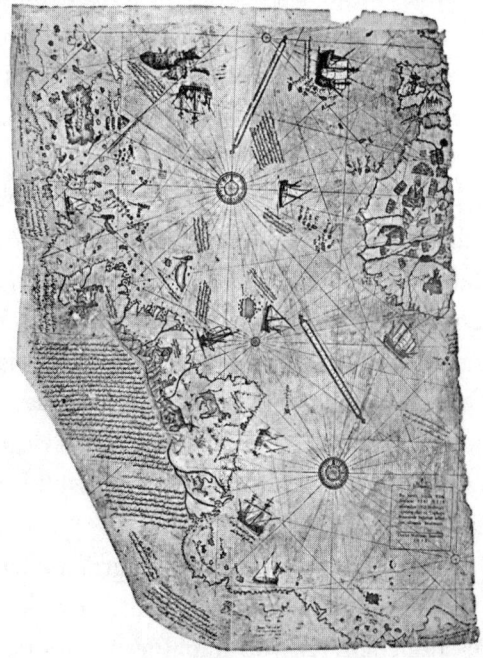

Die Karte des Piri Reis.

Die Karte des Piri Reis, eines der ältesten erhaltenen Dokumente, die den amerikanischen Doppelkontinent zeigt, kam erstmals 1929 ans Licht, als Historiker sie bei der Arbeit in der Bibliothek des Topkapi-Palastes in Istanbul in einem Stapel alter Karten entdeckten. Gegenwärtig wird sie zwar weiterhin in dieser Bibliothek aufbewahrt, allerdings normalerweise nicht öffentlich ausgestellt. Die Karte stammt aus dem Jahr 1513 und wurde von einem

Admiral der osmanischen Flotte namens Piri Reis auf Pergament aus Gazellenhaut gezeichnet. Sie enthält ein Netz von sich kreuzenden Linien, so genannten Rumblinien, wie sie für spätmittelalterliche Seekarten üblich waren und wohl zur Planung eines Kurses dienten. Bei einer genauen Untersuchung des Dokuments hat sich herausgestellt, dass es sich ursprünglich um eine Karte der ganzen Welt handelte, die aber irgendwann in zwei Teile zerrissen wurde.

Die Karte ist eine so genannte Portolankarte, typisch für das 14. bis 16. Jahrhundert. Derartige Karten sollten Seefahrer von Hafen zu Hafen führen, waren aber für die Überquerung von Ozeanen nicht zuverlässig genug, da sie die Erdkrümmung nicht berücksichtigten. Eine so frühe Karte, die Amerika zeigt, ist offensichtlich von erheblichem historischem Interesse, wenngleich manche Gelehrte behaupten, dass sie nicht bloß wegen der Darstellung der beiden Amerikas von Bedeutung ist. In seinem erstmals 1966 erschienenen Buch *Die Weltkarten der alten Seefahrer* hat Charles Hapgood, Historiker und Geograf an der University of New Hampshire, die Theorie aufgestellt, dass die Landmasse, die mit dem südlichen Teil von Südamerika am unteren Ende der Karte verbunden ist, nur eine Darstellung der Antarktis sein könne – und das Jahrhunderte, bevor sie überhaupt entdeckt wurde. Die anscheinend detaillierte Darstellung der antarktischen Küstenlinie, die nach Hapgoods Meinung auch eine genaue Abbildung des Queen-Maud-Lands einschließt, zeigt sie *ohne* die Gletscher, und das hieße, dass der Kontinent bereits in ferner prähistorischer Zeit, noch bevor er gänzlich mit Eis bedeckt war, kartiert wurde. Aber wie war es dem Steinzeitmenschen möglich, das Gebiet der Antarktis in einer derart frühen Epoche der Menschheitsgeschichte zu vermessen und zu kartieren? Hapgood vermutete, dass es inzwischen vergessene prähistorische Seefahrerkulturen gegeben habe, die von Pol zu Pol unterwegs gewesen waren und irgendwann in der fernen Vergangenheit die gesamte Erdoberfläche kartografisch erfasst hatten. Hapgards Theorie nach hinterließen diese Kulturen Karten, die im Laufe der Jahrtausende per Hand kopiert wurden, vielleicht von so erfahrenen Seefahrerkulturen wie den Minoern und den Phöniziern. Für Hapgood war die Karte des Piri Reis praktisch eine Kompilation dieser uralten Karten.

Später sah der umstrittene Autor Erich von Däniken in der Darstellung einer eisfreien Antarktis auf der Karte des Piri Reis einen Beweis für seine Theorie der antiken Astronauten und spekulierte, eine außerirdische Kultur habe die ursprüngliche Karte gezeichnet. In seinem 1995 erschienenen Buch *Die Spur der Götter* postulierte auch Graham Hancock, dass eine bislang unbekannte, technisch hoch entwickelte Kultur in ferner prähistorischer Zeit existiert und ihr komplexes Wissen über Astronomie, Architektur, Navigation und Mathematik an verschiedene alte Kulturen wie die Olmeken, Azteken, Maya und Ägypter weitergegeben habe. Auch er spekulierte, dass die Kartografen der Piri-Reis-Karte unter Umständen eine Quelle verwendet hatten, die von dieser alten Superkultur herrührte. Hapgood wie Hancock behaupten, dass die auf der Piri-Reis-Karte dargestellte Antarktis äußerst detailreich sei, Berge, Flüsse und Seen aufweist und dass diese Darstellung vielleicht auf antiken Satellitenvermessungen aus dem Himmel über Ägypten basiere.

Viele Naturwissenschaftler und Archäologen stehen Hapgoods Theorie vor allem deshalb skeptisch gegenüber, weil es keinerlei Beleg einer solchen antiken Kultur gibt, die über derlei Ressourcen oder Technik verfügte und das Bedürfnis hatte, eine

Vermessung der Antarktis vorzunehmen. Welchen Grund sollten sie dafür gehabt haben? Doch selbst wenn man die Existenz dieser hoch entwickelten prähistorischen Kultur in Betracht zieht – zeigt die Piri-Reis-Karte wirklich eine eisfreie Antarktis? Die meisten Vertreter der Theorie einer antiken Seefahrerkultur betonen, die Genauigkeit der Karte, insbesondere des Teils, der die Antarktis zeige, sei ein Beweis für ein verloren gegangenes geografisches Wissen. Wie genau ist die Piri-Reis-Karte nun wirklich? Das Fehlen der Drakestraße zwischen Südamerika und der Antarktis bedeutet, dass, wenn die Karte tatsächlich die Antarktis zeigt, dieser Kontinent so dargestellt ist, dass er mit der südamerikanischen Landmasse zusammenhängt – und das hieße, dass die ungefähr 1500 Kilometer Küste von Brasilien bis Feuerland fehlen. Für so eine angeblich genaue Karte wäre dies doch eine höchst eklatante Lücke.

Untersucht man die übrige Karte, dann werden Europa und Afrika für die damalige Zeit einigermaßen detailliert gezeigt, auch wenn Halbinseln und Meeresarme übertrieben groß dargestellt sind, was wahrscheinlich darauf zurückzuführen ist, dass man damals nach Landmarken navigieren musste. Südamerika wird insgesamt als viel zu schmal abgebildet, auch wenn Brasilien recht genau dargestellt ist. Nordamerika hingegen ist schlecht gezeichnet und unglaublich unpräzise, so als ob die Zeichnung ausschließlich auf Gerüchten statt auf geografischem Wissen beruht – auch das würde darauf hindeuten, dass es keine antike globale Vermessung gab, auf der die Karte basiert. Ja, es gibt sogar noch frühere Karten, etwa aus der Zeit um das Jahr 1500 von Juan de La Cosa und Alberto Cantino, die genauer als die Piri-Reis-Karte sind, soweit es die Lage von Inseln wie Kuba, Jamaika und Puerto Rico betrifft. Ein Detail, das angeblich das extreme

Alter der Karte belegt, sei die Darstellung von Grönland, bevor es von Eis bedeckt wurde. Doch schon ein rascher Blick darauf zeigt, dass der obere östliche Rand eindeutig den Westteil von Frankreich darstellt, der in etwa 50 Grad nördlicher Breite liegt. Wenn also Frankreich als nördlichstes Land auf der Karte dargestellt ist, dann kann folglich Grönland mit Sicherheit nicht darauf abgebildet sein, und da die Karte keine Inseln aufweist, die auch nur im entferntesten Grönland ähneln, fragt man sich, wie sich diese Behauptung überhaupt beweisen lässt.

Um seine Theorie zu stützen, dass die Piri-Reis-Karte eine eisfreie Antarktis darstelle, griff Charles Hapgood auf Lotdaten von Antarktisexpeditionen in den Vierziger- und Fünfzigerjahren des vorigen Jahrhunderts zurück. Aber Hapgoods Hypothese, die einst von vielen für wissenschaftlich plausibel gehalten wurde, wird inzwischen ernsthaft angezweifelt. Was entschieden gegen die Darstellung einer eisfreien Antarktis auf der Piri-Reis-Karte spricht, ist die Tatsache, dass die Küstenlinie der Antarktis, als sie zum letzten Mal eisfrei war, ganz anders als heute ausgesehen hat. Im Laufe der Zeit nämlich wurde die Kontinentalkruste unter Millionen Tonnen von Eis mehrere hundert Meter nach unten gedrückt, sodass sich die Form der Küstenlinie völlig veränderte. Ein Vergleich zwischen der auf der Piri-Reis-Karte gezeigten Antarktis mit einer relativ neuen topographischen Karte vom subglazialen Grundgestein des Kontinents weist überhaupt keine Ähnlichkeiten zwischen den Küstenlinien auf. Außerdem war die Antarktis nicht, wie Hapgood behauptete, um 4000 v. Chr. eisfrei gewesen – modernen geologischen Messungen zufolge war die Antarktis zum letzten Mal vor über 14 Millionen Jahren nicht von Eis bedeckt.

Was am überzeugendsten gegen einen prähistorischen Ursprung der Karte spricht, sind die Anmerkungen, die Piri Reis selbst darauf hinterlassen hat. Im frühen 16. Jahrhundert, als die Karte gezeichnet wurde, waren die Portugiesen über den Atlantik gefahren und beanspruchten erhebliche Teile von Südamerika für sich. Im Zusammenhang mit der angeblichen antarktischen Landmasse geht aus den Einträgen auf der Karte hervor, dass ihre Küste von portugiesischen Forschern entdeckt worden sei, deren Schiffe vom Kurs abgekommen seien. Eine bestimmte Anmerkung auf der Karte bezieht sich auf ein portugiesisches Schiff, das an dieser Küste gelandet war und sofort von unbekleideten Eingeborenen angegriffen worden sei; eine weitere Anmerkung spricht von einem sehr heißen Klima. Diese Schilderungen könnten sich nur auf Südamerika beziehen – tropisches Wetter und nackte Bewohner der Antarktis sind reine Ausgeburten der Fantasie.

Die Quellen für die Karte des Piri Reis sind längst nicht zur Gänze ermittelt worden, aber wahrscheinlich gehörten dazu die Werke des griechischen Astronomen und Geografen Ptolemäus aus dem 2. Jahrhundert, verschiedene portugiesische Karten und die Aufzeichnungen des Christoph Kolumbus. Tatsächlich merkt Reis selbst auf der Karte an, dass er von Kolumbus' Karten abgezeichnet habe. Viele Merkmale in seiner Karte, wie etwa Ortsnamen und Darstellungen der Westindischen Inseln, beweisen, dass er zumindest eine von Kolumbus' Karten benutzte, um seine eigene Karte zu zeichnen. Ein weiteres Indiz dafür, dass Reis auf mittelalterliche europäische Karten zurückgriff, ist die Darstellung eines Schiffes neben einem Fisch, der auf seinem Rücken zwei Menschen trägt, nahe des oberen Rands der Karte. Die Anmerkung, die sich auf diese Illustration bezieht, zitiert eine mittelalterliche Geschichte aus dem Leben des irischen Heiligen Brendan. Diese Zeichnung ist offensichtlich von Piri Reis aus einer seiner Quellenkarten übernommen worden, ein Beweis dafür, dass zumindest eine von ihnen aus dem europäischen Mittelalter stammt.

In seinem im Jahr 2000 erschienenen Buch *The Piri Reis Map of 1513* behauptet Gregory McIntosh, wenn man sich die zeitgenössischen Karten ansehe, erkenne man, dass nichts auf der Piri-Reis-Karte 1513 unbekannt gewesen sei. Er legt auch dar, dass das, was manche Autoren auf der Piri-Reis-Karte als Antarktis bezeichnet hätten, in Wirklichkeit derjenige hypothetische Große Südliche Kontinent sei, den die Kartografen seit der Zeit von Ptolemäus auf ihren Karten dargestellt haben. Der Glaube, auf der Südhalbkugel müsse ein Kontinent existieren, um die Landmassen auf der Nordhalbkugel auszugleichen, war weit verbreitet. McIntosh weist auch nach, dass alle Küsten auf der Piri-Reis-Karte südlich des 25. nördlichen Breitengrades entweder ungenau oder falsch platziert seien und dass sich die auf Reis' Karte dargestellte »Antarktis« noch über den 40. südlichen Breitengrad hinaus nach Norden erstrecke, während doch der tatsächliche Kontinent Antarktis nicht weiter als bis zum 70. südlichen Breitengrad reicht. Eine genaue Untersuchung der Karte des Piri Reis ergibt denn auch, dass der südliche Kontinent keine Darstellung der Antarktis ist, sondern der Südhälfte von Südamerika äußerst ähnlich sieht und nur der Breite nach verändert wurde, damit er auf das Pergament passte.

Ein auffallendes, ungewöhnliches Merkmal auf der Karte des Piri Reis ist die scheinbare Darstellung der Anden in Südamerika samt den Flüssen Amazonas, Orinoko und Rio Plata, die an ihrer Basis entspringen und ostwärts zur Küste fließen. Wieso tauchen die Anden auf der Piri-Reis-Karte auf, obwohl sie zu jener Zeit den Europäern nicht bekannt waren? Aber diese Karte zeigt ja nicht als einzige einen Gebirgszug im Inneren von Südamerika – auch Nicolo Canerios Karte, die zwischen 1502 und 1504 gezeichnet wurde und sich heute in der Bibliothèque Nationale in Paris befindet, stellt die Ostküste von Südamerika mit einer von Bäumen bedeckten Gebirgskette dar. Das spricht dafür, dass Canerios Karte eine weitere Quellen für Piri Reis war. Und falls die Karte von Piri Reis auf dem Werk einer hoch entwickelten alten Seefahrerkultur basieren würde, dann ist es auch kaum nachvollziehbar, warum sie zwar die Anden enthält, aber den Pazifik weglässt. Plausibler ist da schon die Erklärung, dass die auf der Piri-Reis-Karte im Zentrum von Südamerika dargestellten Gebirge in Wahrheit Ostküstengebirge sind, die an der falschen Stelle und im falschen Maßstab eingezeichnet wurden.

Die meisten Gelehrten glauben heute, dass die Karte des Piri Reis nicht genauer ist, als man es bei einer Portolankarte aus dem 16. Jahrhundert erwarten darf, die ihre Informationen aus den vorhandenen geografischen Kenntnissen und aus reinen Vermutungen bezog. Es gibt keinen Grund zur Annahme, dass Piri Reis seine Karte nach dem Werk einer hypothetischen antiken Superkultur zeichnete. Natürlich ist es möglich, dass er antike Quellen kannte, die nicht mehr erhalten sind, aber darüber hinaus sollte die Karte des Piri Reis als das gewürdigt werden, was sie ist – als ein ausnehmend schönes und historisch bedeutendes Dokument der mittelalterlichen Geschichte.

Das ungelöste Rätsel des Diskus von Phaistos

Replik des Diskos von Phaistos.
Foto von Maksim.

Der nicht entzifferte Diskus von Phaistos ist eines der größten Rätsel der Archäologie. Fast alles, was dieses antike Artefakt betrifft, ist umstritten – von seinem Zweck und seiner Bedeutung bis hin zu seinem ursprünglichen Herkunftsort. Die geheimnisvolle Tonscheibe wurde auf der griechischen Insel Kreta gefunden, an der Stätte des Minoerpalastes bei Phaistos. Aber wer hat sie hergestellt, und wozu diente sie?

Die hoch entwickelte bronzezeitliche Kultur der Minoer erreichte ihren Höhepunkt in der Zeit um 1700 v. Chr. – drei Jahrhunderte später setzte ihr Niedergang ein, als viele ihrer Paläste zerstört wurden. Der Diskus von Phaistos wurde 1903 von italienischen Archäologen bei Ausgrabungen in den Palastruinen bei Phaistos entdeckt. Die Forscher stießen auf das seltsame Objekt in einem Kellerraum im nordöstlichen Wohntrakt des Palastes, außerdem fanden sie ein Tontäfelchen mit einer Inschrift in Linear A (einer bis um 1450 v. Chr. auf Kreta verwendeten und bis heute nicht entzifferten Schrift) sowie Stücke von Keramik aus der Neupalastzeit (um 1700–1600 v. Chr.). Der Palast war bei einem Erdbeben eingestürzt, das manche Forscher mit dem gewaltigen Vulkanausbruch auf der nahen ägäischen Insel Thera (dem heutigen Santorin) um 1628 v. Chr. in Verbindung gebracht haben. Das genaue Alter des Diskus von Phaistos ist umstritten. Der archäologische Kontext des Fundes legt zwar eine Datierung nicht später als 1700 v. Chr. nahe, doch heute ist man der Meinung, dass er auch erst um 1650 v. Chr. hergestellt worden sein könnte.

Die rätselhafte Scheibe ist aus gebranntem Ton und hat einen Durchmesser von durchschnittlich 16 Zentimetern und eine Dicke von etwa 2 Zentimetern. Beide Seiten des Diskus sind mit spiralförmig angeordneten Hieroglyphen bedeckt. Bei der Herstellung wurden Hieroglyphensiegel oder -stempel in den feuchten Ton gedrückt, der dann bei hoher Temperatur gebrannt und somit ausgehärtet wurde. Man hat festgestellt, dass auf dem Artefakt gelegentlich ein Symbol das rechts neben ihm befindliche etwas überlappt – ein Beweis dafür, dass der Hersteller gegen den Uhrzeigersinn stempelte oder druckte, sodass sich der Text spiralförmig nach innen zum Zentrum hin fortsetzte. Im Prinzip stellt der Diskus von Phaistos die weltweit früheste Form eines Druckes dar.

Insgesamt weist die Scheibe 242 einzelne Abdrücke auf, die durch senkrechte Linien in 61 Gruppen eingeteilt sind. Es gibt 45 verschiedene Zeichen: Bilder von laufenden Menschen, Köpfen mit Federbüschen, Frauen, Kindern, Tieren, Vögeln, Insekten, Werkzeugen, Waffen und Pflanzen. Ein oder zwei dieser Symbole weisen eine vage Ähnlichkeit mit den kretischen Hieroglyphen auf, die vom Beginn bis zur Mitte des 2. Jahrtausends v. Chr. in Gebrauch waren. Rätselhaft ist, warum die Minoer bei diesem Artefakt eine so primitive Bilderschrift zur gleichen Zeit verwendeten, als es bereits eine viel weiter entwickelte Schrift, nämlich Linear A, gab. Vielleicht verweist die primitive Beschaffenheit der Schrift auf ein viel früheres Entstehungsdatum der Scheibe, als man gegenwärtig annimmt. Doch das muss nicht unbedingt so sein, da archaische Schriftformen oft in viel späteren Epochen erhalten bleiben, meist in Form von heiligen oder religiösen Texten, wie dies auch im alten Ägypten der Fall war. Außerdem ist der Text auf dem Diskus von Phaistos einzigartig – noch nie wurden andere Beispiele der darauf gedruckten Schrift ausfindig gemacht. Diese Einzigartigkeit sowie die Tatsache, dass der Text ziemlich kurz ist, machen es extrem schwierig, auch nur einen kleinen Teil davon zu übersetzen. Dass die Inschrift mit Hilfe einer Reihe von Stempeln angefertigt wurde, könnte darauf hindeuten, dass es eine großangelegte Produktion von mit dieser Schrift bedruckten Objekten gab, die allerdings aus unbekannten Gründen bislang noch nicht bei archäologischen Ausgraben aufgetaucht sind.

Eine weitere Schwierigkeit beim Verständnis des Artefakts besteht darin, dass niemand genau weiß, wie die Symbole darauf interpretiert werden sollen. Enthält die Scheibe eine hieroglyphische Inschrift, oder müssen die Piktogramme wörtlich genommen werden? Zwar sind einige Bilder auf dem Diskus Abbildungen vertrauter Objekte, doch wenn man sie als solche interpretiert, ergibt das Ganze dennoch keinen Sinn. Viele Linguisten glauben, der Text bestehe aus einer Reihe von Schriftzeichen, die für Silben stehen, während andere ihn für eine Kombination aus einer Silbenschrift und Bildsymbolen halten, die ein Konzept oder eine Vorstellung ausdrücken (so genannte *Ideogramme*). Die Kombination aus einer Silbenschrift mit Ideogrammen wäre vergleichbar mit allen bekannten Silbenschriften aus Griechenland und dem antiken Nahen Osten, wie etwa der minoischen Linear-B-Schrift, den ägyptischen Hieroglyphen und der babylonischen Keilschrift. (Letztere besteht aus Piktogrammen, die mit einer Feder aus einem zugespitzten Schilfrohr in Tontäfelchen geritzt wurden und im späten 4. Jahrtausend v. Chr. im alten Sumer in Gebrauch waren.) Ein interessantes Beispiel solcher Texte ist die Palette von Narmer. Sie wurde 1894 in Nekhen (dem heutigen Hierakonpolis), der alten prädynastischen Hauptstadt von Ägypten, von dem englischen Archäologen James E. Quibell entdeckt. Sie stammt etwa aus dem Jahr 3200 v. Chr. und enthält einige der frühesten jemals entdeckten Hieroglyphen. Auch die Palette von Narmer bedient sich einer Kombination aus Hieroglyphen und piktografischen Symbolen, die wörtlich verstanden werden müssen, damit sie einen Sinn ergeben – eine Parallele zum Diskus von Phaistos, der somit eine Mischung aus alten kretischen Hieroglyphen und Piktografen aufweisen würde?

Die ungeheure Schwierigkeit einer Übersetzung ohne weitere Schriftbeispiele hat Gelehrte wie Amateure nicht davon abgehalten, sich an diese Aufgabe heranzuwagen. Ja, die Einzigartigkeit des Textes verstärkt nur das Geheimnis, das ihn umgibt, und zieht Forscher eher an, als dass es sie abschreckt. Leider führt die Einmaligkeit der Scheibe dazu, dass es eine Reihe überaus fantasievoller und durch nichts zu begründender Übersetzungen und Interpretationen des Textes gibt. Am exzentrischsten ist vielleicht die Version, dass das Objekt eine Botschaft enthalte, die außerirdische Besucher oder eine alte atlantische Kultur vor Jahrtausenden zurückgelassen haben, damit künftige Generationen sie entdecken. Die Frage, was genau die Botschaft enthält oder warum sie in einer so primitiven Schrift von angeblich hoch entwickelten Außerirdischen (oder Bewohnern von Atlantis) abgefasst wurde, wird natürlich nicht beantwortet.

Während der letzten 100 Jahre hat es zahlreiche Versuche gegeben, die Sprache auf der Scheibe zu entziffern. 1975 veröffentlichte Jean Faucounau eine Übersetzung und behauptete, die Sprache sei die Silbenschrift einer vorgriechischen Kultur, die er als Proto-Ionier bezeichnete, einem Volk mit engeren Verbindungen zum alten Troja als zu Kreta selbst. Laut Faucounaus Dechiffrierung beschreibt der Diskus von Phaistos den Lebenslauf und das Begräbnis eines proto-ionischen Königs namens Arion. Seine Übersetzung ist jedoch von den meisten Fachleuten nicht anerkannt worden. 2000 veröffentlichte der griechische Autor Efi Polygiannakis ein Buch mit dem Titel »Der Diskus spricht Griechisch« und behauptete, die Inschrift auf der Scheibe sei in der Silbenschrift eines altgriechischen Dialekts abgefasst. Steven Fischer hatte in seinem Buch *Evidence of Hellenic Dialect in the Phaistos Disk* (1988) bereits zuvor auf diese Möglichkeit aufmerksam gemacht.

Einen Hinweis auf die Bedeutung des Objekts liefert der Kontext, in dem es gefunden wurde. Aufgrund der Tatsache, dass der Diskus von Phaistos im Keller eines Tempels ausgegraben wurde, unterstellen einige Forscher ihm eine religiöse Bedeutung und erklären, der Text sei möglicherweise eine heilige Hymne oder ein Ritual. Mehrere Bildergruppen im Text werden wiederholt, was auf einen Refrain hindeuten könnte, und vielleicht stellt jede Seite der Scheibe eine Strophe aus einem Lied, einer Hymne oder einem rituellen Sprechgesang dar. Auch Sir Arthur Evans, der Ausgräber von Knossos (dem zeremoniellen und politischen Zentrum der minoischen Kultur), gelangte zu der Schlussfolgerung, der Diskus enthalte einen Teil eines heiligen Liedes. Auch der ursprüngliche Entdecker der Scheibe, der italienische Archäologe Luigi Pernier, glaubte an eine rituelle Bedeutung. Doch obwohl der Diskus von Phaistos in einem minoischen Palast gefunden wurde, gibt es absolut keinen Beweis dafür, dass er überhaupt aus Kreta stammt. Er ist vielleicht irgendwo aus dem Mittelmeerraum oder gar aus dem Nahen Osten importiert worden.

Während eine religiöse oder rituelle Erklärung gewiss eine plausible Möglichkeit darstellt, ist sie nur eine von zahlreichen bislang für den Diskus von Phaistos vorgetragenen Theorien. Er könnte auch eine alte Abenteuergeschichte enthalten, einen antiken Kalender, einen Einberufungsbefehl, einen auf Hethitisch (einer um 1600–1100 v. Chr. in der Türkei verwendeten Sprache) geschriebenen Zauber, ein juristisches Dokument, einen Bauernkalender, einen Zeitplan für Palastaktivitäten oder ein Spielbrett. In seinem 1980 erschienenen Buch *The Phaistos Disc: Hieroglyphic Greek with Euclidean Dimensions* behauptet der deutsche Autor Andis Kaulins, die geheimnisvolle Schrift entziffert zu haben – die Sprache auf der Scheibe sei Griechisch und enthalte den Beweis für ein geometrisches Theorem. Allerdings hat Kaulins' Übersetzung nur wenig Zuspruch bei Archäologen und Linguisten gefunden. 1999 stellte der Autor Alan Butler in seinem Buch *The Bronze Age Computer Disc* die These auf, der Diskus von Phaistos habe als astronomischer Kalender wie als Rechenmaschine von unglaublicher Genauigkeit gedient. Doch es gibt keine eindeutigen Beweise dafür, dass die Minoer über irgendwelche detaillierten astronomischen Kenntnisse verfügten, und selbst das damalige Verständnis der Ägypter von Astronomie war nicht detailliert genug, um Butlers These zu stützen.

Bei den zahlreichen Ausgrabungen, die auf Kreta in den vergangenen hundert Jahren durchgeführt wurden, wurde kein einziges weiteres Beispiel der Stempel- oder Druckschrift auf dem Diskus von Phaistos gefunden. Dieses völlige Fehlen von Vergleichsmaterial deutet für manche Forscher darauf hin, dass die Scheibe eine Fälschung ist. Das Unbehagen hinsichtlich ihrer Authentizität wird noch dadurch verstärkt, dass Fachleute auf dem Gebiet der Archäologie im Mittelmeerraum und im Nahen Osten anscheinend nicht bereit sind, sich auf die Debatte um das Artefakt einzulassen. Eine Thermolumineszenzdatierung würde exakt belegen, ob das Objekt während der letzten hundert Jahre hergestellt wurde oder ob es tatsächlich aus der Minoerzeit stammt. Bislang sind die griechischen Behörden nicht bereit, die Scheibe einer derartigen Überprüfung zu unterziehen. Folglich ist der Verdacht, dass das Objekt eine Fälschung aus dem frühen 20. Jahrhundert ist – wobei man sich das damalige begrenzte Wissen über die minoische Kultur zunutze machte –, zwar vielleicht etwas weit hergeholt, aber keinesfalls von der Hand zu weisen. Im Zusammenhang mit der Fälschungstheorie wurde 1992 im Keller eines Hauses in Wladikawkas in Russland ein faszinierender Fund gemacht: ein Fragment einer Tonscheibe, die zwar kleiner als der Diskus von Phaistos ist, aber anscheinend eine Kopie darstellt, auch wenn die Symbole auf dieser Scheibe eingeritzt und nicht eingestempelt wurden. Gerüchte über eine Fälschung kamen auf, doch ein paar Jahre später verschwand die russische Scheibe auf geheimnisvolle Weise, und seither hat man nichts mehr von ihr gehört.

So undankbar die Aufgabe auch sein mag, arbeiten noch immer viele Forscher auf der ganzen Welt an einer sorgfältigen Entzifferung der Scheibe. Aber die extreme Bandbreite der vielen vorgestellten Übersetzungen lässt die Gelehrten daran zweifeln, dass ihre Bemühungen einmal von Erfolg gekrönt sein werden, und für viele deutet dies darauf hin, dass die Scheibe niemals richtig verstanden werden kann, solange sie ein isoliertes Exemplar bleibt. Daher können wir nur hoffen, dass künftige Ausgrabungen auf Kreta oder im übrigen Mittelmeerraum weitere Beispiele für diese mysteriöse Schrift zu Tage fördern werden. Bis dahin wird der Diskus von Phaistos, der heute im archäologischen Museum von Heraklion auf Kreta ausgestellt ist, ein einzigartiges Rätsel bleiben.

Das Grabtuch von Turin

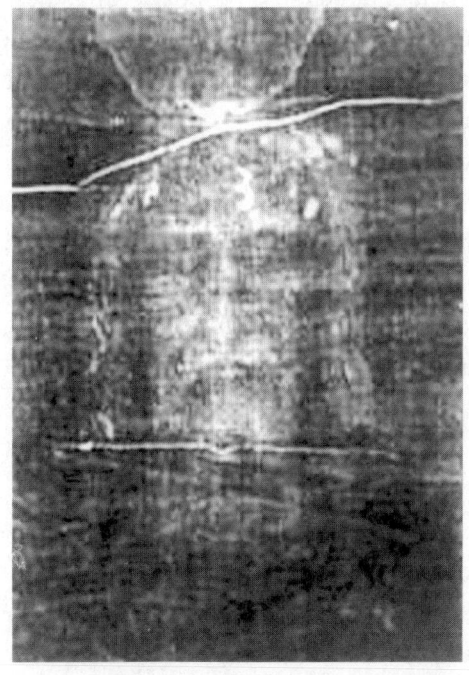

*Secondo Pias Negativ des Bildes
auf dem Grabtuch von Turin aus dem Jahr 1898.*

Ein umstritteneres Artefakt als das Grabtuch von Turin kann man sich nur schwer vorstellen. Auf der einen Seite glauben viele Menschen, in diesem Tuch sei tatsächlich der Leichnam von Jesus eingehüllt gewesen, nachdem er vom Kreuz abgenommen worden war. Auf der anderen Seite sind Skeptiker der Meinung, das Artefakt sei eine mittelalterliche Fälschung. Die entscheidenden

Fragen, nämlich wo, wann und wie das Bild auf das Tuch gelangt ist, ist Gegenstand einer intensiven Debatte zwischen Historikern, Naturwissenschaftlern, Gläubigen und Skeptikern. Selbst die angeblich entscheidende Radiokarbondatierung, die 1988 an dem Tuch vorgenommen wurde, vermochte das Rätsel nicht zu lösen, weil die Qualität der bei den Tests verwendeten Probe in Zweifel gezogen wurde.

Das Grabtuch von Turin ist ein 4,36 Meter langes und 1,10 Meter breites, gewebtes Leinentuch. Vorder- und Rückseite weisen das Bild eines nackten Mannes auf, der die Hände vor dem Körper gefaltet hat und anscheinend Verletzungen aufweist, die denen bei einer Kreuzigung entsprechen. Das gelassen wirkende Gesicht des Mannes ist bärtig, der Körper misst ungefähr 1,80 Meter – ziemlich groß für einen Menschen des 1. Jahrhunderts oder des Mittelalters. Das Tuch enthält dunkelrote Flecken, die Blut ähneln, ein Handgelenk des Körpers (das andere ist nicht sichtbar) weist eine deutlich sichtbare kreisförmige Wunde auf. Weitere Wunden sind an der Seite, an der Stirn und an den Beinen zu erkennen. Kein Kirchenvertreter hat je irgendwelche Behauptungen hinsichtlich des Grabtuchs aufgestellt, aber viele Menschen sind überzeugt, dass ein Abbild des gekreuzigten Christus darauf zu sehen ist.

Die Geschichte des Objekts liegt größtenteils im Dunkeln. Als Turiner Grabtuch wird es erst seit dem 16. Jahrhundert bezeichnet. Allerdings wird schon früher ein Tuch erwähnt, das das Abbild von Christus trägt. So schildert zum Beispiel der Kirchenhistoriker Eusebius, Bischof von Cäsarea, im 4. Jahrhundert die Existenz eines Wunderbildes von Jesus, das nach dem Leben gemalt sei und angeblich in Edessa in Syrien aufbewahrt werde. Einer von Johannes von Damaskus (um 676–749) aufgezeichneten Legende zufolge schrieb König Abgar von Edessa, der an einer unheilbaren Krankheit litt, einen Brief an Jesus, in dem er ihn bat, nach Edessa zu kommen und ihn zu heilen. Jesus konnte zwar nicht persönlich erscheinen, drückte aber auf wundersame Weise ein Bild von sich auf ein Stück Tuch und schickte es durch Thaddeus (auch Addai genannt), einen der 72 Jünger, an den König. Als Abgar das Wunderbild erblickte (das Johannes als längliches Tuch beschrieb), war er sofort geheilt. Diese heilige Reliquie wurde später das *Christusbild von Edessa* oder von orthodoxen Christen das *Mandylion* genannt. Die Legende des Edessa-Bildes spricht zwar nur von einem Gesicht auf einem quadratischen oder rechteckigen Tuch, doch Forscher (wie der Autor Ian Wilson) behaupteten, der Stoff sei so gefaltet gewesen, dass nur das Gesicht sichtbar gewesen sei. Als es im Jahr 944 nach Konstantinopel gelangte, hielt Gregor Referendarius, der Erzdiakon der Hagia Sophia, eine Predigt über das Artefakt. Aus seiner Schilderung geht eindeutig hervor, dass das Christusbild von Edessa ein vollständiges Grabtuch war, das das Abbild eines ganzen Körpers sowie Blutflecken aufwies, die mutmaßlich aus den Wunden in Jesu Seite herrührten. Dieses Artefakt wurde anschließend in der Blachernen-Kirche bis zur Plünderung und Brandschatzung der Stadt durch die Kreuzfahrer im Jahr 1204 aufbewahrt. Die Kreuzfahrer verschleppten zwar eine Reihe von Schätzen aus Konstantinopel, ob aber das Christusbild von Edessa darunter war, ist nicht bekannt. Dennoch glauben viele Forscher, dass das Tuch zu dieser Zeit von den Kreuzfahrern nach Europa gebracht und als Grabtuch von Turin bezeichnet wurde.

Im Jahr 1357 wurde das Grabtuch von Jeanne de Vergy, der Witwe des französischen Ritters Geoffroi de Charney, in einer Kirche in dem Dörfchen Lirey in Nordostfrankreich zur Schau gestellt. 1453 gelangte das Tuch in den Besitz von Herzog Louis von Savoyen, der es in seiner Kapelle in Chambéry aufbewahrte, der Hauptstadt des Herzogtums Savoyen im heutigen französischen Département Rhône-Alpes. 1532 wurde das Tuch bei einem Brand der Kapelle beschädigt. (Vielleicht trug es damals auch Wasserschäden davon, als man das Feuer zu löschen versuchte.) Arme Clare-Nonnen versuchten diese Schäden durch Flicken zu reparieren. 1578 gelangte das Grabtuch an seinen derzeitigen Aufbewahrungsort in Turin, und 1983 wurde es das Eigentum des Heiligen Stuhls in der Vatikanstadt, nachdem Umberto II., der letzte Nachkomme des Hauses Savoyen, es testamentarisch dem Papst vermacht hatte. Heute befindet sich das Grabtuch in der runden Kapelle der Kathedrale Johannes des Täufers in Turin.

Unter großem Medienrummel gestattete der Heilige Stuhl 1988, dass die Reliquie jeweils einer Radiokarbondatierung von drei verschiedenen Forschungsinstituten unterzogen werden konnte: der Universität Oxford, der University of Arizona und der Eidgenössischen Technischen Hochschule in Zürich. Alle Laboratorien untersuchten Teile derselben Probe, eines nur 1x5,7 Zentimeter kleinen Streifens, der einer Ecke des Grabtuchs entnommen war. Die Tests ergaben, dass das Objekt irgendwann zwischen 1260 und 1390 entstanden war, dem Zeitraum also, in dem das Tuch zum ersten Mal ausgestellt wurde – somit wäre es nicht das Grabtuch Christi, sondern eine mittelalterliche Fälschung.

Ein weiteres Beweisstück, das das Ergebnis zu stützen scheint, dass es sich bei dem Grabtuch um eine mittelalterliche Fälschung handelt, ist ein Brief von Bischof Pierre d'Arcis von Troyes im Nordosten Frankreichs. In diesem Brief von 1389, der angeblich an Papst Clemens VII. in Avignon gerichtet war, behauptet der Bischof, eine Untersuchung der Beschaffenheit des Tuches durch seinen Vorgänger Bischof Henri de Poitiers habe den Künstler entlarvt, der es bemalt habe, und er verlangte, dass die Reliquie nicht mehr zur Schau gestellt werde. Ferner heißt es in diesem Brief, das Tuch könne nicht das tatsächliche Grabtuch von Jesus Christus sein, da »das heilige Evangelium nichts von einem solchen Abdruck erwähnt; denn wenn dies wahr wäre, wäre es ganz und gar unwahrscheinlich, dass der heilige Evangelist es versäumt hätte, es festzuhalten, oder dass die Tatsache bis zur heutigen Zeit verborgen geblieben wäre«. Doch dieses Dokument ist anscheinend nur eine Rohfassung eines Briefes, der nie abgeschickt wurde, und einige Forscher haben die Motive des Bischofs d'Arcis in Frage gestellt und vermutet, er habe das Tuch für sich begehrt.

Aber wenn das Tuch tatsächlich eine Fälschung ist, wer war dann dafür verantwortlich, und wie wurde sie bewerkstelligt? In ihrem Buch *Das Grabtuch von Turin, die Templer und das Geheimnis der Freimaurer* behaupten die Autoren Christopher Knight und Robert Lomas, das Gesicht auf dem Grabtuch gehöre Jacques de Molay, dem letzten Großmeister des Ordens der Tempelritter. De Molay wurde auf Befehl Philipps IV. von Frankreich wegen Ketzerei verhaftet und am 18. März 1314 auf einer Seine-Insel in Paris auf dem Scheiterhaufen verbrannt. Den Autoren zufolge wurde de Molay gefoltert, und seine Arme und Beine wurden als Parodie auf die Leiden Jesu an eine Holztür genagelt. Anschließend, so die Hypothese, wurde de Molay auf ein Stück Tuch auf einem weichen Bett gelegt, und ein Teil des Tuches wurde ihm über den Kopf gezogen und bedeckte die Vorderseite seines Körpers. Anscheinend ließ man den Ohnmächtigen darauf liegen, und während der folgenden 30 Stunden sei durch den Schweiß und das Blut aus de Molays Körper sein Abbild auf das Leintuch abgedruckt worden.

Ein weiterer Beweis, der die De-Molay-Theorie zu stützen scheint, ist die Tatsache, dass der Großmeister zusammen mit Geoffrey de Charney, dem Präzeptor der Templer in der Normandie, hingerichtet wurde, und dessen Enkel wiederum war Geoffroi de Charney. Nach dem Tod von Geoffroi de Charney in der Schlacht von Poitiers im Jahre 1356 habe seine Witwe Jeanne de Vergy angeblich das Grabtuch in seinem Besitz entdeckt und es in der Kirche von Lirey zur Schau gestellt. Die Knight-Lomas-Theorie hängt entscheidend von der Zuverlässigkeit der Radiokarbondatierungen des Grabtuchs im Jahr 1988 ab sowie von den Hypothesen der Autoren über die bei de Molay angewandten Foltermethoden. Immerhin weist das Bildnis auf dem Grabtuch eine gewisse Ähnlichkeit mit Abbildungen von de Molay auf mittelalterlichen Holzschnitten sowie einer Farblithografie auf, die Chevauchet im 19. Jahrhundert fertigte.

Ein anderer Kandidat für das Gesicht auf dem Grabtuch ist der italienische Universalgelehrte Leonardo da Vinci (1452–1519). So behaupten die Autoren Lynn Picknett und Clive Prince, das Grabtuch stelle eigentlich ein Selbstporträt von da Vinci dar und sei möglicherweise das erste Beispiel einer Fotografie in der Geschichte. Die Fotografie-Theorie, die auch von anderen Forschern vertreten wird, behauptet, dass das Bildnis auf dem Tuch mit Hilfe einer *Camera obscura* angefertigt worden sei – einem dunklen Raum oder einem Kasten mit einem Loch in einer Seite, durch die ein auf dem Kopf stehendes Abbild der Szene außerhalb auf eine gegenüberliegende Wand, eine Leinwand oder einen Spiegel projiziert wird, die dann vom Künstler nachgezeichnet werden kann. Gegen diese Theorie spricht vor allem, dass da Vinci erst fast ein Jahrhundert nach dem Auftauchen des Tuches in historischen Aufzeichnungen geboren wurde und außerhalb des Zeitrahmens von 1260 bis 1390 lebte, den die Radiokarbondatierungen ergaben.

Doch neuere Forschungen haben die Gültigkeit der Radiokarbondatierungen von 1988 erheblich in Zweifel gezogen. In einem im Januar 2005 in der Fachzeitschrift *Thermochimica Acta* veröffentlichten Aufsatz weist der Chemiker Raymond N. Rogers darauf hin, dass die für die Radiokarbondatierung verwendete Originaltuchprobe wertlos gewesen sei. Chemische Tests hätten nämlich ergeben, dass die Radiokarbonprobe völlig andere chemische Eigenschaften als das restliche Tuch hatte – viele Forscher glauben daher, die für die Datierung verwendete Probe müsse aus einem der Flicken geschnitten worden sein, mit denen das Tuch nach dem Brand von 1532 repariert worden war. Aufgrund seiner chemischen Analysen gelangte Rogers zu der Schlussfolgerung, dass das Tuch mindestens 1300 Jahre alt sei.

Im Juni 2002 wurde das Grabtuch einer aufwändigen Restaurierung unterzogen, bei der auch die mittelalterlichen Flicken entfernt wurden. Dabei entdeckte die Textilexpertin Mechthild Flury-Lemberg, dass das Gewebe des Grabtuchs in einem Fischgrätmuster von drei zu eins gewoben worden war, einer Webtechnik, wie sie in der antiken Welt für hochwertige Tuche verwendet wurde. Flury-Lemberg wies auch auf das Vorhandensein dieses Webmusters in einer Illustration aus dem 12. Jahrhundert hin, in der das Grabtuch Christi dargestellt ist, was darauf hindeuten würde, dass der Künstler genügend über das Grabtuch wusste, um das spezielle Webmuster zu erkennen. Außerdem stellte die Expertin Ähnlichkeiten zwischen einem ungewöhnlichen Stichmuster am Saum einer Längsseite des Grabtuchs und dem Stichmuster am Saum eines anderen Tuches fest, das in einem Grab in der jüdischen Festung Masada über dem Toten Meer entdeckt worden war. Das Masada-Tuch stammt aus einer Zeit zwischen 40 v. Chr. und 73 n. Chr., und daher glaubt Flury-Lemberg, dass das Turiner Grabtuch etwa genauso alt und irgendwann im 1. Jahrhundert entstanden sei.

Während der Restaurierungsarbeiten im Jahr 2002 wurde auch die Rückseite des umstrittenen Tuches zum ersten Mal fotografiert und gescannt. 2004 veröffentlichte das Institute of Physics in London einen Artikel im *Journal of Optics A* über die Ergebnisse der Analyse der Fotografien. Mit Hilfe von Bildverarbeitungstechniken identifizierten die italienischen Wissenschaftler Giulio Fanti und Roberto Maggiolio von der Universität Padua ein blasses, geisterhaftes Bild auf der Rückseite des Tuches, das hauptsächlich Gesicht und Hände zeigt. Dieses zweite Bild entspricht dem auf der Vorderseite des Tuches und befindet sich nur auf der Oberfläche, was die Möglichkeit ausschließt, dass Farbe von der Vorderseite durchgesickert war. Dies würde aber auch die Theorie ausschließen, dass das Bildnis auf dem Grabtuch mit Hilfe früher fotografischer Methoden erzeugt worden war.

Bedeutet also diese neuerliche glückliche Wendung für das Turiner Grabtuch, dass es tatsächlich das Grabtuch Christi ist? Zwar sind viele Gläubige überzeugt, dieser neue Beleg sei der endgültige Beweis für die Authentizität des Tuches, doch Skeptiker weigern sich, die Möglichkeit einzuräumen, das Artefakt sei echt. Viele Forscher hoffen nun, dass der Vatikan gestatten wird, weitere Proben aus dem Tuch für eine erneute Datierung zu entnehmen, allerdings scheint die Kirche dem derzeit abgeneigt gegenüberzustehen. Vielleicht wird es nie einen wissenschaftlichen Beweis dafür geben, dass das Turiner Grabtuch zweifelsfrei das Tuch ist, in das Joseph von Arimathia den Leichnam Christi hüllte. Dies wird wohl für immer eine Glaubensfrage bleiben.

Die Steinkugeln
von Costa Rica

Steinkugel im Hof des Museo Nacional.
Foto von Connor Lee.

Eines der größten Rätsel des präkolumbianischen Amerika stellen die geheimnisvollen Steinkugeln von Costa Rica dar. Hunderte dieser Kugeln, deren Größe zwischen ein paar Zentimetern und über zwei Metern schwankt, wobei die größte 16 Tonnen wiegt, hat man in der Region Diquis bei den Städten Palmar Sur und Palmar Norte nahe der Pazifikküste im südlichen Costa Rica gefunden. Die meisten sind aus Granodiorit, einem harten, mit dem Granit eng verwandten magmatischen Gestein, aber ein paar Exemplare bestehen aus Coquina, einem überwiegend aus Schalen- und Muschelfragmenten bestehenden Sedimentgestein.

Die Kugeln kamen erstmals in den Dreißigerjahren des vorigen Jahrhunderts ans Licht, als die United Fruit Company den Dschungel rodete, um Bananen und andere Obstbäume anzupflanzen. Arbeiter der Firma entdeckten die Objekte, und da sie sich an lokale Legenden erinnerten, nach denen die Kugeln um einen Kern aus Gold herum angefertigt worden seien, sprengten sie viele dieser Kugeln mit Dynamit, um an das verborgene Gold zu gelangen. 1948 untersuchten Dr. Samuel Lothrop vom Peabody Museum an der Harvard-Universität und seine Frau die Steinkugeln in ihrem Kontext, und 1963 wurde der Schlussbericht dieser Untersuchung veröffentlicht. In seinem Report spricht Lothrop von insgesamt 186 Exemplaren, obwohl er auch von einer Stätte bei Jalaca gehört habe, wo es weitere 45 Kugeln gegeben habe, bevor sie an andere Orte gebracht worden seien. Derartige Funde gab es auch auf Cano Island, 20 Kilometer westlich vor der südlichen Pazifikküste von Costa Rica. Aufgrund dieser Belege müssen einst anscheinend mehrere hundert dieser Steinskulpturen existiert haben. Seit den Vierzigerjahren des vorigen Jahrhunderts sind die meisten Kugeln von ihrem ursprünglichen Standort entfernt worden, wobei sie oft mit der Eisenbahn durchs ganze Land transportiert wurden. Heute kennt man nur sechs Exemplare, die sich noch in ihrer damaligen Position befinden. Andere kann man im Nationalmuseum bestaunen, mehrere stehen in Parks und Gärten der Hauptstadt San José.

Wissenschaftlich werden die Steinkugeln von Costa Rica seit über 60 Jahren erforscht. Erstmals wurden die Objekte 1943 von der Archäologin Doris Zemurray Stone studiert, der Tochter von Samuel Zemurray, dem Gründer der United Fruit Company. Sie untersuchte die Steine sofort nachdem sie von den Arbeitern der Firma entdeckt worden waren. Stone, die später Direktorin des Nationalmuseums von Costa Rica wurde, veröffentlichte ihre Befunde 1943 in der Zeitschrift *American Antiquity*. Die Studie enthält Pläne von fünf Stätten mit insgesamt 44 Steinkugeln, und nach Stones Interpretation könnten die Kugeln als Kultbilder oder Friedhofsmarkierungen gedient haben, vielleicht hingen sie aber auch mit irgendeiner Art von Kalender zusammen. Die 1963 veröffentlichte Untersuchung der Lothrops enthält ebenfalls Karten der Orte, wo die Kugeln gefunden wurden, sowie umfassende Berichte über Keramik- und Metallartefakte, die im Zusammenhang mit ihnen in ihrer Nähe entdeckt wurden. Beigefügt sind auch zahlreiche Fotos und Zeichnungen der Kugeln sowie Messungen und Anmerkungen zu ihrer Anordnung.

Bei weiteren archäologischen Ausgrabungen in den Fünfzigerjahren des vorigen Jahrhunderts wurden diejenigen Steinkugeln gefunden, die mit Keramik und anderen Artefakten aus den präkolumbianischen Kulturen im südlichen Costa Rica in Verbindung gebracht werden. Seither hat es verschiedene andere Untersuchungen gegeben – die gründlichste stammt aus den Jahren 1990 bis 1995 von der Archäologin Ifigenia Quintanilla vom Nationalmuseum von Costa Rica. Lange haben die Archäologen über den Ursprung dieser seltsamen Kugeln gerätselt, und noch immer ist umstritten, ob sie auf natürliche Weise entstanden sind oder von Menschen hergestellt wurden. Einige Geologen behaupten, die Steine seien natürlich geformt worden. Ihrer Theorie zufolge sei nach einem Vulkanausbruch Magma ausgetreten, das in einem heißen, mit Asche gefüllten Tal niederging. Dann hätten sich die Magmablasen allmählich abgekühlt und seien zu Kugeln erstarrt. Einer anderen Theorie nach seien ursprünglich Granitblöcke in eine von Menschen angelegte Grube am Fuß eines mächtigen Wasserfalls gelangt, und das ständig über sie hinwegfließende Wasser habe die Steine zu nahezu vollkommenen Kugeln umgeformt. Trotz dieser Theorien scheint es doch wahrscheinlicher, dass die Steine von Menschenhand gemacht wurden, besonders angesichts der Tatsache, dass der Granodiorit, aus dem die meisten bestehen, in diesem Gebiet nicht vorkommt. Der Steinbruch, aus dem das Gestein stammte, liegt im Talamanca-Gebirge, etwa 80 Kilometer vom Fundort der Kugeln entfernt. Bei ihren Feldarbeiten stieß die Archäologin Ifigenia Quintanilla auf die Quelle des Rohmaterials sowie auf einige Felsbrocken, die möglicherweise unvollendete Exemplare der Steinkugeln sind. Bei ihren Ausgrabungen entdeckte Quintanilla auch Splitter von den Kugeln, die darauf hindeuten, wie sie angefertigt wurden. Danach bestünde die plausibelste Methode darin, dass ein ungefähr kreisförmiger Felsbrocken in eine Kugel umgewandelt wurde, und zwar durch abwechselndes Erhitzen und Abkühlen, um das Gestein aufzubrechen. Die Erbauer hätten diese groben Kugeln dann weiter mit Hilfe von harten Steinhämmern, möglicherweise aus dem gleichen Material, geglättet und sie schließlich mit anderen Steinwerkzeugen poliert.

Einem verbreiteten Irrglauben zufolge sind die Objekte nahezu vollkommene Kugeln – die Abweichung betrage nur »1,2 Zentimeter oder 0,2 Prozent«, wie manche Leute behaupten. Das ist jedoch nicht der Fall, da es derart präzise Messungen von den Kugeln gar nicht gibt. Sie sind nämlich keineswegs makellos glatt – einige weichen im Durchmesser über fünf Zentimeter von einer perfekten Kugel ab. Eine andere Frage ist es, wie die präkolumbianischen Gesellschaften die Steine an die gewünschten Orte bewegten. Eine derartige Aufgabe verweist mit Sicherheit auf eine hoch entwickelte und organisierte Kultur – falls die Steine jedoch in einem Gebirgssteinbruch bearbeitet wurden, sind kugelförmige Objekte natürlich, insbesondere bergab, ziemlich leicht zu rollen.

Komplizierter ist die Frage, wer diese geheimnisvollen Kugeln angefertigt hat und warum. Den Archäologen zufolge wurden die Kugeln während zweier verschiedener Kulturepochen geformt. Nur eine Handvoll Kugeln sind aus der früheren Epoche erhalten, der so genannten Aguas-Buenas-Epoche, die ungefähr vom Jahr 100 bis zum Jahr 500 dauerte. In der zweiten Phase, der Chiriquí-Epoche (von etwa 800 bis 1500), wurde anscheinend eine größere Menge Steinkugeln hergestellt, die sich über den unteren Teil des Flusses Terraba verteilen. Doch damit erfahren wir noch nichts über die Funktion der Kugeln. Wenn wir einmal vom Eingreifen Außerirdischer oder den Bewohnern von Atlantis absehen, dann lautet die ausgefallenste Theorie, dass sie von einer äußerst hoch entwickelten prähistorischen Kultur als eine Art von Antennen eines antiken weltweiten Kraftgitters aufgestellt wurden. Doch ohne konkrete Beweise ist eine derartige Hypothese völlig aus der Luft gegriffen und genauso mythisch wie die Legende, dass Eingeborenen ein Zaubertrank zur Verfügung stand, mit dem sie den Fels aufzuweichen vermochten. In ihrem 1998 erschienenen Buch *Atlantis in America: Navigators of the Ancient World* erklären Ivar Zapp und George Erikson, die Kugeln seien als Navigationsinstrumente von einer hoch entwickelten antiken Seefahrerrasse aufgestellt worden, die den griechischen Philosophen Platon beeinflusst hätte, über das untergegangene Land Atlantis zu schreiben. Nach dieser Theorie müssten die Kugeln allerdings so nahe an der Küste platziert worden sein, dass sie von Seefahrern gesehen werden konnten, was nicht der Fall ist. Außerdem würde dies eine Genauigkeit bei der Ausrichtung der Kugeln voraussetzen, die bei den in ihrem ursprünglichen Kontext erhalten Exemplaren nicht festzustellen ist.

Im Grunde wissen wir nicht, warum diese Objekte hergestellt wurden, zumal die meisten von ihren ursprünglichen Standorten entfernt wurden. Das ist ein erhebliches Problem, da die Lage der Steine für die Menschen, die sie als Erste aufstellten, wahrscheinlich von großer Bedeutung war. Aufgrund der verfügbaren Belege lautet die wahrscheinlichste Theorie zumindest für eine Reihe dieser Kugeln, dass sie als eine Art von Markierung dienten, vielleicht als Grundstücksgrenzen oder Statussymbole. Einer weiteren Idee zufolge, die berücksichtigt, dass viele Kugeln ursprünglich in bestimmten Anordnungen gefunden wurden, stellen sie die Sonne, den Mond und alle Planeten dar, die zur Zeit ihrer Aufstellung bekannt waren. Man hat sogar behauptet, sie würden das gesamte Sonnensystem darstellen. In den Vierzigerjahren des vorigen Jahrhunderts bemerkte Lothrop die interessante Tatsache, dass mehrere der von ihm untersuchten Kugeln anscheinend von benachbarten Hügeln herabgerollt waren, auf denen früher Häuser standen. Vielleicht hatten sich die Kugeln einst im Inneren dieser Gebäude befunden, womit sie allerdings für die Astronomie nicht zu gebrauchen und mit Sicherheit für Seefahrer nutzlos waren. Wahrscheinlich dienten die Kugeln verschiedenen Zwecken, die sich unter Umständen im Laufe ihrer tausendjährigen Geschichte änderten. Einer interessanten Theorie zufolge mag die mühsame Herstellung der Kugeln ein bedeutsames Ritual gewesen sein, das genauso wichtig oder gar noch wichtiger als das fertige Produkt selbst war.

Seit ihrer Entdeckung sind die Steinkugeln von Costa Rica Temperaturschwankungen sowie Beschädigungen durch Regen und Bewässerungsanlagen und regelmäßig auftretende Brände ausgesetzt gewesen. 1997 wurde die Landmarks Foundation gegründet, um heilige Stätten und Landschaften auf der ganzen Welt zu erhalten. Dank der Kooperation verschiedener Regierungsorganisationen, der Foundation und des Nationalmuseums von Costa Rica konnten im Jahr 2001 viele Kugeln aus San José über das hohe Gebirge hinweg an ihre ursprünglichen Standorte zurückgebracht werden. Zurzeit werden sie geschützt gelagert, bis ein Kulturzentrum errichtet werden kann, um sie an ihrer ursprünglichen Lage im Diquis-Delta auszustellen.

Noch immer finden Archäologen gelegentlich neue Exemplare der Kugeln im Schlick des Diquis-Deltas, und wahrscheinlich gibt es dort noch mehr. Im heutigen Costa Rica können die Steine in Museen besichtigt werden – oder als Rasenzierde vor verschiedenen offiziellen Gebäuden, Krankenhäusern und Schulen. Zwei wurden in die USA gebracht: Die eine wird im Museum der National Geographic Society in Washington, D.C., ausgestellt, die andere steht in einem Hof des Peabody Museum of Archaeology and Ethnography an der Harvard-Universität in Cambridge, Massachusetts. Auf Costa Rica zieren sie auch die Gärten der Reichen und gelten als Statussymbole. Und auch wenn viele dieser Kugeln vor langer Zeit schon von ihrem ursprünglichen Standort entfernt wurden, dienen zumindest einige von ihnen somit vielleicht dem Zweck, für den sie eigentlich vorgesehen waren.

Talos:
Ein altgriechischer Roboter?

Die Küste von Kreta, die einst vom Bronzeriesen Talos bewacht wurde.
Foto von Y. Dondas.

Viele Menschen kennen die Figur des Bronzeriesen Talos aus dem Film *Jason und die Argonauten* von 1963, wo er dank Ray Harryhausens verblüffender Spezialeffekte zum Kinoleben erwachte. Aber woher stammt die Idee für Talos – und könnte er der erste Roboter in der Geschichte gewesen sein?

Ursprünglich war Talos eine Gestalt der kretischen Mythologie, obwohl er in vielen verschiedenen Legenden auftaucht. Nachdem

Zeus Europa entführt und nach Kreta gebracht hatte, überreichte er ihr zum Beweis seiner Liebe drei Geschenke. Eines davon war der riesige bronzene Automat Talos. Einer anderen Version zufolge wurde der Riese von Hephaistos und den Zyklopen geschmiedet und Minos, dem König von Kreta, geschenkt. Nach einem weiteren Mythos war Talos der Sohn von Cris und der Vater von Phaestos oder auch der Bruder von Minos. Andere meinten, er sei eigentlich ein Stier gewesen, wahrscheinlich identisch mit dem kretischen Minotauros im Labyrinth. Der Fassung der *Argonautensage* des antiken Autors Apollonios von Rhodos zufolge kann er der Letzte einer Generation von Bronzemännern gewesen sein, die ursprünglich Aschebäumen entsprangen und bis zum Zeitalter der Halbgötter existierten.

Talos oder Talus bedeutet im altkretischen Dialekt *Sonne*, und so wurde auf Kreta auch der Gott Zeus genannt: *Zeus Tallaios*. Talos war der Wächter Kretas und umrundete dreimal täglich die Küste der Insel, um einen feindlichen Überfall zu verhindern und auch die Bewohner davon abzuhalten, die Insel ohne die Erlaubnis des Königs zu verlassen. Dreimal im Jahr begab er sich mit Bronzetäfelchen, auf denen Minos' heilige Gesetze geschrieben waren, für deren Befolgung Talos ebenfalls verantwortlich war, in die Dörfer Kretas. Wie es hieß, schleuderte Talos riesige Felsbrocken und andere Gegenstände auf herannahende feindliche Schiffe, damit sie nicht auf der Insel landeten. Falls der Feind dieses erste Bombardement überstand, sprang der Bronzeriese in ein Feuer, bis er rotglühend war, und wenn die Angreifer auf der Insel landeten, zog er sie in seine feurige Umarmung. Man erzählte sich auch, dass Talos einst im Besitz der Sardinier war. Als diese sich weigerten, den Bronzemann an Minos auszuhändigen, sprang er in ein Feuer und zog sie an seine Brust, bis sie qualvoll und mit vor Schreck geöffneten Mündern umkamen. Auf diese Begebenheit geht anscheinend der Ausdruck *sardonisches Lachen* zurück, der sich auf jemanden bezieht, der über seine eigenen Schwierigkeiten oder die anderer lacht.

Jason und die Argonauten stießen auf Talos, als sie sich auf der Heimfahrt von der Eroberung des Goldenen Vlieses Kreta näherten. Der Gigant wehrte ihr Schiff, die *Argo*, ab, indem er große Felsbrocken nach ihm schleuderte, die er von den Klippen abgebrochen hatte. Medea, die Hexe, die Jason begleitete, half ihnen, Talos' vernichtenden Würfen zu entgehen, indem sie ihre Magie einsetzte. Wie es heißt, hatte Talos eine einzelne rote Ader, die von einer dünnen Haut bedeckt war und vom Nacken zur Ferse verlief und mit einem Bronzenagel verschlossen war. Dieser Nagel versiegelte das göttliche Ichor (eine ölige Substanz, die oft als *Götterblut* bezeichnet wird), das es ihm ermöglichte, seine Metallglieder zu bewegen. Dies war seine einzige verwundbare Stelle. Der Argonautensage nach verhexte Medea den Giganten mit einem feindseligen Blick und beschwor die Keres (Totengeister) mit Liedern und Gebeten. Als Talos versuchte, diese Klagegeister mit Felsbrocken abzuwehren, ritzte er sich versehentlich den Knöchel genau an der Stelle, unter der seine verwundbare Ader lag, an einem spitzen Stein auf. Donnernd stürzte er zu Boden, wobei das göttliche Ichor wie geschmolzenes Blei aus ihm herausrann. Einer anderen Fassung zufolge verzauberte Medea den Bronzemann und gaukelte ihm vor, sie würde ihm mit einem geheimen Trank Unsterblichkeit verleihen, wenn er sie auf der Insel Halt machen ließe. Talos war einverstanden und nahm den Trank zu sich, woraufhin er sofort einschlief. Medea trat an den Schlafenden heran, zog ihm den Bronzenagel aus dem Knöchel und tötete ihn auf diese Weise.

Andere glaubten, der Argonaut Poeas (der Vater von Philoktet, der am Trojanischen Krieg teilnahm) habe die Ader des Riesen mit einem Pfeil durchbohrt. Nach Talos' Tod konnte die *Argo* sicher auf Kreta landen. Münzen mit einem Bild von Talos aus dem 4. bis 3. Jahrhundert v. Chr. wurden in der kretischen Stadt Phaistos gefunden. Ein rotfiguriger Krater (Vase) aus dem späten 5. Jahrhundert zeigt die Dioskuren (die Heldengötter Kastor und Polydeukes), wie sie den sterbenden Talos auffangen, während Medea in einem orientalischen Gewand an der Seite vor der Argo steht und einen bestickten Beutel in der Hand hält (der vermutlich ihre magischen Tränke und Kräuter enthält).

Es gibt verschiedene Möglichkeiten, den Mythos des Bronzeriesen von Kreta zu interpretieren. Natürlich erinnert die Geschichte an das ähnliche Schicksal des Achilles im trojanischen Krieg, und vielleicht geht beides auf dieselbe Quelle zurück. Einer politischen Interpretation zufolge stand Talos symbolisch für die minoische Flotte, die mit Metallwaffen ausgerüstet war. Als die Griechen von der *Argo* Talos besiegten, schwand die Macht Kretas dahin, und die Kontrolle über die griechische Welt ging ans Festland über. Vielleicht wurden die Häfen von Kreta auch von Piraten heimgesucht, und Talos stand für die minoische Küstenwache, die drei Patrouillen gegen die Piraten entsandte. Der Dichter Robert Graves erklärte, Talos' einzelne Ader gehöre zum Geheimnis des frühen Bronzegusses durch die *cire-perdue-* Methode, bei der der Bildhauer ein Modell in Ton erzeugt, das dann mit Wachs überzogen und anschließend mit einer perforierten Tonform bedeckt wird. Beim Erhitzen rinnt das Wachs aus den Löchern der Gussform – daher der Name dieser Technik. Das flüssige Metall wird schließlich in den Zwischenraum gegossen, den zuvor das Wachs eingenommen hatte.

Nach der Entdeckung von minoischen Siegelsteinen von etwa 1500 v. Chr., die eine Göttin oder Priesterin zeigen, die in einem Boot zu einem Schrein am Meer paddelt, hat man eine religiöse oder rituelle Interpretation für den Talosmythos vorgeschlagen: Die Siegelsteine würden auf eine ähnliche göttliche Umrundung der Insel hindeuten wie die des Bronzeriesen. Da *Talos* das kretische Wort für Sonne ist, meinte Robert Graves, eigentlich würde er wie die Sonne Kreta nur einmal am Tag umrunden. Und weil Talos, ein Bronzeabbild der Sonne, auch Tauros (der Stier) genannt wurde und das kretische Jahr in drei Jahreszeiten eingeteilt war, könnte dieser dreimal im Jahr erfolgende Besuch der Dörfer eine königliche Rundreise des Sonnenkönigs gewesen sein, der dabei seine rituelle Stiermaske trug.

Eine weitere Theorie besagt, dass Talos der erste voll funktionsfähige Roboter der Geschichte war. Man hat errechnet, wenn Talos Kreta dreimal am Tag hätte umrunden können, hätte er eine Durchschnittsgeschwindigkeit von 248 Kilometer pro Stunde gehabt. Die Befürworter dieser Ansicht weisen darauf hin, dass das, was aus der Knöchelwunde des Giganten heraussickerte, geschmolzenem Blei geähnelt habe. Generell waren die Griechen fasziniert von allen möglichen Automaten, die sie oft bei Theateraufführungen und religiösen Zeremonien einsetzten. Historisch sind tatsächlich einige antike Roboter überliefert, wenn auch in primitiver Form. So baute der geniale griechische Mathematiker Archytas im Jahr 350 v. Chr. einen mechanischen Vogel, »die Taube« genannt, der von Dampf angetrieben wurde. Dies war eine der frühesten Flugstudien der Geschichte und möglicherweise das erste Modellflugzeug. 322 v. Chr. schrieb der griechische Philosoph Aristoteles, der vielleicht die Entwicklung von Robotern voraussah: »Wenn jedes Werkzeug, sofern es dazu gebracht wird oder sogar aus eigenem Antrieb, die Arbeit verrichten könnte, die ihm geziemt … dann bedürfte es keiner Gehilfen für die Meisterarbeiter oder Sklaven für die Herren.« Im späten 3. Jahrhundert v. Chr. konstruierte der griechische Erfinder und Physiker Ktesibios aus Alexandria Wasseruhren mit beweglichen Figuren, die bis zum 17. Jahrhundert die Zeit genauer als jede andere Uhr anzeigten.

Über 1600 Jahre später, um das Jahr 1495 herum, entwarf Leonardo da Vinci einen mechanischen Ritter samt Rüstung (vielleicht baute er ihn sogar), wahrscheinlich den ersten humanoiden Roboter der Geschichte. Die Maschinerie im Inneren dieses Roboters, eines durch Kabel und Flaschenzüge angetriebenen künstlichen Mannes, sollte die Illusion erzeugen, dass sich ein echter Mensch darin befände. Dieser Automat konnte sich aufsetzen, mit den Armen winken und den Kopf bewegen, während er seinen anatomisch korrekten Kiefer öffnete und schloss. Vielleicht hat er sogar Laute zur Begleitung automatischer Musikinstrumente, wie etwa Trommeln, von sich gegeben. Tatsächlich gab es bereits im Mittelalter einige Erfinder, die ähnliche Maschinen bauten, um ihre königlichen Herren zu unterhalten. Da Vincis Roboter trug eine für das späte 15. Jahrhundert typische deutsch-italienische Rüstung. Aus den Konstruktionszeichnungen geht hervor, dass sich alle Gelenke aufeinander abgestimmt bewegten und von einer analog programmierbaren Vorrichtung in der Brust angetrieben und gesteuert wurden. Die Beine wurden separat durch eine äußere Kurbelmechanik in Gang gesetzt, die das Kabel bewegte, das mit zentralen Stellen in Knöcheln, Knien und Hüften verbunden war.

2005 begann die Biochemical Engineering Faculty an der University of Connecticut mit einem Nachbau der Grundstruktur von da Vincis Roboter. Ihre Konstruktion wird auch die Technik des 21. Jahrhunderts enthalten wie »Sehvermögen, Spracherkennung und -steuerung, computerintegrierte Bewegungen und einen moderneren Körperbau«. Der Roboter wird auch einen beweglichen Hals haben und über die Fähigkeit verfügen, sich bewegende Objekte mit den Augen zu folgen. Der Nachbau wird zwei Operationsmodi aufweisen und auf Computerbefehle sowie auf gesprochene Kommandos reagieren. Da Vincis ursprüngliche Flaschenzüge und Getriebe werden in Verbindung mit Muskelmodellen eingesetzt, die natürliche menschliche Bewegungen imitieren.

Das alles scheint doch sehr weit vom alten Griechenland entfernt zu sein. Aber selbst wenn Talos höchstwahrscheinlich nur eine mythische Gestalt war, so ist der Bronzeriese von Kreta der Prototyp aller modernen Roboter.

Die Batterie von Bagdad

Die Bagdad-Batterie im Museum von Bagdad.

Manche Forscher finden in altägyptischen Hieroglyphen oder in antiken Texten angebliche Belege für eine Nutzung der Elektrizität in der Antike. Während für diese Behauptungen im Allgemeinen materielle Beweise fehlen, gibt es doch ein bestimmtes antikes Artefakt, von dem einige Wissenschaftler glauben, es könnte sich um eine elektrische Stromquelle handeln. Trotz seines schlichten Aussehens könnte dieses kleine, schmucklose Gefäß die herkömmliche Vorstellung der Geschichte der wissenschaftlichen Entdeckungen verändern.

Das Objekt, das man für eine 2000 Jahre alte elektrische Batterie hält, wurde 1936 von Arbeitern gefunden, die für eine neue Eisenbahntrasse im Gebiet von Khu-jut-Rabuah südöstlich von Bagdad Erde aushoben. Wahrscheinlich wurde die Batterie aus einem Grab aus der Partherzeit (247 v. Chr.–228 n. Chr.) gebor-

225

gen. Als man sie fand, bestand sie aus einem 13 Zentimeter hohen ovalen Gefäß aus hellgelbem Ton, in dem sich ein zusammengerolltes Stück Kupferblech, ein Eisenstab und Asphaltfragmente befanden. Der Asphalt hatte dazu gedient, den Kupferzylinder oben und unten zu versiegeln sowie den Eisenstab im Zentrum des Zylinders zu fixieren. Die Verwendung dieser Versiegelung deutet darauf hin, dass das Objekt einst irgendeine Flüssigkeit enthalten hatte, was auch Spuren von Korrosion am Kupferrohr vermuten lassen, die wahrscheinlich durch einen sauren Wirkstoff, vielleicht Essig oder Wein, verursacht worden waren. Ähnliche Artefakte wurden in den benachbarten Städten Seleukia (wo das Gefäß Papyrusrollen enthielt) und Ktesiphon (wo es gerollte Bronzebleche beinhaltete) gefunden.

1938 stieß der deutsche Archäologe Wilhelm König, der damals Leiter des Laboratoriums des Nationalmuseums von Bagdad war, auf das seltsame Objekt oder eine Reihe solcher Objekte (darüber existieren unterschiedliche Berichte) in einer Kiste im Keller des Museums. Nach einer genauen Untersuchung erkannte er, dass das Artefakt stark einer galvanischen Zelle oder einer modernen elektrischen Batterie ähnelte. Anschließend veröffentlichte König einen Aufsatz, in dem er erklärte, dass das Objekt eine antike Batterie sei, die möglicherweise dazu gedient habe, Silberobjekte galvanisch zu vergolden, also mit einem dünnen Überzug aus Gold zu versehen. Die konservativste Datierung für die Batterie geht inzwischen von einem Zeitraum zwischen 250 v. Chr. und 640 n. Chr. aus, aber die erste bekannte elektrische Batterie, die Voltai'sche Säule, wurde von dem italienischen Physiker Alessandro Volta erst im Jahr 1800 erfunden. Wenn dies also eine primitive Batterie war, woher bezogen dann die alten Parther das Wissen, sie zusammenzubauen, und wie funktionierte sie? Nachdem er Königs Aufsatz gelesen hatte, beschloss Willard F. M. Gray, ein Ingenieur am General Electric High Voltage Laboratory in Pittsfield, Massachusetts, ein Replikat der antiken Batterie zu bauen und zu testen. Als er das Tongefäß mit Traubensaft, Essig oder Kupfersulfatlösung füllte, stellte er fest, dass es etwa eineinhalb bis zwei Volt Elektrizität erzeugte.

1978 konstruierte der Ägyptologe Dr. Arne Eggebrecht, damals Direktor des Roemer- und Pelizaeus-Museums in Hildesheim, ein Replikat der Bagdad-Batterie und füllte es mit Traubensaft. Dieses Replikat erzeugte 0,87 Volt, und damit galvanisierte Eggebrecht eine Silberstatuette mit Gold – die dabei entstandene Schicht war nur $^1/_{10\,000}$ Millimeter dünn. Aufgrund dieses Experiments spekulierte Eggebrecht, dass viele antike Gegenstände in Museen, die mutmaßlich aus Gold hergestellt wurden, in Wahrheit aus vergoldetem Silber bestehen könnten. Weitere Replikate des Bagdader Artefakts wurden 1999 von Studenten unter der Anleitung von Dr. Marjorie Senechal, Professorin für Mathematik und Wissenschaftsgeschichte am Smith College in Massachusetts, hergestellt. Die Studenten füllten eines der nachgebildeten Gefäße mit Essig und erzeugten damit 1,1 Volt Spannung. Aufgrund dieser Experimente kann man davon ausgehen, dass die Bagdad-Batterie offenkundig in der Lage war, einen kleinen Stromfluß zu erzeugen – aber wozu wurde er genutzt?

Die populärste Theorie geht auf König zurück: Wenn diese Zellen in Serie miteinander verbunden worden wären, hätte der erzeugte Strom ausgereicht, Metalle zu galvanisieren. König fand sumerische Kupfervasen aus der Zeit um 2500 v. Chr., die versilbert waren, und spekulierte, sie hätten mit Hilfe ähnlicher Batterien galvanisiert worden sein können wie der, die man in Khujut-Rabuah entdeckt hatte. Bislang hat man jedoch keinerlei

Belege für sumerische Batterien gefunden. König wies darauf hin, dass Kunsthandwerker im heutigen Irak noch immer eine ähnliche, primitive Galvanisierungstechnik anwenden, um Kupferschmuck mit einer feinen Silberschicht zu überziehen. Er hielt es für möglich, dass diese Methode bereits in der Parther-Zeit in Gebrauch war und bis zur Gegenwart überliefert wurde. In einer leicht veränderten Form sei die Technik auch heute noch bekannt, nämlich beim Versilbern oder Vergolden, wo eine Schicht Silber oder Gold auf ein Schmuckstück aufgetragen wird.

Eine andere Theorie über die Verwendung der Batterien geht von einer medizinischen Anwendung aus. Antike griechische und römische Schriften deuten darauf hin, dass es in der antiken Welt ein recht komplexes Wissen über Elektrizität gab. So erwähnen die griechischen Autoren, dass man Schmerzen behandeln könne, indem man elektrische Fische an die Füße halte – der Leidende musste so lange auf einem elektrisch geladenen Aal stehen, bis der entzündete Fuß taub wurde. Torpedo- oder Zitterrochen besitzen zwei elektrische Organe hinter dem Auge und geben 50 bis 200 Volt bei 50 Ampere ab, um kleine Beutefische zu betäuben, die über ihnen schwimmen. Der römische Schriftsteller Claudianus schilderte, wie ein Torpedorochen an einem Bronzehaken gefangen wurde und eine Strahlung abgab, die sich durchs Wasser und die Leine entlang ausbreitete und dem Fischer einen Schlag verpasste. Überliefert ist, dass römische Ärzte ein Paar dieser elektrischen Rochen an den Schläfen eines Patienten befestigten, um von der Gicht bis zu Kopfschmerzen eine ganze Reihe von Krankheiten zu behandeln. Auch von altbabylonischen Ärzten weiß man, dass sie elektrische Fische als Lokalanästhetikum einsetzten. Die alten Griechen entdeckten ebenfalls eines der frühesten Beispiele statischer Elektrizität: Als sie Bernstein (auf Griechisch *elektron*), an einem Stück Fell rieben, stellten sie fest, dass der Bernstein anschließend Federn, Staubteilchen und Strohhalme anzog. Doch obwohl die Griechen diesen seltsamen Effekt kannten, hatten sie keine Ahnung, was ihn verursachte, und hielten ihn wahrscheinlich nur für eine Kuriosität.

Nicht alle Forscher sind von der praktischen Anwendbarkeit der Batterie zur Schmerzbehandlung überzeugt. Das Hauptproblem bei der Theorie der medizinischen Nutzung ist die sehr niedrige Spannung, die die Batterie erzeugt, und darum bezweifelt man, dass sie außer bei ganz geringen Schmerzen irgendeinen spürbaren Effekt gehabt hatte. Wenn einige dieser Batterien allerdings in Reihe geschaltet wurden, hätte genügend Strom erzeugt werden können. Im Zusammenhang mit der medizinischen Erklärung für die Bagdad-Batterie hat Paul T. Keyser von der University of Alberta in Kanada noch einen weiteren Verwendungszweck als Möglichkeit in Betracht gezogen, basierend auf Funden von Bronze- und Eisennadeln, die mit den anderen batterieähnlichen Geräten bei Ausgrabungen in Seleukia nahe Bagdad entdeckt wurden. In einem 1993 erschienenen Aufsatz behauptet er, diese Nadeln seien bei einer Art von Elektroakkupunktur eingesetzt worden, wie sie zu dieser Zeit bereits in China in Gebrauch war.

Andere Forscher ziehen die Theorie einer rituellen Verwendung der Bagdad-Batterie vor. Dr. Paul Craddock, Fachmann für historische Metallurgie am Department of Scientific Research am British Museum, hat dargelegt, eine Gruppe dieser miteinander verbundenen alten Batteriezellen könnte in einer Metallstatue verborgen gewesen sein. Gläubige, die mit dem Idol in Kontakt geraten seien, hätten einen kleinen elektrischen Schlag bekommen, ähnlich dem bei statischer Elektrizität – möglicherweise, wenn sie die falsche Antwort auf eine Frage des Priesters gegeben hatten. Dieses geheimnisvolle Kribbeln war für die Gläubigen vielleicht ein Beweis für Magie, was die Macht und Mystik dieses bestimmten Priesters und Tempels erheblich gesteigert hätte. Doch solange solche Statuen nicht tatsächlich gefunden werden, bleibt der rituelle Gebrauch der Zellen leider nur eine weitere faszinierende Theorie.

Ungeachtet der wiederholten Tests mit Replikaten der Bagdad-Batterie erklären Skeptiker, nichts beweise, dass sie jemals als elektrische Batterien fungiert hätten. Sie weisen darauf hin, dass das antike Volk, auf das diese Technik angeblich zurückgehe, nämlich die Parther, als großes Kriegervolk, aber nicht unbedingt für seine wissenschaftlichen Leistungen bekannt gewesen sei. Trotz der umfangreichen historischen Aufzeichnungen, die wir über dieses Gebiet und diese Epoche haben, sei nirgendwo von Elektrizität die Rede. Außerdem gebe es keine archäologischen Funde aus der Parther-Zeit, die sich als galvanisiert erwiesen haben, und keinerlei Belege für Drähte, Leiter oder vollständigere Exemplare von antiken Batterien. Einige Forscher haben auch die Ergebnisse von Experimenten mit Replikaten der Batterie in Frage gestellt und behauptet, sie selbst seien nicht in der Lage gewesen, die Ergebnisse zu wiederholen. Insbesondere Dr. Arne Eggebrechts Experimente sind unter Beschuss geraten. Laut Dr. Bettina Schmitz, einer Forscherin am Roemer- und Pelizaeus-Museum (wo Eggebrecht seine Experimente mit Nachbildungen der Batterie 1978 durchführte), gibt es keinerlei Fotos oder schriftliche Berichte von Eggebrechts Experimenten.

Forscher, die der Theorie von der elektrischen Batterie skeptisch gegenüberstehen, bevorzugen die Erklärung, die Gefäße hätten als Aufbewahrungsbehälter für heilige Schriftrollen gedient, die möglicherweise Rituale enthielten, die auf organischen Materialien wie Pergament oder Papyrus schriftlich festgehalten waren. Wenn solche organischen Materialien verfaulen, behaupten die Skeptiker, gibt es einen leicht sauren organischen Rückstand, der die Korrosion am Kupferzylinder erklären würde. Sie glauben, dass ein Asphaltsiegel wie das an der Bagdad-Batterie zwar nicht besonders praktisch für eine galvanische Zelle wäre, sich aber ideal als hermetisches Siegel zur Aufbewahrung über einen längeren Zeitraum eignen würde.

Dass die Bagdad-Batterien, selbst wenn mehrere miteinander verbunden werden, im Vergleich zu modernen Exemplaren höchst ineffizient sind, steht außer Zweifel. Dennoch ist es eine Tatsache, dass der Apparat tatsächlich wie eine elektrische Zelle funktioniert. Wahrscheinlich haben die Hersteller des Objekts, ähnlich wie die Griechen beim Bernstein, das damit zusammenhängende Prinzip nicht richtig begriffen. Das ist nicht ungewöhnlich. Viele Neuerungen wie das Schießpulver und die Kräutermedizin wurden entwickelt, bevor man ihre Grundlagen gänzlich begriffen hatte. Und selbst wenn sich das Bagdader Artefakt eines Tages als antike elektrische Batterie herausstellen sollte, wäre das noch kein Beweis für ein echtes Verständnis elektrischer Phänomene vor 2000 Jahren. So bleibt die Frage, ob die Bagdad-Batterie ein isolierter Fund ist. Können ihre Hersteller die einzigen Menschen in der Antike gewesen sein, die die Elektrizität – wahrscheinlich durch Zufall – entdeckten? Offenkundig bedarf es noch weiterer Beweise literarischer oder archäologischer Art, denn nach derzeitigem Wissensstand ist die Batterie in der Tat ein einzigartiger Fund. Tragischerweise wurde die Bagdad-Batterie im Jahr 2003 während des Irak-Kriegs zusammen mit Tausenden anderer unschätzbarer antiker Artefakte aus dem hiesigen Nationalmuseum geraubt. Wo sie sich gegenwärtig befindet, ist unbekannt.

Die alten Hügelfiguren
in England

Das Uffington White Horse aus der Luft betrachtet.
Foto von Dan Huby.

Seit über 3000 Jahren werden riesige Figuren oder Geoglyphen in die Oberfläche englischer Hügel gegraben und gescharrt. 56 Hügelfiguren sind über ganz England verstreut, wobei sich die überwiegende Mehrheit an den Kreidehängen im südlichen Teil des Landes befindet – Riesen, Pferde, Kreuze und Regimentsabzeichen. Die meisten dieser Glyphen stammen zwar aus den letzten 300 Jahren, doch ein paar von ihnen sind viel älter. Am berühmtesten ist wohl das geheimnisvolle Uffington White Horse in Berkshire, das vor kurzem neu datiert wurde und offensichtlich noch älter ist als die vorrömische Eisenzeit, der man es bislang zuschrieb. Umstrittener sind der Cerne Abbot Giant in Dorset und der rätselhafte Long Man von Wilmington in Sussex. Welchem Zweck dienten diese Riesenfiguren? Wer hat sie angelegt? Und wie konnten die ältesten Exemplare möglicherweise Jahrtausende überstehen?

Die Methode, diese Scharrbilder herzustellen, bestand schlicht darin, dass man die Grassoden entfernte, bis der strahlend weiße Kalkstein darunter zum Vorschein kam. Allerdings wuchs das Gras bald wieder über die Glyphe, wenn es nicht regelmäßig von einer ziemlich großen Arbeiterschar ausgerissen oder abgetragen wurde. Darum verschwanden viele dieser Hügelfiguren, als die damit verbundenen Traditionen verblassten und sich die Menschen nicht mehr darum kümmerten oder vergaßen, das Gras zu beseitigen, um den Kreideumriss wieder freizulegen. Außerdem veränderten sich im Laufe von Jahrhunderten die Umrisse zuweilen, weil die Scharrenden das Gras nicht immer genau an derselben Stelle ausrissen. Die Tatsache, dass es in England heute solche alten Hügelfiguren überhaupt noch gibt, ist ein Beweis für die Stärke und Kontinuität lokaler Bräuche und Glaubensvorstellungen, die in mindestens einem Fall wenigstens ein Jahrtausend zurückreichen.

Die älteste und berühmteste Hügelfigur in England ist das 108 Meter lange und 39 Meter hohe Uffington White Horse, das sich etwa zweieinhalb Kilometer südlich vom Dorf Uffington in den Berkshire Downs befindet. Diese einzigartige stilisierte Darstellung eines Pferdes besteht aus einem langen, schlanken Rücken, dünnen, nicht zusammenhängenden Beinen, einem wehenden Schwanz und einem Kopf, der in einer Art Vogelschnabel ausläuft. Die elegante Gestalt verschmilzt buchstäblich mit der an prähistorischen Stätten reichen Landschaft. Das Pferd liegt an einer steilen Böschung nahe der spätbronzezeitlichen befestigten Hügelanlage Uffington Castle (um 600 v. Chr.) und unterhalb eines neolithischen Fernhöhenwegs namens Ridgeway. Außerdem ist das Uffington Horse von jungsteinzeitlichen und bronzezeitlichen Grabhügeln umgeben. Es liegt nur gut anderthalb Kilometer vom neolithischen Langhügelgrab von Wayland Smithy und nicht weit vom bronzezeitlichen Friedhof von Lambourn Seven Barrows entfernt. Die Scharrzeichnung ist so angelegt, dass sie aus der Nähe äußerst schwer zu erkennen ist – wie bei vielen Geoglyphen sieht man sie am besten aus der Luft. Dennoch gibt es bestimmte Punkte im Vale of the White Horse, dem Tal, das die rätselhafte Figur enthält und nach der es benannt ist, von denen aus man einen angemessenen Eindruck erhält. An einem klaren Tag ist die Scharrzeichnung sogar aus einer Entfernung von bis zu 30 Kilometern zu erkennen.

Der früheste dokumentarische Hinweis auf ein Pferd bei Uffington stammt aus der Zeit um 1070, als der »White Horse Hill« in den Urkunden aus der nahen Abingdon Abbey erwähnt wird, und bald darauf, im Jahr 1190, gibt es einen ersten konkreten Hinweis auf das Pferd selbst. Doch man glaubt, dass die Scharrzeichnung viel weiter zurückreicht. Wegen der Ähnlichkeit des Uffington White Horse mit den stilisierten Abbildungen von Pferden auf keltischen Münzen aus dem 1. Jahrhundert v. Chr. hatte man geglaubt, dass die Figur ebenfalls aus jener Zeit stammen müsse. Im Jahr 1995 jedoch führte die Archaeological Unit von Oxford mit Hilfe des OSL-Verfahrens (Optical Stimulated Luminescence) eine Untersuchung von Bodensedimenten aus zwei der unteren Schichten des Pferdekörpers und aus einem anderen Schnitt nahe der Basis durch. Das Ergebnis war eine Datierung für die Entstehung des Pferdes irgendwo zwischen 1400 und 600 v. Chr. Mit anderen Worten: Es stammte aus der späten Bronze- oder der frühen Eisenzeit. Das jüngere Ende dieses Datierungszeitraums würde die Anfertigung des Pferdes mit der Besetzung der benachbarten Hügelfestung in Uffington verbinden – vielleicht stellte es ein Stammesemblem oder ein Symbol zur Markierung des Herrschaftsanspruchs der Bewohner der Festung dar.

Das Scharrbild könnte aber auch für rituelle oder religiöse Zwecke angelegt worden sein. So verstehen manche Forscher das Pferd als Darstellung der keltischen Pferdegöttin Epona, die als Beschützerin der Reittiere angebetet und auch mit Fruchtbarkeit verbunden wurde. Doch der Kult der Epona wurde wahrscheinlich erst im 1. Jahrhundert n. Chr. aus Gallien (Frankreich) eingeführt, da aus dieser Zeit die ersten Darstellungen der Pferdegöttin stammen. Dieses Datum liegt mindestens sechs Jahrhunderte nach dem Zeitpunkt, zu dem das Uffington Horse fertiggestellt wurde. Dennoch war das Pferd von großer ritueller wie wirtschaftlicher Bedeutung während der Bronze- und Eisenzeit, wie Abbildungen auf Schmuck, Münzen und anderen Metallobjekten belegen. Vielleicht stellt das Scharrbild eine heimische britische Pferdegöttin dar, etwa Rhiannon, die in der späteren walisischen Mythologie als schöne Frau beschrieben wird, die ganz in Gold gekleidet ist und auf einem weißen Pferd reitet. Für andere Forscher hängt das White Horse mit der Verehrung von Belinos oder Belinus, »dem Strahlenden«, zusammen, einem keltischen Sonnengott, der oft mit weißen Pferden in Verbindung gebracht wird. Sonnenwagen (mythologische Darstellungen der Sonne in einem Streitwagen) aus der Bronze- und Eisenzeit wurden von Pferden gezogen, wie man an einem Beispiel aus dem 14. Jahrhundert v. Chr. aus Trundholm in Dänemark erkennt. Falls die keltische Kultur, wie man heute glaubt, erst ganz am Ende der Bronzezeit nach England gelangte, dann ließe sich das White Horse noch als Symbol einer keltischen Pferdegöttin interpretieren.

Manche Forscher glauben hingegen, dass das großartige Scharrbild gar kein Pferd darstellt, sondern vielmehr einen Drachen. Eine Legende im Zusammenhang mit Dragon Hill, einem natürlichen, flachen Hügel im Tal unter dem White Horse, deutet an, dass das Pferd eigentlich den vom heiligen Georg auf diesem Hügel erschlagenen mythischen Drachen zeigt. Das Blut des sterbenden Drachens soll auf Dragon Hill vergossen worden sein, sodass eine nackte weiße Kreidefurche zurückblieb, auf der bis heute kein Gras wächst. Vielleicht ist die Verbindung von St. Georg mit dem White Horse eine Verwechslung mit irgendeinem seltsamen prähistorischen Ritual, das von seinen Erfindern möglicherweise schon vor 3000 Jahren auf Dragon Hill praktiziert wurde. Bis zum Ende des 19. Jahrhunderts wurde das White Horse jedes Jahr im Rahmen eines zweitägigen Mittsommerjahrmarkts ausgescharrt, zu dem auch traditionelle Spiele und ausgelassene Feste gehörten. Heutzutage gibt es das begleitende Fest längst nicht mehr, und die Pflege des Pferdes wird vom English Heritage vorgenommen, der für die Stätte zuständigen Organisation. Die letzte Rodung erfolgte am 24. Juni 2000.

Ein weiteres Beispiel für ein antikes Pferd ist das Red Horse von Tysoe, das einst am Edgehill Scarp, einem Steilhang über dem Dorf Lower Tysoe in Warwickshire, existierte. Leider wurde dieses merkwürdige Tier, ja eine ganze Ansammlung von Pferden, die in der gleichen Fläche angelegt worden waren, im Jahr 1800 überpflügt und damit vernichtet. Geschichte und Aussehen des Red Horse liegen im Dunkeln. Erstmals wurde es 1670 in der von dem englischen Altertumsforscher und Historiker William Camden geschriebenen *Britannia* erwähnt. Im 17. Jahrhundert beschrieb die englische Reisende Celia Feinnes das Pferd, als sie die Gegend besuchte: »Man nennt es das Vale of Eshum oder ›Red Horse‹, nach einem roten Pferd, das in einen der Hügel darüber geschnitten wurde, und während die Erde ganz rot aussieht, ähnelt das Pferd so dem aus dem White Horse Vale.« Seit den Sechzigerjahren des vorigen Jahrhunderts konnten bei der Erforschung des Red Horse mit Hilfe von Bodenvermessung, Luftaufnahmen und Studien in lokalen Archiven gleich sechs verschiedene Pferde ausfindig gemacht werden. Derzeit ist man sich darin einig, dass das ursprüngliche Red Horse von Tysoe, auch Great Horse genannt, um das Jahr 600 in angelsächsischer Zeit ausgescharrt wurde, möglicherweise als Darstellung des sächsischen Kriegsgottes Tiw oder Tiu, nach dem das Dorf Tysoe angeblich benannt ist und auf den das englische Wort Tuesday (Tiw's day) für Dienstag zurückgeht.

Beinahe genauso bekannt wie das Uffington White Horse ist der 55 Meter hohe Cerne Abbas Giant, eine phallische Figur, die in den Berghang nordöstlich des Dorfs Cerne Abbas, im Norden von Dorchester in der Grafschaft Dorset, gescharrt ist – ein riesiger, rundköpfiger nackter Mann mit einem deutlich erigierten Penis samt Hoden, der in der rechten Hand eine gewaltige knorrige Keule schwingt. Wie beim White Horse bei Uffington ist es nicht möglich, die Figur vom Boden aus vollständig zu erkennen – nur aus der Luft wird der Riese in seiner ganzen Pracht sichtbar. Über dem Kopf des Giganten befindet sich ein rechteckiger Erdwall, Trendle oder Bratpfanne genannt, möglicherweise eine Tempelstätte aus der Eisenzeit, die für manche Forscher mit der riesigen Kreidefigur darunter zusammenhängt. Den beliebtesten Interpretationen zufolge stellt der Cerne Giant entweder einen prähistorischen Fruchtbarkeitsgott oder ein römisches

Scharrbild von Herkules dar, der seine Riesenkeule schwingt. Bis 1635 gab es auf dem Hügel an jedem 1. Mai Fruchtbarkeitsfeste, wobei im Trendle der Maibaum errichtet wurde, um den die Einheimischen tanzten.

Doch anders als beim Uffington White Horse stammt der früheste erhaltene Hinweis auf den Cerne Giant erst aus dem Jahr 1694, als er in den Kirchenannalen des Dorfes erwähnt wird. 1764 wurde er dann vermessen, und die Ergebnisse wurden im selben Jahr im *Gentleman's Magazine* veröffentlicht. 1774 merkt John Hutchins in seinem Buch *History and Antiquities of the County of Dorset* an, dass die Figur vermutlich um die Mitte des 17. Jahrhunderts aus Jux angelegt worden sei, allerdings erwähnt er auch, dass einige der älteren Dorfbewohner früher behauptet hätten, er sei schon »vor dem Altertum des Menschen« dort gewesen. Das Beweismaterial in seiner Gesamtheit spricht jedoch eher für einen jüngeren Ursprung des Riesen. Einer Theorie zufolge sei der Gigant zwar in der Tat eine Abbildung von Herkules, stelle aber eigentlich eine Karikatur von Oliver Cromwell dar, der zuweilen auch der englische Herkules genannt wurde, und sei nach den Anweisungen des einheimischen Landbesitzers Denzil Holles irgendwann um 1640 angelegt worden. Noch ein weiterer Faktor spricht für diese Datierung: Mittelalterliche Aufzeichnungen nennen den Hügel, in den der Riese geritzt wurde, stets Trendle Hill, während sie das riesige Scharrbild nicht erwähnen. Dies würde bedeuten, dass der Gigant erst seit etwa 400 Jahren existiert. Einer anderen Interpretation zufolge hätten die Autoren allerdings den Cerne Giant aus irgendeinem Grund, vielleicht wegen der unverhohlenen sexuellen Darstellung, lieber ignoriert. Möglicherweise sei er sogar zugewachsen gewesen und in Vergessenheit geraten.

Neue Forschungen im Zusammenhang mit einem anderen Kreideriesen sprechen jedoch ebenfalls für die jüngere Datierung der Figur von Cerne Abbas. Der in den Steilhang des Windover Hill in Sussex gescharrte 69 Meter hohe Long Man of Wilmington ist die größte Hügelfigur in England. Bis vor kurzem glaubte man noch, er stamme aus prähistorischer Zeit. Aber die jüngste archäologische Untersuchung der Stätte (wie beim Uffington White Horse mit Hilfe der OSL-Datierungstechnik ausgeführt) lieferte den Beweis dafür, dass die früheren Theorien falsch sind und dass die Figur erst um 1545 eingeritzt wurde. Doch auch wenn die neue Datierung des Wilmington Giant als spätmittelalterliches Scharrbild erhebliche Zweifel an der prähistorischen Herkunft des Cerne Abbas Giant weckt, wird der englische Herkules bis zu seiner konkreten OSL-Datierung ein Rätsel bleiben.

Der Riese von Cerne Abbas.
Foto mit freundlicher Genehmigung von SacredSites.com.

Die Gründe für die Erzeugung dieser Hügelfiguren sind wahrscheinlich so vielfältig wie die dargestellten Figuren selbst. Neue archäologische und geologische Belege verweisen zunehmend auf eine mittelalterliche Entstehungszeit der nackten Riesen, die einige Historiker für Produkte einer Zeit des Bürgerkriegs und politischen Aufruhrs in England halten, als die Satire zuweilen die einzige Waffe der Bürger war. Verglichen mit der Dauerhaftigkeit großer Steinbauten wie den Avebury Monuments und Stonehenge sind Hügelfiguren viel vergänglicher – wenn man sie zehn oder zwanzig Jahre lang nicht pflegt, können die Scharrbilder für immer verschwinden. Der Umstand, dass die Figuren so vergänglich sind, sowie die damit in Verbindung gebrachten Rituale und Bedeutungen verweisen darauf, dass sie niemals mehr als vorübergehende Gesten sein sollten, die nur durch Zufall oder, wie im Fall des Uffington White Horse, dank des kontinuierlichen Fortbestehens einer außergewöhnlich beharrlichen lokalen Tradition erhalten blieben. Aber dies schmälert nicht ihre Bedeutung. Diese gigantischen Scharrbilder gewähren einen faszinierenden Einblick in das Leben und Denken ihrer Schöpfer und in ihr Verständnis der Landschaft, in der sie lebten.

Das Artefakt aus den
Coso Mountains

Das Originalartefakt im Inneren der angeblichen Geode.

Für manche Menschen stellen so genannte »Out of place arti-facts« – also Objekte, die in Kontexten gefunden wurden, welche nicht mit der anerkannten Chronologie der Menschheitsge-schichte übereinstimmen – ernsthaft in Frage, was wir über die Welt und ihre Geschichte zu wissen glauben. Manche Leute be-haupten, diese Entdeckungen würden einen überzeugenden Be-weis dafür darstellen, dass die Menschheit im fernen Altertum er-heblich fortgeschrittener war, als wir uns das je träumen ließen. Beharrlich erklären sie, dass wir zu verschiedenen Zeiten in der Vorgeschichte ein hohes kulturelles Niveau erreicht hätten, das anschließend durch natürliche oder vom Menschen verursachte Katastrophen wieder spurlos vernichtet wurde. Die Belege für derartige hypothetische alte Kulturen bestehen hauptsächlich in scheinbar fossilen menschlichen Fußabdrücken, wie sie in den Achtzigerjahren des 19. Jahrhunderts am Gipfel des Big Hill in den Cumberland Mountains im Jackson County von Kentucky entdeckt wurden (veröffentlicht in *The American Antiquarian*, Januar 1885), und anscheinend von Menschen gemachten Objekten, die in Stücken von Kohle oder Gestein eingeschlossen sind. Das Coso-Artefakt ist so ein Beispiel.

Am 13. Februar 1961 suchten Wallace Lande, Virginia Maxey und Mike Mikesell, Mitinhaber des LM&V Rockhounds Gem and Gift Shop in Olancha in Südkalifornien, in den Coso Mountains nach Exemplaren interessanter Mineralien für ihre Sammlung – insbesondere nach Geoden, hohlen, meist kugelförmigen Gesteinen, die im Inneren mit Kristallen ausgekleidet und häufig um die 500 000 Jahre alt sind. Um die Mittagszeit, nachdem sie nahe eines rund 1300 Meter hohen Gipfels über dem ausgetrockneten Bett des Owens Lake Gesteine gesammelt hatten, verstauten sie ihre Funde im Steinsack und fuhren nach Hause.

Als Mikesell am nächsten Tag versuchte, eines der Exemplare, anscheinend eine Geode, durchzuschneiden, beschädigte er dadurch eine praktisch neue Diamantsäge. Als er den Knubbel endlich geöffnet hatte, fand er darin einen dicken runden Abschnitt eines weißen porzellanartigen Materials, in dessen Mitte ein 2 Millimeter dicker Stift aus hellem Metall steckte. Dieses Metall erwies sich als magnetisch. Der Porzellanzylinder selbst steckte in einer sechseckigen Hülle aus zersetztem Kupfer und einer anderen, nicht zu identifizierenden Substanz. Die Entdecker bemerkten noch weitere merkwürdige Eigenschaften des Steins. Die äußere

Schicht war überkrustet von Fragmenten fossiler Muscheln, gehärtetem Lehm und Kieseln sowie – und das war noch über-
raschender – von zwei nichtmagnetischen Metallobjekten, die
einem Nagel und einer Beilagscheibe ähnelten. Die Gruppe zeigte den rätselhaften Fund Freunden und Kollegen; allerdings gibt
es heute kaum noch Berichte über die ursprünglichen Untersuchungen an diesem Objekt. Virginia Maxey, eine der Entdecke-
rinnen, erklärte, ein Geologe, der das Objekt untersuchte, sei anhand der fossilen Verkrustungen von einem Alter von mindestens
500 000 Jahren ausgegangen. Doch dieser ungenannte Geologe
konnte nie ausfindig gemacht werden, und seine Schlussfolgerungen wurde niemals veröffentlicht. Aber falls sie sich bestätigen ließen, dann würde dies Folgendes bedeuten: Wenn das Coso-Artefakt ein echtes Beispiel für eine unbekannte Technik ist, die
Jahrtausende vor dem akzeptierten Auftreten des *Homo sapiens*
existiert hat, dann stellt dies die geltenden Vorstellungen über die
Vergangenheit der Menschheit auf den Kopf.

Der einzige andere Mensch, von dem man weiß, dass er das Artefakt physisch inspiziert hat, war der Kreationist Ron Calais, der
von dem Klumpen Fotografien und Röntgenaufnahmen machen
durfte. Die Röntgenaufnahme des oberen Endes des Objekts zeigte, dass der metallische Stift an so etwas wie einer winzigen Feder befestigt war. Dies führte dazu, dass man das Objekt als eine
Art elektrischen Mechanismus einstufte. Paul Willis, der Verleger der paranormalen Zeitschrift *INFO Journal*, untersuchte die
Röntgenaufnahmen des mysteriösen Artefakts. Er gelangte zu der
Schlussfolgerung, dies könnten »die Überreste eines korrodierten
Metallstücks mit Gewinde sein«, und bemerkte die Ähnlichkeit
mit einer modernen Zündkerze. 1963 wurde das Artefakt wahrscheinlich ein Vierteljahr lang im Eastern California Museum

in Independence ausgestellt. In der Frühjahrsausgabe 1969 des *INFO Journal* hieß es, Wallace Lane, einer der ursprünglichen Entdecker des Objekts, sei damals auch der Besitzer gewesen und habe es in seinem Haus aufgestellt. Lane weigerte sich zwar kategorisch, es von irgendjemandem untersuchen zu lassen, bot es aber angeblich für 25 000 Dollar zum Verkauf an. Irgendwann nach 1969 ist das Coso-Artefakt verschwunden. Eine landesweite Suche nach den ursprünglichen Entdeckern im September 1999 erwies sich als vergeblich. Wahrscheinlich war Lane bereits gestorben, und der Aufenthaltsort von Mikesell war unbekannt. Bis heute weigert sich Virginia Maxey, die noch am Leben sein soll, sich öffentlich über das Artefakt zu äußern, von dem man noch immer nicht weiß, wo es sich befindet.

Wegen des mysteriösen Verbleibs des Objekts und des Fehlens eines Untersuchungsberichts kursieren alle möglichen Spekulationen über das Coso-Artefakt. Ein mechanischer Gegenstand in einer anscheinend über eine halbe Million Jahre alten Ge-

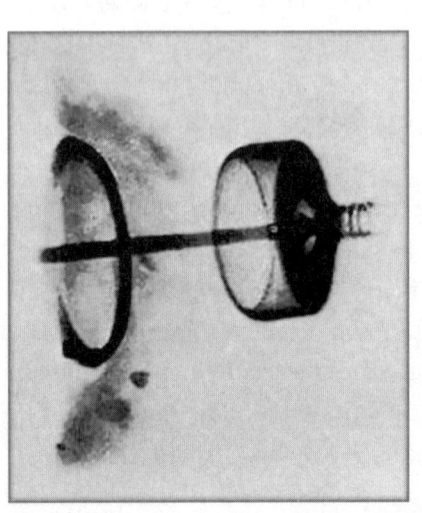

ode – wie konnte er dort hineingelangen? War er das Erzeugnis irgendeiner unvorstellbar alten, aber technisch hoch ent-

Röntgenaufnahme des Coso-Artefakts.

wickelten Kultur, die spurlos verschwunden ist? Im Internet gibt es viele Seiten mit Spekulationen über Zweck und Ursprung dieses Mechanismus, die aber keine neuen Beweise für ihre Behauptungen vorlegen. Man hält das Objekt unter anderem für eine Superantenne, einen kleinen Kondensator oder eine antike Zündkerze. Letztere Vermutung ist am weitesten verbreitet: eine von einer hoch entwickelten Kultur erzeugte Zündkerze, die zu irgendeinem mysteriösen technischen Apparat gehörte.

Merkwürdigerweise hat Paul J. Willis, der Verleger des *INFO Journal*, zwar vermutet, das Artefakt sei eine Art Zündkerze gewesen, aber er hatte keine Ahnung, wozu die Feder, die man bei heutigen Zündkerzen nicht findet, gedient haben könnte. Zur Zeit der ursprünglichen Entdeckung des Coso-Artefakts spekulierte Virginia Maxey, dass das Objekt möglicherweise nur 100 Jahre alt sei. Sie behauptete, wenn es in einem Schlammbett gelegen und später von der Sonne gebrannt und gehärtet worden war, hätte es den Zustand annehmen können, in dem es vorgefunden wurde. Aber Maxey erklärte auch, das Artefakt wäre möglicherweise 500 000 Jahre alt und »ein Instrument so alt wie das legendäre Mu oder Atlantis. Vielleicht ist es ein Kommunikationsapparat oder irgendeine Art Peilgerät oder ein Instrument zur Nutzung von Kraftprinzipien, von denen wir nichts wissen.« Und damit begannen die fantastischsten Spekulationen über das Artefakt.

Das eigentliche Geheimnis besteht anscheinend darin, dass sich das Objekt in einer 500 000 Jahre alten Geode befand, die auch fossile Muscheln aufwies. Allerdings bestand das Äußere des Objekts überwiegend aus gehärtetem Lehm mit einem Gemisch von organischer Materie, während eine Geode meist eine äußere Schale aus Chalcedon hat. Als Mike Mikesell das Objekt am Tag nach der Entdeckung aufschnitt, wies die Innenseite eine andere

Zusammensetzung auf als die einer Geode – es gab nämlich keinen mit Quarzkristallen gefüllten Hohlraum wie bei den meisten Geoden. Dennoch bleibt das Problem bestehen, wieso die fossilen Muscheln in der Oberfläche des Objekts verkrustet waren. Aber diese Fossilien können bei der Datierung des Objekts vernachlässigt werden, wenn man sich daran erinnert, dass die ursprünglichen Entdecker an der Oberfläche außerdem einen Nagel und eine Beilagscheibe vorfanden.

Als der Autor Pierre Stromberg und der Geologe Paul V. Heinrich dem Ursprung des Coso-Artefakts nachspürten, entdeckten sie, dass im frühen 20. Jahrhundert in den Coso Mountains Bergbau betrieben wurde. Vielleicht, vermuteten sie, benutzte man dabei Verbrennungsmotoren, und die Anhänger der Theorie von einer alten Zündkerze könnten schließlich zumindest teilweise Recht haben. Um ihre vorläufige Theorie zu überprüfen, versuchten die beiden, das Objekt von der so genannten Organisation der Zündkerzensammler von Amerika identifizieren zu lassen. Sie schickten Briefe und Kopien der Röntgenaufnahmen des Artefakts an vier verschiedene Zündkerzensammler, die von dem Fall keine Ahnung und die Bilder noch nie zuvor gesehen hatten. Unabhängig voneinander gelangten diese Sammler zur gleichen Schlussfolgerung – sie waren sicher, dass es sich dabei um eine Zündkerze der Marke Champion aus den Zwanzigerjahren des vorigen Jahrhunderts handelte, die wahrscheinlich einen Ford Model T antrieb und möglicherweise modifiziert worden war, damit sie beim Bergbau in den Coso Mountains verwendet werden konnte. Die Menge der Zersetzungsrückstände in dem Artefakt entsprach beinahe perfekt den üblichen Zersetzungsrückständen in einer Zündkerze aus dieser Zeit. Somit hatte das Coso-Artefakt nicht länger als 40 Jahre auf dem Berg gelegen.

Offensichtlich war die Zündkerze eigentlich nicht in Gestein eingebettet, sondern in einer Eisenoxidknolle. Die Bildung dieser Knolle wurde wahrscheinlich durch korrodierenden Mineralienstaub beschleunigt, der durch lokale Stürme vom trockenen Seebett des Lake Owen auf die benachbarten Höhenzüge, wo das Artefakt entdeckt wurde, hochgeweht worden war.

Das Coso-Artefakt ist nicht die einzige Zündkerze, die an einem ungewöhnlichen Ort gefunden wurde. In der Sommerausgabe 1998 der von den Zündkerzensammlern Amerikas herausgegebenen Zeitschrift *The Igniter* wurde berichtet, Taucher hätten eine Art »Kugel aus Rankenfüßern und Muscheln« entdeckt, aus der eine Zündkerze herausragte. Eine scheinbar in einen geschmolzenen Gesteinsbrocken eingebettete Zündkerze wurde an einen Strand in Delaware gespült, aber wie sich herausstellte, bestand das »Gestein« aus einer Kombination von Schlamm und Rost (genau wie beim Coso-Artefakt), und wenn eine solche Kombination in der Sonne aushärtet, wird sie fast so hart wie Stein.

Am Ende also ist das Coso-Artefakt eher ein Fall von Wunschdenken (und zuweilen von mutwilliger Heimlichtuerei) als eine ausgesprochene Fälschung. Nichts spricht dafür, dass die ursprünglichen Entdecker von Anfang an auf einen Betrug aus waren, auch wenn sie es sich vielleicht anders überlegt hatten, als das Objekt mehr Aufmerksamkeit erregte – schließlich bot Wallace Lane das Artefakt ja für 25 000 Dollar zum Verkauf an. Doch obwohl inzwischen nahezu zweifelsfrei feststeht, dass dieses umstrittene Artefakt eine Zündkerze aus den Zwanzigerjahren des vorigen Jahrhunderts ist, findet man im Internet leider ohne weiteres Beiträge, in denen das Coso-Artefakt dazu dient, eine Theorie über technisch hoch entwickelte Kulturen in einer unglaublich fernen Urzeit zu stützen.

Die Himmelsscheibe
von Nebra

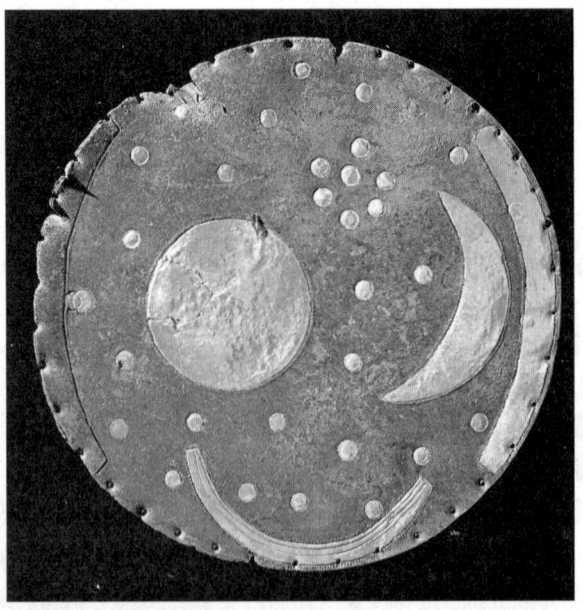

Die Himmelsscheibe von Nebra. – © Landesamt für
Denkmalspflege und Archäologie Sachsen-Anhalt, Juraj Lipták.

Die Nebra-Himmelsscheibe ist einer der faszinierendsten, für
manche aber auch umstrittensten archäologischen Funde der
letzten Jahre. Diese auf das Jahr 1600 v. Chr. datierte Bronzeschei-
be hat einen Durchmesser von 32 Zentimetern (etwa die Größe
einer Vinyl-Langspielplatte) und wiegt rund vier Pfund. Sie hat
eine blaugrüne Patina und weist eingelegte Goldapplikationen

auf, die anscheinend eine Mondsichel, die Sonne (oder vielleicht einen Vollmond), Sterne, ein gekrümmtes Goldband (als Sonnenschiff gedeutet) und ein weiteres Goldband am Rand der Scheibe (das wahrscheinlich für einen der Horizonte steht) darstellen. Ein Goldband auf der gegenüberliegenden Seite fehlt.

Das Objekt wurde 1999 von Schatzsuchern mit Hilfe eines Metalldetektors in einer prähistorischen Ringwallanlage auf dem Mittelberg nahe der Stadt Nebra im Ziegelrodaer Forst, rund 180 Kilometer südwestlich von Berlin, entdeckt. Leider haben die Schatzsucher die Scheibe bei der groben Bergung aus dem Boden erheblich beschädigt – so entstand ein Riss im äußeren Rand, einer der Sterne ging verloren, und von der Goldscheibe sprang ein großes Stück ab. Anschließend versuchten die Raubgräber, die Scheibe zusammen mit zwei Schwertern, zwei Äxten, einem Meißel und Fragmenten von Armbändern lokalen Archäologen zu verkaufen. Dann erfuhren sie, dass die Objekte von Gesetz wegen dem Land Sachsen-Anhalt gehören, wo sie auch ausgegraben wurden, so dass sie legal nicht verkauft werden durften. Im Februar 2003 wollten sie die Scheibe einem Schweizer Antiquitätensammler für 700 000 D-Mark verkaufen. Doch der »Sammler« arbeitete tatsächlich für die Schweizer Polizei, die die Hehlergruppe im Rahmen einer verdeckten Ermittlung in der Kellerbar des Hilton-Hotels in Basel festnahm. Die Scheibe wurde sichergestellt und befindet sich nun im Besitz des Landes Sachsen-Anhalt.

Auf der Scheibe sind neben der Mondsichel, einer Sonne oder einem Vollmond und drei Bögen 23 Sterne anscheinend willkürlich verteilt. Ein weiterer Haufen von sieben Sternen könnte die Plejaden darstellen. Röntgenaufnahmen haben zwei weitere Sterne unter dem Gold des rechten Bogens sichtbar gemacht, was darauf hindeutet, dass die beiden Bögen später als die anderen

Applikationen angebracht wurden. Der blaugrüne Hintergrund des Nachthimmels war anscheinend mit Hilfe von faulen Eiern, die eine chemische Reaktion auf der Bronzeoberfläche auslösten, einst dunkel violettblau gefärbt. Um den Rand der Scheibe verläuft ein Ring aus Löchern, die durch das Metall getrieben wurden, wahrscheinlich um die Scheibe an etwas zu befestigen, möglicherweise an einem Stück schwerem Tuch.

Was also ist die Himmelsscheibe von Nebra eigentlich, und wozu diente sie? Viele Forscher halten sie für die älteste bekannte realistische Darstellung des Kosmos, vielleicht eine Art von astronomischer Rechenscheibe zur Ermittlung von Pflanz- und Erntezeiten. Jahrtausendelang wurden in ganz Nordeuropa Monumente so ausgerichtet, dass sie die Sommer- und Wintersonnenwende markierten – berühmte Beispiele sind Stonehenge in England und Newgrange in Irland. Da die Bronzezeitmenschen Ackerbauern waren, war eine Methode zur Bestimmung der Jahreszeit und damit der richtigen Zeiten für den Anbau und die Ernte von Feldfrüchten lebenswichtig. Eine Möglichkeit bestand in der Ermittlung der Position der Sonne bei Sonnenauf- und -untergang. Professor Wolfhard Schlosser von der Universität Bochum, den die Nebra-Scheibe als mögliche astronomische Vorrichtung faszinierte, vermaß den Winkel zwischen den beiden Bögen zu beiden Seiten der Scheibe und stellte fest, dass er 82 Grad betrug. Zwischen dem Sonnenuntergang zur Sommersonnenwende und dem Sonnenuntergang zur Wintersonnenwende scheint die Sonne vom Mittelberg aus betrachtet tatsächlich um etwa 82 Grad über den Horizont zu wandern. Dieser Winkel variiert von Ort zu Ort. Weiter im Norden beispielsweise beträgt er etwa 90 Grad, im Süden 70 Grad. Aber in einem eingeschränkten Gürtel innerhalb Mitteleuropas misst der Lauf der untergehenden Sonne über dem Horizont präzise 82 Grad. Daraus folgerte Schlosser, dass die beiden Bögen am Rand der Nebra-Scheibe tatsächlich die Sonnenwenden an ihrem Standort exakt anzeigten. Dies würde darauf hindeuten, dass die bronzezeitlichen Ackerbauern in Mitteleuropa viel früher als bislang vermutet ausgeklügelte Himmelsmessungen vornahmen.

Manche Forscher haben auf die Anwesenheit des Sternhaufens der Plejaden auf der Scheibe hingewiesen und darin einen weiteren Beweis für das astronomische Wissen der Bronzezeit erblickt. Heute sind zwar nur sechs Sterne der Plejaden mit bloßem Auge sichtbar, doch in der Bronzezeit kann einer der Sterne viel heller gewesen sein, und das würde nicht nur die Abbildung von sieben Sternen auf der Scheibe erklären, sondern auch den altgriechischen Namen für den Sternhaufen: die Sieben Schwestern. Für viele alte Kulturen, etwa in Mesopotamien und Griechenland, waren die Plejaden ein wichtiges Sternbild. Es tauchte an ihrem Himmel im Herbst auf, zum Zeichen dafür, dass es an der Zeit war, die Ernte einzubringen, und verschwand im Frühjahr, also zu dem Zeitpunkt, da es galt, die Feldfrüchte anzubauen. Falls die Scheibe mit der prähistorischen Landwirtschaft zusammenhängt, könnte der dritte goldene Bogen unter der Mondsichel und der goldenen Scheibe eine Erntesichel darstellen.

Andere Forscher meinen, die Scheibe stelle tatsächlich den Taghimmel dar und der unerklärliche Bogen stehe für einen Regenbogen. Doch mehrheitlich wird dieser dritte Bogen für ein Sonnenschiff gehalten. So gibt es Darstellungen einer Scheibe auf einem Schiff aus dem bronzezeitlichen Skandinavien, und ein dänisches Artefakt aus dem 15. oder 14. Jahrhundert v. Chr., der Sonnenwagen von Trundholm, zeigt ein Pferd, das die Sonne in einem Karren zieht. Aber die Hauptquelle des Symbols und des alten Glaubens, dass ein Schiff die Sonne über den Nachthimmel vom westlichen zum östlichen Horizont befördere, ist Ägypten. Hier glaubte man, dass Ra, der Sonnengott und die mächtigste aller Gottheiten, in einem Schiff über den Nachthimmel fährt, damit er am Morgen, bei Sonnenaufgang, wiedergeboren wird. Falls der goldene Bogen am unteren Rand der Nebra-Scheibe tatsächlich ein Sonnenschiff darstellt, das über den Nachthimmel fährt, dann wäre dies der erste Beleg für einen derartigen Glauben in Mitteleuropa.

Es gibt einen weiteren Hinweis auf prähistorische Himmelskenntnisse in der Gegend, und zwar nur 20 Kilometer von der Stelle entfernt, wo die Nebra-Scheibe gefunden wurde. In einem Weizenfeld nahe dem Städtchen Goseck wurden bei Luftaufnahmen die Überreste einer Anlage entdeckt, die man für das älteste Observatorium von Europa hält. Deutschlands Stonehenge, wie man es genannt hat, besteht aus einem riesigen kreisförmigen Ringgraben mit einem Durchmesser von 71 Metern und wurde um 4900 v. Chr. von den frühesten Ackerbaugemeinschaften in der Gegend errichtet. Ursprünglich befanden sich dort vier konzentrische Kreise, ein Wall, ein Graben und zwei etwa mannshohe hölzerne Palisaden. Innerhalb der Palisaden gab es drei Tore, die nach Südosten, Südwesten und Norden zeigten. Die beiden südlichen Tore markierten den Sonnenaufgang und den Sonnenuntergang zur Wintersonnenwende. Am Tag der Wintersonnenwende konnten Beobachter im Zentrum der Kreise den Sonnenauf- und -untergang durch das südöstliche beziehungsweise südwestliche Tor beobachten. Mit Sicherheit kann man davon ausgehen, dass, wenn diese südlichen Tore wirklich den Sonnenauf- und -untergang zur Wintersonnenwende markierten, die Bewohner von Goseck in der Lage waren, den Lauf der Sonne auf ihrer Reise über den Himmel genau zu bestimmen. Tatsächlich entspricht der Winkel zwischen den beiden Sonnenwendentoren im Ringwall von Goseck dem Winkel zwischen den Goldbögen am Rand der Nebra-Scheibe. Obwohl die Nebra-Scheibe erst 2400 Jahre später als die Goseck-Anlage entstand, glaubt Professor Wolfhard Schlosser, dass es vielleicht einen gewissen Zusammenhang im Hinblick auf das astronomische Wissen gibt, das sie verraten. Schlosser meint sogar, dass die Details auf der Scheibe auf früheren astrologischen Beobachtungen basieren, die vielleicht im primitiven Observatorium bei Goseck gemacht wurden.

Ende 2004 gab es heftige Kontroversen um die Nebra-Scheibe. So behauptete der deutsche Archäologe Professor Peter Schauer von der Universität Regensburg, die Scheibe sei eine moderne Fälschung, und jeder Gedanke daran, dass sie eine bronzezeitliche Himmelskarte wäre, sei eine »Ausgeburt der Fantasie«. Professor Schauer erklärte, die angebliche aus der Bronzezeit stammende grüne Patina auf dem Artefakt sei wahrscheinlich künstlich in einer Werkstatt hergestellt worden, nämlich »mit Hilfe von Säure, Urin und einer Lötlampe«, und damit keineswegs alt. Die Löcher am Rand der Scheibe, beharrte er, seien viel zu perfekt, um antiker Herkunft zu sein, und wären mit einer relativ modernen Maschine herausgestanzt worden. Seine Schlussfolgerung: Das Objekt sei eine sibirische Schamanentrommel aus dem 19. Jahrhundert. Später stellte sich jedoch heraus, dass Schauer vor seinen Behauptungen niemals das Artefakt selbst untersucht und keine seiner Theorien in einer Fachzeitschrift veröffentlicht hatte. Aber Schauers Einwände schockieren noch immer die deutsche archäologische Gemeinschaft und werfen einige wichtige Fragen hinsichtlich der Echtheit der Scheibe auf. Zunächst einmal hat die Nebra-Scheibe wegen der Umstände ihrer Entdeckung keinen sicheren archäologischen Kontext. Damit war es äußerst schwierig, sie exakt zu datieren, zumal es kein vergleichbares Objekt gibt. Die Einordnung des Objekts erfolgte aufgrund der typologischen Datierung der bronzezeitlichen Waffen, die mit der Scheibe zum Verkauf angeboten worden waren und angeblich aus derselben Stätte stammten. Diese Äxte und Schwerter entstanden um die Mitte des 2. Jahrtausends v. Chr.

Solide Beweise für das Alter der Scheibe lieferte das Landesamt für Denkmalspflege und Archäologie in Halle. Es unterzog das Artefakt einer Reihe umfangreicher Tests, die seine Echtheit bestätigen. So konnte zum Beispiel das für die Scheibe verwendete Kupfer bis zu einem bronzezeitlichen Bergwerk in den österreichischen Alpen zurückverfolgt werden. Es stellte sich auch heraus, dass eine praktisch einzigartige Mischung aus hartem kristallinem Malachit das Artefakt bedeckt. Schließlich lieferten mikrofotografische Aufnahmen der Korrosion an der Scheibe den Beweis dafür, dass sie ein echtes antikes Artefakt und keine spätere Fälschung darstellt.

Die neuesten Untersuchungen der Scheibe durch eine Gruppe deutscher Wissenschaftler Anfang 2006 ergaben, dass sie wirklich echt ist und als komplexe astronomische Uhr für die Abstimmung von Sonnen- und Mondkalendern gedient haben muss. Die Himmelsscheibe von Nebra ist somit der älteste bekannte Himmelsführer und zusammen mit dem Observatorium bei Goseck eines der ersten Beispiele für detailliertes astronomisches Wissen in Europa.

Aber vielleicht ist das ja noch nicht das Ende der Geschichte. Faszinierenderweise glaubt Wolfhard Schlosser, dass die unschätzbar wertvolle Scheibe (mit einem derzeitigen Versicherungswert von 100 Millionen Euro) zu einem Paar gehörte und dass das andere Exemplar noch darauf harrt, gefunden zu werden.

Die Arche Noah
und die Sintflut

*Ein Gemälde der Arche Noah des amerikanischen Malers
Edward Hicks (1780–1849).*

Die Geschichte der Arche Noah und der Sintflut ist in der Bibel in
der Genesis, dem Ersten Buch Mose, zu finden. Danach beschloss
Gott, seine Schöpfung durch ein Hochwasser zu vernichten, als er
sah, wie verdorben die Welt war. Von allen Menschen durften nur
der rechtschaffene Noah und seine Familie überleben. Gott wies
Noah an, ein so großes Schiff zu bauen, dass jeweils ein Paar aller

auf der Erde lebenden Tierarten darin untergebracht werden konnte. Wie es heißt, ergoss sich der von Gott gesandte Regen 40 Tage und Nächte über die Erde, bis das gesamte Land unter Wasser stand. Als der Regen schließlich nachließ und das Hochwasser zurückzuweichen begann, strandete Noahs Arche auf dem Berg Ararat (in der heutigen Türkei). Noah sandte eine Taube aus, um festzustellen, ob sie irgendwo landen konnte, aber die Taube kehrte zurück. Nach weiteren sieben Tagen sandte sie Noah sie erneut aus, und diesmal brachte sie ein Olivenblatt mit. Als die Taube nach einer weiteren Woche ausgesandt wurde, kehrte sie nicht wieder. Nun wusste Noah, dass es trockenes Land gab und es an der Zeit war, das Schiff zu verlassen. Nachdem er von Bord gegangen war, brachte Noah ein Opfer dar. Gott war damit zufrieden und schloss mit Noah ein Bündnis, indem er sich bereit erklärte, die Erde nie wieder wegen der Sünden der Menschheit zu überschwemmen, und als Symbol seines Versprechens einen Regenbogen am Himmel erscheinen ließ.

Die Arche selbst ähnelte der Bibel zufolge einem großen Lastkahn und war wahrscheinlich aus Zypressenholz erbaut und mit Bitumen wasserdicht versiegelt. Die Genesis erwähnt zwar nur ein Fenster – obwohl es vielleicht mehrere gab – und eine Tür in der Seite der Arche. Das Schiff enthielt eine Reihe von Räumen, die sich über drei Innendecks verteilten. Die Abmessungen der Arche betrugen etwa 133,5 Meter in der Länge, 22,3 Meter in der Breite und 13,4 Meter in der Höhe. Damit war sie das größte seetüchtige Schiff vor dem 20. Jahrhundert, dessen Verdrängung der der *Titanic* ähnelte. Ihre Länge übertrifft die jedes anderen jemals gebauten Holzschiffs. Viel diskutiert wird über die Frage, ob ein solches Schiff zwei Exemplare von jeder Tierspezies hätte befördern können, ganz abgesehen davon, wie sie von Noah und seiner Familie zunächst einmal hätten eingefangen werden können. Nach der heute geltenden Theorie hat Noahs Arche, wenn man denn die Geschichte beim Wort nimmt, Tiergattungen statt -arten befördert – statt beispielsweise alle Arten der Familie der Katzen (Löwen, Tiger und Leoparden) gab es vielleicht nur ein Männchen und ein Weibchen an Bord, die die gesamte Katzengruppe repräsentierten.

Die Suche nach den Überresten der verschwundenen Arche ist seit etwa 2000 Jahren im Gang, und sollten sie je gefunden werden, wäre dies ein außergewöhnlicher Beweis für die buchstäbliche Wahrheit der Bibel. In Genesis 8,4 heißt es, die Arche ließ sich »auf das Gebirge Ararat« nieder, was nicht auf einen bestimmten Berg verweist, sondern auf eine Region. Leider wird heute die ernsthafte Suche nach der Arche von dubiosen Forschungsmethoden und dreisten Fälschungen in Frage gestellt. Als einer der Ersten im 20. Jahrhundert behauptete der französische Forscher Fernand Navarra, die Arche gesehen zu haben. 1955 kletterte Navarra über vier Kilometer auf dem Ararat herum und entdeckte in einer Eiswand von Hand behauenes Holz. Er behauptete, er habe eine Probe des Holzes ablösen und mit ins Tal bringen können. Bei einer weiteren Expedition im Jahr 1969 fand er noch mehr Holz. Die Holzproben der beiden Expeditionen wurden sechs verschiedenen Laboratorien überlassen und erwiesen sich als 1190 bis 1690 Jahre alt. Aber damit sind sie viel zu jung, um in irgendeiner Verbindung mit Noahs Arche zu stehen, selbst wenn das Material tatsächlich auf dem Ararat gefunden worden war. Auch dies muss jedoch ernsthaft bezweifelt werden. Navarra hat mehrere verschiedene Stellen angegeben, an denen er das Holz angeblich entdeckt hat, und eines seiner Expeditionsmitglieder hat angedeutet, er habe das Holz in Wahrheit von Einheimischen in der Stadt gekauft und es selbst auf den Berg hinaufgebracht. Die Lage des Ararat an der äußerst heiklen türkisch-sowjetischen (inzwischen armenischen) Grenze hat zwar die Anzahl der modernen Suchexpeditionen nach der Arche begrenzt, doch es wird immer wahrscheinlicher, dass es dort oben sowieso kaum etwas zu finden gibt. Seit 1973 hat der ehemalige NASA-Astronaut James Irwin mehrere Expeditionen zum Ararat geleitet, aber wie zahlreichen Kletterern und Forschern vor und nach ihm gelang es auch ihm nicht, irgendeinen Beweis für die Arche ausfindig zu machen. Es gibt jedoch noch eine andere Möglichkeit, wo sich die letzte Ruhestätte der Arche Noah befinden könnte: Etwa 30 Kilometer südlich vom Gipfel des Ararat, nahe der Stadt Dogubayazit, gerade einmal drei Kilometer nördlich der iranischen Grenze. Eine Aufnahme, die ein Pilot der türkischen Luftwaffe im Jahr 1959 während einer Kartierungsmission der NATO machte, zeigt in rund 2000 Meter Höhe in der Akyayla-Bergregion ein kanu- oder bootsförmiges Objekt, das aus dem Felsen herausragt. Eine anschließende Expedition zu der Stätte im Jahr 1960, bei der auch eine Seite der angeblichen Arche gesprengt wurde, vermochte keinen überzeugenden Beweis zu liefern, dass das Objekt nicht ein natürlich geformtes Gebilde war. Ungeachtet dieser negativen Ergebnisse erreichte der Anästhesist und Abenteurer Ron Wyatt in den Achtziger- und Neunzigerjahren des vorigen Jahrhunderts großes Aufsehen, als er behauptete, diese geologische Formation sei in Wahrheit die echte Arche. Während seines ersten Trips auf den Gipfel gelang es ihm, eine beeindruckend wirkende Sammlung von Artefakten zu entdecken. Darunter befanden sich steinerne Meeresanker mit Kreuzen (mit denen seiner Meinung nach Noah das große Schiff gesteuert hatte), Eisennieten, Beilagscheiben und versteinertes Holz von der Arche.

Die Steinanker wurden von armenischen Archäologen als vorchristliche armenische Stelen interpretiert, die in der christlichen Epoche, wahrscheinlich zwischen 301 und 406, mit Kreuzen versehen wurden. Die Felsproben, die Wyatts so genanntes versteinertes Holz enthielten, wurden später von Geologen untersucht, die keinerlei Spur von Holz darin fanden. Und was die Metallartefakte betrifft, erwiesen sie sich als natürlich vorkommende Stücke von Eisenoxid. Als die Stätte 1987 erneut mit Hilfe von Bodenradarsonden untersucht wurde, ermittelte man wieder eine natürliche geologische Formation.

1993 strahlte der amerikanische Fernsehsender CBS einen Dokumentarfilm von Sun International Pictures mit dem Titel *The Incredible Discovery of Noah's Ark* aus. In dieser Sendung behauptete George Jammal, ein in Long Beach, Kalifornien, lebender israelischer Schauspieler, er besitze ein Stück uraltes Holz der Arche Noah. Die etwa 40 Millionen Zuschauer nahmen natürlich an, dass dies ein seriöser Dokumentarfilm über die biblische Arche sei. Später gab Jammal zu, dass die Geschichte ein ausgemachter Schwindel und er selbst niemals in der Türkei gewesen war. Das uralte Holz, das von den Rechercheuren des Dokumentarfilms nie überprüft wurde, war tatsächlich ein Stück Bahnschiene, das Jammal in der Nähe seines Arbeitsplatzes in Long Beach abgeschnitten hatte. In neuerer Zeit hat Daniel McGivern von der Hawaii Christian Coalition behauptet, er habe die Arche auf Satellitenfotos des Ararat entdeckt. Er erklärte, er sei zu »98 Prozent sicher«, dass es sich um die Arche handle, und ein Bild zeige sogar die echten Holzbalken am Schiff.

2004 kündete McGivern eine von den Medien viel beachtete, mit angeblich 900 000 Dollar finanzierte Expedition zum Ararat an, die im Juli jenen Jahres stattfinden werde, um zu beweisen, dass die »Ararat-Anomalität«, wie das Bild genannt wurde, tatsächlich die Arche Noah sei. Anschließend wurde McGivern von der türkischen Regierung die Erlaubnis zum Betreten des Gebiets verweigert, da sich der Gipfel des Ararat in einer militärischen Sperrzone befindet. Aber so mancher hat den Verdacht, dass diese in Aussicht gestellte Expedition sowieso nicht ernst gemeint gewesen war. Allein die Wahl von Ahmet Ali Arslan, einem Englischprofessor an der türkischen Seljuk-Universität zum Expeditionsleiter machte viele Archeforscher misstrauisch. Arslan war nämlich an dem getürkten Dokumentarfilm beteiligt gewesen, den CBS 1993 ausgestrahlt hatte, und wird außerdem beschuldigt, Fotos der Arche gefälscht zu haben. Heute gilt McGiverns gescheiterte 900 000-Dollar-Expedition vielen als Publicitygag. Doch trotz der zahlreichen Fälschungen und Übertreibungen in Verbindung mit dem Thema und der immer wieder misslungenen Versuche, irgendwelche konkreten Beweise für die Arche zu finden, glauben immer noch viele Leute, die Geschichte von der Arche Noah sei die reine Wahrheit und ihre Überreste würden eines Tages im Gebiet des Ararat ausfindig gemacht werden.

Die Legende von einer großen Flut und einem auserkorenen Helden, der sie übersteht, um neues Leben in die Welt zu bringen, beschränkt sich nicht nur auf die Bibel. In vielen antiken Mythologien gibt es Parallelen dazu, und insbesondere die babylonisch-assyrische Mythologie enthält zahlreiche übereinstimmende Merkmale. Am bekanntesten ist das Gilgamesch-Epos, eine ursprünglich aus Babylon stammende Geschichte, deren vollständigste Fassung auf Tontäfelchen aus der Sammlung des assyrischen Königs Ashurbanipal aus dem 7. Jahrhundert v. Chr. erhalten ist. Die frühesten sumerischen Fassungen des Epos (aus dem südlichen Mesopotamien) reichen bis zur dritten Dynastie von Ur zurück (2100–2000 v. Chr.) Das Epos handelt davon, dass Ellil, der oberste Gott, die Menschheit durch eine Flut vernichten will. Ein Mann namens Utnapishtim wird vom Gott Ea (dem Gott des Wassers) vor dieser bevorstehenden Sintflut gewarnt und angewiesen, seine Schilfhütte einzureißen und ein großes Boot oder eine Arche zu bauen, um sich zu retten. Er soll auf dieser Arche seine Familie und Vertreter jeder Tierart unterbringen. Nach einem heftigen, sieben Tage währenden Unwetter und nachdem das Schiff zwölf Tage auf dem Hochwasser herumgetrieben ist, läuft es am Berg Nisir auf Grund. Utnapishtim wartet sieben Tage ab, dann lässt er eine Taube frei, die zurückkehrt, dann eine Schwalbe, die ebenfalls wiederkommt, und schließlich

Die Sintflut *von Gustave Doré.*

einen Raben, der nicht zurückkehrt. Nun bringt Utnapishtim dem Gott Ea ein Opfer dar, und ihm und seiner Frau wird die Unsterblichkeit gewährt. Die Ähnlichkeiten mit der biblischen Sintflutgeschichte liegen zwar auf der Hand, aber gibt es irgendwelche archäologischen Beweise dafür, dass eine derartige Weltflut tatsächlich zu irgendeiner Zeit in der fernen Vergangenheit stattgefunden hat?

Mit Sicherheit gibt es eine erhebliche Menge Beweise für prähistorische Überschwemmungen in Mesopotamien, einem Gebiet, das sich über Teile des heutigen Irak, der Türkei und Syriens erstreckte – zum Beispiel in Ur im südlichen Mesopotamien am Persischen Golf. In seinem 1999 erschienenen Buch *Noah's Ark and the Ziusudra Epic: Sumerian Origins of the Flood Myth* erwähnt Robert M. Best ein sechs Tage dauerndes Hochwasser um 2900 v. Chr. am Euphrat, das die biblische Sintflut erklären würde. Seiner genialen Theorie zufolge war Noah tatsächlich eine historische Gestalt namens Ziusudra und ein König oder Priester des sumerischen Stadtstaates Shuruppak. Ziusudra und seine Familie seien auf einer Art von Handelsflussbarke den Euphrat hinab in den Persischen Golf gelangt. Dort waren sie fast ein Jahr lang steuerlos herumgetrieben, bevor sie schließlich im Mündungsgebiet des Flusses auf Grund setzten. Dieses spezielle Hochwasser ist archäologisch verbürgt, es war jedoch nur ein lokales Hochwasser und keine globale Überschwemmung.

Eine weitere Fluttheorie wurde von Walter Pitman und William Ryan aufgestellt, zwei Geologen von der Columbia University in New York. In ihrem im Jahr 2000 erschienenen Buch *Sintflut* behaupten die Autoren, der biblische Bericht über Noahs Flut basiere auf einer verheerenden Überschwemmung am Schwarzen Meer, die in der frühen Jungsteinzeit, um 5600 v. Chr., stattfand.

Das Schwarze Meer, damals ein Süßwassersee, wurde überschwemmt, als das Niveau des Mittelmeers am Ende der letzten Eiszeit anstieg und sich ungeheure Wassermassen durch die Bosporusmeerenge ins Schwarze Meer ergossen. Rasch überschwemmte es große Gebiete in seiner Umgebung. Man schätzt, dass das tiefer liegende Land um den See mit einer unglaublichen Geschwindigkeit von etwa anderthalb Kilometern pro Tag versunken sein muss. Zum Zeitpunkt dieser großen Katastrophe habe eine beträchtliche Bevölkerung von Ackerbauern das Gebiet bewohnt, die wegen dieser großen Sintflut um ihr Leben fliehen musste. Ein derart katastrophales Ereignis hätte sich sicherlich in das Gedächtnis der Menschen eingegraben und wäre anschließend von Generation zu Generation überliefert worden. Wahrscheinlich wurde es im Laufe der Zeit mit verschiedenen mythischen Elementen ausgeschmückt, bis es die Form annahm, die wir heute kennen. Auch wenn eine solche Erklärung keineswegs beweist, dass sich die biblische Sintflut tatsächlich ereignet hat, bezieht sie sich immerhin auf eine reale Katastrophe, auf der auch viele andere der Flutgeschichten in der Mythologie der Kulturen des Nahen Ostens basieren könnten.

Der Kalender der Maya

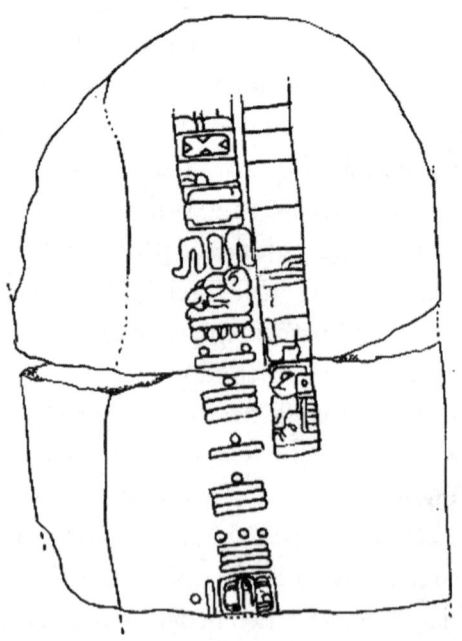

Zeichnung der Rückseite der Stele C in Tres Zapotes.
Dieser Stein zeigt das älteste bislang ausgegrabene Datum nach der
Langen Zählung der Maya – es entspricht nach unserem heutigen
Kalender dem 3. September des Jahres 32 v. Chr.

Die Maya waren eine bemerkenswert hoch entwickelte mittelamerikanische Kultur, deren Territorium das heutige Guatemala,
Belize, Honduras, El Salvador sowie die südöstlichen mexikanischen Staaten Tabasco, Yucatán und Quintana Roo umfasste. Die

sechs Jahrhunderte von etwa 250 bis 900 n. Chr. gelten als klassische Epoche der Mayakultur, und ihre künstlerischen und intellektuellen Errungenschaften konnten es zu dieser Zeit mit jeder anderen präkolumbianischen Kultur in Amerika aufnehmen. Die Maya waren das erste amerikanische Volk, die historische Aufzeichnungen machten, die meist Stelen (Steindenkmäler) zieren und historische Ereignisse festhalten sowie das kalendarische und astronomische Wissen der Maya bekunden. Das vielleicht herausragendste Beispiel der kulturellen Errungenschaften der Maya ist ihr außergewöhnlich komplexes Kalendersystem, das großen Einfluss auf den späteren Aztekenkalender hatte. Dieser Kalender hat eine ominöse Bedeutung für das frühe 21. Jahrhundert, da nach einer Interpretation seiner Daten zur Wintersonnenwende im Jahr 2012 eine katastrophale Überschwemmung auftreten und die Welt vernichten wird.

Kalender basieren generell auf astronomischen Ereignissen wie den Zyklen von Sonne, Mond, Planeten und Sternen. Alte Kulturen beriefen sich auf die von ihnen wahrgenommene Bewegung dieser Himmelskörper, um ihre Jahreszeiten, Monate und Jahre zu ermitteln, wobei Priester-Astronomen regelmäßig den Beginn einer neuen Periode verkündeten. Solche Kalender dienten und dienen noch immer dazu, Landwirtschaft, Jagd und Nomadentum zu organisieren sowie Daten für religiöse und öffentliche Veranstaltungen festzulegen. Eine der ersten Kulturen, die einen eigenen Kalender hatte, waren die Sumerer, die vor rund 5000 Jahren im südlichen Mesopotamien lebten. Der später von den Babyloniern übernommene sumerische Kalender teilte das Jahr in Monate von je 30 Tagen, den Tag in 12 Zeitabschnitte (wobei jeder zwei Stunden entsprach) und diese Zeitabschnitte wiederum in 30 Teile (wobei jeder Teil vier Minuten entsprach).

Der ägyptische Kalender war ursprünglich offenbar von den Mondzyklen abgeleitet, wurde aber später geändert, als die Ägypter feststellten, dass der Hundsstern (Sirius im Sternbild Großer Hund) alle 365 Tage zusammen mit der Sonne aufging – nur wenige Tage vor dem alljährlichen Hochwasser des Nils. Aufgrund dieses Wissens um den heliakischen Aufgang des Sirius führten sie einen 365-Tage-Kalender ein, der vermutlich im Jahr 4236 v. Chr. begann, möglicherweise dem ersten belegten Datum der Geschichte. Das ägyptische Jahr bestand aus 12 Monaten zu je 30 Tagen sowie fünf zusätzlichen Tagen am Jahresende. Ihre Monate waren in drei Perioden oder Wochen zu je 10 Tagen eingeteilt. Der julianische Kalender, ein im Jahr 46 v. Chr. von Julius Cäsar eingeführter Sonnenkalender, bestand aus einem regulären Jahr von 365 Tagen, verteilt auf 12 Monate, sowie einem Schalttag, der alle vier Jahre an den Februar angehängt wurde. Dies war der europäische Standardkalender, bis ihn im Jahr 1582 der genauere gregorianische Kalender ablöste.

Die Kalender im präkolumbianischen Amerika, nämlich die der Maya und der Azteken, hatten viele gemeinsame Merkmale, etwa ein rituelles Jahr von 260 Tagen. Der Maya-Kalender, der Mittelpunkt ihres Lebens und ihrer Kultur, basierte nicht nur auf Sonne und Mond, sondern auch auf den Zyklen des Planeten Venus und des Sternbilds der Plejaden. Was wir den Maya-Kalender nennen, ist genauer gesagt eine Reihe von drei verschiedenen Kalendersystemen, die parallel verwendet wurden, wobei das älteste und wichtigste der *Tzolkin* (heiliger Kalender) war. Der Tzolkin, das heilige Jahr, war ein religiöser Kalender, der dazu diente, Kindern Namen zu geben, die Zukunft vorherzusagen und günstige Daten für Ereignisse wie Schlachten und Hochzeiten festzulegen. Er bestand aus einem Kurzjahr von 260 Tagen (13 Monate zu je 20 Tagen), wobei jeder Tag des Monats einen Namen (ähnlich unseren Wochentagen) sowie ein eigenes Symbol hatte. Die Tagesnamen der Maya hießen Imix, Ik, Akbal, Kann, Chicchan, Cimi, Manik, Lamat, Muluc, Oc, Chuen, Eb, Ben, Ix, Men, Cib, Kaban, Edznab, Cauac und Ahau. Jeder dieser Namen wurde symbolisch von einem Gott dargestellt, der die Zeit über den Himmel trägt und damit den Wechsel von Nacht und Tag an-

Replikat eines aztekischen Sonnensteins in El Paso, Texas.
Dieser zum Teil auf dem Maya-Kalender basierende Stein stellt dar,
wie die Azteken Tage, Monate und kosmische Zyklen zählten.
Foto von Ancheta Wis.

zeigt. Dieses Kurzjahrsystem des Tzolkin übernahmen die Maya anscheinend von den Zapoteken, einer im mittelsüdlichen Mexiko heimischen Kultur, die etwa um 1500 v. Chr. existierte und Daten in dieser Form ab ca. 600 v. Chr. festzuhalten begann. Der Tzolkin basiert auf den Zyklen des Sternhaufens der Plejaden, einem für die Maya bedeutsamen Sternbild, dessen Bewegung mit Hilfe von Pyramiden und Observatorien verfolgt wurde. Der Pyramiden- und Tempelkomplex von Teotihuacán bei Mexico City ist exakt nach der Position ausgerichtet, an der die Plejaden am Horizont untergehen. Später kombinierten die Maya den Tzolkin mit einem Mondkalender, *Tun-Uc* genannt, der mit 28-Tage-Zyklen arbeitete, die den Mondzyklus und die Monatsblutung der Frauen widerspiegeln.

Der *Haab* oder das *Ungenaue Jahr* (so genannt, weil es einen Vierteltag kürzer als das Sonnenjahr war) war ein Sonnenkalender, der in gewisser Hinsicht dem unseren ähnelt, und hing in erster Linie mit der Landwirtschaft und den Jahreszeiten zusammen. In der klassischen Mayazeit wurden die Tage des Haab von 0 bis 19 nummeriert – der erste Tag des Jahres wurde also mit der Null verbunden.

Tatsächlich waren die Maya die Erfinder der Zahl Null. Ihr Zählsystem basierte auf der Zahl 20 und nicht, wie unser Dezimalsystem, auf der Zahl 10, sodass sie von 0 bis 19 statt von 0 bis 10 zählten, bevor sie zur nächsten Folge übergingen. Der Haab-Kalender bestand aus 18 Monaten zu 20 Tagen, gefolgt von einem weiteren fünftägigen »Unglücksmonat« namens *Uayeb* (Namenlos), was insgesamt 365 Tage ergab und dem Sonnenjahr entsprach. Tzolkin und Haab wurden miteinander kombiniert und bildeten einen koordinierten 52-Jahre-Zyklus, die so genannte *Kalenderrunde*. Zu Beginn dieser Kalenderrunden gab es rituelle

Feiern, bei denen alte Feuer gelöscht und neue angezündet sowie neue Tempel geweiht wurden.

Der Kalender der *Langen Zählung*, der angeblich genauer als der julianische Kalender im Europa des 16. Jahrhunderts war, ist anscheinend um das 1. Jahrhundert v. Chr. entstanden und diente dazu, Daten über längere Zeiträume festzuhalten. Im Prinzip fasst die Lange Zählung die Anzahl der Tage seit August 3114 v. Chr. zusammen, einem Datum, an dem angeblich die Vierte Schöpfung der Maya oder der gegenwärtige Große Zyklus begann. Dies war praktisch das Maya-Jahr null, entsprechend unserem Datum 1. Januar 1. Somit wird 3114 v. Chr., das Startdatum dieses Zeitzyklus, als 0-0-0-0-0 geschrieben, und bis der nächste Zyklus beginnt, müssen 13 Zyklen zu je 394 Jahren vergehen, was im Jahr 2012 (13-0-0-0-0) der Fall sein wird. Die Lange Zählung bestand zunächst aus einem *Tun* von 360 Tagen. 20 Tun bildeten einen *Katun* (7200 Tage), 20 Katun einen *Baktun* (144 000 Tage) und 13 Baktun einen *Großen Zyklus* (1 872 000 Tage oder rund 5130 Jahre). Am Schluss dieses Großen Zyklus, glaubten die Maya, werde die Welt, wie wir sie kennen, aufhören zu existieren.

Die unglaubliche Komplexität der Kalendersysteme der Maya lässt sich vielleicht zum Teil durch das Bedürfnis nach Macht und Einfluss erklären. Die Entscheidungen über Termine für heilige Ereignisse und den landwirtschaftlichen Zyklus lagen in den Händen der Mayapriester, die durch Konsultieren der Kalender bestimmten, wann der richtige Zeitpunkt gekommen war, um bestimmte Aufgaben auszuführen. Da sie in der Lage waren, die Kalender sinnvoll zu dechiffrieren, um festzulegen, wann zum Beispiel gesät oder geerntet werden sollte oder welche Tage für eine Heirat oder einen Krieg günstig waren, vermochten sie eine ungeheure Kontrolle über die Bevölkerung auszuüben. Da der Normalbürger diesen komplexen Kalender nicht verstehen sollte, hatten die Priester im Grunde freie Hand, das System so kompliziert zu gestalten, wie es ihnen passte.

Die Wintersonnenwende im Jahr 2012 nach der Langen Zählung der Maya bedeutet das Ende des 13. Baktun-Zyklus, der im Jahr 3144 v. Chr. begann. Der Abschluss des Maya-Kalenders an diesem Datum beunruhigt viele Menschen, die glauben, dass er die gewaltsame Vernichtung der Welt bedeutet. Aber haben die Maya mit ihrem Kalender tatsächlich eine derartige Katastrophe vorhergesagt? Eine der bedeutendsten Glaubensvorstellungen der Maya war die Idee eines zyklischen Universums, in dem die Erde wiederholt Schöpfungen und Untergänge durchläuft. Im *Popol Vuh* (»Ratsbuch«), dem heiligen Buch der Maya, das wahrscheinlich im späten 16. Jahrhundert verfasst wurde, dessen Quellen aber viel weiter zurückreichen, spielen die Schilderungen von aufeinanderfolgenden Schöpfungen und verheerenden Überschwemmungen eine wichtige Rolle. Beschreibungen der Schöpfung von 3114 v. Chr. finden sich auch an verschiedenen Maya-Denkmälern, etwa dem Monolithen Stele C in der Stadt Quirigua in Guatemala. Solche Texte schildern die Schöpfung und befassen sich zum Beispiel mit der Ordnung der Götter, handeln aber nicht von Zerstörung und beziehen sich auch auf mythische Ereignisse, die zeitlich viel weiter als 3114 v. Chr. zurückreichen.

Der Maya-Kalender legt auch Daten in ferner Zukunft fest, etwa ein Königsjubiläum, das im Oktober des Jahres 4772 stattfinden wird, was bedeutet, dass die Welt mindestens bis dahin bestehen wird. Was der Maya-Kalender also für die Wintersonnenwende von 2012 anzeigt, sollte als Abschluss eines alten und als

Beginn eines neuen Zyklus und nicht als das Ende der Welt interpretiert werden.

Der alte Maya-Kalenderzyklus existiert übrigens noch heute im südlichen Mexiko und im guatemaltekischen Hochland, wo Kalenderpriester oder Taghalter sich noch immer an die heilige 260-Tage-Zählung als Grundlage für Weissagungen und andere rituelle Tätigkeiten halten.

Der Antikythera-Mechanismus –
Ein antiker Computer?

Der Antikythera-Mechanismus wird im Nationalmuseum von Athen ausgestellt. Hier ein Detail: das zentrale Zahnradgehäuse.
© Rien van de Weygaert, Kapteyn Institute, Groningen, Niederlande.
www.astro.rug.nl/~weygaert/antikytheramechanism.html.

An Ostern des Jahres 1900 waren Elias Stadiatos und eine Gruppe griechischer Schwammtaucher an der Küste der kleinen Felsinsel Antikythera zwischen dem südlichen griechischen Festland und Kreta unterwegs. Stadiatos redete nach einem seiner Tauchgänge aufgeregt über einen »Haufen toter nackter Frauen« auf dem Meeresboden. Weitere Erkundungen der Fischer ergaben, dass das rund 50 Meter lange Wrack eines untergegangenen römischen Frachtschiffs in etwa 40 Meter Tiefe lag. Die versunkenen Schätze des Schiffs bestanden aus Marmor- und Bronzestatuen (die toten nackten Frauen) aus dem 1. Jahrhundert, Münzen, Goldschmuck, Keramik und aus Klumpen von anscheinend korrodierter Bronze, die in einzelne Stücke zerbrachen, kurz nachdem sie an die Oberfläche gebracht worden waren.

Die Funde aus dem Wrack wurden anschließend untersucht, dokumentiert und ans Nationalmuseum in Athen geschickt, damit sie dort ausgestellt oder im Magazin aufbewahrt werden konnten. Am 17. Mai 1902 nahm sich der griechische Archäologe Spyridon Stais die seltsamen Klumpen vor, die nach 2000 Jahren unter Wasser von Meerespflanzen bedeckt waren. Er bemerkte, dass in einem Stück ein Zahnrad eingebettet war, auf dem eine offenbar griechische Inschrift zu finden war. Ursprünglich hatte sich das Objekt in einem Holzkasten befunden, aber der war genau wie die Holzplanken des Schiffs nach der Bergung ausgetrocknet und zerbröckelt. Nach einer weiteren Untersuchung und einer gründlichen Säuberung der korrodierten Bronzeklumpen kamen andere Stücke zum Vorschein, die zu dem geheimnisvollen Objekt gehörten, und bald hatte Stais einen ausgeklügelten Zahnradmechanismus aus Bronze vor sich, der etwa 33 mal 17 mal 9 Zentimeter groß war. Stais hielt diesen Mechanismus für eine antike astronomische Uhr, aber damals war man überwiegend der Ansicht, dass das seltsame Objekt zu kompliziert sei, um zu einem Wrack zu gehören, das anhand der Keramik an Bord auf das frühe 1. Jahrhundert v. Chr. datiert wurde. Viele Forscher dachten, der Mechanismus sei der Rest eines mittelalterlichen

Astrolabiums, einer Vorrichtung zur Beobachtung der Planeten-
bewegungen, das zur Navigation diente. (Das älteste bekannte
Exemplar aus dem 9. Jahrhundert stammt aus dem Irak.) Aber
man konnte sich weder auf die Datierung noch auf den Sinn und
Zweck des rätselhaften Artefakts einigen, und bald geriet es in
Vergessenheit.

Detail der Frontscheibe mit altgriechischer Inschrift.
© Rien van de Weygaert, Kapteyn Institute, Groningen, Niederlande.
www.astro.rug.nl/~weygaert/antikytheramechanism.html.

1951 entdeckte Derek De Solla Price, ein englischer Physiker und
damals Professor für Wissenschaftsgeschichte an der Yale University, die faszinierende Komplexität des Schiffswrackmechanismus
und begann mit seiner gründlichen, acht Jahre währenden Unter-

suchung mit Hilfe von Röntgenaufnahmen. Im Juni 1959 veröffentlichte er die Ergebnisse seiner Analysen in der Zeitschrift *Scientific American* unter der Überschrift »Ein altgriechischer Computer«. Die Röntgenaufnahmen des Mechanismus brachten mindestens 20 einzelne Zahnräder samt einem Differenzialgetriebe zum Vorschein, von dem man bislang angenommen hatte, dass es erst im 16. Jahrhundert erfunden worden war. Dieses Differenzialgetriebe ermöglichte die Umdrehung von zwei Wellen mit unterschiedlichen Geschwindigkeiten, wie es auch zum Antrieb der Hinterachse eines Autos eingesetzt wird. Price gelangte zu der Schlussfolgerung, dass der Antikythera-Fund die Überreste einer »großartigen astronomischen Uhr« darstelle, die Ähnlichkeiten mit einem »modernen analogen Computer« hätte. Das löste allerdings ablehnende Reaktionen von Gelehrten aus. Ein Professor weigerte sich rundweg, an die Möglichkeit eines solchen Apparats zu glauben, und stellte die Hypothese auf, das Objekt müsse im Mittealter ins Meer gefallen und irgendwie in das Wrack gelangt sein.

1974 veröffentlichte Price die Ergebnisse einer gründlicheren Untersuchung auf der Basis weiterer Röntgen- und Gammastrahlenaufnahmen durch den griechischen Radiologen Christos Karakalos in einer Monografie mit dem Titel *Gears from the Greeks. The Antikythera Mechanism, a Calendar Computer from c. 80 B.C.* Durch weitere Studien wies Price nach, dass das antike wissenschaftliche Instrument tatsächlich mindestens 30 Zahnräder enthielt, auch wenn die meisten unvollständig waren. Doch diese Überreste genügten Price, um herauszufinden, dass der Mechanismus die Bewegungen von Mond und Sonne, wahrscheinlich auch der Planeten, und den Aufgang der hellsten Sterne anzeigte, wenn man die Kurbel betätigte. Der Apparat war praktisch ein komplizierter astronomischer Computer, ein funktionstüchtiges Modell des Sonnensystems, das sich einst in einem Holzkasten befunden hatte, an dem an Scharnieren Türchen befestigt waren, die den Mechanismus im Inneren schützten. Aus den Inschriften und der Position der Zahnräder (sowie eines Jahresrings am Objekt) folgerte Price, dass es auf Geminos von Rhodos zurückging, einen griechischen Astronomen und Mathematiker, der etwa von 110 bis 40 v. Chr. gelebt hatte. Price glaubte, der Antikythera-Mechanismus sei wahrscheinlich um 87 v. Chr. von Geminos selbst auf der Insel Rhodos konstruiert und gebaut worden. Tatsächlich hatte das Wrack in seiner Fracht Speicherkrüge von der Insel Rhodos enthalten und war wohl von Rhodos nach Rom un-

Detail der Türplatte.
© Rien van de Weygaert, Kapteyn Institute, Groningen, Niederlande.
www.astro.rug.nl/~weygaert/antikytheramechanism.html.

terwegs, als es unterging. Das Datum der Katastrophe liegt mit ziemlicher Sicherheit um 80 v. Chr., und da man annimmt, dass das Objekt bereits ein paar Jahre alt war, als es verloren ging, ist die mutmaßliche Datierung für die Konstruktion des Antikythera-Mechanismus – etwa 87 v. Chr. – inzwischen allgemein anerkannt.

Der Apparat könnte tatsächlich von Geminos auf der Insel Rhodos gebaut worden sein, zumal Rhodos in dieser Epoche ein bekanntes Zentrum für astronomische und technische Forschungen war. So beschreibt etwa im 2. Jahrhundert v. Chr. der griechische Autor und Ingenieur Philon von Byzanz den Polybolos, den er auf Rhodos zu Gesicht bekam. Dieses erstaunliche Katapult konnte wiederholt ohne Nachladen abgefeuert werden und besaß zwei Zahnräder, die durch einen Kettenantrieb verbunden und über eine Hebewinde angetrieben wurden (eine Vorrichtung, die aus einem horizontalen Zylinder besteht, der durch eine Kurbel gedreht wird). Auf Rhodos ermittelte auch der griechische Stoiker, Astronom und Geograf Poseidonios (um 135–51 v. Chr.) das Wesen der Gezeiten. Außerdem errechnete er für die damalige Zeit ziemlich genau das Ausmaß der Sonne sowie Größe und Entfernung des Mondes. Dem Astronomen Hipparchos von Rhodos (um 190–120 v. Chr.) wird die Erfindung der Trigonometrie zugeschrieben – er hat auch als Erster die Position der Sterne wissenschaftlich katalogisiert. Überdies benutzte er als einer der ersten Europäer Beobachtungen und Informationen der babylonischen Astronomie für seine Forschungen über das Sonnensystem. Vielleicht gingen Elemente von Hipparchos' Wissen und Ideen in die Konstruktion des Antikythera-Mechanismus ein.

Der Antikythera-Apparat ist das früheste erhaltene Beispiel einer komplexen mechanischen Technologie. Die Verwendung von Zahnrädern vor über 2000 Jahren ist schon erstaunlich, und ihre Verarbeitung entspricht der einer Uhr aus dem 18. Jahrhundert. Seit einigen Jahren gibt es eine Reihe von funktionierenden Rekonstruktionen dieses antiken Computers. Eine Teilrekonstruktion stammt von dem australischen Informatiker Allan George Bromley (1947–2002) von der Universität Sydney und dem Uhrmacher Frank Percival. Bromley erstellte von dem Objekt genauere Röntgenbilder, die als Basis eines 3-D-Modells des Mechanismus dienten, das sein Student Bernard Gardner baute. Ein paar Jahre später konstruierte der englische Planetariumshersteller John Gleave ein voll funktionsfähiges Modell, dessen Frontscheibe den alljährlichen Lauf von Sonne und Mond durch den Tierkreis vor einer Darstellung des ägyptischen Kalenders zeigt.

Die jüngste Untersuchung und Rekonstruktion des Objekts wurde 2002 von Michael Wright, dem Kurator für Maschinenbau am Science Museum in London, in Zusammenarbeit mit Allan Bromley vorgenommen. Zwar widersprechen einige Schlussfolgerungen von Wrights neuer Studie gewissen Aspekten der Arbeit von Derek De Solla Price, doch Wright deutet an, dass der Mechanismus sogar noch genialer war, als Price dachte. Um seine Theorien zu bestätigen, untersuchte Wright das Objekt mit Röntgenstrahlen nach einer Methode, die man lineare Tomografie nennt. Diese Technik kann Details von einer bestimmten Ebene oder Region eines Objekts in gestochener Schärfe wiedergeben. So vermochte Wright die Zahnräder bis ins Kleinste zu studieren. Dabei fand er heraus, dass der Apparat in der Lage gewesen war, nicht nur die Bewegungen von Sonne und Mond exakt nachzubilden, sondern auch die aller Planeten, die die alten Griechen kannten: Merkur, Venus, Mars, Jupiter und Saturn. Es ist also möglich, dass der Mechanismus mit Hilfe von Bronzezeigern auf einer runden Scheibe, an deren Rand die Tierkreiszeichen dargestellt waren, ziemlich genau die Positionen der bekannten Planeten für jedes spezielle Datum anzeigen konnte. Im September 2002 wurde Wrights fertige Konstruktion im Rahmen einer Ausstellung über antike Technik im Technopolis-Museum von Athen vorgestellt.

Trotz jahrelanger Forschungen und verschiedener Rekonstruktionen und Theorien weiß eigentlich niemand, wie der Antikythera-Apparat verwendet wurde. So hat man vermutet, er habe eine astrologische Funktion gehabt und sei für sozusagen »computererstellte« Horoskope eingesetzt worden, habe als Planetarium für Lehrzwecke gedient oder sei gar ein kompliziertes Spielzeug für die Reichen gewesen. Derek De Solla Price glaubte in dem Mechanismus einen Beleg für die altgriechische Tradition einer hoch entwickelten Maschinenbautechnik zu erkennen. Seiner Meinung nach sei dieses handwerkliche Geschick und Wissen beim Niedergang des alten Griechenland nicht verloren gegangen, sondern an die arabische Welt weitergegeben worden, die zu einem späteren Zeitpunkt ähnliche Mechanismen besaß, und habe schließlich die europäischen Uhrmachertechniken des Mittelalters begründet. Price meinte, ursprünglich sei das Gerät möglicherweise in einer Statue fest montiert gewesen und ausgestellt worden. Vielleicht war es auch einst in einem Gebäude eingebaut, ähnlich dem faszinierenden Turm der Winde, einem achteckigen Marmorturm, der in der römischen Agora in Athen als Wasseruhr fungierte.

Die Entdeckung und die Rekonstruktionen des Antikythera-Mechanismus haben die Gelehrten auch dazu veranlasst, die Beschreibungen solcher Geräte in antiken Texten in einem anderen

Licht zu betrachten. Bislang glaubte man, die Erwähnung von mechanischen astronomischen Modellen in den Werken mehrerer antiker Autoren dürfe nicht wörtlich genommen werden. Die Griechen, so meinte man, hätten zwar die Theorie, aber nicht die mechanischen Kenntnisse dafür gehabt. Doch nach der Entdeckung und Überprüfung des Antikythera-Mechanismus wird man dies sicher überdenken müssen. So erwähnt etwa der römische Redner und Schriftsteller Cicero, der im 1. Jahrhundert v. Chr., also etwa zur Zeit des Untergangs des römischen Frachters vor Antikythera, lebte und arbeitete, eine Erfindung seines Freundes und Lehrers, des bereits erwähnten Poseidonios. Dieser habe ein Gerät gebaut, »das bei jeder Umdrehung die gleichen Bewegungen wie die Sonne, der Mond und die fünf Planeten vollzieht, wie sie jeden Tag und jede Nacht am Himmel stattfinden«. Cicero weist auch darauf hin, dass der sizilianische Astronom, Ingenieur und Mathematiker Archimedes (um 287–212 v. Chr.) »ein kleines Planetarium« gebaut haben soll. Im Zusammenhang mit diesem Apparat merkt der Redner auch an, dass der römische Konsul Marcellus sehr stolz auf den Besitz eines Planetariums gewesen ist, das Archimedes selbst konstruiert und gebaut habe und das Marcellus als Beute aus der eroberten Stadt Syrakus an der Ostküste Siziliens mitgehen ließ. Bei der Belagerung dieser Stadt im Jahr 212 v. Chr. war Archimedes bekanntlich von römischen Soldaten getötet worden. Einige Forscher haben sogar behauptet, der aus dem Antikythera-Wrack geborgene Mechanismus sei ein von Archimedes persönlich konstruiertes und gebautes astronomisches Gerät gewesen. Derzeit wird das Original des Anthikythera-Mechanismus, zweifellos eines der erstaunlichsten und faszinierendsten Artefakte der antiken Welt, zusammen mit einer Rekonstruktion im Nationalmuseum von Athen ausgestellt. Ein

Replikat des antiken Apparats befindet sich auch im American Computer Museum in Bozeman in Montana. Die Entdeckung des Antikythera-Mechanismus hat unser Verständnis der wissenschaftlichen und technologischen Fähigkeiten der antiken Welt eindeutig in Frage gestellt. Die Rekonstruktionen beweisen, dass das Gerät wie ein astronomischer Computer funktioniert und dass die Wissenschaftler der griechischen und römischen Welt im 1. Jahrhundert v. Chr. durchaus in der Lage waren, komplizierte Mechanismen zu konstruieren und zu bauen, die 1000 Jahre lang nicht übertroffen werden sollten. Derek De Solla Price bemerkte dazu, dass die Kultur, die über die Technik und das Wissen verfügte, solch einen Mechanismus zu konstruieren, »fast alles, was sie wollte, hätte bauen können«. Leider ist das meiste von dem, was sie erschaffen hat, nicht erhalten. Die Tatsache, dass der Antikythera-Mechanismus nicht eigens in den uns überlieferten antiken Texten erwähnt wird, beweist nur, wie viel aus dieser bedeutenden und faszinierenden Epoche der europäischen Geschichte verloren gegangen ist. Ohne die Neugier griechischer Schwammtaucher hätten wir nicht einmal diesen beredten Beleg für die hoch entwickelten wissenschaftlichen Errungenschaften der Griechen von vor 2000 Jahren.

Antike Flugzeuge

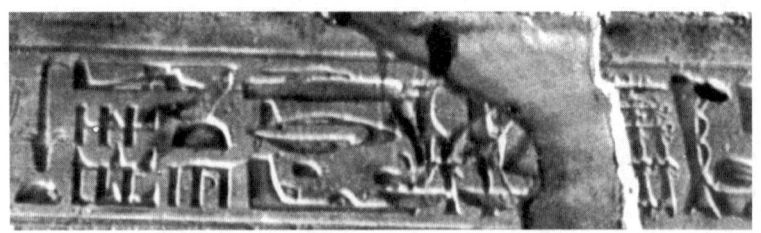

Seltsame Hieroglyphen im Osiris-Tempel in Abydos.
© David Hatcher Childress.

Am 12. Dezember 1903 absolvierten die Gebrüder Wright bei Kitty Hawk in North Carolina den ersten längeren kontrollierten Flug mit einem Motorflugzeug der Geschichte. So lautet zumindest die allgemein akzeptierte Story. Aber hatte der Mensch die Fähigkeit des Fliegens etwa schon viel früher beherrscht, vielleicht bereits vor Jahrhunderten oder gar Jahrtausenden? Manche Forscher glauben, dass es Belege gibt, die in der Tat dafür sprechen, dass das Wissen darüber jedoch im Laufe der Zeit verloren gegangen ist. Konkrete Beweise für derartige Flugübungen in der Antike sind vorwiegend in Form von rätselhaften südamerikanischen und ägyptischen Artefakten und ägyptischen Ritzzeichnungen erhalten.

Die ersten Beispiele sind die so genannten goldenen Flugzeuge aus Kolumbien. Einige dieser Artefakte sind um das Jahr 500 n. Chr. entstanden und werden den Tolima zugeschrieben, die das kolumbianische Hochland von etwa 200 bis 1000 n. Chr. bewohnten. Die von Archäologen traditionellerweise als Tier-

oder Insektenfiguren gedeuteten Objekte scheinen Merkmale aufzuweisen, die auch in der modernen Flugzeugtechnik zu finden sind, wie Deltaflügel, Seitenflossen und Höhenruder. Ein weiteres Beispiel, ein Anhänger in der Form eines stilisierten fliegenden Fisches aus einer Goldlegierung, stammt aus der Calima-Kultur im Südwesten Kolumbiens (um 200 v. Chr. – 600 n. Chr.). Ein Foto von einem solchen Anhänger befindet sich auch in Erich von Dänikens 1972 erschienenem Buch *Aussaat und Kosmos* – der Autor hielt das Objekt für die Darstellung eines von außerirdischen Besuchern benutzten Flugzeugs. Archäologen sehen in der Figur zwar die stilisierte Version eines in der Region vorkommenden fliegenden Fisches, dennoch weist sie einige Merkmale auf, inbesondere um den Schwanz herum, die offensichtlich erheblich von allem abweichen, was die Natur hervorbringt.

Weitere Goldgegenstände wurden von der Sinú-Kultur an der Küste Kolumbiens angefertigt, einer Gemeinschaft von Goldhandwerkern, die von etwa 300 bis 1550 n. Chr. existierte. Diese Objekte sind etwa fünf Zentimeter lang und wurden als Anhänger an Halsketten getragen. 1954 befanden sich einige Exemplare der Sinú-Modelle in einer Sammlung von antiken Goldartefakten, die die kolumbianische Regierung auf eine Ausstellungstournee durch die USA schickte. 15 Jahre später erhielt der Zoologe und Autor Ivan T. Sanderson eine moderne Reproduktion eines dieser Artefakte zur Untersuchung. Anscheinend gelangte er zu der Schlussfolgerung, dass das Objekt keinem bekannten Tier mit Flügeln entspricht. Die Vorderflügel sind beispielsweise deltaförmig und haben, anders als bei einem Insekt oder einem anderen Tier, gerade Ränder. Sanderson gelang zu dem Schluss, dass es sich eher um die Darstellung eines mechanischen Gegenstands und nicht eines biologischen

Wesens handelt – er spekulierte sogar, dass es ein Hochge-schwindigkeitsflugzeug abbildet, das mindestens 1000 Jahre alt sei. Das flugzeugartige Aussehen der Objekte regte Dr. Arthur Poyslee an, am Aeronautical Institute in New York Windkanal-experimente durchzuführen, die seine Vermutungen hinsicht-lich der Flugfähigkeit der Objekte bestätigten. Im August 1996 veranstalteten drei deutsche Ingenieure, Algund Eenboom, Peter Belting und Conrad Lübbers erfolgreiche Flugversuche mit einer Reproduktion eines dieser Goldmodelle im Maßstab 1 : 16. Daraus folgerten sie, dass das ursprüngliche Artefakt eher einem modernen Space-Shuttle oder dem Überschallflug-zeug Concorde als einem Insekt ähnelte.

Die meisten dieser faszinierenden südamerikanischen An-hänger haben vier Flügel (oder zwei Flügel und einen Schwanz) und gleichen keinem bekannten Insekt oder Vogel. Es ist anzu-nehmen, dass sie stilisierte Modelle sind, aber die Ähnlichkeit mit einem Flugzeug oder gar dem Space-Shuttle ist doch überra-schend. Wenn wir allerdings glauben sollen, dass die Objekte an-geblich irgendeine Art von Luftfahrzeug darstellten, das tatsäch-lich im Einsatz war, dann gibt es bei vielen von ihnen ein oder zwei Probleme. Erstens sitzen bei den meisten Modellen die Flü-gel zu weit hinter dem Schwerpunkt des Objekts, so dass kein sta-biler Flug möglich wäre. Zweitens ähnelt ihre Nase keinem be-kannten Flugzeugmodell.

Erstaunlich wenig haben die Vertreter der Theorie antiker Flugzeuge über den Ursprung dieser Artefakte geforscht. Die meisten Internetartikel über präkolumbianische Flugzeuge spre-chen von »südamerikanischen« oder »mittelamerikanischen« Mo-dellen, die in Gräbern gefunden worden seien, ohne dass bei den meisten die genaue Herkunft oder die exakte Entstehungszeit angegeben wird. Vielleicht ist dies zum Teil auf die ausgiebige Plünderung alter Gräber in Kolumbien und das anschließende Auftauchen ihres Inhalts auf den südamerikanischen Antiquitätenmärkten zurückzuführen, eine Praxis, die noch heute zu beobachten ist. Doch die überwiegende Mehrheit der dem Thema alter südamerikanischer Flugzeuge gewidmeten Internetseiten gibt nur einen 1996 erschienenen Artikel von Lumir G. Janku auf der Seite *Anomalies and Enigmas* wieder. Ohne weitere Recherchen nach ihrem exakten Ursprung und ihrem kulturellen Kontext erscheint die Etikettierung dieser faszinierenden Artefakte als antike Flugzeugmodelle, gelinde gesagt, unklug.

Goldmodell eines Insekts aus einem Grab in Kolumbien.
© David Hatcher Childress.

Ein weiteres kleines flugzeugähnliches Modell, das Ägyptologen für die Figur eines Falken mit ausgebreiteten Flügeln halten, stammt aus Saqqara in Ägypten. Anscheinend wurde das Artefakt 1898 im Grab von Pa-di-Imen im Norden von Saqqara entdeckt, das aus dem 4. oder 3. Jahrhundert v. Chr. stammt. Das Objekt ist aus dem Holz des Maulbeerfeigenbaums gefertigt, hat eine Länge von 14,2 Zentimetern, eine Flügelspanne von 18,3 Zentimetern und ein Gewicht von rund 39 Gramm. Die Hieroglyphen auf dem Schwanz bedeuten »Das Geschenk von Amun«. Im alten Ägypten galt Amun gewöhnlich als Gott des Windes. Nach seiner Entdeckung wurde das Objekt bis 1969 im Nationalmuseum von Kairo aufbewahrt. Khalil Messiha, ein ägyptischer Professor für Anatomie, der sich für antike Modelle interessierte, bemerkte die Ähnlichkeit mit einem modernen Segelflugzeug. Außerdem stellte er fest, dass andere Vogelmodelle im Museum Beine und ein bemaltes Gefieder besitzen, dieses aber nicht. Messiha war der Meinung, dass diese Konstruktion viele aerodynamische Eigenschaften aufwies. Nachdem sein Bruder, ein Flugzeugbauingenieur, ein flugfähiges Balsaholzmodell des Objekts angefertigt hatte, war Dr. Messiha überzeugt, dass der Saqqara-Vogel das maßstabgetreue Modell eines Segelflugzeugs darstellte.

Dem widerspricht jedoch Martin Gregorie aus Harlow in Essex, der seit über 30 Jahren Segelflugzeuge konstruiert, baut und fliegen lässt. Als er mit dem Modell experimentierte, fand er heraus, dass es ohne ein Höhenleitwerk, das das Original seiner Meinung nach nicht besaß, völlig instabil war. Selbst nachdem er ein Höhenleitwerk angebracht hatte, waren die Ergebnisse nicht überzeugend. Gregorie vermutet, das Modell könnte als Wetterfahne gedient haben oder vielleicht ein Kinderspielzeug gewesen sein. Auch Larry Orcutt von der Internetseite *Catchpenny Mysteries* glaubt, das Objekt könnte als Wetterfahne auf einem Boot die Windrichtung angezeigt haben. Er verweist in diesem Zusammenhang auf Vogelfiguren an den Mastspitzen von Booten und Schiffen auf Reliefs aus dem Tempel des Chons in Karnak, der aus dem späten Neuen Reich (etwa 12. Jahrhundert v. Chr.) stammt. Orcutt merkt auch an, dass es in der Tat Spuren von Farbe an Schnabel und Schwanz des Modells gebe, was darauf hindeutet, dass es einst das reich bemalte Abbild eines Vogels war. Die schwarzen Augen, die eigentlich die Enden eines durch den Kopf gesteckten Obsidianstabs sind, werden auf vielen Fotos, die von dem Modell im Umlauf sind, nicht gezeigt, was die Ähnlichkeit mit einem Flugzeug erheblich verstärkt. Folglich ist die Möglichkeit, dass der Saqqara-Vogel – auch wenn er eine oder zwei aerodynamische Eigenschaften zu besitzen scheint – das einzige erhaltene maßstabsgerechte Modell eines ägyptischen Flugzeugs ist, doch recht unwahrscheinlich. Vielmehr deuten die vorhandenen Beispiele für handwerklich gut gearbeitete ägyptische Spielbretter und Spielzeuge darauf hin, dass das Objekt das Modell eines Vogels ist.

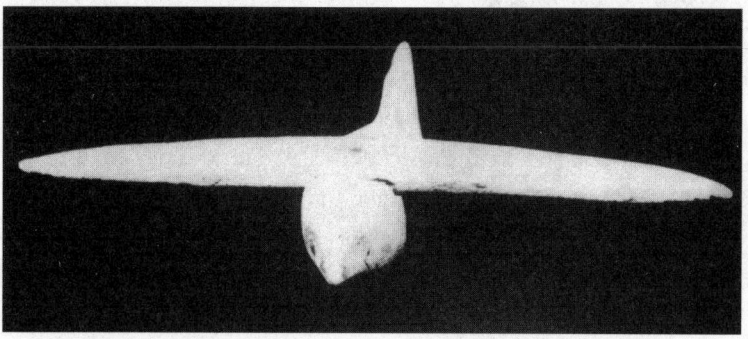

Holzmodell, das wahrscheinlich einen Vogel darstellt, aus Saqqara in Ägypten, auf das 4. oder 3. Jahrhundert v. Chr. datiert.
© David Hatcher Childress.

Das wahrscheinlich umstrittenste Beweisstück für Flüge in alter Zeit findet sich im ägyptischen Abydos in den rätselhaften Hieroglyphen auf einer Tafel aus dem Tempel von Sethos I., einem Pharao der 19. Dynastie. Diese unglaublichen Bildzeichen scheinen einen Helikopter, dazu einen Panzer und entweder ein Raumschiff oder ein Düsenflugzeug zu zeigen. Eine dieser Ritzzeichnungen hat denn auch den legendären Status des »Helikopters aus dem Abydos-Tempel« erlangt. Beweisen diese erstaunlichen Hieroglyphen, dass die Ägypter im 13. Jahrhundert v. Chr. über eine Technik des 21. Jahrhunderts verfügten? Leider sind einige der Fotos der Hieroglyphen, die im Internet kursieren, digital bearbeitet worden, um die flugzeugähnlichen Merkmale zu betonen.

Dennoch existieren noch einige nicht bearbeitete Fotos dieser außergewöhnlichen Hieroglyphen von scheinbar modernen Luftfahrzeugen.

Katherine Griffis-Greenberg von der University of Alabama in Birmingham sowie viele andere Archäologen und Ägyptologen behaupten hingegen, dass die außergewöhnlichen Ritzzeichnungen Palimpseste sind – also die Überschreibung einer älteren Schrift. Der Theorie der Ägyptologen zufolge wurde die alte Inschrift in diesem speziellen Fall zusätzlich mit Gips verschmiert und eine neue Inschrift angebracht. Im Laufe der Zeit und infolge von Verwitterung fiel der Gips später ab, sodass sich die alten und neuen Hieroglyphen überlappten und Bilder erzeugten, die modernen Luftfahrzeugen ähneln. Mit Sicherheit steht fest, dass es im alten Ägypten eine beträchtliche Menge von Überschreibungen alter Inschriften gab, da herrschende Pharaonen die Leistungen früherer Könige für sich zu beanspruchen oder deren Ansehen zu tilgen versuchten.

Im Fall des Abydos-Helikopters hat König Ramses II., der sich bekanntlich das Wirken seiner Vorgänger zu eigen machte, die Tafel seines Vorfahren Sethos I. mit seiner eigenen Inschrift überdecken lassen. Genauer gesagt: Der Hieroglyphentext besteht eigentlich aus einem Teil des Titels von Ramses II. und lautet »Die eine der zwei Herrinnen, die die neun fremden Länder unterdrückt«. Das jedenfalls überdeckt den Königstitel von Sethos I., der ursprünglich in den Stein gemeißelt war.

Demgegenüber behaupten die Anhänger der Abydos-Helikopter-Theorie, es sei doch ein zu großer Zufall, dass übereinanderliegende Inschriften ausgerechnet solch auffallende Bilder moderner Flugzeuge ergäben. Es gibt noch andere Argumente, denen zufolge antike Flugzeuge in Ägypten eher unwahrscheinlich sind. Da ist zum einen das völlige Fehlen irgendwelcher Flugmaschinen im gesamten altägyptischen Korpus und weiterer damit zusammenhängender Inschriften. Außerdem – und dies gilt für alle Theorien über antike Flugzeuge – fehlt jeglicher Beweis für die zusätzlichen Technologien, die für eine Flugzeugindustrie erforderlich wären.

Falls ägyptische und südamerikanische Kulturen solche Dinge wie Helikopter und Flugzeuge entwickelt und zusammengebaut hätten, dann hätten sie eine riesige Herstellungsindustrie für die Luftfahrzeuge selbst benötigt, ganz zu schweigen von der damit verbundenen Kraftstoffproduktion, Bergwerken zur Gewinnung von Metall und Lagereinrichtungen. Wo soll sich all das befinden? Wenn die Menschen im Altertum wirklich in modernen Flugzeugen und Helikoptern herumgeflogen wären, gäbe es sicher mehr Belege als eine Sammlung dubioser Modelle und eine einzelne Tafel mit Hieroglyphen über einem Tempeltor. Es lässt sich zwar nicht bestreiten, dass der Traum vom fliegenden Menschen von vielen alten Kulturen geträumt wurde (wie es zum Beispiel die Literatur Indiens bezeugt), und vielleicht hat er zum Teil auch den Bau der rätselhaften südamerikanischen Modelle inspiriert. Doch gegenwärtig ist die Beweislage dafür, dass er je verwirklicht wurde, bestenfalls strittig.

Die Schriftrollen
vom Toten Meer

Die Höhlen in Qumran, wo die Schriftrollen
vom Toten Meer gefunden wurden.
Foto von Grauesel.

Die Schriftrollen vom Toten Meer sind zweifellos der bedeutsamste und aufregendste Manuskriptfund der letzten hundert Jahre. Das Versteck mit den Schriftrollen und Rollenfragmenten wurde in 11 Höhlen in der Gegend von Qumran in Israel entdeckt, rund 20 Kilometer östlich von Jerusalem, in der Nähe des Toten Meers. Diese außergewöhnliche Bibliothek jüdischer Dokumente stammt aus der Zeit zwischen dem 3. Jahrhundert v. Chr. und 68 n. Chr. und besteht aus Schriftrollen aus Tierhäuten und Papyrus. Ein äußerst ungewöhnliches Exemplar ist aus Kupfer gefertigt. Die Texte sind mit einer Tinte auf Kohlebasis geschrieben. Sie sind überwiegend auf Hebräisch, einige auf Aramäisch (einer semitischen Sprache, die angeblich Jesus gesprochen hat) und eine geringe Anzahl auf Griechisch abgefasst. Seit ihrer Entdeckung Ende der Vierzigerjahre des vorigen Jahrhunderts werden diese mysteriösen Dokumente und ihre Autoren erforscht – mit einigen faszinierenden Erkenntnissen nicht nur über die Bibel, sondern auch über eine rätselhafte Gemeinschaft, die der Essener.

1947 suchten Beduinenhirten nach einer entlaufenen Ziege zwischen den Felswänden über dem Toten Meer, als sie auf eine bislang unerforschte Höhle stießen. In der Höhle fand einer der Hirten an den Wänden eine Reihe von antiken Tonkrügen, die mit in Leinen gehüllten Manuskripten gefüllt waren. Insgesamt wurden sieben Tonkrüge aus der Höhle (Höhle 1) geborgen, und damit begann eine neun Jahre dauernde Untersuchung der Höhlen um das Nordwestufer des Toten Meeres. Auf ihrer Suche nach Schriftrollen standen die Archäologen oft vor dem Problem, dass einheimische Beduinen die Höhlen plünderten und die Manuskripte an arabische Antiquitätenhändler in Bethlehem verkauften. Letztendlich brachten die Forschungen annähernd 800 Dokumente aus 11 verschiedenen Höhlen bei Qumran zutage. Ein paar dieser Höhlen, insbesondere Höhle 4, haben anscheinend als permanente Bibliotheken mit eingebauten Regalen gedient.

Zwar sind einige der Qumran-Schriftrollen zur Zeit von Jesus geschrieben worden, doch keine von ihnen bezieht sich direkt auf ihn oder einen seiner Apostel. Das mag daran liegen, dass die Schriftrollen insgesamt nur den Bruchteil einer einst wahrscheinlich gewaltigen Manuskriptbibliothek darstellen, die inzwischen größtenteils verloren gegangen ist. Einer der faszinierendsten Aspekte der Schriftrollen besteht darin, dass sie die älteste Gruppe von Texten aus dem Alten Testament enthalten, die je gefunden wurde – das einzige andere vergleichbare Dokument mit einem ähnlichen Alter ist der ägyptische Nash-Papyrus aus dem 2. Jahrhundert v. Chr., der den hebräischen Text der Zehn Gebote enthält. Die Schriftrollen vom Toten Meer lassen sich in zwei Kategorien einteilen: in die biblischen Rollen, die aus Abschriften der eigentlichen Bücher der heiligen hebräischen Schriften und aus Kommentaren zu diesen Texten bestehen, und in die nichtbiblischen Rollen, die Gebetsbücher und Lebensregeln der Gesellschaft enthalten, die diese Schriften verfasste. In den biblischen Texten wird, außer dem Buch Esther und dem Buch Nehemia, annähernd das komplette Alte Testament wiedergegeben. Neben den Prophezeiungen von Hesekiel, Jeremias und Daniel finden sich traditionelle Geschichten um biblische Gestalten wie Noah, Abraham und Enoch, die nicht in der kanonischen hebräischen Bibel enthalten sind. Die bedeutendsten Texte, die in den Höhlen bei Qumran entdeckt wurden, sind die Große Jesaja-Rolle, die das gesamte 66 Kapitel umfassende Buch von Jesaja enthält, ein Kommentar über das Buch Habakuk, einem der der kleineren Propheten des Alten Testaments, ein Buch über Gemeinschaftsvorschriften, die so genannte Gemeinderegel, die hauptsächlich aus einer Zusammenfassung der Zuständigkeiten des Meisters einer jüdischen Sektengemeinde und seiner Jünger besteht, sowie die umstrittene Tempelrolle. Diese Tempelrolle ist die längste und wahrscheinlich am besten erhaltene Schriftrolle vom Toten Meer und befasst sich mit Bau und Betrieb eines neuen und vollkommenen Tempels samt seinen Gesetzen und Opferriten.

Die Frage, wer die Schriftrollen vom Toten Meer geschrieben und später in den Höhlen um Qumran versteckt hat, ist nach wie vor umstritten. Forscher haben die mutmaßlichen Autoren des Textes, eine kleine jüdische Gruppe, die in der nahe gelegenen Siedlung Qumran lebte, die Qumran-Gemeinschaft genannt. Sie wird oft mit der Sekte der Essener gleichgesetzt, der die Einführung des Mönchstums zugeschrieben wird und die eine der drei führenden jüdischen Sekten ist, die der jüdische Historiker Josephus (um 37 – um 100) beschrieben hat – die anderen sind die Pharisäer und die Sadduzäer. Die Essener tauchen zwar auch in anderen zeitgenössischen Quellen auf, so etwa bei Josephus Flavius, Philon von Alexandria und Plinius dem Ältern, werden im Neuen Testament hingegen überhaupt nicht erwähnt. Anscheinend verließen die Essener Jerusalem aus Protest über die Art und Weise, wie der Tempel, die zentrale Institution des Judentums, geführt wurde, und ließen sich in der judäischen Wüste nieder. Sie wurden eine asketische Mönchsgemeinschaft, obwohl es unter ihnen anscheinend auch Frauen gab, und hielten sich streng an die Thora (zumeist die ersten fünf Bücher der hebräischen Bibel).

In der Nähe der Höhlen, wo die Schriftrollen gefunden wurden, liegen die Ruinen von Qumran, einer verlassenen Festung, die vermutlich zwischen 150 und 130 v. Chr. besiedelt war. Untersuchungen der Stätte haben ergeben, dass sie von einer Gruppe jüdischer Asketen bewohnt war und eine Versammlungshalle, rituelle Tauchbäder, Aquädukte, Zisternen und Lagerhäuser umfasste. Anscheinend lebten die Bewohner nicht in der Hauptsiedlung, sondern in Zelten und Höhlen am Rande. Ein langer schmaler Raum in Qumran, das so genannte Scriptorium, enthielt zwei Tintenfässer und eine Reihe von Sitzbänken, die wohl Schreibern dienten. Die Archäologen glauben, dass viele der biblischen Schriftrollen, die in den Höhlen gefunden wurden, in dieser Kammer abgeschrieben wurden. Man hat zwar keine Spuren von Manuskripten in diesem Raum entdeckt, doch mit den Schriftrollenhöhlen ist er durch das Vorhandensein einer bestimmten Keramikart verbunden, die sich an beiden Orten fand.

Viele der Schriftrollen vom Toten Meer vermitteln einen wichtigen Einblick in Leben und Glauben der Gemeinschaft, die sie verfasst hat. So enthalten beispielsweise kalendarische Dokumente einen Sonnenkalender mit 364 Tagen – im Gegensatz zu dem im Tempel in Jerusalem gebräuchlichen Mondkalender von 354 Tagen. Ein weiteres anschauliches Manuskript trägt den Titel »Der Krieg der Kinder des Lichts gegen die Kinder der Finsternis«. Mit den Kindern des Lichts ist wahrscheinlich die Sekte vom Toten Meer gemeint, während die Kinder der Finsternis die übrige Menschheit darstellen. Diese Schriftrolle beschreibt eine unmittelbar bevorstehende vernichtende Schlacht nicht nur zwischen Streitkräften, sondern zwischen den kosmischen Mächten von Gut und Böse, und veranschaulicht die Art und Weise, wie die Gemeinschaft das Armageddon sah. Für diese Sekte sollte diese Schlacht vielleicht sogar früher kommen, als sie glaubte. Während des ersten jüdischen Aufstands (66–73 n. Chr.) belagerte und zerstörte die römische Armee Jerusalem und verschiedene jüdische Festungen wie Masada am Ostrand der judäischen Wüste über dem Toten Meer.

Während der Schlacht um Masada im Jahr 73 begingen die jüdischen Verteidiger lieber Massenselbstmord als in die Hände der Römer zu fallen. Interessanterweise befand sich unter den Fragmenten von 14 biblischen, apokryphen und sektiererischen Schriftrollen aus Masada ein Sektenmanuskript, das mit einem in Qumran entdeckten identisch war und sich auf den gleichen 364-Tage-Sonnenkalender stützte. Es gibt kaum einen Hinweis darauf, was in Qumran geschah, als die römischen Legionen im Jahr 70 n. Chr. dort eintrafen. Anscheinend brachte die Sekte ihre Schriftrollen in die nahen Höhlen, um sie vor dem römischen Angriff zu sichern, doch ob die Bewohner selbst in der Schlacht umkamen oder flüchten konnten, bleibt ein Geheimnis.

Einige Gelehrte glauben, dass die Gruppe in Qumran überhaupt nichts mit den Schriftrollen vom Toten Meer zu tun hatte. Einer Theorie nach seien die Manuskripte von Priestern des zweiten hebräischen Tempels in Jerusalem geschrieben und dann nach Qumran gebracht worden, um sie vor den römischen Legionen zu verstecken. Eine weitere Interpretation dieser Hypothese könnte die Sekte vom Toten Meer auf einer gewissen Ebene wieder ins Spiel bringen, nämlich indem sie es war, die Schriftrollen heimlich aus Jerusalem wegschaffte und in den Höhlen deponierte. Dies hieße dann, dass die Sekte eher die Bewahrer als die Autoren der Schriftrollen stellte. Leider ist diese Theorie nicht vereinbar mit der heftigen Kritik der Sekte an der Priesterschaft des Tempels. Professor Norman Golb vom Oriental Institute der University of Chicago glaubt denn auch, dass die Schriftrollen, da sie ein so weites Spektrum von Ideen verkörpern, nicht das Produkt einer einzigen Gemeinschaft seien sondern vielmehr die Schriften verschiedener jüdischer Sekten und Gemeinschaften im alten Israel umfassen.

Die ungewöhnlichste und geheimnisvollste der alten Schriftrollen vom Toten Meer ist zweifellos die Kupferrolle. Sie wurde 1952 in Höhle 3 in Qumran gefunden und besteht, wie ihr Name schon sagt, aus Kupfer. Die Rolle ist mit einer anderen Form des Hebräischen beschrieben als die übrigen Qumran-Manuskripte und stammt wahrscheinlich aus der Mitte des ersten nachchristlichen Jahrhunderts. Diese Kupferrolle ist kein literarisches Werk, sondern eine Liste von 64 unterirdischen Verstecken in ganz Israel. Diese Verstecke sollten umfangreiche Geheimvorräte an Gold, Silber, Schriftrollen, rituellen Gefäßen, Weihrauchbehältern und Waffen enthalten. 1960 schätzte man, dass der Gesamtwert dieses hypothetischen Schatzes über eine Million US-Dollar betragen hätte. Zwar hat man oft nach diesen Reichtümern gesucht, aber nichts davon wurde je entdeckt, weswegen die meisten Gelehrten davon überzeugt sind, dass der eigentliche hebräische Text der Schriftrolle eine Art Code ist. Das Vorhandensein von Gruppen aus zwei oder drei griechischen Buchstaben, die an sieben der Einträge angehängt sind, bestärkt diese Ansicht. Wegen der spezifischen Beschaffenheit einiger der Gegenstände (der rituellen Gefäße und des Weihrauchs) glauben einige Forscher, bei diesen Reichtümern handle es sich um den berühmten verlorenen Schatz aus dem Tempel in Jerusalem, der vor der Zerstörung des Tempels durch die Römer im Jahr 70 in sicheren Verstecken verwahrt worden sei. Ein faszinierender Aspekt der Kupferrolle ist der letzte Eintrag in der Liste der Verstecke mit der Bezeichnung »Item 64«. Darin heißt es: »in einer im Norden angrenzenden Grube, in einem nach Norden sich öffnenden Loch und begraben an seiner Öffnung: eine Abschrift dieses Dokuments, mit einer Erklärung und ihren Maßen und einer Inventarliste jedes einzelnen Gegenstands«. Bedeutet dieser Eintrag etwa, dass irgendwo noch eine weitere bislang unentdeckte Kupferrolle verborgen ist, die konkretere Informationen enthält?

Auch wenn alle in Höhle 1 entdeckten Manuskripte zwischen 1950 und 1956 in Papierform erschienen, ist die Veröffentlichung der Schriftrollen vom Toten Meer ziemlich langsam vonstatten gegangen. Aus dem schwierigen Zugang zu dem Schriftrollenmaterial haben einige Forscher, wie etwa Michael Baigent und Richard Leigh in ihrem Buch *Verschlusssache Jesus* gefolgert, dass der Vatikan hinter einer Verschwörung stecke, um die öffentliche Freigabe der Manuskripte aus Furcht vor gefährlichem Material im Zusammenhang mit dem frühen Christentum, das die Schriftrollen möglicherweise enthalten, zu verhindern. Derartige Theorien stehen mittlerweile auf tönernen Füßen, seit Ende der Neunzigerjahre des vorigen Jahrhunderts mehr Rollenmaterial freigegeben wurde, insbesondere die komplette Sammlung der biblischen Schriftrollen. Dank der Veröffentlichung des Großteils der Manuskripte aus den Höhlen bei Qumran lässt sich die Bedeutung der Schriftrollen vom Toten Meer mittlerweile besser einschätzen. Sie vermitteln nicht nur faszinierende religiöse und historische Informationen über eine schlecht dokumentierte Epoche der Geschichte, sondern erhellen auch beträchtlich die Quellen des Judentums wie des frühen Christentums.

Eine interessante Parallele zum Material der Schriftrollen vom Toten Meer stellt seit einiger Zeit das neu übersetzte Judasevangelium dar, eines Textes, der völlig neue Einblicke gewährt in die Beziehung zwischen Jesus und dem berüchtigten Jünger, der ihn verriet. Dieses frühchristliche, in Leder gebundene Papyrusmanuskript enthält den einzigen bekannten Text des Judasevangeliums und ist auf etwa 300 n. Chr. zu datieren. Das Manuskript wurde in den Siebzigerjahren des vorigen Jahrhunderts in einer

Höhle bei El Minya in Ägypten gefunden und war jahrelang bei Antiquitätenhändlern in Ägypten und Europa in Umlauf, bevor es in die USA gelangte, wo es im Jahr 2000 von Frieda Nussberger-Tchacos, einer in Zürich ansässigen Antiquitätenhändlerin, erworben wurde. Frau Nussberger-Tchacos verkaufte das Manuskript schließlich an die Baseler Maecenas-Stiftung, die es restaurierte und übersetzen ließ. Im April 2006 verkündete die National Geographic Society bei einer Pressekonferenz in Washington, D.C., die Fertigstellung von Restaurierung und Übersetzung des Textes. Wie bei den Schriftrollen vom Toten Meer fehlt auch eine erhebliche Menge des Materials aus den El-Minya-Texten, wobei man vermutet, dass einiges davon noch bei Antiquitätenhändlern in Umlauf ist oder sich in Privatbesitz befindet.

Unter diesem Aspekt kann man sich nur fragen, welche anderen Manuskriptschätze die vollständige Bibliothek der Schriftrollen bei Qumran einst enthalten haben mag – und ob in einer abgelegenen Höhle irgendwo um das nordwestliche Ufer des Toten Meeres weitere Schriftrollen im Sand begraben liegen und ihrer Entdeckung harren.

Die rätselhaften Kristallschädel

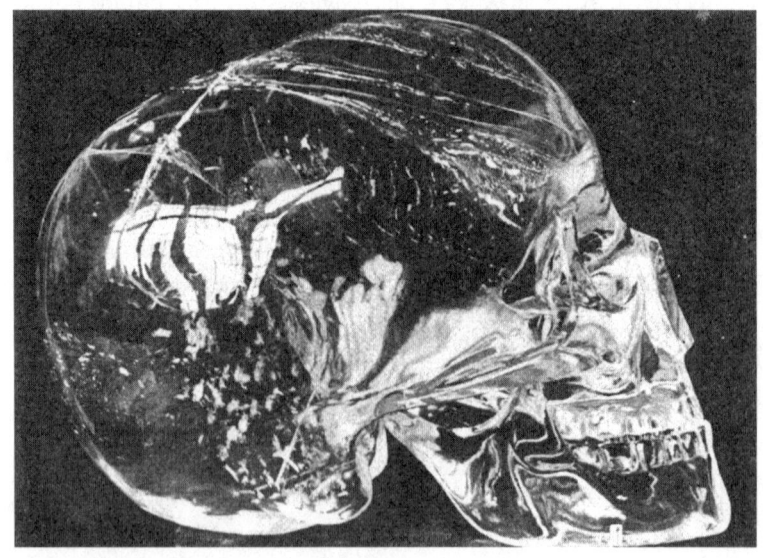

Der Mitchell-Hedges-Kristallschädel.
Reproduktion eines Fotos aus der Ausgabe der Zeitschrift Man *vom Juli 1936,*
als der Schädel noch im Besitz von Sidney Burney war.

Die Kristallschädel sind ebenso mysteriöse wie umstrittene Objekte. Während manche Forscher sie für antike Artefakte mit bemerkenswerten magischen und heilenden Eigenschaften halten, andere sie aber als relativ moderne Fälschungen abtun, ist man sich über ihre Herkunft nicht einig. So hat man zwar behauptet, dass es insgesamt 13 Kristallschädel an verschiedenen Orten auf der ganzen Welt gibt, doch bislang wurden nur fünf davon ausfindig gemacht. Die Objekte selbst sind Modelle menschlicher

Schädel, die aus durchsichtigem Bergkristall herausgeschnitten wurden. Die bislang gefundenen Exemplare schwanken in ihrer Größe von ein paar Zentimetern bis zu einem menschlichen Kopf in Originalgröße. Woher die Schädel stammen oder wozu sie dienten ist unbekannt, doch man hat vermutet, dass sie auf die präkolumbianischen Kulturen von Südamerika wie die Azteken und die Maya zurückgehen. Der faszinierendste und rätselhafteste dieser Kristallschädel ist zweifellos der Mitchell-Hedges-Schädel, an dessen unheimliche, verführerische Schönheit die anderen Exemplare nicht heranreichen. Die verblüffende Geschichte dieses Schädels ist beinahe so merkwürdig wie das Objekt selbst.

Der Furcht erregende Mitchell-Hedges-Schädel ist ein lebensgroßer Totenkopf, der 5,3 Kilogramm wiegt und meisterhaft aus einem einzigen durchsichtigen Bergkristall herausgeschnitten wurde. Er besitzt einen abnehmbaren Unterkiefer, der sich so bewegen lässt, dass der Eindruck entsteht, der Kopf könne sprechen. Von kleinen Fehlern an den Schläfen und am Jochbein abgesehen ist er ein anatomisch korrektes Modell des menschlichen Schädels. Herkunft und Entdeckung dieses rätselhaften Artefakts sind von einem Geheimnis umgeben, folglich hat der Mitchell-Hedges-Schädel keine bestätigte Provenienz. Wie es heißt, habe der englische Forscher und Abenteurer F. A. Mitchell-Hedges (1882–1959) im Jahr 1927 (oder möglicherweise schon 1924) die Ruinen eines Zeremonienzentrums der Maya in Lubaantun in Belize im Rahmen seiner Suche nach dem verschollenen Kontinent Atlantis erforscht. Auf seiner Expedition wurde er von seiner Adoptivtochter Anna Mitchell-Hedges begleitet. An ihrem 17. Geburtstag wanderte sie in den Ruinen herum, als sie unter einem Altar den oberen Teil des Kristallschädels fand. Nur drei

Monate später wurde im selben Raum der Unterkiefer des Schädels entdeckt. Als Mitchell-Hedges bemerkte, wie die Einheimischen auf diese merkwürdige Entdeckung reagierten, überließ er ihnen angeblich den Schädel. Später, als er mit seiner Gruppe die Gegend verlassen wollte, überreichte der örtliche Hohepriester den Schädel aus Dankbarkeit für Nahrung, Medizin und Kleidung, die der Forscher seinen Leuten gegeben hatte, Mitchell-Hedges als Geschenk.

Ins Zwielicht geriet diese romantische Story, als herauskam, dass Mitchell-Hedges den Schädel in Wahrheit im Jahr 1943 für 400 Pfund bei Sotheby's in London von Sidney Burney, dem Inhaber einer Kunstgalerie, erworben hatte. Kein Wunder, dass Mitchell-Hedges scheinbar unerklärlicherweise den Schädel nirgendwo in den verschiedenen Zeitungsartikeln über Atlantis erwähnt, die er in den Dreißigerjahren verfasste, und dass unter den Fotos von seiner Lubaatun-Expedition Aufnahmen des exotischen Artefakts fehlen. Ja, Mitchell-Hedges hat vor 1954 nichts über den Schädel geschrieben, bis er ihm ein paar vage Zeilen in seinem Buch *Danger My Ally* widmete – da erst erwähnt er zum ersten Mal seit seiner angeblichen Entdeckung im Jahr 1927 den Kristallschädel. Vielleicht merkte er deshalb an: »Wie er in meinen Besitz gelangte, muss ich aus gutem Grund verschweigen.« Einen weiteren Beleg, der dagegen spricht, dass Mitchell-Hedges das Artefakt in Belize entdeckte, lieferte die Juli-Ausgabe 1936 von *Man*, der Zeitschrift des Royal Anthropological Institute of Great Britain and Ireland. Sie enthält einen Artikel über eine an zwei Kristallschädeln durchgeführte Untersuchung, wobei der eine aus dem British Museum stammte und der andere als Burney-Schädel bekannt war. Letzteres Artefakt ist kein anderes als Mitchell-Hedges' Schädel, der sich damals offenkundig im Besitz des Kunsthändlers Sidney Burney befand. Nirgendwo in dem Artikel steht, dass er in den Maya-Ruinen von Lubaatun oder von F. A. Mitchell-Hedges entdeckt worden wäre. In seinem Buch *Secrets of the Supernatural* zitiert der Autor Joe Nickell einen Brief von Burney an das American Museum of Natural History aus dem Jahr 1933. Darin stellt Burney fest: »Der Bergkristallschädel befand sich mehrere Jahre im Besitz des Sammlers, von dem ich ihn gekauft habe, und der wiederum hatte ihn von einem Engländer, in dessen Sammlung er sich ebenfalls mehrere Jahre befunden hatte. Darüber hinaus bin ich nicht gekommen.« Gewiss ein beunruhigender Beweis, auch wenn er bloß Mitchell-Hedges' Geschichte in Zweifel zieht, nicht aber die Echtheit des Schädels überhaupt. Was auch immer Mitchell-Hedges bewogen haben mochte, sich diese exotische Geschichte auszudenken, so war dies nicht seine erste Räuberpistole, scheint er doch einen gewissen Ruf für großartige Geschichten gehabt zu haben (so habe er zum Beispiel ein Zimmer mit Leo Trotzki geteilt und mit Pancho Villa gekämpft).

Viele der angeblich übernatürlichen Eigenschaften und düsteren Legenden, die inzwischen mit dem Kristallschädel verbunden werden, lassen sich bis zu Mitchell-Hedges' Autobiographie von 1954, *Danger My Ally* (mit dem reißerischen deutschen Titel *Männer, Ungeheuer und Ruinen*), zurückverfolgen. In diesem Buch schreibt Mitchell-Hedges, der Schädel habe einem Hohepriester der Maya beim Absolvieren eines magischen Ritus gedient, bei dem es um einen tödlichen Fluch ging, der unweigerlich das Ableben des auserwählten Opfers zur Folge hatte. Die Macht des Schädels sei so furchtbar, dass er selbst ohne äußeres Zutun die Macht besitze, den sofortigen Tod herbeizuführen. Außerdem behauptet Mitchell-Hedges in seinem Buch, dass die

Herstellung des Schädels unglaubliche 150 Jahre gedauert habe und dass er mindestens 3600 Jahre alt sei. Er machte sich zwar nicht die Mühe, diese Behauptungen zu belegen, doch es gehört inzwischen zur Folklore, die sich mit dem Schädel verbindet, dass die Herstellung Jahrhunderte gedauert haben müsse. Die damit befassten Arbeiter hätten ihn jeden Tag ihres Lebens gerieben und poliert, um die perfekte Form zu erzielen.

Nach dem Tod von Mitchell-Hedges im Jahr 1959 ging der Schädel in den Besitz seiner Adoptivtochter Anna über, die ihn bis 1964 behielt, als sie ihn den befreundeten Kunstkonservatoren Frank und Mabel Dorland überließ, damit sie ihn einer gründlichen wissenschaftlichen Untersuchung unterzogen. Wurde der Schädel nicht studiert, bewahrte man ihn zur Sicherheit in einem Banktresor auf. Als das Konservatorenpaar ihn einmal ausnahmsweise mit nach Hause nahm und in die Nähe eines Kaminfeuers stellte, bemerkten sie die erstaunlichen optischen Effekte, die der Schädel bewirkte, wenn Licht durch ihn fiel. In manchen Geschichten ist auch vom Treiben eines Poltergeists die Rede, solange der Schädel sich im Haus befand. 1970 brachte Frank Dorland den Schädel in die Hewlett-Packard Laboratories in Santa Clara in Kalifornien (damals einer der Weltmarktführer für Elektronik, Computer und elektronische Quarztechnologie). Nachdem das Labor den Schädel untersucht hatte, erklärte man, an dem Kristall hätte man keinerlei mikroskopische Spuren feststellen können, die darauf hindeuten würden, dass er mit Metallinstrumenten bearbeitet worden sei. Das Labor fand außerdem heraus, dass der Schädel gegen die natürliche Körnung des Kristalls geschnitten wurde – man habe keine Ahnung, warum er bei der Herstellung nicht zersprungen sei. Daraus schloss Dorland, dass der ursprüngliche Quarzblock zuerst zu einer groben Form zurechtgemeißelt worden sein müsse, möglicherweise mit Hilfe von Diamanten, bevor er mit Wasser und Sand geschliffen und poliert wurde. Dieses sorgfältige langsame Vorgehen hätte laut Dorland bis zur Fertigstellung 300 Jahre gedauert, womit er die bereits unglaublich klingende Herstellungsdauer des Objekts glatt verdoppelte und gleich von mehreren Generationen von Arbeitern ausging.

Das Geheimnis, das die Herkunft des Schädels und seine Herstellung umgibt, bringt viele Leute zu der Überzeugung, dass hier übernatürliche Mächte am Werk gewesen sein müssten. Vielleicht ist der Kristall ja wirklich 36 000 Jahre alt und ist ein Überbleibsel der versunkenen Länder von Lemuria oder Atlantis? So sah es jedenfalls F. A. Mitchell-Hedges, und seine Tochter Anna glaubt, der Schädel stamme ursprünglich von einem anderen Planeten und sei in Atlantis aufbewahrt worden, bevor er zur Maya-Stätte von Lubaantun gelangte. Eine Reihe von Leuten haben den Schädel zum Kristallsehen benutzt und angeblich detailreiche Visionen antiker Kulturen gehabt. Andere haben das spontane Auftauchen und Verschwinden seltsamer Farben im Inneren des Kristalls oder gar holografische Bilder bemerkt. Auch unheimliche Laute und Poltergeistaktivitäten werden mit dem Schädel verbunden, und etliche Menschen bezeugen seine magischen und heilenden Kräfte. In einer Legende amerikanischer Ureinwohnern ist von 13 alten Kristallschädeln mit beweglichem Unterkiefer die Rede, die sprechen oder singen können. Wenn alle 13 gefunden und zusammengebracht würden, so die Legende, werde ihr kollektives Wissen – das auch den wahren Sinn und das Schicksal der Menschheit einschließt – der Welt offenbart werden. Viele sind überzeugt, dass der Mitchell-Hedges-Schädel einer dieser 13 Steine ist.

Im Laufe der Jahre ist Anna Mitchell-Hedges mit dem Schädel auf Tournee durch mehrere Städte in den USA gegangen, wobei sie eine Gebühr dafür erhob, das berühmte Artefakt sehen und berühren zu dürfen. Noch immer bleibt sie bei der Version, dass sie und ihr Vater den Schädel in Lubaantun gefunden hätten und behauptet, nach der Expedition habe F. A. Mitchell-Hedges den Schädel Burney als Sicherheit für ein Darlehen überlassen. Als ihr Vater gemerkt habe, dass Burney den Kristall veräußern wollte, habe er ihn sofort zurückgekauft.

Auch wenn manche Forscher der Ansicht sind, der Mitchell-Hedges-Schädel wirke viel lebensechter als die im Allgemeinen eher stilisierte Kunst von Südamerika, glauben andere, die Skulptur gehe aufgrund der Bedeutung des Schädels in ihrer Ikonografie und wegen einigen bekannten Exemplaren von aztekischen Werken aus Bergkristall auf die Azteken oder Maya zurück. Obwohl es keinen Beleg dafür gibt, dass der Mitchell-Hedges-Schädel oder jeder andere Kristallschädel in Südamerika gefunden wurde, erscheint ein aztekischer Ursprung im Augenblick die beste Hypothese zu sein. Man glaubt, der Schädel sei als sprechendes Orakel benutzt worden, wobei der separate Unterkiefer mit Draht am Kopf befestigt und vielleicht von einem Priester betätigt worden sei, um den Eindruck zu vermitteln, er würde sprechen. Wenn der Kristall dann noch das Licht eines dahinter entzündeten Feuers reflektiert hatte, war dies sicher ein unheimliches Schauspiel gewesen.

Aber damit ist die faszinierende Geschichte des Schädels noch nicht zu Ende. Als der Mitchell-Hedges-Schädel im Jahr 1936 erstmals untersucht wurde, diente ein weiterer Kristallschädel, schlicht der British-Museum-Schädel genannt, als Vergleichsobjekt. Dieser Kristall war 1897 von Tiffany's, dem New Yorker

Juwelier, erworben worden und ist mutmaßlich aztekischen Ursprungs. Die Untersuchung wurde von dem Anthropologen Dr. G. M. Morant vorgenommen, der feststellte, dass die beiden Schädel mehrere Unterschiede aufwiesen. So war zum Beispiel der British-Museum-Schädel in einem Stück ohne abnehmbaren Unterkiefer gefertigt, während der Burney-Schädel (wie der Anthropologe den Mitchell-Hedges-Schädel nannte) viel lebensechter und detailreicher war. Doch im Abschlussbericht seiner Untersuchung stellt Dr. G. M. Morant fest: »Es ist sicher, dass es die Darstellungen ein und desselben menschlichen Schädels sind, auch wenn der eine die Kopie des anderen sein mag.« Weil der Burney-Schädel mehr anatomische Details aufwies, hielt Morant ihn für den früheren der beiden und für die Nachbildung eines Frauenschädels.

Im Januar 2005 verkündeten Forscher des British Museum eine Sensation. Nachdem sie umfangreiche Tests mit Hilfe eines Rasterelektronenmikroskops vorgenommen hatten, gelangten sie zu der Schlussfolgerung, das Artefakt sei tatsächlich im 19. Jahrhundert und wahrscheinlich in Deutschland hergestellt worden. Bei den Untersuchungen wurden Spuren am Kristall nachgewiesen, wie sie für Juwelierinstrumente typisch sind, die erst im 19. Jahrhundert entwickelt wurden. Heute glaubt man, dass der Schädel für den französischen Sammler Eugène Boban produziert wurde, der ihn später an Tiffany's verkaufte. Boban war zwischen 1860 und 1880 Antiquitätenhändler in Mexico City gewesen und hat seine Schädel anscheinend irgendwo in Deutschland erworben. 1992 erhielt die Smithsonian Institution einen Kristallschädel von einer ungenannten Person, die behauptete, er sei aztekischen Ursprungs und 1960 in Mexico City gekauft worden. Doch die Forscher an der Smithsonian Institution ermittelten, dass der Bergkristall mit einer Trennscheibe oder einer Kreissäge bearbeitet worden war. Solche Werkzeuge konnten präkolumbianische Kristallbearbeiter nicht besessen haben. Jane MacLaren Walsh von der Smithsonian Institution entdeckte Dokumente, die bewiesen, dass der Schädel von Boban stammte. Und nicht nur das: Boban hatte auch mehrere andere angeblich antike Kristallschädel beschafft, von denen einige in verschiedenen Museen landeten, etwa ein Schädel, der sich früher im Pariser Musée de l'Homme befand und nun im Trocadero-Museum in Paris aufbewahrt wird. All diese Schädel waren tatsächlich zwischen 1867 und 1886 in Deutschland hergestellt worden.

Während die Existenz falscher Kristallschädel aus dem 19. Jahrhundert nicht unbedingt gegen die Echtheit des Mitchell-Hodges-Schädels spricht, lässt sie in der Tat Zweifel an der angeblich antiken Herkunft der bislang nicht untersuchten Kristallschädel aufkommen, die derzeit auf der ganzen Welt, meist in Privatsammlungen, existieren. Viele Forscher wundern sich zudem, warum sich Anna Mitchell-Hedges weigert, ihren Kristallschädel für eine Untersuchung mit dem Rasterelektronenmikroskop zur Verfügung zu stellen. Dadurch ließe sich das Objekt zwar nicht exakt datieren (alle Kristalle sind sehr alt), doch mit Sicherheit würde sich herausstellen, ob dieses rätselhafte Meisterwerk erst in relativ junger Zeit hergestellt wurde, ob es von den Maya oder Azteken stammt oder ob es einen völlig anderen Ursprung hat.

Das Voynich-Manuskript

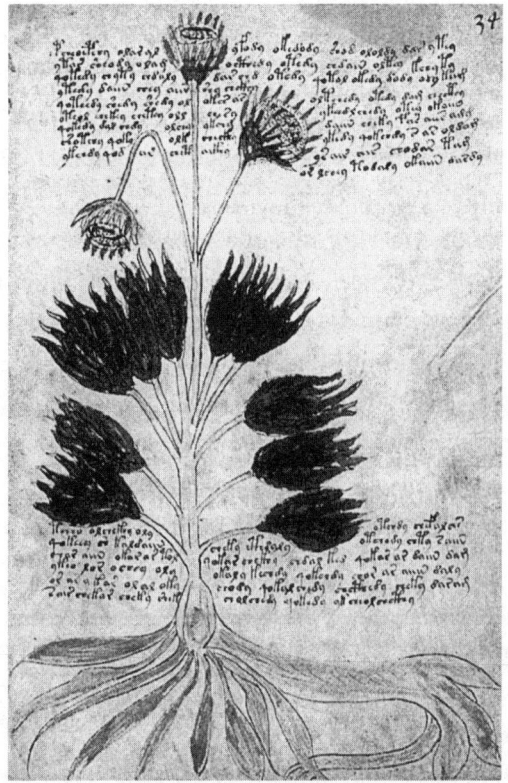

Ausschnitt aus der »kräuterkundlichen« Sektion
des Voynich-Manuskripts.

Das Voynich-Manuskript gilt als das geheimnisvollste Buch der
Welt und gibt der Wissenschaft seit 500 Jahren Rätsel auf. Es ist
von einem anonymen Autor in einer unverständlichen Sprache

geschrieben und mit unerklärlichen Symbolen und seltsamen Illustrationen versehen. Das Buch wurde nach Wilfrid Michael Voynich benannt, einem amerikanischen Antiquar polnischer Abstammung, der es zufällig 1912 in einer Sammlung alter Dokumente im Jesuitenkolleg in Frascati bei Rom entdeckte.

Das Voynich-Manuskript ist deshalb so rätselhaft, weil es in einer einzigartigen Schrift verfasst ist, deren Buchstaben weder dem Lateinischen noch einem anderen europäischen Alphabet ähneln. Seit seiner Entdeckung beschäftigen sich die bedeutendsten Kryptografen des 20. Jahrhunderts damit – bislang vergebens. Nachdem Voynich das Buch erworben hatte, fertigte er Lichtpausen davon an, die er an Kryptografen, Experten für alte Sprachen, Astronomen und Botaniker verteilte, aber niemand konnte etwas mit der im Manuskript verwendeten seltsamen Sprache anfangen.

Dr. William Romaine Newbold von der University of Pennsylvania, ein Fachmann für mittelalterliche Philosophie und Naturwissenschaft (und ebenfalls Kryptograf), glaubte 1919, er habe den Code geknackt. Später wurde seine Deutung jedoch widerlegt. Im Zweiten Weltkrieg studierten britische und amerikanische Dechiffrierer das Manuskript, vermochten aber nicht ein einziges Wort zu entschlüsseln.

Die Geschichte des Voynich-Manuskripts ist ebenso geheimnisvoll wie ungewöhnlich. Ursprünglich hat es vermutlich dem exzentrischen Kaiser Rudolf II. von Habsburg (1552–1612) gehört, der es um 1586 für 600 Golddukaten (heute rund 40 000 Euro) von einem unbekannten Händler gekauft haben soll – manche Forscher behaupten, bei diesem Händler könnte es sich um John Dee gehandelt haben, einem Okkultisten und dem Astrologen der englischen Königin Elisabeth I. Man weiß, dass sich auf der ersten Seite des Folianten die Signatur des Botanikers, Alchemisten und Leibarztes von Rudolf II., Jacobus Horcicky de Tepenecz, befindet. Er starb 1622, und der nächste identifizierte Besitzer des Buches ist ein Alchemist namens Georgius Barschius, der es in Anspielung auf seinen rätselhaften Inhalt, den er nicht zu übersetzen vermochte eine *Sphynx* nannte. Bei seinem Tod irgendwann vor dem Jahr 1662 hinterließ er das Buch zusammen mit seiner übrigen Bibliothek seinem Freund Johannes Marcus Marci, dem Rektor der Karls-Universität in Prag.

Zusammen mit dem Manuskript ist ein Brief von 1666 erhalten, den Marci auf Latein an den gelehrten deutschen Jesuiten Athanasius Kircher in Rom geschrieben hat. Er bietet das Manuskript Kircher zur Entschlüsselung an und erwähnt, es sei einst im Besitz von Kaiser Rudolf II. gewesen. Marci fügt hinzu, manche glaubten, das Manuskript sei von dem englischen Franziskaner und Philosophen Roger Bacon geschrieben worden, der von 1214 bis 1294 lebte, doch Marci selbst lässt keinen Zweifel daran, dass er nicht davon überzeugt war. Das Manuskript wurde das Eigentum von Kirchers Institut, der römischen Jesuitenuniversität (des Collegio Romano), wo es wahrscheinlich in der Bibliothek aufbewahrt wurde, bis Vittorio Emmanuele II. von Italien 1870 den Vatikanstaat annektierte und es in das Jesuitenkolleg in der Villa Mondragone gebracht wurde, wo Voynich es 1912 entdeckte. Nach Voynichs Tod im Jahr 1930 erbte es seine Witwe, die Autorin Ethel Lilian Voynich, und nach deren Tod (1960) wiederum ihre Freundin Anne Nill. 1961 machte der New Yorker Antiquar H. P. Kraus Schlagzeilen, als er ihr das Manuskript für 24 000 US-Dollar abkaufte. Das Manuskript wurde später auf 160 000 Dollar geschätzt, aber Kraus konnte es nicht verkaufen und stiftete es 1969 der Yale University, wo es bis heute in der Beinecke Rare Book and Manuscript Library aufbewahrt wird.

Das Manuskript hat ein Seitenformat von etwa 22,5 mal 16 Zentimeter und umfasst 102 Blätter oder 204 Seiten, obwohl es früher einmal über 270 gehabt hatte. Der chiffrierte Text wurde mit einem Federkiel geschrieben, der auch für die Umrisse der grob ausgeführten Zeichnungen verwendet wurde, die erst später koloriert wurden. Die meisten Seiten enthalten Abbildungen in Rot, Blau, Braun, Gelb und Grün, und diese Illustrationen deuten darauf hin, dass das Buch aus fünf Teilen besteht, die sich jeweils mit einem anderen Thema befassen. Der erste und längste Abschnitt, der beinahe die Hälfte des Buches füllt, wird die *kräuterkundliche* Sektion genannt. Jede Seite in diesem Abschnitt enthält eine oder zuweilen auch zwei Abbildungen von Pflanzen zusammen mit zugehörigen Textpassagen. Die abgebildeten Pflanzen lassen sich nicht immer eindeutig bestimmen, und einige sind wahrscheinlich Fantasieprodukte. Der nächste Abschnitt enthält (unter anderem) Zeichnungen von Sonnen, Monden und Sternen und wird daher die *astronomische* Sektion genannt. Der folgende Abschnitt wird die *anatomisch-balneologische* Sektion genannt, da er Abbildungen von offensichtlich anatomischen Figuren, darunter kleinen, nackten Frauen sowie Leitungen und Röhren, die Blutgefäßen ähneln, aufweist. Der vierte Abschnitt, die *pharmazeutische* Sektion, enthält Bilder von Pflanzenwurzeln, Blättern und anderen Pflanzenteilen sowie von beschrifteten Behältern, die vielleicht Apothekergefäße darstellen. Der fünfte und letzte Teil, die Sektion *Rezepte,* enthält eine Reihe kurzer Absätze, die jeweils mit einem Sternchen eingeleitet werden – vielleicht eine Art Kalender oder Almanach. Das Buch endet mit einer Seite, die den *Schlüssel* enthält.

1944 identifizierte Hugh O'Neill, Benediktinermönch und Botaniker an der Catholic University of America, einige in dem Buch abgebildete Pflanzen als südamerikanische Arten, insbesondere eine Sonnenblume und den Spanischen Pfeffer. Das hieße, dass das Manuskript nach 1493, als Kolumbus die Samen dieser Arten nach Europa brachte, entstanden sein muss. Doch die Illustrationen in dem Manuskript sind nicht eindeutig, und einige Forscher haben O'Neills Interpretationen bestritten. Eine interessante Entwicklung bahnte sich in den Siebzigerjahren des vorigen Jahrhunderts an, als sich Captain Prescott Currier, ein Kryptologe der US-Army, der Sache annahm. Aufgrund der statistischen Eigenschaften des Textes ermittelte er zwei verschiedene Stile im Manuskript, die er als zwei getrennte Sprachen interpretierte und A und B taufte. Seine Schlussfolgerung: Das Manuskript sei von mindestens zwei Personen geschrieben worden – denkbar ist aber auch, dass es von einer einzigen Person zu verschiedenen Zeiten geschrieben worden sein könnte.

Hinsichtlich der in dem Manuskript verwendeten Sprache sowie seines Ursprungs und Zwecks gibt es viele Theorien. Einer der am häufigsten genannten Namen ist der von Roger Bacon, einem Mann, der oft wegen seiner Schriften und seiner wissenschaftlichen Entdeckungen verfolgt wurde, als er noch lebte, und der in seinen Werken anmerkt, er müsse gewisse Geheimnisse durch Chiffrieren verbergen. Vor allem, weil Bacon als möglicher Autor in Marcis Begleitbrief zum Manuskript erwähnt wird, war Wilfrid Voynich beinahe sicher, er sei der ursprüngliche Autor gewesen und versuchte dies mit umfassenden historischen Recherchen zu beweisen. Er fand heraus, dass Dr. John Dee ein großer Sammler der Werke von Bacon gewesen war und mit Sicherheit Rudolf zur Zeit des mutmaßlichen ersten Auftauchens des

Manuskripts aufgesucht hatte. Belege dafür, dass die Seitenzahlen auf dem Manuskript von Dee selbst geschrieben worden seien, werden jedoch von vielen Dee-Kennern in Frage gestellt. Von diesen Seitenzahlen abgesehen gibt es keine direkte Verbindung zwischen Dee und dem Manuskript, und er selbst erwähnt es in seinen umfangreichen Tagebüchern nicht ein einziges Mal. Dennoch haben Voynichs Ideen die spätere Forschung und die Dechiffrierversuche erheblich beeinflusst. 1943 veröffentlichte der New Yorker Anwalt Joseph Martin Feely seine Abhandlung *Roger Bacon's Cipher: The Right Key Found*, in der er behauptete, der Text sei von Bacon in einer Art stark verkürztem mittelalterlichem Latein geschrieben worden. Dieser Vorschlag wurde nicht akzeptiert, und Bacon-Experten, die das Voynich-Manuskript untersucht haben, bestreiten seine Autorschaft.

Dr. Leo Levitov, der Autor des Buches *Solution of the Voynich Manuscript* (1987), behauptete, das Manuskript dechiffriert zu haben und bezeichnete es als ein liturgisches Handbuch für die Religion der Katharer im 12. bis 14. Jahrhundert. Doch das wird aufgrund der offenkundigen Unvereinbarkeiten mit den bekannten Praktiken der Katharer im Süden Frankreichs bestritten. In seinem 2004 erschienenen Buch *Pandoras Hope* meinte James Finn, die Sprache im Manuskript sei ein visuell codiertes Hebräisch. Seiner genialen Theorie zufolge sind die Wörter in der Chiffre die gleichen hebräischen Wörter, die im ganzen Text in verschiedenen Formen wiederholt werden – zum Beispiel findet sich *ain*, das hebräische Wort für *Auge*, im Text als *aiin* oder *aiiin*, sodass scheinbar verschiedene Wörter verwendet werden, während es sich eigentlich um Variationen desselben Wortes handelt. Diese Idee würde erklären, warum Gelehrte und Kryptografen so viele Probleme beim Dechiffrieren des Textes hatten.

Andererseits würde Finns Erklärung bedeuten, dass es eine große Menge möglicher Interpretationen desselben Textes gäbe und damit die Gefahr bestünde, dass die ursprüngliche Bedeutung verloren ginge oder missverstanden würde. Dieses Risiko hätte der Originalautor wohl nicht eingehen wollen.

Da alle Versuche, das Voynich-Rätsel plausibel zu lösen, bislang gescheitert sind, ist es längst von einer Aura des undurchdringlichen Geheimnisses umgeben, die vielleicht zu Recht besteht. Aber wegen der Unentzifferbarkeit, der außergewöhnlichen Merkmale des Manuskripts sowie der großen Häufigkeit von Wortwiederholungen und seiner fantastischen Illustrationen sind einige Forscher misstrauisch geworden – sie zweifeln an seiner Echtheit und vermuten eine kunstvolle Fälschung, die vielleicht von Wilfrid Voynich selbst stammt. Letztere Möglichkeit lässt sich jedoch dank der schriftlichen Belege für seine Existenz vor der Zeit, da es von Voynich erworben wurde, ausschließen.

Als Fälschung glaubt Dr. Gordon Rugg, Informatiker an der Keele University in England, das Voynich-Manuskript entlarvt zu haben. 2003 wies er nach, dass sich ein Text mit ähnlichen Merkmalen wie das Voynich-Manuskript mit Hilfe des so genannten Cardan-Gitters, das um 1550 zur Verschlüsselung von Texten erfunden worden war beliebig generieren lässt. Manche glauben, Edward Kelley, ein spiritistisches Medium, das mit John Dee zusammenarbeitete, habe das Manuskript getürkt, um es Kaiser Rudolf II. zu verkaufen, der bekanntlich an seltenen und ungewöhnlichen Gegenständen großes Interesse hatte. Doch es gibt, wie gesagt, keine direkte Verbindung zwischen Dee und dem Manuskript, und Kelleys Name wird nur deshalb ins Spiel gebracht, weil er, zusammen mit Dee, die Sprache *Enochian,* die ihm angeblich von Engeln offenbart worden war, benutzte und wahrscheinlich auch erfand. Untersuchungen dieser okkulten Sprache haben ergeben, dass sie nichts mit dem Inhalt des Voynich-Manuskripts zu tun hat. Gordon Ruggs Schlussfolgerung und alle anderen Vermutungen, das Voynich-Manuskript sei eine Fälschung, sind deshalb so problematisch, da die statistische Analyse des Buches Muster ergeben hat, wie sie auch in natürlichen Sprachen vorkommen. So folgt der Text beispielsweise Zipfs Gesetz, das sich mit der Häufigkeit von Wörtern in einem Text befasst. Es ist eher unwahrscheinlich, dass ein Fälscher im 16. Jahrhundert irgendwie einen Korpus von willkürlichem Text hätte produzieren können, der sich an dieses grundlegende Sprachgesetz hält.

Anscheinend ist das Manuskript also echt. Aber damit wissen wir noch immer nicht, welchem Zweck es diente. Heute ist man sich generell darin einig, dass es wahrscheinlich in Mitteleuropa des 15. oder frühen 16. Jahrhunderts geschrieben wurde. Man vermutet, dass es als Buch über mittelalterliche Heilkräuter oder als alchemistischer beziehungsweise astrologischer Text gedacht war. Bekannte Beispiele solcher Werke haben jedoch keinerlei Ähnlichkeit mit dem Voynich-Manuskript. Sicherlich hätte in diesem Fall niemand einen Code verwendet, der verblüffenderweise nicht zu knacken ist – es sei denn, die Informationen im Text waren entweder extrem gefährlich oder besonders geheim. Falls der Ursprung des Buches exakt bestimmt werden könnte oder falls sich die Identität der Person, die es an den Prager Hof von Rudolf II. brachte, ermitteln ließe, dann könnten wir seinen Zweck wohl eher verstehen. Im Jahr 2005 wurde das gesamte Manuskript zum ersten Mal in Faksimile von dem französischen Verleger Jean-Claude Gawsewitch unter dem Titel *Le Code Voynich* veröffentlicht. Dank des Internets tauschen heute hunderte von Gelehrten und begeisterten Amateuren Ideen und Theorien über dieses geheimnisvolle Manuskript aus, und mehr Menschen als je zuvor arbeiten derzeit an einer Lösung. Aber bislang konnten diesem merkwürdigen Buch seine Geheimnisse nicht entlockt werden. Vielleicht hat der Autor des Voynich-Manuskripts tatsächlich einen Code erfunden, der nicht zu knacken ist.

Dritter Teil

Rätselhafte Menschen

Die Moorleichen
Nordeuropas

Das Lütt-Witt-Moor, ein Regenmoor bei Henstedt-Ulzburg
in Norddeutschland.
Foto von Jan van der Crabben.

Während der letzten 300 Jahre wurden in den düsteren Hochmooren Englands, Irlands, der Niederlande, Deutschlands und
Dänemarks unglaublich gut erhaltene menschliche Leichname
entdeckt. Die meisten dieser Moormumien oder Moorleichen
stammen aus der Zeit zwischen dem 1. Jahrhundert v. Chr. und
dem 4. Jahrhundert n. Chr., die ältesten jedoch aus der Mittel-
steinzeit (vor etwa 10 000 Jahren). Außerdem gibt es einige mit-

321

telalterliche und neuzeitliche Exemplare. Die erstaunlichen Konservierungskräfte der Moore verhinderten den Zerfall dieser alten Überreste so wirksam, dass das Skelett zwar normalerweise nicht erhalten blieb, wir aber noch die Haut, die inneren Organe, den Magen (zuweilen samt den Resten der letzten Mahlzeit), die Augen, das Gehirn und das Haar vor uns haben.

Ein Regen- oder Hochmoor besteht zu etwa 90 Prozent aus Wasser. Dieses Wasser enthält gewöhnlich große Mengen von saurem Torf (zerfallende pflanzliche Materie). Ein derartiges Milieu lässt kein Bakterienwachstum zu, so dass in dieses Moorwasser eingetauchte organische Materialien wie etwa Leichname nicht zersetzt werden. Bestimmte Säuren, die in diesem Moorwasser enthalten sind, sorgen zusammen mit der kalten Temperatur und dem Sauerstoffmangel ebenfalls dafür, dass die Haut konserviert und gegerbt wird, was die dunkelbraune Färbung der meisten Moorleichen erklärt. Aber wie und warum fanden diese Menschen vor Jahrtausenden den Tod in abgelegenen Mooren? Immerhin wissen wir, dass zahlreiche dieser wieder entdeckten Leichen Anzeichen von extremer Gewalt, Folter und Mord aufweisen.

Die vielleicht berühmteste Moormumie ist der Tollundmann, den zwei Brüder im Mai 1950 beim Torfstechen nahe dem dänischen Dorf Tollund entdeckten. Als die Männer zum ersten Mal das Gesicht sahen, das ihnen da entgegenstarrte, hielten sie es für ein Mordopfer aus jüngster Zeit und verständigten sofort die örtliche Polizeibehörde. Eine anschließende Radiokarbondatierung der Haare des Tollundmannes ergab jedoch, dass er um 350 v. Chr. umgekommen war. Während der Leichnam aus seiner letzten Ruhestätte geborgen wurde, brach einer der Helfer zusammen und starb an einem Herzinfarkt. Vielleicht, so der inzwischen verstorbene dänische Archäologe P. V. Glob, habe das Moor ein Leben für ein Leben gefordert.

Zum Zeitpunkt seines Todes befand sich der Leichnam des Tollundmannes in einer fötalen Haltung. Bis auf eine spitze Pelzkappe und einen Ledergürtel war er nackt. Sein Haar war äußerst kurz geschnitten, und sein Kinn und seine Oberlippe zierten noch deutlich sichtbare Bartstoppeln. Ein aus zwei Lederschlingen bestehendes Seil war fest um seinen Hals gezurrt, daher glaubt man, dass er erhängt oder erdrosselt wurde. Eine Überprüfung seines Mageninhalts ergab, dass die letzte Mahlzeit des Tollundmannes eine Art Gemüse- und Samensuppe gewesen war. Interessanterweise stellten die Zutaten dieser Suppe eine Mischung verschiedener Arten wilder und kultivierter Samen dar, darunter eine ungewöhnlich große Menge Knöterich, die eigens dafür gesammelt worden sein muss. Möglicherweise war der Knöterich eine wichtige Zutat in einer rituellen letzten Mahlzeit, die zu einem heiligen Hinrichtungsritus gehörte. Auf diese Möglichkeit deuten auch das sorgfältige Arrangement der Leiche sowie die Tatsache hin, dass Augen und Mund geschlossen worden waren.

Rund 500 Moorleichen hat man in Dänemark gefunden – allerdings hat es dort seit den Fünfzigerjahren des vorigen Jahrhunderts keine neuen Funde mehr gegeben. Die 1879 in einem Moor bei Ramten in Jütland entdeckte Frau von Huldremose trug zwei Umhänge aus Schaffell, einen Wollrock, einen Schal und ein Haarband. Die Untersuchung der Leiche brachte grausige Details zutage: Ihre Arme und Beine waren wiederholt zerhackt worden, ein Arm war sogar vollkommen abgeschnitten, bevor sie im Moor versenkt wurde. Die Frau erlitt diesen brutalen Tod irgendwann zwischen 160 v. Chr. und 340 n. Chr.

1952 wurden bei Windeby in Schleswig-Holstein zwei Leichen in einem kleinen Moor gefunden. Die erste erwies sich als die Leiche eines Mannes, der stranguliert und dann ins Moor gelegt worden war, wobei der Leichnam von zugespitzten Ästen, die in den Torf um ihn herum gesteckt worden waren, festgehalten wurde. Die zweite Leiche hielt man zunächst für die eines etwa 14-jährigen Mädchens aus dem 1. Jahrhundert n. Chr. Bevor man es im Moor ertränkte, wobei ihr Leichnam durch einen großen Stein und Birkenäste gesichert wurde, hatte man ihm die Augen mit einem Tuchstreifen verbunden. Durch DNA-Analysen konnte inzwischen geklärt werden, dass es sich bei dem »Mädchen von Windeby« um einen männlichen Toten handelt.

Eine im Jahr 2000 im Uchter Moor in Niedersachsen entdeckte Moorleiche wurde zunächst für einen vor kurzem ermordeten Teenager gehalten. Erst als der Leichnam im Januar 2005 erneut untersucht wurde, identifizierte man ihn als eine junge Frau zwischen 16 und 20, die um 650 v. Chr. im Moor versenkt worden war. Seither nennt man sie das Mädchen aus dem Uchter Moor. Sogar ihr Haar ist erhalten, auch wenn sich die Archäologen nicht sicher sind, ob es ursprünglich blond oder schwarz war, da der Torf alle Haare rot färbt.

Der früheste Fund einer Moormumie in Europa ist die Kibbelgaarn-Leiche, die 1791 in den Niederlanden ausgegraben wurde. Im 19. und 20. Jahrhundert gab es hunderte derartiger Entdeckungen in Holland. 1987 startete das Drents-Museum in Assen ein Projekt zur systematischen Erforschung seiner Moorleichenbestände, das faszinierende und überaus wichtige Informationen über Alter, Geschlecht, Körperbau, Ernährung, Krankheiten, Todesursache und Kleidung erbrachte.

In England hat man aufgrund der großen Vielfalt an Mooren Leichname in unterschiedlichsten Erhaltungszuständen entdeckt. Die berühmtesten Moorleichen stammen aus dem Lindow Moss bei Wilmslow in Cheshire. Die Umstände der Entdeckung der ersten Leiche sind äußerst merkwürdig. 1983 ermittelte die Polizei in Macclesfield in Cheshire gegen einen Mann namens Peter Reyn-Bardt wegen des Mordes an seiner Frau Malika vor 23 Jahren. Während der Ermittlungen entdeckten Männer, die in einem Torfabstich neben Reyn-Bardts Garten arbeiteten, einen gut erhaltenen Schädel, der später als der einer Frau zwischen 30 und 50 identifiziert wurde. Als Reyn-Bardt mit diesem Beweisstück konfrontiert wurde, gestand er das Verbrechen und wurde aufgrund seines Geständnisses wegen Mordes verurteilt. Vor dem Prozess gegen Reyn-Bardt beauftragte die Polizei das Oxford University Research Laboratory for Archaeology mit der Untersuchung der Leiche. Die Analyse der Lindow-Frau, wie sie genannt wurde, ergab, dass sie 1660 bis 1820 Jahre alt war. Daraufhin legte Reyn-Bardt gegen seine Verurteilung Berufung ein.

Im darauf folgenden Jahr wurde die Leiche eines Mannes, die bis auf ein Armband aus Fuchspelz und einer dünnen Schnur um den Hals nackt war, in derselben Gegend ausgegraben. Der Lindow-Mann war um die 20, als er zwischen 50 und 100 n. Chr. starb. Die Untersuchung der Leiche ergab, dass ihm wahrscheinlich mit einer Axt zweimal mit solcher Wucht, dass Splitter des Schädels ins Gehirn eingedrungen waren, auf den Kopf geschlagen worden war. Außerdem war er mit der Ledergarrotte, die sich noch immer um seinem Hals befand, erdrosselt worden, und sein Hals wies außerdem eine klaffende Schnittwunde auf, die darauf hindeutet, dass ihm die Kehle durchgeschnitten worden war. Zwei oder drei Tage vor seinem Tod war ihm mit Hilfe einer Schere das

Haar geschnitten worden. Sein Mageninhalt bestand aus Brotfladen und Spuren von Mistelpollen, einer Pflanze, die den Kelten heilig war. Die Keltenkennerin und Archäologin Dr. Anne Ross glaubt, dass die dreifache Tötung des Lindow-Mannes zusammen mit der Brotkruste in seinem Magen und den Mistelspuren auf ein Druidenopfer hindeutet.

Über 80 Leichen wurden in den letzten beiden Jahrhunderten aus Mooren in Irland geborgen, und sieben davon wurden einer Radiokarbondatierung unterzogen. Im Unterschied zum übrigen Nordeuropa stammen die meisten dieser Leichen aus dem Spätmittelalter oder der frühen Neuzeit, obwohl einige der Eisenzeit zuzuordnen sind. Eine dieser Eisenzeitleichen, die auf die Zeit zwischen 470 und 120 v. Chr. datiert wurde, ist der Gallagh-Mann, der 1821 von der Familie O'Kelley bei Gallagh nahe Castleblakeney im County Galway gefunden wurde. Nachdem die Familie den Leichnam ausgegraben hatte, ließ sie den Gallagh-Mann gegen eine kleine Gebühr für Besucher wiederauferstehen, um ihn dann erneut zu bestatten. Dies geschah bis 1829, als der Leichnam ins National Museum gebracht wurde. Der Gallagh-Mann war bis auf einen Umhang aus Hirschhaut, der um die Kehle mit einem Band aus Weidenruten zusammengerafft war, die vielleicht zur Strangulierung dienten, nackt. Wie bei vielen anderen Moorleichen, die ein gewaltsames Ende gefunden hatten, war sein Haar gestutzt worden. Vielleicht war er als Verbrecher öffentlich hingerichtet worden, da der Leichnam mit zugespitzten Ästen am Boden fixiert war – möglicherweise wollte man verhindern, dass seine Seele entfliehen konnte. Diese Praxis kennt man auch von einigen dänischen Moorleichen.

1978 wurde die Leiche einer 25 bis 30 Jahre alten Frau im Meenybradden Bog bei Ardara im irischen County Donegal entdeckt.

Die Frau hatte kurz geschnittenes Haar, noch intakte Wimpern und Augenlider und war in einen wollenen Umhang gehüllt und sorgfältig ins Grab gebettet worden. Der Leichnam, der der Radiokarbondatierung zufolge aus dem Jahr 1570 stammte, wies keinerlei Anzeichen von Gewalt auf. Die Todesursache und die Bestattung im Moor sind noch immer ein Rätsel.

2003 wurden zwei weitere irische Moorleichen gefunden. Die erste wurde in Clonycavan im County Meath nördlich von Dublin entdeckt, die zweite im gerade 40 Kilometer entfernten Croghan im County Offaly. Der Old-Croghan-Mann, wie er genannt wurde, war Mitte 20 und ein fast zwei Meter großer Hüne. Man hat ihn auf die Zeit zwischen 362 und 175 v. Chr. datiert. Der Clonycavan-Mann, ein nur 1,50 Meter kleiner junger Mann, stammt aus der Zeit zwischen 392 und 201 v. Chr. Wie andere Moorleichen wurde auch sie vor ihrem Tod wahrscheinlich als rituelles Opfer brutal gefoltert. Dem Old-Croghan-Mann hatte man die Brustwarzen abgeschnitten und zwischen die Rippen gestochen. Ein Schnitt an seinem Arm deutet darauf hin, dass er versucht hatte, sich gegen den Angriff zu wehren. In beiden Oberarmen befanden sich auch Löcher, durch die ein dünner Haselnusszweig gezogen war, um ihn zu fesseln. Später hatte man ihn enthauptet und entmannt, bevor man ihn im Moor vergrub. Im Gegensatz zu seinem gewaltsamen Ende stellte sich heraus, dass der Croghan-Mann sorgfältig manikürte Nägel und relativ glatte Hände hatte, was darauf hindeutet, dass er wahrscheinlich nie irgendwelche körperlichen Arbeiten verrichten musste – möglicherweise war er ein Priester oder ein Angehöriger der Aristokratie. Der Clonycavan-Mann wies eine große Wunde am Kopf, verursacht durch eine schwere Axt, die ihm den Schädel zerschmettert hatte, sowie mehrere andere Verletzungen am Körper auf. Ein besonders auffälliges Merkmal war seine ungewöhnlich hoch aufgerichtete Frisur, für die er eine Art eisenzeitliches Haargel benutzt hatte, eine Form von Harz, das wahrscheinlich aus Südwestfrankreich oder Spanien stammte.

Ned Kelly, Kustos für irische Altertümer am irischen Nationalmuseum, hat eine Theorie entwickelt, um zu erklären, warum 40 in irischen Mooren entdeckte Leichen entlang der Grenzen von Stämmen und Königreichen gefunden wurden. Er glaubt, die Toten seien von den Königen Fruchtbarkeitsgottheiten geopfert worden, damit sie erfolgreich regieren konnten. Dies ist zwar gewiss eine mögliche Erklärung für viele irische Moorleichen, wie aber verhält es sich mit dem übrigen Nordeuropa? Die vielfältigen Arten, auf die viele dieser Menschen getötet wurden, deuten auf mehr als eine bloße Hinrichtung, sondern auf irgendeine Art von rituellem Opfer hin. Andere Motive können wir dem römischen Autor Tacitus entnehmen, der nach der Zeitenwende über die germanischen Völker schrieb. So erwähnt er einige interessante Bräuche im Zusammenhang mit Verbrechen und Strafe in ihrer Kultur: »Feiglinge, Kriegsscheue und körperlich Unzüchtige versenken sie im Schlamm und Sumpf und werfen noch Flechtwerk darüber.« Außerdem würden Ehebrecherinnen entkleidet, kahl geschoren und durchs Dorf gepeitscht. Es gibt Hinweise bei Tacitus, denen zufolge viele der Opfer in den Mooren gegen irgendein Gesetz oder Tabu der Gemeinschaft verstoßen hatten und dafür hingerichtet worden waren.

Ein weiteres interessantes Detail ist der ungewöhnliche Anteil an Moorleichen mit körperlichen Defiziten. So hatte eine der Leichen aus dem Lindow Moss sechs Finger, andere hatten Wirbelsäulenprobleme oder verkürzte Glieder. Vielleicht wurden solche Menschen geopfert, weil man glaubte, die Götter hätten sie durch ihre Missbildungen ausgesondert. Wir dürfen auch nicht vergessen, dass Moore trügerische Orte sind, und können daher die Möglichkeit nicht ausschließen, dass einige der so genannten Moorbestattungen die Folge eines Unglücks sind. Diese Menschen sind vielleicht einfach nur hineingefallen und untergegangen. Bei anderen könnte es sich um die Überreste von Armen oder Frauen, die im Kindbett starben, handeln und die in ungeweihtem Boden begraben wurden. Dies könnte eine Erklärung für die sorgfältige Bestattung des Mädchens aus Meenybradden in Irland sein. Wenn man allerdings die große Vielfalt möglicher Szenarien bedenkt, liegt es auf der Hand, dass es niemals nur eine einzige Erklärung für das schreckliche, aber faszinierende Geheimnis der Moorleichen geben wird.

Geheimnisse um Leben und Tod Tutanchamuns

Die goldene Totenmaske Tutanchamuns
im Ägyptischen Museum in Kairo.
Foto von Michael Reeve.

Howard Carters spektakuläre Entdeckung des beinahe unver-
sehrten Grabmals des jungen Pharaos Tutanchamun im Tal der
Könige im Jahr 1922 hat ein Interesse am alten Ägypten geweckt,

das bis heute anhält. Die legendäre Goldmaske von Tutanchamun ist geradezu *die* populäre Ikone der ägyptischen Kultur geworden. Doch diese überwältigenden Schätze haben den Menschen hinter der Maske in den Schatten gedrängt. Das wahre Leben des jungenhaften Königs von Ägypten war kurz und geheimnisvoll – seine Herkunft ist genauso unbestimmt wie der Zeitpunkt, zu dem er den Thron bestieg. Bis vor kurzem war auch die Ursache von Tutanchamuns Tod völlig unbekannt – war es ein Jagdunfall, oder starb er an einer Krankheit? Oder war er gar ermordet worden?

Tutanchamun bleibt trotz Carters Entdeckung ein Geheimnis. Das Grab war voller Reichtümer, insgesamt über 2000 Objekte, und die Mumie des jungen Pharaos befand sich in drei goldenen Särgen. Aber im Grab fand sich praktisch keinerlei Dokumentation, und das macht es äußerst schwierig, die genaue Geschichte von Tutanchamuns Leben zu rekonstruieren. Man glaubt, seine Eltern seien der ketzerische Pharao der 18. Dynastie, Echnaton, der Ägypten von 1367 bis 1350 v. Chr. (oder von 1350 bis 1334 v. Chr.) regierte, und seine geheimnisvolle zweite Frau Kija gewesen. Echnaton hatte die revolutionäre Kühnheit besessen, die traditionellen alten Götter von Ägypten durch einen einzigen Sonnengott namens *Aton* zu ersetzen. Daher lautete Tutanchamuns Name bei seiner Geburt eigentlich Tutanchaton (Lebendiges Bild von Aton) und wurde erst im ersten oder zweiten Jahr seiner Herrschaft, als der Polytheismus in Ägypten wiedereingeführt wurde, in Tutanchamun (Lebendes Bild von Amun) umgeändert. Tutanchamun bestieg den Thron etwa im Alter von neun Jahren, vielleicht um 1334 v. Chr., und herrschte ungefähr zehn Jahre lang. Weil der neue Pharao so jung war und keine lebenden weiblichen Verwandten im geeigneten Alter hatte, musste die beträchtliche Verantwortung der Regierungsgeschäfte (und seine persönliche Erziehung) großenteils in den Händen von Aya oder Eje, seinem obersten Minister, und von Haremhab, dem Kommandeur der Armee, gelegen haben.

Kurz nachdem Tutanchamun König geworden war, heiratete er seine Halbschwester Anchesenamun, eine Tochter von Echnaton und seiner ersten Frau Nofretete und Enkelin des Chefberaters Eje. Wir wissen nur sehr wenig über die Regierungszeit von Tutanchamun, der zunächst von Echnatons Stadt Amarna am Ostufer des Nils, rund 400 Kilometer nördlich von Luxor, aus regierte, bevor er in seine neue Hauptstadt Memphis übersiedelte, die rund 20 Kilometer südlich des heutigen Kairo am Westufer des Nils liegt. Wahrscheinlich haben Haremhab und Eje den neuen Pharao dazu bewegt, die Religion von Aton aufzugeben und zur alten Tradition zurückzukehren. Auf seiner Restaurationsstele im Tempel von Karnak in Theben sind Inschriften erhalten, die die von Tutanchamun ergriffenen Maßnahmen zur Wiedereinführung der alten Götter und Traditionen sowie die Gründung einer neuen Priesterschaft und Bau- und Restaurierungsprogramme an den Tempeln der alten Götter beschreiben.

Wir wissen, dass der Pharao und seine Frau zwei totgeborene Mädchen hatten, deren Mumien ebenfalls in seinem Grab entdeckt wurden. Und wir wissen, dass Tutanchamuns Leben, als er etwa 19 Jahre alt war, auf geheimnisvolle Weise jäh endete. Viele Forscher halten es für verdächtig, dass er starb, als er gerade alt genug war, seine eigenen Entscheidungen zu treffen und die Rolle des Führers seines Volkes zu übernehmen, statt sie weiterhin mit Eje und Haremhab zu teilen. Nach Tutanchamuns Tod heiratete Anchesenamun Eje, also ihren eigenen Großvater, wie man anhand eines Siegelrings weiß, der die Namen von Eje und Anchesenamun trägt. Dieser Heirat verdankte es Eje, der nicht von königlichem Blut war, dass er den Thron erbte. Kaum war sie wieder verheiratet, verschwindet Anchesenamun aus den Annalen, was vermuten lässt, dass sie ermordet wurde, möglicherweise auf Betreiben von Eje. Kurz nach dem Tod ihres ersten Mannes und bevor sie für immer aus der Geschichte verschwand, schrieb sie einen der spektakulärsten Briefe, den wir aus der Antike kennen.

Der Brief, der von einer ägyptischen »Königswitwe« verschickt wurde, ist auf das Ende der 18. Dynastie datiert und wurde in den Archiven der Hethiterhauptstadt Hattusa (dem modernen Bogazkale) in der Türkei gefunden. Das Dokument war an König Suppiluliuma I. der Hethiter gesandt worden, dem Herrscher einer damals aufstrebenden Macht im Nahen Osten und einer offenkundigen Gefahr für Ägypten. In diesem Dokument heißt es unter anderem: »Mein Gemahl ist tot, und ich habe keinen Sohn. Aber man sagt mir, dass du viele Söhne hast. Wenn du mir einen deiner Söhne schickst, könnte er mein Gemahl werden. Niemals werde ich einen meiner Diener zum Gemahl nehmen! Ich habe Angst!« Zunächst misstraute der Hethiterkönig den Motiven Anchesenamuns, aber nachdem er einen Boten nach Ägypten entsandt hatte, der die Lage sondieren sollte und mit einem zweiten Brief der ägyptischen Königin zurückkehrte, war er mit der Ehe einverstanden und schickte seinen Sohn, Prinz Zannanza, nach Ägypten. Doch der Prinz gelangte nur bis zur ägyptischen Grenze, bevor er starb – wahrscheinlich wurde er von einer ägyptischen Splittergruppe ermordet, der ein ausländischer König auf dem ägyptischen Thron ein Dorn im Auge war. Dieser Mord führte letztlich zum Krieg zwischen den Ägyptern und den

Hethitern, der mit der Niederlage Äyptens bei Amqa nahe Kadesh in Westsyrien endete. Manche Forscher sind der Ansicht, dieser unglaubliche Brief sei überhaupt nicht von Anchesenamun, sondern von ihrer Mutter Nofretete geschrieben worden. Dies ist insofern unwahrscheinlich, als Nofretetes Mann Echnaton einen Nachfolger hatte – warum also hätte sie solch einen Brief an einen ausländischen König schreiben sollen?

Welchen Grund könnte Anchesenamun gehabt haben, diese verräterische Korrespondenz zu betreiben, mit der sie praktisch einen feindlichen König bat, ihr Land zu erobern? Vielleicht ist der Tod Tutanchamuns (der ja keinen Erben hinterlassen hatte) das zentrale Problem. Einer Theorie zufolge wurden die Briefe geschrieben, weil die Ägypter die Bedrohung durch das vorrückende Hethiterreich leid waren und glaubten, eine Allianz mit den Hethitern durch eine Heirat würde Ägypten davor bewahren, erobert zu werden. Möglicherweise hatte die Königin vor, mit einem Hethiterkönig zu regieren, der durch die militärische Macht des Hethiterreiches unterstützt wurde, aber der Mord an Prinz Zannanza durchkreuzte ihren Plan. Und damit sind wir beim Schicksal von Tutanchamun selbst.

Seit Tutanchamuns Leichnam erstmals in den Zwanzigerjahren des vorigen Jahrhunderts von Howard Carters Team ausgewickelt und untersucht wurde, ranken sich wilde Spekulationen darum, wie und warum der König starb. Röntgenuntersuchungen des Schädels, die zuerst 1968 durch ein Team der Universität Liverpool, dann 1978 von Forschern der University of Michigan vorgenommen wurden, zeigen einen Knochensplitter im Schädel und eine Blutung am Hinterkopf, die möglicherweise durch einen gezielten Schlag verursacht worden war. Die Röntgenaufnahmen sowie die verdächtigen Umstände beim Tod von König Tut lassen viele Forscher darauf schließen, dass der Kindpharao ermordet worden sein müsse. Aber von wem?

Die Person, die am häufigsten als Drahtzieher der möglichen Ermordung von Tutanchamun genannt wird, ist der Mann, der am meisten durch seinen Tod profitierte, der ältere königliche Beamte Eje. Nach dem Ableben von Tutanchamun regierte Eje etwas mehr als vier Jahre als Pharao – er hatte ein Motiv für den Mord, auch wenn es derzeit keinerlei Beweis dafür gibt, dass er irgendetwas mit dem Tod des Königs zu tun hatte. Andere Forscher halten einen viel jüngeren Mann für den Schuldigen: Haremhab, der um 1321 v. Chr. als Nachfolger von Eje der letzte Pharao der altägyptischen 18. Dynastie wurde. Haremhab regierte 27 Jahre lang, und in dieser Zeit organisierte er einen großen Umbau des Landes, der dazu führte, dass Ägypten so stark und stabil wie seit vielen Jahren nicht mehr wurde. Er war auch entschlossen, Ägypten wieder völlig zur traditionellen Religion zurückzuführen, und daher machte er sich daran, alle Spuren des Aton-Kultes zu tilgen. Man glaubt, dass Tutanchamun auch deshalb auf der Liste der klassischen Könige Ägyptens fehlt, weil sich Haremhab das Werk des Kindpharaos einschließlich der Denkmäler in Karnak und Luxor zu Eigen machte. Könnte also eine dieser zweifelhaften Gestalten – oder vielleicht auch beide – den Tod des Kindpharaos geplant haben?

Im Januar 2005 wurde die erste Computertomografie an einer ägyptischen Mumie durchgeführt – an dem 3300 Jahre alten Skelett von Tutanchamun. Überraschenderweise fand das ägyptische Forscherteam keinerlei Beleg für einen Schlag auf den Hinterkopf des Jungen, ebensowenig wie andere Anzeichen von Gewalt. Im Untersuchungsbericht hieß es, das bei früheren Röntgenaufnahmen des Schädels identifizierte Knochenfragment hätte sich wahrscheinlich während des Einbalsamierens verlagert. Als Tutanchamun mumifiziert wurde, entfernte man sein Gehirn und füllte den Schädel mit großen Mengen Harz, das im Laufe der Zeit aushärtete. Wenn der Knochensplitter auf eine Verletzung vor dem Tod zurückzuführen wäre, würde er sich nicht mehr lose im Schädel befinden. Der dunkle Bereich am Hinterkopf auf den früheren Röntgenaufnahmen, den viele für eine Art von Trauma hielten, wurde von den Wissenschaftlern damit erklärt, dass der Schädel vom Körper abgetrennt worden war, damit er nach der Entdeckung durch Howard Carter fotografiert werden konnte. Dabei war ein Stab in den hinteren Teil des Schädels eingeführt worden, damit er aufrecht stehen blieb. Die Forscher gelangten zu der Schlussfolgerung, Tutanchamun sei ein zierlicher, aber relativ gesunder junger Mann gewesen, der ungefähr 1,65 Meter groß war. Mit Hilfe hochauflösender Fotos der Tomografie konstruierten drei Teams forensischer Künstler aus Frankreich, Ägypten und den USA separate, aber gleichartige Modelle vom Gesicht des Königs. Das Ergebnis weist nicht nur eine verblüffende Ähnlichkeit mit der berühmten Goldmaske auf, die das mumifizierte Gesicht von Tutanchamun bedeckte, sondern auch mit einem bekannten Bild des Pharaos als Kind, auf dem er als Sonnengott dargestellt ist, der sich in der Morgendämmerung aus einer Lotosblüte erhebt. Doch wie starb der König dann?

Als das Team Tutanchamuns Leichnam untersuchte, fand es einen Bruch im Oberschenkelknochen seines linken Beins, den Howard Carter einst auf die Einbalsamierung zurückgeführt oder als Beschädigung der Leiche nach dem Mumifizieren interpretiert hatte. Bei einer neuerlichen Untersuchung stellten die Wissenschaftler fest, dass sich Tutanchamun diesen schlimmen

Beinbruch nur Tage vor seinem Tod zugezogen hatte – die Folge war eine Gangrän, ein Wundbrand, der rasch zum Tod führte. Angesichts der gegenwärtigen Beweislage spricht also nichts für eine mörderische Verschwörung durch Tutanchamuns enge Berater Eje und Haremhab, sondern wahrscheinlich alles für eine Verletzung, vielleicht während eines Jagdunfalls, die nicht rasch genug behandelt worden war, um eine Infektion zu verhindern. Eine andere Frage ist es natürlich, ob Eje oder Haremhab aktiv hätten verhindern können, dass der Kindpharao an dieser Verletzung starb.

Der wahre Robin Hood

Statue von Robin Hood in Nottingham.
Foto von M. Rees.

In der populären Fantasie ist Robin Hood der archetypische englische Volksheld schlechthin. Seine Legende, die Menschen auf der ganzen Welt vertraut ist, ist auch nach Jahrhunderten noch präsent, sodass selbst die Namen von Robins Bande von Outlaws (Bruder Tuck, Little John, Will Scarlet, Allan a Dale und Maid Marion) vertraut sind. Der galante mittelalterliche Räuber, der die Reichen bestiehlt, um die Armen zu beschenken, und gegen die Ungerechtigkeit und Tyrannei von Autoritätspersonen wie Prinz John und dem bösen Sheriff von Nottingham kämpft, hat nichts von seinem Reiz verloren. Aber woher stammt diese Geschichte? Gab es einen echten Robin Hood, der sich im England des Mittelalters in den Wäldern versteckte, um die Rechte der Armen und Unterdrückten zu verteidigen?

Den ersten – bescheidenen, schriftlichen Verweis auf den Outlaw liefert William Langland in seiner um 1377 entstandenen allegorischen Verserzählung *Piers Plowman*, wenn eine der Figuren erklärt: »Ich kenne die Verse von Robin Hood.« Zum ersten Mal als Outlaw bezeichnet wird Robin in Andrew de Wyntouns *Original Chronicle of Scotland*, die um 1420 geschrieben wurde. In einem Eintrag für das Jahr 1283 nennt die Chronik Robin Hood und Little John als bekannte Waldräuber in Barnsdale im nordenglischen Yorkshire.

Fast 20 Jahre später erwähnt Walter Bower in seinem *Scotichronicon* Robin Hood, »den berühmten Halsabschneider«, sowie Little John in einem Eintrag für das Jahr 1266. Bower nennt die Outlaws im Zusammenhang mit Simon de Montforts Rebellion gegen Heinrich III. und versetzt sie erneut in den Barnsdale Forest nördlich ihrer traditionellen Heimat im Sherwood Forest in Nottinghamshire. Doch damals bedeckten die Wälder Englands eine viel größere Fläche als heute, und da Nottinghamshire und Yorkshire benachbarte Grafschaften sind, ist es möglich, dass sich Robin Hoods Abenteuer in beiden Wäldern abgespielt haben.

Die Major-Eiche, ein 800 bis 1000 Jahre alter Baum
im Sherwood Forest in Nottinghamshire – angeblich eines
von Robin Hoods Verstecken.

Weitere frühe Hinweise auf Robin Hood finden sich in Balladen und Liedern, die von Wanderspielleuten vorgetragen oder gesungen wurden. Die bedeutendste frühe Darstellung in Balladenform bildet *A Gest of Robin Hood* (*Gest* bedeutet wahrscheinlich so viel wie Taten), und davon wurden nach 1500, im Anschluss an die Einführung der Druckerpresse in England durch William Caxton, mehrere Auflagen gedruckt. Einige Forscher glaubten früher, die erneut im Wald von Barnsdale spielende Geschichte der *Gest* reiche viel weiter zurück als die gedruckten Ausgaben, vielleicht sogar bis 1360 oder 1400, aber inzwischen geht man eher von einer Zeit um 1450 aus. Zur Entstehungszeit dieser Balladen gab es bereits einige Elemente der Robin-Hood-Story, wie wir sie heute kennen. So wird Robin nicht nur von Little John begleitet, sondern auch von Will Scarlet und Much, dem Sohn des Müllers. Seine Feinde sind die reichen Äbte der katholischen Kirche (die er beraubt) und der Sheriff von Nottingham. Damals taucht auch zum ersten Mal das Bogenschießen auf, das der Sheriff veranstaltet, um den Outlaw zu fangen. Robin erledigt seine Feinde und schlägt dem Sheriff von Nottingham und dem Kopfgeldjäger Guy de Gisborne den Kopf ab. Wegen des Mordes am Sheriff wird er im Sherwood Forest von König Edward persönlich zur Strecke gebracht, aber begnadigt, als er ihm den Treueid schwört. Anschließend tritt Robin in die Dienste des Königshofs, was ihn jedoch bald langweilt, und er kehrt in den Wald zurück, um erneut als Outlaw zu leben. Viele Jahre später erkrankt er und sucht seine Kusine, die Priorin von Kirklees Abbey, auf, um sich behandeln zu lassen. Er weiß nicht, dass sie die Geliebte von Robins Feind Sir Roger of Doncaster ist, und heimtückisch lässt sie ihn verbluten. Bevor Robin stirbt, schießt er seinen letzten Pfeil aus dem Fenster und erklärt Little John, er solle ihn dort begraben, wo der Pfeil hinfalle.

Zu diesem Zeitpunkt fehlen noch immer einige populäre Aspekte der Erzählung. Noch werden die Normannen nicht als Schurken dargestellt, und es gibt auch keinen Kampf mit einem bösen Prinz John oder die Freundschaft mit seinem gütigen Bruder, König Richard Löwenherz. Erst in Sir Walter Scotts *Ivanhoe* aus dem Jahr 1819 wird Robin Hood als der Engländer eingeführt, der gegen die normannischen Unterdrücker kämpft. In Scotts Roman übernahm auch die Figur des Friar Tuck eine viel wichtigere Rolle. Im Gegensatz zu späteren Stücken und Geschichten, in denen er als Edelmann auftritt, wird Robin in den frühen Balladen als Freisasse (also ein Händler oder Kleinbauer) dargestellt, und nirgendwo heißt es, dass er den Armen gab. Erst 1598 wurde Robins Status angehoben: In einem Stück für ein aristokratisches Publikum avancierte er zu Robert, dem Earl of Huntingdon. Ebenfalls im späten 16. Jahrhundert wird die Romanze mit Maid Marian eingeführt, möglicherweise in Stücken, die für die May Games, Frühlingsfeiern, die Anfang Mai stattfanden, geschrieben wurden. Erst mit der Veröffentlichung von Thomas Love Peacocks Roman *Maid Marian* im Jahr 1822 wird Maid Marian zur Hauptfigur, obwohl sie immerhin bereits um 1500 mit der Erzählung in Verbindung gebracht wird.

Eine andere Frage ist, ob hinter diesen Balladen, Geschichten und Stücken eine historische Gestalt steckt, obwohl es natürlich viele Kandidaten gibt. Leider enthalten englische Aufzeichnungen aus dem 13. und 14. Jahrhundert viele Hinweise auf Menschen mit dem Familiennamen Hood, und da Robert und seine abgewandelte Form Robin damals auch ziemlich häufige Vornamen waren, ist es äußerst schwierig, den legendären Robin Hood ausfindig zu machen. Es gibt jedoch einige Ansatzpunkte. In den Aufzeichnungen der York-Assizes (eines vierteljährlich stattfindenden Schwurgerichts) von 1226 wird ein Mann aus Yorkshire namens Robert Hod als flüchtig erwähnt, und 1227 taucht er erneut unter dem Spitznamen Hobbehod auf, dessen Bedeutung jedoch unklar ist. Leider ist von diesem Robert Hod nichts weiter bekannt. Eine weitere Möglichkeit ist Robert Hode, der Sohn von Adam Hood, einem Förster in den Diensten John De Warennes, dem Earl of Surrey. Er wurde 1280 geboren und lebte mit seiner Frau Matilda als Pächter in Wakefield in Yorkshire. Wakefield ist nur 16 Kilometer von Barnsdale entfernt, dem Schauplatz von Robins Eskapaden in den

Balladen, und in einigen Erzählungen heißt es, Robin Hoods Vater sei ein Förster namens Adam. Der Name Matilda war auch Maid Marians richtiger Name in zwei elisabethanischen Stücken. 1317 verschwand Robert Hode, nachdem er es versäumt hatte, sich für den Militärdienst zu melden. Es gibt zwar mit Sicherheit einige Ähnlichkeiten zwischen diesem Robin aus Wakefield und dem Robin Hood der Legende, doch die Tatsache, dass Geschichten um den Namen Robin Hood bereits zu dessen Lebzeiten in Umlauf waren, würde darauf hindeuten, dass er ein wenig zu spät erschien, um in Frage zu kommen. Um diese Zeit ist aus Gerichtsakten schon ersichtlich, dass *Robinhood* ein Beiname für einen Outlaw geworden war, und vor 1300 gab es mindestens acht Personen, die den Namen entweder annahmen oder verliehen bekamen.

Dies lässt sich am Fall von William de Fevre aus Enborne in Berkshire veranschaulichen, der 1261 in Gerichtsakten aus Reading als Outlaw ausgewiesen wird. Ein Jahr später, an Ostern 1262, wurde er in einem königlichen Dokument in *William Robehood* umbenannt. Sollte dies nicht der Fehler eines Geistlichen sein, dann ist es insofern von Bedeutung, als dass zu diesem frühen Zeitpunkt die Legende von Robin Hood anscheinend schon so bekannt war, dass andere Outlaws nach ihm benannt wurden. Wenn dem so ist, hieße dies wiederum, dass der echte Robin Hood nicht später als 1261 oder 1262 aktiv sein konnte. Es könnte aber auch umgekehrt sein, indem der Spitzname Robin Hood, den man damals Outlaws gab, die Legende erst ins Leben rief. Daher ist dies kein eindeutiger Beweis für die Existenz von Robin Hood zu einem so frühen Zeitpunkt.

Eine faszinierende Theorie hat Tony Molyneux-Smith 1998 in seinem Buch *Robin Hood and the Lords of Wellow* entwickelt.

Demnach sei Robin Hood kein einzelner Mann, sondern ein Pseudonym, das von Nachkommen von Sir Robert Foliot angenommen wurde, die bis zum späten 14. Jahrhundert Lords von Wellow waren, das in der Nähe des Sherwood Forest liegt. Allerdings müsste diese Familie und ihre Herkunft noch genauer erforscht werden, wenn man in ihr den Ursprung der berühmten Outlawgeschichte nachweisen möchte.

Natürlich war Robin Hood nicht der erste und einzige Held einer mittelalterlichen Outlawgeschichte. Die tollkühnen Fluchten, Rettungen und Verkleidungen seiner Legende sind fast mit Sicherheit von konkreten wie mythischen Heldentaten realer Gesetzesbrecher beeinflusst worden. Ein Beispiel ist der Söldner und Pirat Eustace the Monk (um 1170–1217). Seine Taten werden in einem Ritterroman aus dem 13. Jahrhundert sowie von dem zeitgenössischen Historiker Matthew Paris in dessen *Chronica Maiora* (»Hauptchronik«) nacherzählt. Ein weiteres historisches Vorbild für die Robin-Hood-Legende ist Hereward the Wake. Dieser Räuberhauptmann aus dem 11. Jahrhundert führte den englischen Widerstand gegen Wilhelm den Eroberer an und verteidigte die Isle of Ely im sumpfigen Marschland südlich von Lincolnshire gegen die normannischen Besatzer. Bereits kurz nach seinem Tod wurde Hereward ein Volksheld, und binnen 100 Jahren wurden seine Taten in den Tavernen in Liedern gefeiert. Hereward war schon zur Zeit der um 1140 verfassten *Estorie des Engles* von Geoffrey Gaimar und der *Gesta Herewardii Saxonis* («Taten Herewards des Sachsen«) Legende. Viele Aspekte des Outlawhelden, die später mit Robin Hood verbunden wurden, finden sich in den Erzählungen von Hereward. Er war mutig, höflich, schlagfertig, ein Meister der Verkleidung und immer hellwach, wie schon sein Beiname *the Wake* verrät.

Ein weiterer Volksheld der damaligen Zeit war Fulk FitzWarin. Eine Geschichte aus dem frühen 12. Jahrhundert erzählt, wie Fulk, ein junger Edelmann, zu König Johann von England geschickt wird. Schließlich wird der König sein Feind und nimmt ihm das Land seiner Familie. Deshalb zieht Fulk sich in die Wälder zurück und lebt als Outlaw. Die Geschichte enthält einige Ereignisse, die besonders stark an Episoden in der Legende von Robin Hood erinnern. So stellt Fulk beispielsweise die Aufrichtigkeit reicher Reisender, die er überfällt, auf die Probe, und lockt König Johann in den Wald, damit er von seiner Räuberbande gefangen genommen werden kann. Die Erzählung von Fulk FitzWarin enthält jedoch wie alle frühen Heldensagen aus England ausgesprochen mythische Elemente (Riesen, Drachen, abenteuerliche Reisen), die in der Legende von Robin Hood fehlen.

Eine völlig andere Interpretation von Robin Hood basiert auf seiner Rolle in der englischen Folklore. Heidnische Themen wie der Grüne Mann (oder Robin Goodfellow) und der Wilde Mann aus den Wäldern mögen die Entwicklung der Legende von Robin Hood beeinflusst haben, und die May Games des 16. Jahrhunderts rankten sich sicherlich auch um seinen Charakter und seine Geschichte. Aber es ist doch eher unwahrscheinlich, dass Robin Hood nur eine Legende ist, die auf diese Maifeiern zurückgeht, zumal seine Geschichte offenbar vor jeder Verbindung mit den May Games bekannt gewesen ist.

Falls Robin Hood überhaupt existiert hat, dann muss er aufgrund der überzeugendsten Belege irgendwann im 13. Jahrhundert gelebt haben, obwohl er wahrscheinlich eher einen typischen Räuberhelden darstellt, der zum Teil aus geschichtlichen Gestalten zusammengesetzt ist, aber keine individuelle historische Identität besitzt. Die Legende um Robin Hood hat sich über mehr als 700 Jahre hinweg allmählich entwickelt, meist um die Bedürfnisse und Wünsche des Publikums zu befriedigen. Ja, sie entwickelt sich sogar heute noch weiter, wie die neuesten Mythen belegen, die der Film *Robin Hood: König der Diebe* mit Kevin Costner in der Hauptrolle 1991 beigesteuert hat. Hier wird Robin nicht bloß ans Ende des 12. Jahrhunderts als heimkehrender Kreuzfahrer versetzt, sondern er muss auch in den Wäldern gegen furchterregend bemalte keltische Krieger kämpfen – über 1000 Jahre nachdem diese gelebt haben. Zweifellos wird sich die Erzählung auch in Zukunft weiterentwickeln und verändern, wie dies schon in der Vergangenheit der Fall war – das gehört wohl zur mythischen Geschichte von Robin Hood.

Die Amazonen: Kriegerinnen
am Rande der Zivilisation

Karte des mutmaßlichen Landes der Amazonen.
London um 1770.

Seit etwa 3000 Jahren nimmt die Vorstellung von einem Stamm wilder Kriegerinnen am Rande der bekannten Welt unsere Fantasie gefangen. Von den altgriechischen und römischen Mythen und Historien bis zu modernen Fernsehserien wie *Xena: Die Kriegerprinzessin* wurde diese kriegerische, nur aus Frauen bestehende Gesellschaft immer wieder neu erfunden. Aber steckt hinter diesen Geschichten und Legenden irgendetwas Greifbares, gar eine historische Wahrheit?

Zum ersten Mal erfahren wir von den Amazonen als einem Stamm von Kriegerinnen in der *Ilias*, Homers Epos über den Trojanischen Krieg, das wahrscheinlich im 8. Jahrhundert v. Chr. verfasst wurde. Hier wird kurz erwähnt, dass sie Priamos, den König von Troja angriffen, als er sich auf einem Feldzug in der zentralen Türkei befand. Homer spricht von einer Horde »amazonischer Männinnen«. Nach ihm erweiterten viele griechische Schriftsteller den Charakter und mutmaßlichen Ursprung der Amazonen um weitere Elemente. Der griechische Historiker Herodot nannte sie um die Mitte des 5. Jahrhunderts v. Chr. *Androktones* (»Mörderinnen von Männern«) und erzählt (im Licht neuerer archäologischer Entdeckungen) eine interessante Geschichte über sie. Nachdem die Amazonen von den Griechen in der Schlacht von Thermodon im Norden der Türkei geschlagen wurden, brachte man gefangene Amazonen mit dem Schiff nach Griechenland. Unterwegs griffen sie ihre Entführer an und töteten sie, waren aber nicht in der Lage, das Schiff zu steuern und trieben nordwärts über das Schwarze Meer. Schließlich landeten sie am Ufer des Landes der Skythen, wo sie Pferde stahlen und Raubzüge unternahmen. Herodot berichtet, die Amazonen hätten ein Abkommen mit den Skythen, einem lockeren Netzwerk von berittenen Steppennomadenstämmen, getroffen und seien später Ehen mit diesen Männern eingegangen. Anschließend wären sie weiter nach Norden gezogen und hätten sich östlich des Don im heutigen Südrussland niedergelassen und sich letztlich zur sauromatischen Kultur entwickelt. Eine andere Geschichte wird von römischen Autoren erzählt. Danach hätten die Amazonen im Trojanischen Krieg als Verbündete von Priamos gegen die

Griechen gekämpft. Gegen Ende des Krieges, nachdem sie viele Griechen in der Schlacht getötet hatte, trat die Amazonenkönigin Penthesilea gegen Achilles an, der sie in einem blutigen Duell besiegte. Auch eine Reihe anderer griechischer Helden hätten sich mit diesen beeindruckenden Frauen erbitterte Zweikämpfe auf Leben und Tod geliefert.

Eines der zwölf Abenteuer des Herkules bestand darin, dass er den magischen Gürtel der Amazonenkönigin Hippolyte erobern musste. Herkules begab sich in Gesellschaft eines anderen griechischen Helden, Theseus, nach Themiscyra, der Hauptstadt der Amazonen am Fluss Thermodon an der Südküste des Schwarzen Meeres. Er tötete Hippolyte und nahm ihr den Gürtel ab, während Theseus die Prinzessin Antiope, eine von Hippolytes Schwestern, raubte. Um Antiope zu retten, überfielen die Amazonen Griechenland und griffen Athen an, wurden aber besiegt. In manchen Fassungen der Geschichte wird Antiope niedergemetzelt, als sie an der Seite von Theseus kämpft. An die mythischen Schlachten zwischen den Griechen und den Amazonen wurde oft in einem Genre der griechischen Kunst erinnert, der so genannten Amazonomachie – ein Beispiel davon, das in Marmor ausgeführt ist, stammt aus dem Parthenon in Athen. Einige Biographen von Alexander dem Großen erwähnen, er habe sich mit einer Amazonenkönigin namens Thalestris verbunden, und sie habe ein Kind von ihm empfangen; allerdings wird dies von dem griechischen Historiker und Biographen Plutarch in seinem Werk über das Leben von Alexander ebenso wie von anderen antiken Autoren bestritten.

Frühe griechische und römische Autoren verbanden verschiedene merkwürdige Bräuche mit den Amazonen. So bedeutet das Wort *Amazone*, das mittlerweile von dem iranischen Wort *ha-mazan* (Kriegerin) abgeleitet wird, im Griechischen *ohne Brust*. Die Griechen wollten wahrscheinlich damit eine Tradition erklären, derzufolge die Amazonen sich die rechte Brust absengten oder abschnitten, um ihre Bogensehnen leichter spannen zu können. Darstellungen von Amazonen in der griechischen Kunst jedoch zeigen sie immer mit zwei Brüsten. Ein anderer Mythos behauptet, dass die Amazonen Männern nicht gestatteten, in ihrem Territorium zu leben. Nur einmal im Jahr hätten sie sich, um ihre Art zu erhalten, zu einem benachbarten, rein männlichen Stamm begeben, den Gargarern. Die Mädchen, die aus diesen Verbindungen hervorgingen, wurden von den Amazonen aufgezogen und in Landwirtschaft, Jagd und Kriegskunst unterrichtet, während Knaben entweder getötet oder ihren Vätern übergeben wurden.

Das Heimatland der Amazonen wurde mit verblüffend vielen Orten verbunden – von der türkischen Schwarzmeerküste bis Südrussland, Libyen und sogar Atlantis. Angesichts derart abstruser Vorstellungen überrascht es nicht, dass man sich heute darin einig ist, dass die Amazonen einen Mythos darstellen. Doch seit kurzem sind die Gelehrten dabei, dank archäologischer Funde ihre Meinung zu ändern. Nach Herodot waren die Sauromaten in Südrussland Nachkommen der Amazonen und der Skythen. Zwar hatten russische Archäologen bereits seit der Mitte des 19. Jahrhunderts Skelette von Kriegerinnen in der Pontischen Steppe (den Grasländern nördlich des Schwarzen Meeres, die sich nach Osten bis zum Kaspischen Meer erstrecken) gefunden, doch westliche Gelehrte und Archäologen wussten entweder nichts von diesen Entdeckungen oder hatten sie nicht mit den Amazonen der griechischen Mythologie in Verbindung gebracht. Neuere Ausgrabungen, die von russischen und amerikanischen Archäo-

Amazone bereitet sich
auf die Schlacht vor
*von Pierre-Eugène-Émile
Hébert.*
*National Gallery of Art,
Washington, D.C.*
Unbekannter Fotograf.

logen durchgeführt und von Jeannine Davis-Kimball vom American-Eurasian Research Institute geleitet wurden, legen die Vermutung nahe, dass die griechischen Geschichten vielleicht doch auf Fakten basieren. Alte Grabhügel, so genannte Kurgane, die man bei der Stadt Pokrovka nahe der russisch-kasachischen Grenze gefunden hat, enthielten Skelette von Frauen, die mit Waffen begraben worden waren: Eisenschwertern oder -dolchen, Bronzepfeilspitzen, Bögen, Köchern und Pferdeharnischen. Die Gräber stammen aus dem 6. bis 4. Jahrhundert v. Chr. und deuten auf eine Kultur hin, der Kriegerinnen mit einem hohen Status angehörten.

Anfangs vermutete man, die Waffen hätten einem rituellen Zweck gedient, aber Untersuchungen der Skelette ergaben ein anderes Bild. So weisen einige der Schädel Verletzungen auf, und die gekrümmten Beinknochen eines 13- oder 14-jährigen Mädchens deuten auf ein Leben zu Pferde hin. Eine verbogene Pfeilspitze im Knie einer anderen Frau lässt auf eine Kampfwunde schließen. Die bei den Frauen gefundenen Waffen waren anscheinend häufig im Kampf eingesetzt worden und hatten auch kleinere Handgriffe als die mit den Männern begrabenen Waffen – vermutlich waren sie eigens für Frauen angefertigt worden. Könnten dies also die Gräber der legendären Amazonen sein? Wahrscheinlich nicht. In einer Hinsicht hatte Herodot Recht – mit Sicherheit gibt es sauromatische Kriegerinnen. Doch es gibt keine Beweise dafür, dass sie aus den Mischehen zwischen Amazonen und Skythen hervorgingen, die Herodot in seinen *Historien* erwähnt. Außerdem waren die sauromatischen Kriegerinnen nur eine relativ kleine Gruppe innerhalb des Stammes. Während 90 Prozent der begrabenen Männer Krieger waren, waren nur etwa 20 Prozent der Frauen mit Waffen bestattet.

Auch aus einem anderen Grund ist es unwahrscheinlich, dass die Sauromaten die Quelle der Amazonenmythen waren. In der griechischen Kunst und Literatur wurden Amazonen bereits im 8. Jahrhundert v. Chr. dargestellt, also mindestens 200 Jahre, bevor es irgendeinen Beleg für Kriegerinnen in der eurasischen Steppe gibt. Die frühesten griechischen Kolonien am Schwarzen Meer stammen aus dem 7. Jahrhundert v. Chr., obwohl wahrscheinlich schon früher Handelsfahrten unternommen wurden. Es wäre also gerade noch denkbar, dass Kriegerinnen in der Steppe schon früher existierten, als es die archäologischen Beweise gegenwärtig vermuten lassen, und dass die Griechen in Kontakt mit ihnen kamen, doch es gibt keinerlei Beweise für einen solchen Kontakt. Wie es aussieht, könnten die Kriegerinnen der sauromatischen Kultur den Amazonenmythos zwar beeinflusst haben, aber nicht dessen Quelle gewesen sein. Um das 4. Jahrhundert v. Chr. herum entwickelte sich die sauromatische zur sarmatischen Kultur, einem weiteren Nomadenstamm. In frühen sarmatischen Grabstätten befinden sich ebenfalls Kriegerinnen. Die Sarmaten drangen viel weiter nach Westen vor als ihre Vorläufer und kamen direkt mit den Römern in Kontakt. Vom 2. bis 5. Jahrhundert n. Chr. war die sarmatische Kavallerie im Dienste Roms sogar in Großbritannien aktiv. Allerdings ist nicht bekannt, ob zu dieser romanisierten Kavallerie auch Kriegerinnen gehörten.

Es gibt noch weitere Beispiele von Steppenvölkern, die Kriegerinnen hatten, etwa die Pazyryk-Kultur, die ebenfalls mit den Skythen verwandt ist. Die Pazyryken waren zwar sehr viel weiter östlich beheimatet als die Sarmaten (im sibirischen Altaigebirge), hatten jedoch fast identische Bestattungsbräuche und verwendeten Kurgane ähnlich denen, die man in der Ukraine und in Südrussland gefunden hat. Ein 1993 von der russischen Archäologin Natalia Polosmak gefundener Pazyryk-Kurgan aus dem 5. Jahrhundert v. Chr. wurde als Grabstätte der sibirischen Eisjungfrau bekannt, die allerdings keine Kriegerin, sondern eine hochrangige Priesterin war. Polosmak fand jedoch auch ein Grab, das die Skelette eines Mannes und einer Frau enthielt, die beide mit Pfeilspitzen und einer Axt bestattet worden waren.

Vielleicht haben Erzählungen von Reisenden über den höheren sozialen Status von Steppenfrauen den bereits existierenden griechischen Amazonenmythen eine realistischere Dimension vermittelt. Man kann die Amazonen aber auch als mythische Sinnbilder der Gefahren – und vielleicht der Barbarei – des Unbekannten verstehen, mit dem sich die Griechen konfrontiert sahen, als sie sich in neue Länder etwa an der Schwarzmeerküste vorwagten. Interessanterweise existierten die Amazonen für die Griechen ja stets am Rand der bekannten Welt, an den Grenzen der Zivilisation. Als die griechische Welt expandierte, entfernte sich die Heimat der Amazonen immer weiter. In den frühesten Hinweisen werden die Amazonen noch östlich von Griechenland in Kleinasien (Türkei) angesiedelt, wo sie angeblich die Städte Ephesus und Smyrna an der Ostküste gründeten. Zur Zeit von Herodot (5. Jahrhundert v. Chr.) waren sie bereits nach Südrussland gezogen, und als Diodoros von Sizilien im 1. Jahrhundert v. Chr. seine Universalgeschichte *Bibliotheke* schrieb, siedelte er die Amazonen schon im westlichen Libyen an.

Falls die Amazonenmythen an eine tatsächliche matriarchalische Kultur kämpfender Frauen erinnern, sollte man unbedingt bedenken, dass Homer bereits im 8. Jahrhundert so über sie schrieb, als wäre das Publikum schon mit dieser Thematik vertraut. Folglich müssen sie früher existiert haben, also wahrscheinlich irgendwann in der späten Bronzezeit oder frühen Eisenzeit (also zwischen 1600 und 900 v. Chr.). Am wahrscheinlichsten ist es, dass sie in Anatolien, den russischen Steppen oder im Kaukasusgebirge beheimatet waren. Derzeit gibt es keinerlei Beleg dafür, dass sich zu diesem frühen Zeitpunkt irgendwelche Kriegerinnen in diesen Gebieten befanden.

In gewisser Hinsicht spiegelt der Amazonenmythos zum Teil auch wider, wie die Griechen den Begriff des *Anderen* verstanden. So sollen die Charakteristika, die diesen Frauen in der Literatur und Kunst der Zeit verliehen werden, das Gegenteil von allem veranschaulichen, was eine normale Gesellschaft ausmacht. In der griechischen Gesellschaft beschränkten sich die Pflichten der Frauen insgesamt auf den häuslichen Bereich – mit Krieg und Politik hatten sie nichts zu tun. Im Gegensatz dazu trafen die Amazonen ihre eigenen Entscheidungen und kämpften ihre Schlachten. Derartige verkehrte Rollenmythen trugen dazu bei, den Status quo des griechischen Staates zu festigen, indem sie aufzeigten, wie unnatürlich eine Gesellschaft war, die sich so radikal von der eigenen unterschied. Und wenn die Barbarei mit der Kultur zusammenstößt – wie dies in den vielen Schlachten zwischen Amazonen und Griechen geschah –, muss sie natürlich verlieren.

Das Geheimnis von
»Ötzi«

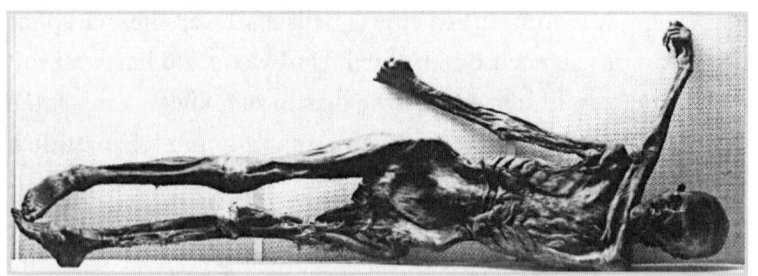

Skelett des Eismannes in der Universität Innsbruck.
© Universität Innsbruck, W. Platzer.

An einem klaren Tag im September 1991, hoch oben in den abgelegenen Ötztaler Alpen nahe der Grenze zwischen Italien und Österreich, machten zwei deutsche Bergwanderer, Helmut und Erika Simon, eine der unglaublichsten Entdeckungen des 20. Jahrhunderts. Mit dem Gesicht nach unten lag ein gefrorener Leichnam im Gletschereis. Weil das Ehepaar glaubte, es handle sich um die Überreste eines Bergsteigers, der bei einem Sturz in den Gletscher umgekommen war, verständigte es die Polizei, die die Stätte am folgenden Tag aufsuchen wollte. Weil der Gletscher schmolz, war es nicht ungewöhnlich, die Leichen von Kletterern zu finden, die in der Gegend bei einem Unfall umgekommen waren. Drei Wochen zuvor waren die mumifizierten Überreste eines Mannes und einer Frau entdeckt worden, die 1934 zu einer Wanderung aufgebrochen waren, von der sie nie zurückgekehrt waren. Am Tag nach Helmut und Erika Simons Entdeckung traf die österreichische Polizei ein und begann ein wenig ungeschickt den Leichnam aus seinem eisigen Grab zu befreien. Dabei wurde die Kleidung der Leiche teilweise zerrissen, mit einem Presslufthammer wurde ein Loch in seine Hüfte geschlagen, und der linke Arm zerbrach, als man versuchte, den Leichnam in einen Sarg zu zwängen.

Der Tote wurde zur Universität Innsbruck transportiert, wo eine sorgfältige Untersuchung ergab, dass es sich eindeutig nicht um einen neuzeitlichen Bergsteiger handelte. Mit Hilfe der Radiokarbondatierung ermittelte man, dass die Überreste diejenigen eines Mannes waren, der um 3200 v. Chr. (also in der Spätsteinzeit) gestorben und damit die älteste konservierte menschliche Leiche war, die je entdeckt wurde. Bei weiteren Untersuchungen stellte man fest, dass »Ötzi«, wie er genannt wurde (weil er in den Ötztaler Alpen gefunden wurde), 1,58 Meter groß und zwischen 40 und 50 Jahre alt war, als er starb, während die Todesursache ein Rätsel bleibt. Die Analyse seines Mageninhalts förderte die Überreste zweier Mahlzeiten zutage, wobei die letzte etwa acht Stunden vor dem Tod verzehrt worden war und aus einem Stück ungesäuerten Brots aus Einkornweizen, einigen Wurzeln und Rothirschfleisch bestanden hatte. Äußerst gut erhaltene Pollen aus den Eingeweiden deuteten darauf hin, dass Ötzi im späten Frühjahr oder im Frühsommer gestorben ist.

Ötzi hatte insgesamt 57 Tätowierungen an seinem Körper, kleine parallele Streifen und Kreuze, die mit einem Farbstoff auf Holzkohlebasis ausgeführt wurden. Da sich die Tätowierungen um Wirbelsäule, Lendenbereich, Knie und Knöchel konzentrierten, glaubt man, dass sie vielleicht nicht unbedingt dekorativer Art waren. Bei einer Untersuchung des Skeletts des Eismannes stellte sich heraus, dass er an Arthritis litt, und die Position der Tätowierungen an bekannten Akupunkturpunkten lässt viele Forscher vermuten, dass Ötzis Tattoos einem therapeutischen Zweck dienten.

Die Reste der Kleidung des Eismannes waren durch das Eis ziemlich gut konserviert. Als Ötzi starb, trug er Schuhe mit Bärenledersohlen und einem Oberteil aus Hirschleder und Baumrinde, die zum Wärmen mit weichem Gras ausgepolstert waren. Er war mit einem geflochtenen Grasumhang bekleidet, den er wahrscheinlich auch als Decke benutzte, sowie einer Lederweste und einer Bärenfellmütze. Zusammen mit der Leiche wurden verschiedene Gegenstände entdeckt, die der Eismann auf seiner letzten Reise bei sich trug: eine Kupferaxt mit einem Eibenholzgriff, einen unfertigen Eibenholzlangbogen, einen Köcher aus Hirschhaut mit zwei Pfeilen mit Feuersteinspitzen und zwölf unfertigen Pfeilschäften, ein Feuersteinmesser mit Eschenholzgriff, einen Kalbsledergürtel, einen Lederbeutel mit Medizinpilzen, einen Feuerstein mit Zunder zum Feuermachen, einen Rucksack aus Ziegenleder und eine Quaste mit einer Steinperle. All das sind Dinge von unschätzbarem Wert, wenn man sich ein Bild von Leben und Tod des Eismannes machen will.

Aber wer war dieser geheimnisvolle Reisende, und was hatte ihn dazu bewogen, sich über 3000 Meter hoch in die unwirtlichen Ötztaler Alpen vorzuwagen? Aufgrund einer DNA-Analyse war Ötzi ein enger Verwandter der Europäer, die um die Alpen herum wohnten. Weitere Isotopenanalysen seiner Zähne und Knochen durch den Geochemiker Wolfgang Müller von der Australian National University und Kollegen in den USA wie in der Schweiz haben Ötzis Geburtsort eingeengt – auf die Gegend um das Südtiroler Dorf Feldthurns, nördlich vom heutigen Bozen und damit etwa 50 Kilometer südöstlich der Stelle, wo er den Tod fand. Eine hohe Konzentration von Kupfer und Arsen in Ötzis Haar deutet darauf hin, dass er Kupfer geschmolzen und wahrscheinlich seine Waffen und Werkzeuge selbst angefertigt hatte.

Die erste weit verbreitete Theorie, warum der Eismann allein in den Ötztaler Alpen unterwegs war und wie er starb, besagte, dass er ein Hirte war, der seine Herde auf einer Hochalm weidete. Dabei sei er von einem für die Jahreszeit ungewöhnlichen Unwetter überrascht worden und habe Schutz in der flachen Rinne gesucht, in der er später gefunden wurde. Eine Variante dieser Theorie, die von Dr. Konrad Spindler, dem Leiter der wissenschaftlichen Untersuchung des Eismannes, vertreten wurde, basierte auf frühen Röntgenaufnahmen, die in Innsbruck von der Leiche gemacht worden waren. Sie scheinen an der rechten Seite der Leiche gebrochene Rippen aufzuweisen, die Spindler auf einen Kampf zurückführte, in den Ötzi verwickelt wurde, als er mit seiner Herde in sein Heimatdorf zurückkehrte. Ötzi sei zwar mit dem Leben davongekommen, aber schließlich an seinen Verletzungen an dem Ort gestorben, wo ihn die Wanderer über 5000 Jahre später fanden. Wissenschaftler wiesen jedoch durch neue Untersuchungen der Leiche im Jahr 2001 in einem Labor in Bozen nach, dass die Rippen erst *nach* dem Tod verbogen wurden, als Schnee und Eis gegen den Brustkorb drückten. Eine andere Theorie stellte eine Verbindung zwischen dem Eismann und den verschiedenen Moorleichen wie dem Tollund- und dem Lindow-Mann her, die aus den Hochmooren in Nordeuropa geborgen wurden. Viele dieser Leichen aus dem ersten Jahrtausend v. Chr. lassen erkennen, dass die Opfer vor ihrem Tod eine ähnliche Mahlzeit wie der Eismann zu sich genommen hatten und anscheinend rituell getötet worden waren, bevor man sie ins Moor warf. Könnte der Eismann somit ebenfalls ein rituelles Opfer gewesen sein? Dramatische Befunde der Untersuchungen in Bozen wiesen in eine andere Richtung.

Bei einer Computertomografie der Leiche entdeckte man einen Fremdkörper nahe der Schulter, der die Form eines Pfeils hatte. Weitere Untersuchungen ergaben, dass in Ötzis Schulter tatsächlich eine Feuersteinpfeilspitze steckte. Der Eismann war ermordet worden. Ein kleiner Riss, den man in Ötzis Umhang entdeckte, war anscheinend die Stelle, an der der Pfeil in seinen Körper eingedrungen war. Im Juni 2002 fand das Wissenschaftlerteam eine tiefe Wunde an der Hand des Eismannes sowie weitere Druckstellen und Schnitte an seinen Handgelenken und an seiner Brust – offensichtlich Abwehrwunden, die er sich nur Stunden vor seinem Tod zugezogen hatte. Faszinierenderweise wurden durch eine DNA-Analyse Blutspuren von vier verschiedenen Personen an Ötzis Kleidung und Waffen nachgewiesen: eine Sequenz an seiner Messerklinge, zwei verschiedene Sequenzen ein und derselben Pfeilspitze und eine vierte an seinem Ziegenlederumhang. Aufgrund dieser Entdeckungen wurden verschiedene neue Theorien aufgestellt, um zu erklären, was genau dem Eismann widerfahren war.

Die Tatsache, dass nur die Feuersteinspitze des Pfeils in der Leiche gefunden wurde, deutet darauf hin, dass entweder Ötzi selbst oder ein Gefährte den hölzernen Schaft herausgezogen hatte. Die Computertomografie wies nach, dass der tödliche Pfeil von unten eingedrungen war und Nerven und Hauptblutgefäße zerfetzte, bevor er im linken Schulterblatt stecken blieb und den linken Arm lähmte. Das Blut an Ötzis Umhang weist vielleicht darauf hin, dass auch sein Gefährte verwundet worden war und Ötzi ihn auf der Schulter getragen hatte. Einem möglichen Szenario zufolge waren Ötzi und ein oder zwei Begleiter Jäger, die mit einer rivalisierenden Gruppe möglicherweise wegen Revierstreitigkeiten aneinandergeraten waren. Das Blut an Ötzis Waffen veranschaulicht drastisch, dass er zwei Gegner getötet haben muss, wobei er seinen wertvollen Pfeil aus der einen Leiche gezogen und erneut verwendet hat, bevor er selbst tödlich verwundet wurde.

Doch mit dieser Version der Ereignisse sind nicht alle Forscher einverstanden. Laut Walter Leitner vom Institut für Ur- und Frühgeschichte an der Universität Innsbruck könnte Ötzi ein Schamane gewesen sein. Kupfer sei nämlich in der späten Jungsteinzeit ein seltenes Metall gewesen, und nur jemand, der in seiner Gemeinschaft großes Ansehen genoss, hätte eine Kupferaxt besessen. Schamanen kommunizieren bekanntlich auch mit der Geisterwelt an abgelegenen Orten wie dem Hochgebirge. Ötzi, so Leitner, sei wahrscheinlich ermordet worden, aber nicht in einem Revierstreit, sondern vielmehr von einer rivalisierenden Gruppe seiner Gemeinschaft, die die Macht an sich reißen wollte. Dieses Ziel sei zu erreichen gewesen, indem man den Schamanen tötete und behauptete, er sei bei einem Unfall gestorben. Eine weitere Hypothese geht von einem Ritualmord aus, bei dem das Opfer gejagt und mit einem Pfeil in den Rücken geschossen wurde. Derartige rituelle Tötungen wurden von römischen Chronisten festgehalten, die berichteten, sie seien von den Kelten praktiziert worden, und archäologische Belege von einem im äußeren Graben von Stonehenge entdeckten Skelett deuten darauf hin, dass es dort ebenfalls solche Opfer gegeben hat (siehe das Kapitel über Stonehenge).

Vor kurzem hat Lorenzo Dal Ri, Direktor des Amtes für Bodendenkmäler der Provinz Bozen, eine aufsehenerregende Behauptung aufgestellt. Er glaubt nämlich, der Tod des Eismannes sei auf einer antiken Steinstele festgehalten worden. Der verzierte Stein, der etwa genauso alt wie der Eismann sei, war zum Bau des Altars einer Kirche in Laces, einer Kleinstadt nahe dem Gebiet, wo Ötzi entdeckt wurde, verwendet worden. Eine der vielen Zeichnungen auf der Stele zeigt einen Bogenschützen, der gerade einen Pfeil in den Rücken eines unbewaffneten Mannes schießt, der anscheinend vor ihm davonläuft. Es gibt zwar keinen unmittelbaren Beweis dafür, dass der Stein mit dem Mord am Eismann zusammenhängt, doch die Ähnlichkeit zwischen dem Bildnis und dem Tod von Ötzi ist beunruhigend.

Gedenkstein für Ötzi im Ötztal.
Foto von Kogo.

Im Februar 2006 untersuchten Dr. Franco Rollo von der Universität Camerino in Italien und seine Kollegen mitochondrische DNA (die nur mütterlicherseits vererbt wird) aus den Darmzellen des Eismannes. Ihre Schlussfolgerung: Ötzi könnte unfruchtbar gewesen sein. Dr. Rollo stellte die Hypothese auf, dass die soziale Problematik seiner Zeugungsunfähigkeit ein Faktor bei den Umständen gewesen sein könnte, die zu seinem Tod führten.

Seit seiner Entdeckung im Jahr 1991 ist Ötzi so populär geworden, dass man mit ihm ein ähnliches Phänomen wie den »Fluch des Tutanchamun« verbindet. So muss man einräumen, dass es unter den Forschern, die mit der Entdeckung des Eismannes verbunden sind, eine hohe Sterblichkeitsrate gibt. Das scheinbar letzte Opfer war der 63-jährige Molekulararchäologe Tom Loy, der das menschliche Blut an Ötzis Kleidung und Waffen entdeckte – er starb im Oktober 2005 unter geheimnisvollen Umständen in Australien.

Zwei weitere Personen, deren Namen mit Ötzi verbunden sind und die vor kurzem starben, sind Dr. Konrad Spindler, der Leiter des Eismann-Untersuchungsteams der Innsbrucker Universität (er starb im April 2005 wahrscheinlich an Komplikationen einer multiplen Sklerose), und der ursprüngliche Entdecker des Eismannes, der 67-jährige Helmut Simon, der im Oktober 2004 in den österreichischen Alpen 100 Meter tief abstürzte. Zufällig starb auch Dieter Warnecke, einer der Männer, die Simons erfrorenen Leichnam fanden, kurz nach Simons Begräbnis an einem Herzinfarkt. Skeptiker erklären allerdings, dass der Tod von fünf oder sechs Menschen, die mit dem Eismann über einen Zeitraum von 14 Jahren verbunden waren, keineswegs besonders ungewöhnlich sei, und sie machen darauf aufmerksam, dass Bergsteiger wegen der Gefahren ihres Freizeitvergnügens natürlicherweise eine höhere Sterblichkeitsrate aufweisen.

Noch immer gibt es viele unbeantwortete Fragen zu Leben und Tod von Ötzi, der inzwischen im Südtiroler Archäologiemuseum in Bozen ausgestellt wird. Hoffentlich werden einige dieser Fragen beantwortet, wenn Wissenschaftler die Autopsie durchführen, um die Feuersteinpfeilspitze aus der Schulter des Eismannes zu entfernen. Bis dahin werden wir wohl auf mehr Informationen warten müssen, wie und warum Ötzi vor über 5000 Jahren in den eisigen Alpen den Tod fand.

Geschichte und Mythos
der Tempelritter

Außenansicht der Temple Church in London.

Der Templerorden war eine mächtige Bruderschaft, den geistliche Ritter um 1118 in Jerusalem gegründet hatten, vorgeblich um christliche Reisende im Heiligen Land zu schützen. Fast zwei Jahrhunderte lang genossen die Tempelritter ein beträchtliches Ansehen als unerschrockene Krieger. Mit ihrem berühmten weißen Umhang, den das rote Templerkreuz zierte, galten sie geradezu als Verkörperung des Kreuzritters. Was vielleicht weniger bekannt ist über die Tempelritter: Ihre Abenteuer im Heiligen Land wurden von einem Kapital finanziert, das in Europa durch den Kauf und Verkauf von Land angehäuft wurde und damit praktisch das erste Bankennetz der Welt begründete. Die gewaltsame Vernichtung des Templerordens, wahrscheinlich aufgrund einer Verschwörung zwischen dem französischen König Philipp IV. und Papst Clemens V., hat den Tempelrittern eine gleichsam mythische Aura verliehen. Von der Gründung des Freimaurertums bis zur Suche nach der heiligen Bundeslade hat man sie mit beinahe allem, was mystisch ist, in Verbindung gebracht. Wie aber lautet die wahre Geschichte hinter ihrer Gründung und ihrem Niedergang?

Ursprünglich waren die Templer eine Gruppe von neun Rittern, die von Hugo de Payens angeführt wurden, einem Edelmann aus der Champagne im Nordosten Frankreichs, und die ihre Dienste König Balduin II. von Jerusalem anboten, nachdem die Stadt 1099 während des ersten Kreuzzugs von den Muslimen zurückerobert worden war. Der Templerorden wurde anhand von streng geistlich-militärischen Maßstäben errichtet, und verpflichtete sich zu Armut, Keuschheit und Gehorsam. Er wollte die Pilger schützen, die nach der Eroberung ins Heilige Land reisten. 1118 überließ ihnen König Balduin als Unterkunft einen Teil seines Palastes auf dem Tempelberg in Jerusalem, der angeblich auf den Fundamenten des Tempels von Salomon errichtet worden war. Darum nannte man die Templer auch die Armen Ritter des Tempels von Salomon. Den offiziellen Segen der Kirche empfingen sie 1128 beim Konzil von Troyes, ihre Ordensregeln übernahmen sie von ihrem Schirmherrn, dem Abt Bernhard von Clairvaux. Hugo von Payens, der erste Großmeister des Ordens, begab sich 1128 nach England, um Geld zu sammeln und Rekruten für die Templer anzuwerben. Damit begann die Geschichte des englischen Templerordens. 1130 kehrte Hugo an der Spitze von 300 Rittern, die er überwiegend in Frankreich und England rekrutiert hatte, nach Palästina zurück; im selben Jahr schrieb Bernhard von Clairvaux »Zum Lob der neuen Ritterschaft« an Payens, um mit diesem Brief seine Unterstützung für den Orden zu bekunden. Der Brief wirkte sich nachhaltig für die Entwicklung der Templer aus, da er rasch in Europa zirkulierte und eine Reihe junger Männer motivierte, dem Orden beizutreten oder für seine gute Sache Land und Geld zu spenden.

Der Templerorden wurde in jedem Land auf die gleiche Art und Weise organisiert. Überall gab es einen Ordensmeister für die Templer in dem jeweiligen Land. Der erste Meister in England beispielsweise war im Jahr 1160 nachweislich Richard de Hastyngs. De Hastyngs unterstand wie jeder andere Meister dem Großmeister, der diese Position auf Lebenszeit innehatte und für die Organisation der militärischen Unternehmungen des Ordens im Heiligen Land ebenso wie für seine Geschäfte in Europa zuständig war. Die Details, wie man in den Orden eingeführt wurde, liegen im Dunkeln, und dies ist ein Faktor, der den Templern später in ihrer Geschichte zum Nachteil geriet. Man weiß immerhin, dass potenzielle Mitglieder nicht nur die Gelübde von Armut, Keuschheit, Frömmigkeit und Gehorsam abzulegen hatten, sondern auch von adeliger Geburt und bereit sein mussten, auf alle materiellen Güter zu verzichten und ihren gesamten Reichtum dem Orden zu überschreiben. Als Soldaten gelobten die Tempelritter, sich niemals dem Feind zu ergeben. Ein ruhmreicher Tod auf dem Schlachtfeld im Kampf für Gott und gegen die Mächte des Bösen garantierte dem Ritter, dass er direkt in den Himmel kam. Diese Todesverachtung machte die Templer zusammen mit ihrer rigorosen Ausbildung und strengen Disziplin zu gefürchteten Feinden auf dem Schlachtfeld.

Schon bald versicherte sich der Templerorden der Unterstützung durch den Heiligen Stuhl und die Monarchien von Europa. In England überließ König Heinrich II. den Templern Land in ganz Großbritannien, unter anderem umfangreichen Besitz in den Midlands. Am Ende des 12. Jahrhunderts errichteten die englischen Templer zwischen der Fleet Street und der Themse in London ihr Hauptquartier, die Temple Church (oder Round Church) nach einem auf der Kirche des Heiligen Grabes in Jerusalem basierenden Entwurf. Zur Kirche gehörte ein Gelände, das Wohnungen, militärische Ausbildungsanlagen und Erholungseinrichtungen enthielt. Ordensangehörige durften sich nicht ohne die Erlaubnis des Tempelmeisters in die Stadt London begeben.

Im Jahr 1200 gab Papst Innozenz III. eine päpstliche Bulle heraus, die allen Personen und Gütern in Häusern des Templerordens Immunität vor lokalen Gesetzen garantierte. Damit waren die Templer praktisch von allen Steuern und von der Abgabe des Zehnten ausgenommen, was entscheidend zur raschen Anhäufung von Reichtum durch den Orden beitrug. Dank ihres gewaltigen Besitzes in Europa konnten die Templer die großen Summen aufbringen, die zur Ausrüstung ihrer Soldaten und Hilfskräfte im Heiligen Land erforderlich waren. Ebenfalls mit Hilfe der Gelder, die sie durch Stiftungen und ihre weitgespannten Geschäfte in Europa einnahmen (die den Kauf und die Verpachtung von Land und Grundbesitz und das Verleihen von Geld umfassten) wurden an strategischen Punkten zahlreiche Festungen errichtet. Doch trotz all dieser Anstrengungen sollten sich die blutigen militärischen Auseinandersetzungen der Templer mit den zahlenmäßig überlegenen Streitkräften des Islam letztlich als erfolglos erweisen. 1291 wurden die Überreste der Templer von über 10 000 Mameluken bei der Stadt Akkon in Westgaliläa aufgerieben. Mit dieser Niederlage endete die christliche Kontrolle über das Heilige Land, und die Völker Europas begannen daran zu zweifeln, ob es noch Gottes Wille sei, Ritter zu entsenden, die gegen den Islam kämpften. Nachdem die Kreuzzüge vorüber waren und das Heilige Land verloren war, stellten sich viele auch die Frage, welche Funktion die Tempelritter nun hatten, da ihr eigentlicher Daseinszweck vernichtet war. Der Reichtum und die Macht samt der Befreiung von Steuerlasten und dem gewaltigen Grundbesitz in ganz Europa, den der Orden genoss, verschafften ihm viele – oft gefährliche – Feinde. Am Ende sollte dies sein Untergang sein.

Im Oktober 1307 ließ König Philipp IV. (»der Schöne«) von Frankreich alle Tempelritter, die er im Land finden konnte, gleichzeitig verhaften und einsperren. Er ließ auch ihren Grundbesitz und ihre bewegliche Habe beschlagnahmen und klagte den gesamten Orden wegen verschiedener ketzerischer Verbrechen an – so hätten die Templer das Kreuz bespuckt und mit Füßen getreten, Homosexualität praktiziert und Götzen angebetet. Eine Reihe von Tempelrittern wurden anschließend von Inquisitoren gefoltert, bis ihnen die gewünschten Geständnisse entlockt waren, und dann hingerichtet. Es ist äußerst unwahrscheinlich, dass unter solchen Umständen abgepresste Geständnisse irgendeinen Wahrheitsgehalt hatten. 1314 wurden die verbliebenen Templerführer, darunter auch der letzte Großmeister Jacques de Molay, auf einem Scheiterhaufen vor der Kathedrale Notre-Dame auf der Île de la Cité, einer Insel in der Seine in Paris, verbrannt. Bevor ihn die Flammen verschlangen, soll de Mo-

lay angeblich prophezeit haben, Philipp IV. und sein Mitver-
schwörer, Papst Clemens V., würden innerhalb eines Jahres um-
kommen. Ob de Molay dies nun prophezeit hat oder nicht – beide Männer starben binnen eines Jahres nach der Hinrichtung
des Großmeisters. Mit dem Tod von de Molay endete die turbu-
lente 200-jährige Existenz des Templerordens. Dies ist zumindest
die konventionelle Geschichte.

Verbrennung von Templern auf dem Scheiterhaufen.
Illustration aus der anonymen Chronik
Von der Schöpfung der Welt bis zum Jahre 1384.

Selbst nachdem Papst Clemens V. unter dem Einfluss von Philipp
den Orden 1312 offiziell auflöste, waren andere europäische Monarchen von der Schuld der Templer nicht überzeugt. In England

wurden zwar viele Tempelritter verhaftet und vor Gericht gestellt, doch die Mehrheit wurde als nicht schuldig befunden. Einige entkamen nach Schottland, das damals unter der Kontrolle des exkommunizierten Robert the Bruce stand, und waren daher von der päpstlichen Bulle, die den Orden verbot, nicht betroffen. Viele Theorien wurden aufgestellt, um zu erklären, warum Philipp IV. diesen grausamen Angriff auf die Templer anzettelte. Die meisten Forscher sind sich darin einig, dass der König den Templern ihren Reichtum und ihre Macht entziehen und sich mit allen dazu erforderlichen Mitteln aneignen wollte. Allerdings ist nicht klar, wie viel von dem Reichtum der Tempelritter Philipp tatsächlich an sich zu reißen vermochte.

Das plötzliche Ende der Tempelritter und das scheinbar völlige Verschwinden des Ordens und seines Vermögens lieferten reichlich Stoff für Legenden und abstruse Theorien. Es stimmt zwar, dass die Templer zum Teil in anderen Orden (etwa den Johannitern) aufgingen, doch ist nicht klar, was aus den schätzungsweise 15 000 Templerhäusern, ihrer Schiffsflotte, dem riesigen Archiv mit allen Details ihrer Geschäftsanteile und Finanztransaktionen sowie aus den Tempelrittern selbst wurde. In ganz Europa gab es immerhin zigtausende von Templern, von denen nur ein kleiner Bruchteil gefoltert und hingerichtet wurde. Was geschah mit den übrigen?

In England wurde die Grafschaft Hertfordshire angeblich ein Zufluchtsort für flüchtige Ritter aus ganz Europa. Die Kleinstadt Baldock in Hertfordshire war von den Templern gegründet worden und von 1199 bis 1254 das englische Hauptquartier des Ordens gewesen. Es ist mit Sicherheit nachvollziehbar, dass die Templer nach dem offiziellen Verbot des Ordens einfach weitermachten, indem sie sich heimlich in versteckten Räumen, Kellern und Höhlen trafen. Ein derartiger Treffpunkt der Templer könnte Royston Cave an der Kreuzung zweier Römerstraßen (Icknield Way und Ermine Street) in Hertfordshire gewesen sein. An den Wänden dieser Höhle befinden sich eine Reihe mittelalterlicher Ritzzeichnungen, viele davon heidnischen Ursprungs. Einige Figuren stellen jedoch möglicherweise die Heiligen Katharina, Lorenz und Christophorus dar. Für die Theorie, dass Royston Cave von den Templern benutzt wurde, sprechen ähnliche Zeichnungen im Tour de Coudray in Chinon in Frankreich, wo im Jahr 1307 viele Templer vor ihrer Hinrichtung gefangen gehalten wurden.

Einer anderen Theorie zufolge haben die Tempelritter, die nach Schottland entkamen, nach ihrer Verfolgung die schottischen Freimaurer gegründet. Anscheinend hat John Graham of Claverhouse, der erste Viscount Dundee (der 1689 in der Schlacht von Killiecrankie fiel), unter seiner Rüstung ein Templerkreuz getragen. Manche Forscher glauben, dass die Freimaurer des späten 17. Jahrhunderts Tempelritter unter einem neuen Namen waren.

Andere Legenden ranken sich um die angeblichen Schätze der Tempelritter. Da der Orden lange Zeit auf dem Tempelberg in Jerusalem untergebracht war, vermutet man, dass die Templer eigene Ausgrabungen an der Stätte vornahmen und vielleicht den Heiligen Gral, die Bundeslade oder sogar Fragmente des echten Kreuzes Jesu bargen. Einer Legende zufolge habe der Orden den Heiligen Gral unter dem Tempelberg gefunden und im frühen 14. Jahrhundert nach Schottland gebracht. Möglicherweise ist der Gral noch immer irgendwo unter der Rosslyn Chapel begraben, einer Kirche aus dem 15. Jahrhundert im Dorf Roslin in Midlothian.

Einige noch heute existierende esoterische Gruppen wie der Orden vom Sonnentempel behaupten, vom ursprünglichen Templerorden abzustammen, und viele andere Organisationen versuchen, den Geist der Templer wiederzubeleben. In unserer heutigen Welt mit ihrer Vorliebe für Verschwörungstheorien, Geheimwissen, düsteren okkulten Gruppen und seit langem verschwundenen Reliquien stellen die Tempelritter *die* archetypische Geheimgesellschaft dar. Doch die meisten Historiker glauben, dass das wahre Vermächtnis der Templer eher diesseitig ist und sich vorwiegend um Bankgeschäfte und den Ritterlichkeitskodex dreht. Aber die Tempelritter haben einen so mächtigen Einfluss auf die populäre Fantasie, dass sich wohl immer einige Menschen fragen werden, ob das wirklich alles ist, was von der Armen Ritterschaft vom Tempel Salomos übrig blieb.

Das prähistorische Rätsel um den
Homo floresiensis

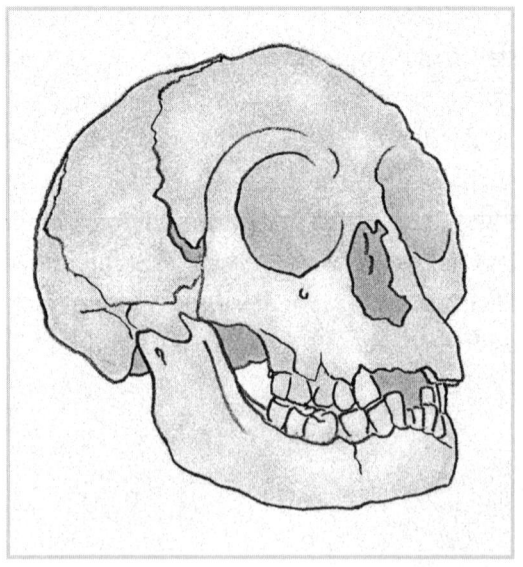

Der Schädel des Homo floresiensis.
Zeichnung von Rainer Zenz.

Es ist eine seltsame, prähistorische Welt, in der winzige Menschen Zwergelefanten, Riesenratten, gewaltige Komodowarane und noch größere Echsen jagen. Dieses Szenario mag eher an Science-Fiction-Romane wie Arthur Conan Doyles *Die vergessene Welt* erinnern als auf wissenschaftlichen Fakten beruhen, doch das kann sich dank neuerer Entdeckungen auf einer entlegenen indonesischen Insel entscheidend ändern. Die Insel Flores zwischen Sumatra und Osttimor ist denn auch in den letzten Jahren Mittelpunkt einer heftigen Kontroverse geworden.

Im September 2003 grub ein internationales Forscherteam unter Leitung von R. P. Soejono vom Indonesia Center for Archaeology und Michael Morwood von der University of New England in Armidale in einer großen Kalksteinhöhle namens Liang Bua. In einer Tiefe von sechs Metern entdeckten sie das nahezu vollständige Skelett einer Frau um die dreißig. Das Skelett, das auf die Forscher wie eine Hominidenart wirkte, war nur knapp einen Meter groß. In der Nähe wurden andere verstreute Knochen derselben Spezies gefunden – bislang wurden die Skelettteile von neun Individuen ausgegraben. Mit Hilfe der Radiokarbon- und der Thermolumineszenzdatierung wurde ermittelt, dass die ältesten Überreste etwa 94 000 und die jüngsten bis zu 12 000 Jahre alt sind.

In der Höhle wurden zusammen mit den Hominiden ebenfalls Reste von Fischen, Fröschen, Schlangen, Schildkröten, Riesenratten, Vögeln und Fledermäusen sowie größeren Tieren wie einem Miniaturstegodon (einem ausgestorbenen Zwergelefanten), Komodowaranen und einer größeren Echse gefunden. Die Entdeckung von Gesteinsbrocken, die durch Feuer abgesprengt waren, und von verkohlten Knochen in Schichten, die auch Teile von Hominidenskeletten enthielten, lässt darauf schließen, dass der *Homo floresiensis* das Feuer beherrschte. Ein weiterer bedeutender Fund in der Höhle war eine Ansammlung relativ raffinierter Steinwerkzeuge, etwa kleiner Klingen, die an Holzschäften montiert gewesen sein könnten. Einige der Steinwerkzeuge wurden in unmittelbarer Nachbarschaft des Stegodons gefunden, das vermutlich von den Floresianern gejagt worden war.

Das Team veröffentlichte seine erstaunlichen Funde im Oktober 2004 in der wissenschaftlichen Zeitschrift *Nature*. Die

Schlussfolgerung, die es aus den Entdeckungen auf Flores zog, waren, gelinde gesagt, unglaublich. Die Forscher erklärten, sie hätten eine neue Spezies kleinwüchsiger Menschen entdeckt, die sie *Homo floresiensis* nannten. Sie hielten es auch für möglich, dass diese Spezies auf der Insel Flores bis in spätere Zeit überlebt habe. Das Skelett wurde Little Lady of Flores (oder LB1) genannt, und die Spezies bekam den Spitznamen Hobbits (nach J. R. R. Tolkiens Romanzyklus *Herr der Ringe*). Alle Individuen waren etwa einen Meter groß, hatten lange Arme und Schädel von der Größe einer Grapefruit. Sie waren ausgewachsene Zweibeiner, besaßen aber ein extrem kleines Gehirn (etwa ein Drittel der Größe eines Gehirns heutiger Menschen und etwas kleiner als das Gehirn eines Schimpansen). Sie fertigten raffinierte Werkzeuge an, jagten Minielefanten und lebten zur selben Zeit wie die Menschen, die das Gebiet kolonisierten. Die Forscher folgerten, dass die Floresianer keine Pygmäenform moderner Menschen waren, sondern eine verkleinerte Form des *Homo erectus*, dem östlichen Verwandten des europäischen Neandertalers, der vor rund 30 000 Jahren vom modernen Menschen ausgelöscht worden war. Auch der *Homo erectus* verschwand kurz bevor moderne Menschen in seinem Territorium eintrafen.

Eine wichtige Frage im Hinblick auf den Fund lautet, wie die Forscher die geringe Größe des *Homo floresiensis* erklären. Einer Theorie zufolge ist die Insel Flores besonders isoliert, und vor der Neuzeit sei sie nur von einer begrenzten Gruppe von Tieren bewohnt gewesen, die dorthin gelangt waren. Diese Tiere sahen sich anschließend ungewöhnlichen Evolutionskräften ausgesetzt, die einige Arten zum Gigantismus trieben – etwa die Rieseneidechse oder den Komodowaran (der noch heute lebt) – und andere verkleinerte – zum Beispiel den Zwergelefanten (Stegodon). Das

Team glaubt, *Homo floresiensis* sei ein Nachkomme des *Homo erectus*, der vielleicht vor 840 000 Jahren nach Flores gelangte. In der Isolation der Insel entwickelte er allmählich einen kleinen Körperbau, weil er dem gleichen Anpassungsprozess ausgesetzt war, der auch die Größe der Elefanten reduziert hatte. Die geringe Größe könnte durchaus aufgrund der Ressourcenknappheit auf Flores entstanden sein.

Die völlig unerwartete Entdeckung des *Homo floresiensis* gilt weithin als bedeutendstes Ereignis in der jüngeren Geschichte. Dieses neue Mitglied der Gattung *Homo* könnte sogar unser Wissen über die Entwicklung des Menschen verändern. So glauben wir beispielsweise, dass die Herstellung ausgeklügelter Werkzeuge ein großes Gehirn erfordere. Doch das kleine Gehirn der Lady aus Flores stellt dies in Frage und deutet darauf hin, dass die Forscher frühere Annahmen hinsichtlich der Intelligenz und der Fähigkeiten unserer Ahnen mit ihren kleinen Gehirnen überdenken müssen. Einer der Entdecker des *Homo floresiensis*, Dr. Michael Morwood, glaubt sogar, dass die Floresianer vielleicht eine primitive Sprache besaßen, mit der sie sich auf der Jagd nach Minielefanten und Rieseneidechsen verständigt haben. Andere Wissenschaftler hingegen widersprechen ihm und verweisen auf die Tatsache, dass Schimpansen und sogar Wölfe auch ohne den Gebrauch von Sprache kooperativ jagen können.

Die Entdeckung von Flores widerlegt auch die konventionelle Anschauung, dass der *Homo sapiens* allein auf der Erde umherstreifte, nachdem die Neandertaler vor etwa 30 000 Jahren ausgestorben waren. Den Floresianern gelang es offenbar, bis weit in die Neuzeit hinein zu überleben und im Unterschied zur Mehrheit anderer archaischer Menschenformen mit modernen Menschen zu koexistieren. Das hieße, dass zwei verschiedene

Menschenarten, nämlich der *Homo sapiens* und der *Homo flore-siensis*, gleichzeitig parallel auf der Erde gelebt hätten. Allerdings wurden auch Überreste moderner Menschen auf Flores gefunden, doch die frühesten sind erst 11 000 Jahre alt, sodass die beiden Arten nicht unbedingt zur selben Zeit auf der Insel gelebt haben müssen.

Die Reaktionen der wissenschaftlichen Gemeinschaft wie der Öffentlichkeit waren beinahe so extrem wie die Entdeckung selbst. So erklärte Chris Stringer, der Leiter der paläologischen Abteilung im Londoner Natural History Museum, »viele Forscher (auch ich) haben diese Behauptungen bezweifelt«, und er fügte hinzu, mit einer Überraschung wie den kleinen Floresianern habe er niemals gerechnet. Er spekulierte auch darüber, ob die langen Arme möglicherweise darauf hindeuten, dass *Homo floresiensis* viel Zeit in den Bäumen verbracht habe. »Wir wissen das natürlich nicht. Aber wenn Komodowarane herumlungern, möchte man am liebsten mit seinen Babys in Sicherheit auf einem Baum sitzen.«

Es gab und gibt noch immer viele Forscher, die den Schlussfolgerungen entschieden widersprechen, die aus den Funden in der Liang-Bua-Höhle gezogen wurden. Indonesiens führender Paläoanthropologe Teuku Jacob hat behauptet, LB1 gehöre überhaupt keiner neuen Spezies an, sondern der modernen Menschenrasse der Australomelanesiden und sei daher bloß 1300 bis 1800 Jahre alt. Jacob und mehrere andere prominente Forscher glauben, die Knochen seien in Wirklichkeit die eines modernen Menschen (*Homo sapiens*), höchstwahrscheinlich die eines Pygmäen mit einem Hirndefekt, der so genannten Mikrozephalie. Man ist sogar der Meinung, dass die Knochen von Vorfahren der heutigen Pygmäenbewohner des Dorfes Rampasasa, das in der Nähe der Liang-

Bua-Höhle auf Flores liegt, stammen. Die Mikrozephalie ist eine Krankheit, bei dem Schädel und Gehirn ungewöhnlich klein sind und die häufig mit einer geistigen Behinderung verbunden ist. Um diese Theorie zu stützen, hat der Anatom Maciej Henneberg behauptet, der LB1-Schädel sei fast identisch mit einem mikrozephalischen Exemplar aus Kreta. Doch Peter Brown, Hauptautor des *Nature*-Artikels und außerordentlicher Professor an der University of New England in New South Wales, lehnt diese Erklärung ab. Er begründet dies damit, dass nur ganz wenige Menschen mit diesem Defekt tatsächlich das Erwachsenenalter erreichen und dass mikrozephalische Schädel eine Reihe ausgeprägter Merkmale aufweisen, die der Schädel von LB1 nicht besitzt. Brown stellte außerdem fest, da es inzwischen Knochen von neun Individuen aus der Liang-Bua-Höhle gebe, die alle den gleichen kleinen Körperbau aufweisen es viel schwieriger zu behaupten sei, dass eine ganze Population an Mikrozephalie gelitten habe.

Anfang 2005 untersuchte ein unabhängiges Team internationaler Experten unter Leitung von Dr. Dean Falk von der Florida State University den Schädel von LB1. Ihre Ergebnisse erschienen im März 2005 in der Zeitschrift *Science*. Sie verglichen ein dreidimensionales Bild des Gehirns von LB1 mit den Gehirnen einer Reihe unterschiedlicher Arten: einem Schimpansen, einem modernen Menschen (einem heutigen Pygmäen), einem Mikrozephaliker und *Homo erectus*. Weitere Vergleichsanalysen wurden bei primitiven menschenartigen Lebewesen wie *Australopithecus africanus* und *Paranthropus aethiopicus* sowie bei modernen Gorillas durchgeführt. Die Schlussfolgerung des Teams: Das Gehirn von LB1 unterscheidet sich völlig von dem eines Pygmäen oder eines Mikrozephalikers und ähnelt am ehesten dem von *Homo erectus* – somit sei dies »in der Tat eine neue Spezies Mensch«. Doch diese Ergebnisse haben die Kritiker nicht verstummen lassen. Sie behaupteten, Dr. Falk und ihr Team hätten keinen Schädel mit der korrekten Form von Mikrozephalie verwendet. Und damit geht der Streit weiter.

Es besteht immerhin die Möglichkeit, dass die Frage nach dem wahren Ursprung und der Identität der Floresianer mit Hilfe der DNA-Analyse geklärt werden könnte. Das vergleichsweise geringe Alter des Skelettmaterials und die Tatsache, dass es noch nicht versteinert ist, deuten darauf hin, dass eine solche Analyse möglich wäre. Doch da DNA bei hohen Temperaturen rasch abgebaut wird, sind die Erfolgschancen mit Hilfe dieser Methode wegen des tropischen Klimas Indonesiens eher gering. Vielleicht gestatten weitere Funde vollständigerer Skelettmaterialien aus der Liang-Bua-Höhle einen DNA-Test, doch es wird sich erst herausstellen müssen, ob LB1 jemals eine DNA-Probe entnommen werden kann. In diesem Fall könnte sich ein völlig neues Bild von der Evolution des Menschen ergeben.

Was nun das Schicksal der kleinen Inselmenschen betrifft, so hat anscheinend ein Ausbruch eines der zahlreichen Vulkane auf der Insel in der Nähe der Liang-Bua-Höhle vor etwa 12 000 Jahren die lokale Population des *Homo floresiensis* ebenso wie einen Großteil der einzigartigen Fauna von Flores ausgelöscht. Dennoch kann ein Teil der Population von *Homo floresiensis* noch viel länger in anderen Teilen der Insel überlebt haben. Die heutigen Bewohner von Flores kennen nämlich interessante Legenden über die Existenz kleiner behaarter Menschen auf der Insel, die sie *Ebu Gogo* nennen, was so viel wie *Großmutter, die alles isst* bedeutet. Diese Ebu Gogo sind etwa einen Meter groß und haben lange Arme und Finger – Merkmale also, wie sie auch der *Homo flo-*

resiensis aufweist. Die Ebu Gogo konnten sich auch mit einer primitiven Sprache verständigen und wie Papageien wiederholen, was Dorfbewohner zu ihnen sagten.

Anscheinend wurden die Ebu Gogo zum letzten Mal kurz bevor holländische Siedler sich im 19. Jahrhundert auf Flores niederließen, gesichtet. Es gibt auch eine interessante Verbindung zwischen den Floresianern und der Insel Sumatra, wo es ebenfalls Berichte über einen anderen einen Meter kleinen Humanoiden gibt, den so genannten Orang Pendek. Zoologen katalogisieren seit über 150 Jahren Beobachtungen von einem geheimnisvollen Menschenaffen im Gebiet des Kerinci-Seblat-Parks in Westsumatra, und man hat Fußabdrücke und Haare gefunden, die möglicherweise von diesem Lebewesen stammen. Forscher, die an den Funden von Flores arbeiten, vertreten die These, dass die Orang Pendeks überlebende Exemplare des *Homo floresiensis* auf Sumatra sein könnten. Henry Gee, leitender Redakteur bei der Zeitschrift *Nature*, geht sogar noch weiter und erklärt, die Entdeckung, dass der *Homo floresiensis* bis in so junge Zeit (geologisch gesehen) überlebt habe, »spricht eher dafür, dass in Geschichten von anderen mythischen, menschenähnlichen Lebewesen wie Yetis doch ein Körnchen Wahrheit steckt … Die Kryptozoologie, das Studium solcher fabelhaften Lebewesen, kann möglicherweise noch mit einigen Überraschungen aufwarten.«

Andere Forscher bestehen darauf, dass die Möglichkeit, ein lebendes Exemplar des *Homo floresiensis* oder der Ebu Gogo zu finden, nicht rundweg von der Hand zu weisen wäre, besonders da Südostasien relativ reich an Funden von Säugetieren ist, die die Wissenschaft nicht kennt. Dazu gehören zum Beispiel eine Antilopenart, *Pseudoryx nghetinhensis*, auch Vietnamesisches Waldrind genannt (das erst 1993 an der Grenze zwischen Laos und

Vietnam entdeckt wurde), oder der Kouprey, eine Wildrindart, die der westlichen Wissenschaft erst seit 1937 bekannt ist. Bert Roberts und Michael Morwood sind überzeugt, dass eine genaue Erforschung des auf Flores verbliebenen Regenwaldes und der mit den Ebu-Gogo-Legenden verbundenen Höhlen wichtige Proben von Haaren oder anderen Materialien, vielleicht sogar lebende Exemplare ausfindig machen könnte. Sie halten es auch für wahrscheinlich, dass die Skelettüberreste anderer, gleichermaßen abweichender *Homo*-Arten in anderen isolierten Gegenden Südostasiens der Entdeckung harren. In der Tat deutet der Umstand, dass eine vergessene *Homo*-Spezies wie der *Homo floresiensis* zwar noch vor gar nicht so langer Zeit gelebt hat und doch bis 2003 unbekannt geblieben ist, entschieden darauf hin, dass es erheblichere Lücken in unserem Wissen über die Menschheitsgeschichte gibt, als wir es uns je hätten träumen lassen.

Die Magier und der
Stern von Bethlehem

*Die drei Weisen aus dem Morgenland, Balthasar, Melchior
und Kaspar genannt, auf einem Mosaik aus dem
späten 6. Jahrhundert in der Basilika
Sant'Apollinare Nuovo in Ravenna in Italien.*

Die Magier oder Weisen kennen die meisten Menschen aus der
Bibel als die heiligen drei Könige aus dem Morgenland. Das Matthäusevangelium schildert, wie sie dem Stern von Bethlehem
folgen, um den Erlöser zu finden und ihm ihre Gaben von Gold,
Weihrauch und Myrrhe darzubringen. Aber haben diese geheimnisvollen Weisen mit ihren exotischen Geschenken eigentlich

außerhalb dieser biblischen Geschichte existiert? Und wenn ja: Was war der Stern von Bethlehem?

Das Wort *Magi* (der Plural von *Magus*) ist lateinisch und geht auf das griechische Wort *Magoi* zurück, dieses wiederum auf das altpersische Wort *Maguš*. Eine der frühesten Erwähnungen der Magoi findet sich bei dem griechischen Historiker Herodot (um 484–um 425 v. Chr.), der anmerkt, sie seien eine heilige Priesterklasse, die in Media lebe (etwa dem nordwestlichen Teil von Iran und dem Gebiet Kurdistans), sowie einer der sechs Stämme, aus denen die Meder ursprünglich bestanden. Doch als sich das Persische Reich im 6. Jahrhundert v. Chr. bis in ihr Territorium ausgedehnte, hätten es die Priester der alten medischen Religion, die möglicherweise mesopotamischen Ursprungs war, für erforderlich gehalten, ihre Praktiken dem monotheistischen zoroastrischen Glauben anzupassen, auch wenn dies ein langsamer und schmerzlicher Prozess gewesen war. Als Dareios der Große, von 521 v. Chr. bis 486 v. Chr. persischer Kaiser und einer der frühen Könige der Achämeniden-Dynastie (um 560–330 v. Chr.), entdeckte, dass die Magi am medischen Hof geschickte Traumdeuter waren, habe er ihnen vor der Staatsreligion von Persien den Vorrang gegeben. Als Herodot dies schrieb, waren die Magi jedenfalls bereits Priester der persischen zoroastrischen Religion geworden, wobei ihre Rolle etwa der von Schamanen oder Medizinmännern entsprach. Ihre Pflichten bestanden zum Teil auch darin, den persischen Kaisern als astrologische Berater zu dienen, und schon bald erlangten sie einen mächtigen religiösen Einfluss und wurden im ganzen Reich als weise Männer geachtet.

Eine wichtige Quelle für die Magier unter Dareios sind die Keilschrifttäfelchen aus Persepolis, eine umfangreiche Sammlung altpersischer Verwaltungstexte aus der Zeit von 506 bis 497 v. Chr.

In diesen Texten wird den Magi eine Doppelfunktion zugeschrieben, da sie sowohl religiösen wie politischen Einfluss ausübten. Diese Doppelrolle von Verwaltungsbeamten und Priestern war damals eine gängige Praxis in nahöstlichen Gesellschaften. Den Magi wurden wichtige religiöse Aufgaben übertragen, wie es die Schilderung des Lan-Opfers in der persischen Hauptstadt Persepolis veranschaulicht. Da die Täfelchen die Magi als Hüter des Feuers bezeichnen, ist dieses Ritual anscheinend eine Art Feueropfer für Ahuramazda (den Herrn der Weisheit), den höchsten Gott Altpersiens, gewesen. Zusammen mit den Aussagen altgriechischer Autoren deuten die Keilschrifttäfelchen darauf hin, dass die Magi am Hof der persischen Kaiser auf allerhöchster Ebene in die religiöse Praxis und die Verwaltung eingebunden waren.

Als Alexander der Große im Winter 331 v. Chr. Persien eroberte, fand die Achämeniden-Dynastie ein abruptes Ende. Zwar heißt es in antiken Quellen, dass an Alexanders Hof auch Magi an irgendwelchen Ritualen beteiligt gewesen seien, doch ist auch klar, dass Alexander viele zoroastrische Heiligtümer zerstörte, weil er wahrscheinlich in dieser Religion eine Bedrohung für seine Autorität erblickte.

Der griechische Schriftsteller und Geograf Strabon (um 63 v. Chr. – um 21 n. Chr.) schildert eine Sekte von Magiern in Kappadokien (der zentralen Türkei). Er nannte sie Feueranzünder, die Feuertempel besaßen, welche einen Altar enthielten, auf dem ständig eine brennende Flamme gehütet wurde. Die Magier hätten den Tempel täglich etwa eine Stunde lang aufgesucht, wo sie Gesänge angestimmt hatten, während sie Bündel von Tamarisken oder anderen Zweigen vor das Feuer hielten und »um ihre Köpfe hohe Turbane aus Pelz trugen, die so weit über ihre Wangen hinabreichten, dass sie ihre Lippen bedeckten«. Anscheinend waren einige Magi auch nach Westen gezogen und hatten sich in Griechenland und Italien niedergelassen. Spuren ihrer Glaubensvorstellungen und Praktiken finden sich auch im Mithraskult, einer antiken Mysterienreligion, die auf der Anbetung des Gottes Mithras basierte und um das 3. bis 4. Jahrhundert n. Chr. bei den römischen Legionen beliebt wurde. Während des Römischen Reiches bezeichnete das Wort *Magi* ganz allgemein alle Vertreter eines östlichen Kultes, und zur Zeit der Geburt Jesu war damit jeder gemeint, der Magie, Astrologie oder Traumdeutung betrieb. Anscheinend waren die Magi als Bestandteil der Herrscherhöfe des Römischen Reiches anerkannt, da eine Reihe von ihnen als Begleiter hochrangiger Beamter und Statthalter erwähnt wird.

Die Schilderung im Matthäusevangelium (das zwischen 60 und 80 n. Chr. entstand), wie die Magi Jesus in Bethlehem aufsuchen, ist die einzige Quelle für dieses Ereignis. Im Text heißt es: »… da kamen Weise aus dem Morgenland nach Jerusalem«, und später ist vom Interesse der Magi an Sternen die Rede – die Weisen waren also wahrscheinlich Astrologen. Aus diesem Interesse für die Sterne schließen manche Forscher, dass die Weisen aus Babylon kamen, einem seinerzeit bekannten Zentrum für Astrologie. Doch wenn man allein die Geschenke betrachtet, die sie mitbrachten – Gold, Weihrauch und Myrrhe –, dann käme eher Arabien in Frage, allerdings gab es dort keine Magier-Priesterschaft. Matthäus erwähnt zwar nirgends, wie viele Magi es waren, aber die Zahl der Geschenke verweist auf drei. Die Beschaffenheit dieser Geschenke hat für Christen eine starke symbolische Bedeutung: Weihrauch steht für die Göttlichkeit Christi, Gold für sein Königtum, und Myrrhe, die zum Einbalsamieren von Leichen diente, symbolisiert seine bevorstehende Passion und seinen Tod.

Bevor die Magi in Bethlehem eintrafen, suchten sie dem Matthäusevangelium zufolge zuerst Herodes, den römischen Marionettenkönig von Judäa, auf. Nachdem sie den Stern im Osten gesichtet hatten, erkundigten sie sich bei Herodes nach dem neuen König. Herodes, der die Prophezeiungen des Alten Testaments kannte, schickte sie nach Bethlehem, verlangte aber von den Magi, dass sie ihn bei ihrer Rückkehr aufsuchten, wenn sie etwas Neues erfahren hätten, damit auch er dem neugeborenen Erlöser seine Ehrerbietung darbringen könne. Als sich die Magi Bethlehem näherten, erschien der Stern wieder am Himmel, sodass sie ihm folgten, bis sie den König der Juden fanden und ihm ihre Geschenke überreichten. Anschließend wurden die Astrologen im Traum davor gewarnt, sich noch einmal zu Herodes zu begeben, und so reisten sie auf einer anderen Route nach Persien zurück. Aus Zorn über diesen Trick befahl Herodes das Massaker an allen Kindern unter zwei Jahren in Bethlehem und in der umliegenden Gegend. Aber da hatte Josef bereits Maria und Jesus nach Ägypten in Sicherheit gebracht.

Man hat ausgiebig darüber diskutiert, was dies denn für ein Stern gewesen sein könnte, der die Magi aus dem Osten auf ihrer langen Wanderung bis nach Judäa geführt hatte. So hat man dieses astronomische Wunder mit Meteoren, dem Planeten Venus, Planetenkonjunktionen, einer Supernova, Kometen und sogar UFOs erklärt. Heute geht man am ehesten davon aus, dass der Stern im Osten entweder der Planet Jupiter oder der Halley'sche Komet gewesen ist.

Das griechische Wort *aster*, mit dem Matthäus in seinem Evangelium den Stern von Bethlehem bezeichnet, kann auch mit *Komet* übersetzt werden. Aber ist irgendwo von einem Kometen zur damaligen Zeit die Rede? In der römischen Welt glaubte man, das Erscheinen eines Kometen kündige oft katastrophale politische Ereignisse an, sogar den Tod eines Kaisers, und das hieße, dass sie ihn nicht mit der Geburt eines neuen Messias verbunden hatten. Doch bei den Magi an der türkischen Schwarzmeerküste waren Kometen offenbar gute Omen. Die erfolgreiche Herrschaft eines bestimmten hiesigen Königs, Mithridates VI., wurde so sehr mit Kometen als positiven Himmelsvorzeichen assoziiert, dass er sogar Münzen mit dem Bild eines Kometen prägen ließ. Das Erscheinen des Halley'schen Kometen im Jahr 12 v. Chr. verursachte große Bestürzung im Mittelmeerraum, besonders als er am Himmel über Rom auftauchte. Da Herodes nach heutiger Ansicht im Jahr 4 v. Chr. starb, verlegen die meisten Gelehrten inzwischen die Geburt Jesu in die Zeit zwischen 12 und 4 v. Chr., sodass der Halley'sche Komet durchaus der Stern von Bethlehem gewesen sein könnte. Es gibt allerdings ein Problem bei der Kometentheorie: Matthäus erwähnt nämlich, dass weder Herodes noch die Menschen in Jerusalem den Stern von Bethlehem am Nachthimmel bemerkt hätten, und das wäre natürlich bei einem so auffälligen Ereignis wie dem Halley'schen Kometen durchaus der Fall gewesen.

Jupiter, der auch der Stern von Zeus genannt wird, war traditionell der Planet, der mit Königen assoziiert wurde. Der Astronom Michael R. Molnar von der Rutgers University in New Jersey hat denn auch die Aussage im Matthäusevangelium, »der Stern, den sie im Morgenland gesehen hätten, ging vor ihnen her, bis er über dem Ort stand, wo das Kindlein war«, mit der für den Jupiter typischen Umkehrbewegung interpretiert. Molnar hat eine römische Münze entdeckt, die in Antiochien, der Hauptstadt des römischen Syrien, zur Zeit von Jesu Geburt herausgegeben wurde und das astrologische Zeichen des Widders zeigt, der den

Kopf wendet, um nach einem Stern zu blicken. Molnar glaubt, diese Münze sei zur Erinnerung an die Übernahme von Judäa durch das römische Antiochien im Jahr 6 n. Chr. geprägt worden. Neuere Recherchen haben ergeben, dass es in einem bedeutenden astrologischen Werk von Claudius Ptolemäus, dem *Tetrabiblos*, über den Widder heißt, er kontrolliere die Völker von »Judäa, Idumea, Samaria, Palästina und Coele Syria« – lauter Territorien, die von König Herodes regiert wurden. Es ist also möglich, dass der Stern auf der Münze das Schicksal Judäas in den Händen des römischen Antiochien darstellt. Dies könnte ein Hinweis darauf sein, dass Astrologen die Geburt eines großen Königs der Juden erwarteten, auf die das Erscheinen des Sterns von Bethlehem im Sternbild Widder vorausdeutete. Molnars Recherchen ergaben, dass die Himmelsereignisse am 17. April 6 v. Chr., als Jupiter im Sternbild Widder stand und der Planet auch noch vom Mond bedeckt wurde, exakt auf die Geburt eines göttlichen Wesens hindeuten würden. Auch wenn diese Theorie noch gründlicherer Forschungen bedarf, liefert sie doch den bislang besten Beweis dafür, dass die Magi aus Persien tatsächlich einem echten Himmelskörper folgten, in diesem Fall dem Planeten Jupiter, der sie letztlich nach Bethlehem und zum künftigen König der Juden führte.

Die Druiden

Erzdruide im vollen Richterornat.
Stich aus Old England: A Pictorial Museum *(1845).*

Die Druiden waren geheimnisvolle heidnische Priester der westeuropäischen Kelten etwa vom 2. Jahrhundert v. Chr. bis zum 1. Jahrhundert n. Chr., dem Ende der Eisenzeit. Mal hat man sie als Schamanen und Priester, mal als Lehrer und Philosophen bezeichnet, und doch weiß man so wenig über die Druiden – die keinerlei schriftliche Aufzeichnungen über ihre Existenz hinterlassen haben –, dass man sie ebenso romantisiert wie dämonisiert hat. Was wir über die Druiden wissen, stammt großenteils von griechischen und römischen Autoren sowie aus der frühen irischen und walisischen Literatur. Auch die Entwicklung eines Neo-Druidismus seit dem 17. Jahrhundert hat beträchtlich zu dem Bild beigetragen, das wir uns heute von den Druiden machen. Aber was an den Erzählungen über seltsame Geheimriten in einsamen Wäldchen oder über Massenmenschenopfer in großen Flechtbildern entspricht der Wahrheit?

Das Wort *Druide* geht offenbar auf die indogermanische Wurzel *dru-wido* zurück, wobei *dru* so viel wie *Eiche,* aber auch *dicht, stark, viel* und *wido* so viel wie *sehen, erkennen* bedeutet. Unsere informativste Quelle für diese heidnischen Priester ist Julius Cäsar (100–44 v. Chr.), der über sie aus eigener Anschauung in seinen Kommentaren *Über den gallischen Krieg* geschrieben hat, einer Geschichte seiner Feldzüge in Gallien (dem heutigen Frankreich) von 59 bis 51 v. Chr. Leider lassen sich hier wie bei den meisten anderen lateinischen Quellen für die Druiden römische Propaganda und Wahrheit nur schwer auseinanderhalten. Cäsar erwähnt die Druiden in seinen Ausführungen über die gallische Religion und erklärt, sie seien für private und öffentliche Opfer sowie andere religiöse Angelegenheiten zuständig gewesen. Da Cäsar Rom mit Geschichten über seinen Feldzug in Gallien beeindrucken musste, sind seine übertriebenen Behauptungen wahrscheinlich verständlich, und nirgendwo wird dies deutlicher als bei seiner Darstellung der Menschenopfer durch diese keltischen Priester. So berichtet er von »Opferbilder(n) von ungeheurer Größe, deren Glieder durch Ruten untereinander verbunden sind. Diese füllen sie mit lebenden Menschen aus.« Offenbar meint er damit die inzwischen berühmten Korbmenschen. Cäsar fährt fort, diese Menschen, meist Verbrecher, würden in den riesigen Korbgebilden bei lebendigem Leib verbrannt, um die Götter zufrieden zu stellen, aber die Druiden würden sich auch nichts dabei denken, Unschuldige zu opfern.

Cäsar spricht an dieser Stelle von der Existenz von mindestens zwei Klassen in der Oberschicht der gallischen Gesellschaft: den Druiden und den Rittern. Offensichtlich waren die Druiden in der keltischen Gesellschaft einflussreich und geachtet, und Cäsar erwähnt, dass sich viele junge Männer von ihnen ausbilden ließen. Die Druiden erlangten auch Macht als Gesetzgeber, vermittelten bei Auseinandersetzungen zwischen Einzelpersonen wie Stämmen und hatten das Recht, Urteile über Verbrecher zu sprechen. Außerdem waren sie vom Militärdienst ausgenommen und mussten keine Steuern bezahlen. Cäsar sieht den Ursprung des Druidismus in Britannien und weist darauf hin, dass, wer die Lehren der Druiden studieren wolle, sich dorthin begeben müsse. Er berichtet auch, dass diese Studien bis zu 20 Jahre dauern könnten, und auch das Auswendiglernen einer großen Zahl von Versen dazugehöre. Interessant sind Cäsars Auslassungen über die religiösen Lehren der Druiden, wenn er feststellt: »Der Kernpunkt ihrer Lehre ist, dass die Seele nach dem Tod nicht untergehe, sondern von einem Körper in den anderen wandere.« Viele antike Autoren erblickten darin den Einfluss der Lehren des griechischen Philosophen Pythagoras über die Unsterblichkeit der Seele, obwohl dies eher unwahrscheinlich ist. Cäsar spricht auch davon, dass die Druiden Kenntnisse über die Bewegung der Sterne und die Größe der Erde hatten und sich in Philosophie auskannten.

Es ist schwierig, auch nur annähernd zu ermitteln, wann die Priesterschaft der Druiden entstand. Der früheste bekannte Hinweis auf sie findet sich beim griechischen Philosophen, Astronomen und Geografen Poseidonios aus dem frühen 1. Jahrhundert v. Chr. Leider ist sein Werk nur indirekt und fragmentarisch von späteren Schriftstellern wie dem griechischen Historiker und Geografen Strabon sowie einem Poseidonios-Schüler, dem römischen Rhetor und Staatsmann Cicero (106–43 v. Chr.), überliefert. Cicero bemerkt, er habe tatsächlich einen Druiden namens Divitiacus vom gallischen Stamm der Aedui gekannt, und er beschreibt diesen Divitiacus als eine Art Astrologen oder Wahrsager, der mit einer »Naturphilosophie« vertraut war. In Strabons Schriften tauchen wieder die riesigen Korbmenschenopfer auf, von denen Cäsar berichtet, sowie eine andere Art von Menschenopfer, das von den Druiden beaufsichtigt wurde: »Manche Männer schießen sie mit Pfeilen tot und pfählen sie dann in den Tempeln.« Während es praktisch keinen Beleg dafür gibt, dass die Kelten überhaupt Pfeil und Bogen verwendeten, hat sich faszinierenderweise herausgestellt, dass ein Mann, dessen Leichnam man im äußeren Graben von Stonehenge gefunden hat, aus nächster Nähe mit drei Pfeilen in den Rücken geschossen und getötet wurde. Da dieses mögliche Menschenopfer in Stonehenge aus der Zeit zwischen 2398 und 2144 v. Chr. stammt, gibt es offenkundig keine direkte Verbindung zwischen diesem Ritualmord und den Druiden der späten Eisenzeit – es sei denn, die Druiden praktizierten Rituale, die seit Jahrtausenden zu den Traditionen der britischen Inseln gehört hatten und ihnen überliefert worden waren.

In seinen Schriften nennt der römische Autor und Naturphilosoph Plinius der Ältere (23–79) die Druiden *Zauberer* und meint, sie hätten den Mistelzweig und die Eiche verehrt, aus der die Mistel wächst. Plinius weist darauf hin, dass die Druiden ihre Rituale nur in Gegenwart eines Eichenzweigs absolviert und Mistelzweige in einer feierlichen Zeremonie am sechsten Tag des Mondes geerntet hätten. Bei dieser Zeremonie sei ein in weiße Gewänder gehüllter Priester auf die Eiche geklettert und habe den Mistelzweig mit einer goldenen Sichel abgeschnitten; der hinabfallende Zweig sei sodann in einem weißen Tuch aufgefangen worden. Anschließend hätten die Druiden ihren Göttern zwei weiße Stiere geopfert. Laut Plinius hätten die Druiden ihre Monate, Jahre und ihren 30-Jahre-Zyklus vom sechsten Tag des Mondes an gezählt. Eine gewisse Bestätigung der Vorstellung, dass sich die Druiden in ihrem Kalender entschieden nach den Mondphasen gerichtet haben, lieferte die Entdeckung des Kalenders von Coligny im Jahr 1897 nahe der gleichnamigen französischen Stadt. Dieser Kalender, der wahrscheinlich aus dem 2. Jahrhundert n. Chr. stammt, ist in mehrere Bronzetäfelchen eingraviert und diente als ritueller Sonne-Mond-Kalender, wobei jeder Monat stets mit der gleichen Mondphase beginnt.

Der römische Geograf Pomponius Mela erwähnt in seinem Werk *De Chorographia* (43) als Erster, dass die Lehren der Druiden geheim gewesen seien. Er bezeichnet die Druiden aus Gallien als »Meister der Weisheit«, die ihre Lehren »in einer Höhle oder in unzugänglichen Wäldern« befolgten. Der bekannteste Bericht über die Druiden stammt vielleicht von dem römischen Redner, Anwalt und Senator Tacitus (56–117). In seinen *Annalen* schildert er einen Angriff durch das vom Gouverneur von Britannien, Suetonius Paulinus, geführte römische Heer auf der Insel Mona (dem heutigen Angelsey) vor der Nordwestküste von Wales im Jahr 61. Mona (walisisch *Ynys Môn*) war das letzte Bollwerk der Druiden und leistete erheblichen Widerstand gegen die römischen Invasoren. Als die Römer sich der gegenüberliegenden

Küste näherten und zur Insel hinüberspähten, sahen sie, wie die Briten in der Menai Bay in Stellung gingen, bereit, ihre Insel zu verteidigen. Während die römischen Soldaten per Schiff nach Mona übersetzten, bemerkten sie Frauen (vermutlich Druidinnen), die »zwischen den Reihen der Krieger hin und her liefen, schwarz gewandet wie Furien, mit zerzaustem Haar und Fackeln schwenkend«. Sie erblickten auch die männlichen Druiden, die in einer Gruppe zusammenstanden, die Hände zum Himmel erhoben, die Götter anriefen und die Römer mit schrecklichen Flüchen überschütteten. Zunächst waren Suetonius Paulinus und seine Truppen bei diesem unheimlichen und beunruhigenden Anblick von Ehrfurcht ergriffen und wussten nicht, was sie tun sollten. Schließlich, so Tacitus, habe der natürliche Mut der Römer über ihre Ängste gesiegt, und sie griffen die erregte Gruppe der Frauen und Priester wütend an und mähten sie gnadenlos nieder. Die heiligen Haine der Druiden wurden niedergebrannt, ihre Schreine, die noch (laut Tacitus) vom Blut ritueller Opfer befleckt waren, zerstört. Während Suetonius Mona verwüstete, erfuhr er von einem Aufstand im Südosten von Britannien, angeführt von Königin Boudica vom Stamm der Iceni, und er kehrte zurück, um schließlich einen weiteren Sieg über die rebellischen Briten zu erringen.

Archäologische Funde, die vielleicht mit diesem letzten Widerstand der Druiden auf Mona zusammenhängen, wurden 1943 in einem See auf der Insel Llyn Cerrig Bach entdeckt. Das bemerkenswerte Depot aus 150 Objekten besteht aus Eisen- und Bronzewaffen, Streitwagen und Kesseln und wird auf die Zeit zwischen dem 2. Jahrhundert v. Chr. und dem 1. Jahrhundert n. Chr. datiert. Die Gegenstände wurden anscheinend bewusst als eine Art Opfer in den See geworfen. Gelehrte vertreten die Hypothese, dass dieses gezielte Opfer kostbarer Metallarbeiten vielleicht durch die überlebenden Druiden von Mona erfolgte, die ihre Götter nach der umfassenden Entweihung der Druidenschreine durch die Römer versöhnlich stimmen wollten.

Zwei Druiden. Römisches Basrelief, gefunden bei Autun im Burgund.

Im Anschluss an das Massaker auf Mona wurde der Druidismus offensichtlich durch Rom verboten, und das war wahrscheinlich das Ende dieser organisierten Priesterschaft, auch wenn die Druiden mit Sicherheit nicht völlig verschwanden (insbesondere in Schottland, Irland und vielleicht noch in Teilen von Wales). In Irland behielten die Druiden ihre prominente Stellung in der

Gesellschaft bis zum Eintreffen des Christentums bei, als ihre Rolle vom Klerus übernommen wurde. In vielen frühen walisischen und irischen Epen ist von den Druiden die Rede, wobei man allerdings bedenken muss, dass fast alles, was davon erhalten ist, von christlichen Schreibern bearbeitet wurde. In der irischen Literatur werden Druiden gewöhnlich als Ratgeber von Königen dargestellt – das berühmteste Beispiel ist vielleicht Cathbad, der Oberdruide am Hof von Conchobar, dem König von Ulster. Berühmt ist auch Mug Ruith, der mächtige blinde Druide von Munster, der südlichsten Provinz des alten Irland. Er besaß die Fähigkeit, eine gewaltige Größe anzunehmen, Stürme heraufzubeschwören und Männer in Stein zu verwandeln. Zu seiner schamanistischen Erscheinung gehörte das Fell eines hornlosen Stiers, eine Vogelmaske und ein gefiederter Kopfschmuck. Mug Ruiths Tochter Tlachtga war eine berühmte Druidin, nach der ein Berg im County Meath und eine dort veranstaltete Feier benannt sind – das Entzünden der Winterfeuer an Samhain (1. November), einem alten keltischen Fest, das wahrscheinlich einst die Druiden leiteten.

Erst im 17. und 18. Jahrhundert machte der Druidismus dank eines wiederbelebten Interesses an Naturreligionen und heimischen Traditionen erneut auf sich aufmerksam. Dies ist großenteils auf Altertumsforscher wie William Stukeley, John Aubrey und John Toland zurückzuführen. John Aubrey (1626–97) behauptete als erster neuzeitlicher Schriftsteller, dass Stonehenge, Avebury und andere prähistorische Monumente in England mit den Druiden zusammenhingen. Ein Anhänger von Aubreys Theorien, der in Irland geborene Schriftsteller und radikale Denker John Toland (1670–1722), gründete um 1717 den Ancient Druid Order in London; seine *History of the Celtic Religion and*

Learning Containing an Account of the Druids erschien postum 1726. William Stukeley (1687–1765) war ein bahnbrechender Archäologe und Altertumsforscher, der 1718 Sekretär der Society of Antiquaries wurde. Seine Untersuchungen, Anmerkungen und Zeichnungen zu neolithischen Stätten wie Stonehenge und Avebury sind noch heute für Archäologen und Historiker von größtem Wert. Doch auch er stand ganz im Banne von Aubrey und schrieb viele prähistorische Monumente dem einzigen damals bekannten altbritischen Volk zu – den Druiden. Er veröffentlichte 1740 *Stonehenge, a Temple Restored to the British Druids* und 1743 *Avebury, a Temple of the British Druids*. Beide Werke hatten großen Einfluss auf das Wiedererstehen des modernen Druidismus.

Im 19. Jahrhundert glaubte man in Wales, die Tradition der walisischen Dichtung gehe auf die Druiden zurück. Der walisische Altertumsforscher Edward Williams gründete unter dem Namen Iolo Morganwg 1792 in Primrose Hill in London die *Gorsedd Beirdd Ynus Prydain* (die Gemeinschaft der Barden von Großbritannien). Seine Rituale beruhten zwar angeblich auf alten druidischen Zeremonien, waren aber in Wirklichkeit von Williams selbst verfasst worden. Der Druidismus stand zum Teil auch Pate für das *Eisteddfod*, ein walisisches Festival für Literatur, Musik und darstellende Künste, das mindestens bis ins 12. Jahrhundert zurückreicht, wobei das heutige Format größenteils von der Wiederbelebung walisischer Kulturfeste im 18. Jahrhundert beeinflusst worden ist. Noch heute gibt es druidische Orden, wie man jedes Jahr in Stonehenge zur Sommersonnenwende erleben kann, wenn der Ancient Order of Druids auftritt. Dieser Orden, der 1781 in London (nach den Richtlinien einer Freimaurerloge) gegründet wurde, zählte auch William Churchill, der anscheinend 1908 ihrer Albion Lodge in Oxford beitrat, zu seinen Mitgliedern.

Es ist schwer zu sagen, was überhaupt vom ursprünglichen druidischen Glauben und Ritual in irgendeiner Form noch heute weiterlebt. Praktisch alles im modernen Druidentum hat seine Wurzeln in der Romantik des 18. und 19. Jahrhunderts. Vielleicht finden sich noch Anklänge an die alten britischen Druiden in volkstümlichen Glaubensvorstellungen, die mit der Verehrung von Quellen zusammenhängen, sowie in gewissen Praktiken in Verbindung mit Festen wie Halloween. Das Tragen von Masken an Halloween zur Abschreckung böser Geister geht auf keltische Samhain-Zeremonien zurück, die traditionell am Winteranfang, dem 1. November, abgehalten wurden. Ein anderes bedeutendes keltisches Fest war Beltaine, mit dem am 30. April oder am 1. Mai der bevorstehende Sommer gefeiert wurde und das der Ursprung der Maifeier ist. Am Vorabend zum 1. Mai wurden große Feuer auf Bergen entzündet, und Druiden trieben Rinder durch die Flammen, um sie zu läutern – auch Menschen sprangen durchs Feuer, um für eine reichliche Ernte zu sorgen. Vielleicht erinnern sogar mythische Waldwesen wie Feen und Woodwoses (haarige, wilde Waldmenschen) vage an die heiligen Traditionen der einst so bedeutenden Druiden.

Die Königin von Saba

Die Königin von Saba.

Bekannt wurde die ebenso exotische wie geheimnisvolle Königin von Saba durch die biblische Geschichte ihrer berühmten Begegnung mit König Salomon. Auch in der islamischen Welt wird sie als mächtige Königin unter dem Namen Balqis oder Bilqis sowie in der äthiopischen Überlieferung als Makeda gerühmt. In den Annalen der antiken Geschichte hat vielleicht nur noch Kleopatra mehr Ruhm als Herrscherin erlangt, und doch ist so wenig über die rätselhafte Königin von Saba bekannt, dass sich Archäologen und Historiker nicht einmal sicher sind, ob sie überhaupt existierte. Jüngste archäologische Entdeckungen werfen jedoch neues Licht auf die mögliche Identität der verwirrendsten Gestalt der Geschichte.

Im Neuen Testament der Bibel wird sie im Matthäusevangelium als »Königin vom Süden« und »vom Ende der Welt« bezeichnet, während das Buch der Könige im Alten Testament keine näheren Angaben zu ihrer Herkunft macht. Der Text schildert, wie die Königin vom Ruhm Salomos erfährt und den großen König mit einer Karawane in Jerusalem besucht. Dem biblischen Bericht zufolge stellt sie Salomos Wissen mit schwierigen Fragen auf die Probe. Beeindruckt von seiner Weisheit und der Großartigkeit seines Königshofes schenkt sie ihm »hundertundzwanzig Zentner Gold und sehr viel Spezerei und Edelsteine«. Salomo revanchierte sich und »gab der Königin von Saba alles, was ihr gefiel und was sie erbat«, worauf sie in ihr eigenes Land zurückkehrte. Das ist im Wesentlichen die Geschichte von Salomo und der Königin von Saba.

Während wir aus der Bibel nichts weiter über die große Königin erfahren, haben jüdische und muslimische Legenden in nachbiblischer Zeit die schlichte Erzählung um Salomo und die Königin von Saba kunstvoll ausgearbeitet und neue – oft überaus fantastische – Elemente hinzugefügt. Der jüdische Historiker Josephus schrieb im 1. Jahrhundert n. Chr. sie sei die Königin von Ägypten und Äthiopien gewesen. Fantasievollere Geschichten um die Königin von Saba finden sich in arabischen Volksmärchen und im Koran. Dort heißt es, Salomo habe durch einen Wiedehopf von einem reichen Königreich erfahren, das von einer Königin regiert werde, deren Untertanen die Sonne anbeten. Salomo schickt der Königin durch den Vogel eine Botschaft, sie solle zu ihm kommen und ihm die Ehre erweisen – falls sie sich weigere, werde er ihr Königreich vernichten. Sie folgt seiner »Einladung« und wird von Salomo dazu bekehrt, den einen wahren Gott anzubeten.

Die Frage, ob hinter solchen Legenden irgendeine historische Wahrheit steckt, beschäftigt die Forscher seit Jahrhunderten. Das größte Problem besteht darin, dass man so wenig über die Königin von Saba weiß. Anscheinend gibt es keinen unabhängigen Beleg für ihre Existenz außerhalb der Bibel – die Geschichtsschreibung jedenfalls schweigt sich über die große Königin aus. Und doch ist sie für so viele Kulturen eine derart bedeutungsvolle Gestalt geworden, dass es schwer fällt, sich vorzustellen, ihre Geschichte sei reine Fantasie. Archäologen vermuten, dass, falls sie als historische Gestalt existiert habe, das alte Gebiet von Saba, über das sie regiert hat, entweder im Königreich Axum in Abessinien (dem heutigen Äthiopien) oder im Gebiet von Saba im Jemen gelegen haben muss. Oder vielleicht sogar in beiden Territorien, da sich dazwischen ja nur die rund 25 Kilometer breite Meerenge des Roten Meeres befindet. Diese Annahme basiert darauf, dass der Weihrauch, den sie unter anderen Geschenken Salomo mitbrachte, nur in diesen beiden Gebieten sowie im benachbarten Oman wächst. Ihre Regierungszeit wird allgemein auf etwa 950 v. Chr. datiert.

Gibt es irgendeinen Beweis dafür, dass Saba und Axum das reiche Königreich gewesen sein könnten, das von einer exotischen Königin regiert wurde, wie es die Bibel schildert? Immerhin existieren Belege für einen Markt für Parfüms und Weihrauch im Nahen Osten und in Ägypten zumindest schon im dritten Jahrtausend v. Chr. Das Königreich Saba war eine wohlhabende Handelsnation, die die Karawanenrouten kontrollierte, über die Weihrauch und Gewürze durch die Wüste zu den Tempeln im Mittelmeerraum und darüber hinaus transportiert wurden. Die Hauptstadt von Saba hieß Marib und war am Rand der südlichen arabischen Wüste im Trockendelta des Wadi Adana errichtet worden. In dieser dürren Gegend benötigten die Sabäer eine Wasserversorgung. Folglich errichteten sie irgendwann zwischen 750 und 600 v. Chr. einen Staudamm, um die periodischen Monsunregen einzufangen, die auf die benachbarten Berge fielen, und damit das verdorrte Land um die Stadt zu bewässern und so den Anbau von Feldfrüchten zu ermöglichen.

2002 veröffentlichte der in Los Angeles ansässige Dokumentarfilmemacher, Fotograf und Amateurarchäologe Nicholas Clapp sein Buch *Die Königin von Saba*. Clapp vermutet, dass die Königin von Saba die berühmte jemenitische Königin Bilqis gewesen sei, die Herrscherin über das Königreich Saba, des wahrscheinlich einflussreichsten und wohlhabendsten der fünf alten südarabischen Staaten. Clapp meinte auch, dass im Gegensatz zur biblischen Geschichte, die Königin in Wirklichkeit viel mächtiger als Salomo gewesen sei, den er eher für einen lokalen Häuptling als für einen mächtigen König hält. Der Grund für die lange Reise, die Bilqis mit ihrem Gefolge nach Jerusalem unternahm, sei laut Clapp die Teilnahme an wichtigen Handelsgesprächen gewesen. Diese Gespräche drehten sich insbesondere darum, eine Route durch die Ländereien auszuhandeln, die von Salomo kontrolliert wurden, um den Fernhandel mit Gewürzen und Weihrauch zu erleichtern. Tatsächlich könnte die biblische Schilderung der Reise der Königin von Saba nach Israel die entstellte Erinnerung an eine der ersten großen Handelsmissionen der Weltgeschichte gewesen sein.

Bilqis ist auch der Name, den man einem vor kurzem ausgegrabenen Tempel rund 15 Kilometer außerhalb der Ruinen der sabäischen Hauptstadt Marib gegeben hat. Der *Mahram Bilqis* oder *Tempel des Mondgottes* war laut dem Leiter des Projekts, dem Archäologen Dr. Bill Glanzman von der University of Calgary, eine heilige Stätte für Pilger aus ganz Arabien von etwa 1200 v. Chr. bis 550 n. Chr. gewesen. Dieser große ovale Tempel hat einen Umfang von etwa 270 Metern, obwohl heute ein Großteil der antiken Stätte unter dem vom Wind herbeigewehten Sand begraben liegt. Dort wurden Bronze- und Alabasterstatuen sowie große Mengen von Tierknochen gefunden, was darauf hindeutet, dass das Heiligtum für Opferzeremonien verwendet wurde. Es gibt tatsächlich einige schriftliche Belege in assyrischen Texten des 8. und 7. Jahrhunderts v. Chr., dass Könige namens *Itamru* und *Karib-ilu* Herrscher des Königreichs von Saba waren. Diese Könige werden im Zusammenhang mit Tributen oder Geschenken aus Saba erwähnt, zu denen auch Weihrauch und Edelsteine gehörten, was wiederum an die Geschenke der Königin von Saba an Salomo erinnert. Doch hier handelt es sich um Hinweise auf Könige und nicht auf Königinnen – in diesen Texten wird eine Königin von Saba nirgendwo erwähnt, ebenso wenig wie in den vielen erhaltenen sabäischen Inschriften – auch denjenigen aus der Tempelstätte von Mahram Bilqis. Es ist auch noch aus einem anderen Grund schwierig, der biblischen Königin aus dem 10. Jahrhundert v. Chr. eine sabäische Herkunft zuzuweisen: Das Königreich von Saba war zu dieser Zeit noch gar nicht voll entwickelt. Während Salomo zweifellos ein einflussreicher und bekannter historischer Herrscher war, erfahren wir von der Königin von Saba nur im Zusammenhang mit ihm. Folglich halten einige Forscher den biblischen Bericht für eine fantastische Episode, die Jahrhunderte nach Salomos Herrschaft niedergeschrieben wurde, um den Ruhm und die legendäre Weisheit des großen Königs zu betonen.

Unter den Christen von Äthiopien, das ja nur durch eine schmale Meerenge des Roten Meeres von Saba getrennt ist, gibt es eine Geschichte (in ihrer epischen Königschronik, dem *Kebra Negast*), derzufolge sie von Menelik I., dem Sohn der Königin von Saba und von Salomo, abstammen, der auch den Beginn der äthiopischen Königsdynastie darstellt. Danach sei Menelik nach Jerusalem gereist, um Salomo, seinen alternden Vater, zu sehen, der ihn zu bleiben bat, damit er nach seinem Tod König werde. Aber Menelik lehnte dieses Angebot ab und begab sich stattdessen heimlich des nachts auf die Heimreise, wobei er die wertvollste Reliquie des Königreichs mitnahm – die Bundeslade. Angeblich brachte Menelik sie nach Aksum im nördlichen Äthiopien, wo sie sich bis heute in einem Schatzhaus im Hof der Kirche Unserer Frau Maria von Zion befinden soll. Laut dem *Kebra Negast* wurde Makeda (wie die Königin von Saba hier genannt wird) im Jahr 1020 v. Chr. in Ophir geboren, einem in der Bibel erwähnten Hafen, den man irgendwo im Jemen vermutet. Makeda wuchs in Äthiopien auf, und als ihr Vater 1005 v. Chr. starb, wurde sie mit 15 Jahren Königin und herrschte 40 Jahre lang – anderen Berichten zufolge allerdings nur sechs.

Im Mai 1999 entdeckte ein Team von nigerianischen und britischen Archäologen massive Wälle im nigerianischen Regenwald, die die Archäologen als Beleg für das Zentrum eines der berühmtesten Königreiche Afrikas und mögliche Grabstätte der Königin von Saba betrachteten. Das Monument bei Eredo ist das größte Afrikas und besteht aus einem Grenzgraben und einem über 13 Meter hohen Wall, der sich über die unglaubliche Strecke von 160 Kilometern erstreckt. Einheimische meinen, dass Biliksiu Sungbo (ein weiterer Name für die Königin von Saba) die Grenze des riesigen Königreichs Eredo gegraben haben soll, und alljährlich wird eine Pilgerfahrt zu ihrer mutmaßlichen Grabstätte unternommen. Der Gold- und Elfenbeinhandel der Gegend kann zwar auf eine lange Geschichte zurückblicken und vielleicht mit der Handelstätigkeit der Königin von Saba zusammenhängen, doch es gibt keinerlei archäologischen oder textlichen Beleg für eine Verbindung zwischen Saba und Aksum. Trotz der lokalen Legenden wurde das Monument selbst anscheinend mindestens 1000 Jahre nach der angeblichen Herrschaft der Königin von Saba im 10. Jahrhundert v. Chr. errichtet.

Ungeachtet der Unsicherheit der archäologischen und historischen Beweislage im Hinblick auf eine reale Königin von Saba inspiriert das Bild einer ebenso mächtigen wie klugen und schönen Frau seit Jahrhunderten Künstler, Erzähler und Filmemacher. Von der Kunst der Renaissance bis zu den Hochglanzepen Hollywoods übt die Königin von Saba einen beträchtlichen Einfluss aus. Besonders in der Filmgeschichte war und ist sie ein beliebtes Thema. Einige der bekanntesten Fassungen und Varianten ihrer Geschichte sind J. Gordon Edwards Stummfilm von 1921, *The Queen of Sheba* mit Betty Blythe in der Titelrolle, der die unglückliche Liebesgeschichte zwischen Salomo, dem König von Israel, und der Königin von Saba erzählt, *Salomo und die Königin von Saba* von 1959, mit Yul Brynner und Gina Lollobrigida, *The Queen of Sheba Meets the Atom Man* von 1963 und *Solomon and Sheba* von 1995, in dem Halle Berry die erste schwarze Königin von Saba spielte.

Auch wenn es derzeit an konkreten Beweisen fehlt, ist es durchaus möglich, dass eine historische Königin von Saba, wie sie in

der biblischen Geschichte und in den späteren Legenden dargestellt wird, existiert hat. Mit Sicherheit gab es mächtige Herrsche-
rinnen im alten Arabien, und vielleicht werden weitere Ausgrabungen und Forschungen im Gebiet des alten Königreichs von
Saba eines Tages enthüllen, wer die wahre Frau hinter der Geschichte der Königin war. Unabhängig von der archäologischen
und historischen Beweislage erzählt man sich in Teilen von Afrika und Arabien noch immer die Geschichte der Königin von
Saba – wie vielleicht schon seit 2000 oder 3000 Jahren.

Das Geheimnis der Tarim-Mumien

Mumie aus dem Tarimbecken.
Foto von Aurel Stein, um 1910.

Die Tarim-Mumien sind sowohl eines der größten Rätsel der antiken Welt als auch einer der bemerkenswertesten archäologischen Funde des 20. Jahrhunderts. Diese erstaunlich gut erhaltenen menschlichen Überreste wurden im trockenen, salzigen Milieu der riesigen Taklamakan-Wüste gefunden, einem Teil des Tarimbeckens in Westchina. Die bislang entdeckten Leichname lassen sich auf den extrem großen Zeitraum von 1800 v. Chr. bis 400 n.Chr datieren. Was aber die Aufmerksamkeit der Gelehrten auf der ganzen Welt erweckt hat, ist der Umstand, dass die Mumien deutliche europäische Merkmale aufweisen und anscheinend verschiedene kaukasische Stämme repräsentieren, die in dieser trostlosen Gegend im westlichen China bis vor 2000 Jahren lebten, ehe sie auf mysteriöse Weise verschwanden.

Die Mumien wurden zuerst im frühen 20. Jahrhundert von dem schwedischen Forscher Sven Hedin entdeckt, der die komplexe Geschichte der Seidenstraße erforschte, einer Reihe uralter Handelswege von China über die Türkei bis nach Europa. Da er nicht über die erforderliche Ausrüstung verfügte, um sie zu konservieren oder in europäische Museen zu transportieren, musste er sie in situ zurücklassen, und bald gerieten sie wieder in Vergessenheit. 1978 grub der chinesische Archäologe Wang Binghua 113 dieser Leichname auf einem Friedhof in Qizilchoqa (Roter Hügel) in der nordöstlichen Ecke der zentralasiatischen Provinz Xinjiang aus. Die meisten Leichen wurden später in ein Museum in der Stadt Urumqi gebracht. In den letzten 25 Jahren haben chinesische und uigurische Archäologen komplexe Ausgrabungen und Forschungen in dem Gebiet durchgeführt, und mittlerweile wurden über 300 dieser Mumien im westlichen China entdeckt. 1987 führte Victor Mair, Professor für chinesische und indo-iranische Literatur und Religion an der University of Pennsylvania, eine Touristengruppe durch das Museum in Urumqi, als er auf einige der von Wang Binghua ausgegrabenen Mumien stieß. Es war ein für ihn unvergessliches Erlebnis. Alle Leichname trugen dunkelviolette Wollkleidung und Fellstiefel, und ihre Körper waren beinahe perfekt konserviert. Faszinierenderweise wiesen alle Mumien europäische Merkmale auf: braunes oder blondes Haar, lange Nasen und Schädel, schlanke, langgestreckte Körper und große, tief liegende Augen.

Wegen des damaligen politischen Klimas in China konnte Mair nichts weiter mit den erstaunlichen Funden anfangen, aber 1993 kehrte er mit einem Team italienischer Genetiker zurück, die sich schon mit Ötzi, dem Eismann, befasst hatten. Die Gruppe begab sich zu der von Wang Binghua untersuchten Stätte am Roten Hügel, um Leichen zu untersuchen, die wegen fehlender Lagermöglichkeiten im Museum von Urumqi aufbewahrt worden waren. Mair und sein Team entnahmen ihnen DNA-Proben, die ergaben, dass die Mumien kaukasoid waren. Mairs Forschungen erbrachten offensichtlich auch den Nachweis, dass die frühesten dieser europäischen Mumien die ersten Siedler im Tarimbecken darstellen.

Die älteste dieser Mumien in Westchina trägt den Beinamen Schönheit von Loulan. Ihr vollkommen konservierter Körper wurde 1980 von chinesischen Archäologen in der Nähe der alten Stadt Loulan am Nordostrand der Taklamakan-Wüste entdeckt. Diese Frau, die im Alter von 40 Jahren vor rund 4800 Jahren starb, war nur 1,55 Meter groß und hatte europäische Merkmale – einen steilen Nasenrücken, hohe Wangenknochen und dunkelblondes Haar, das unter einer Pelzkappe aufgerollt war. Sie trug ein wollenes Leichenhemd und Lederstiefel, und in ihrem Grab befanden sich ein Kamm und ein schöner Strohkorb, der Weizenkörner enthielt. Eine weitere Expedition in die Region von Loulan im Jahr 2003 durch das Archäologische Institut von Xinjiang erbrachte einige bemerkenswerte Funde. So wurden Ausgrabungen auf einem Friedhof unternommen, der aus einem 7,5 Meter hohen Sandhügel bestand und etwa 180 Kilometer von der alten Stadt Loulan entfernt war. Ein besonders interessanter Fund wurde nahe dem Zentrum des Hügels gemacht und erwies sich als eine weitere eindrucksvolle Mumie. Der weibliche Leichnam befand sich in einem bootsförmigen Sarg, war in eine Wolldecke gewickelt und trug eine Pelzmütze und Lederschuhe. Die Frau war mit einer rot bemalten Gesichtsmaske, einem Armreif mit einem Jadestein, einer Ledertasche, einem wollenen Lendentuch und Ephedrastäbchen bestattet worden. Ephedra ist ein Heilstrauch, der in den zoroastrischen Ritualen des Iran verwendet wurde – vielleicht also gab es eine Verbindung zwischen diesen beiden Gebieten.

Eine weitere Gruppe von Mumien, die im Gebiet des Tarimbeckens gefunden wurde, bestand aus einem Mann, drei Frauen und einem Baby und erhielt den Beinamen Cherchen-Mumien. Die vier erwachsenen Leichname, die wohl aus der Zeit um 1000 v. Chr. stammen, trugen gleichfarbige Kleidung und rote und blaue Schnüre um die Hände, was vielleicht auf eine nahe Verwandtschaft hindeutet. Der Cherchen-Mann war über 1,80 Meter groß und starb im Alter von etwa 50 Jahren. Er hatte langes, hellbraunes, zu Zöpfen geflochtenes Haar, einen dünnen Bart und zahlreiche Tätowierungen im Gesicht. Er war mit nicht weniger als 10 verschieden gestalteten Kopfbedeckungen bestattet und trug einen violetten und roten zweiteiligen Anzug. Wie der Cherchen-Mann hatte auch die weibliche Hauptleiche zahlreiche Tätowierungen im Gesicht und war fast 1,80 Meter groß. Sie trug ein rotes Kleid und weiße Hirschlederstiefel, und ihr hellbraunes Haar war zu zwei langen Zöpfen geflochten. Neben den Erwachsenen war auch ein drei Monate altes Baby begraben, das eine blaue Pelzhaube trug und dessen Augen von blauen Steinen bedeckt waren. Neben dem Säugling befanden sich ein Becher aus Kuhhorn und ein Milchfläschchen aus einem Schafeuter. Man glaubt, dass die Familie an einer Epidemie starb.

Was die Archäologen an diesen Entdeckungen am meisten fasziniert, ist der erstaunliche Konservierungszustand der leuchtend gefärbten und gemusterten, europäisch aussehenden Kleidungsstücke, die die Mumien trugen. Dr. Elizabeth Barber, Professorin für Linguistik und Archäologie am Occidental College in Los Angeles, hat die im Tarimbecken gefundenen Textilien eingehend untersucht und auffallende Ähnlichkeiten mit keltischen Tartans aus Nordwesteuropa entdeckt. Sie hat auch dargelegt, dass der Tartan der Tarim-Mumien und der aus Europa einen gemeinsamen Ursprung im Kaukasusgebirge Südrusslands haben, wo die frühesten Belege für solche Gewebe mindestens 5000 Jahre zurückreichen. Die reichhaltige Sammlung von textilen Funden aus westchinesischen Mumiengräbern umfasst Gewänder, Kappen, Hemden, Umhänge, Hosen und gestreifte Wollstrümpfe. Bei Subeshi an der Nordroute der Seidenstraße wurden drei weibliche Mumien aus der Zeit zwischen 500 und 400 v. Chr. mit riesigen Spitzhüten gefunden, die seither die Hexen von Subeshi genannt werden.

Aber wer waren diese anscheinend europäischen Menschen, und was taten sie in Westchina? Die Mumien sind über ein so großes Gebiet verstreut, und ihre Datierung erstreckt sich über einen so weit gespannten Zeitraum, dass sie keinesfalls einem einzigen Stamm angehören können. Anscheinend stehen sie für mehrere Migrationswellen nach Osten, die aus unterschiedlichen Gegenden im Laufe von tausend oder mehr Jahren erfolgten. Es gibt einige antike Quellen, in denen von Gruppen die Rede ist, die die Gebiete des Tarimbeckens bewohnten, wo die Mumien gefunden wurden, und das stellt vielleicht einen Hinweis auf die Herkunft zumindest einiger der Mumienmenschen dar. Chinesische Quellen aus dem ersten Jahrtausend v. Chr. erwähnen eine Gruppe »weißer Menschen mit langem Haar«, die so genannten *Bai*-Menschen. Die Bai lebten an der Nordwestgrenze Chinas, und die Chinesen kauften anscheinend Jade von ihnen. Eine weitere Gruppe an den nordwestlichen Grenzen Chinas waren die *Yuezhi*, die 645 v. Chr. von dem chinesischen Autor Guan Zhong erwähnt werden. Auch die Yuezhi versorgten die Chinesen mit Jade, das sie aus den nahe gelegenen Yuzhi-Bergen in Gansu förderten. Nachdem sie von den Xiongnu-Nomaden besiegt worden waren, wanderten die meisten Yuezhi nach Transoxiana (einem Teil von Südasien, das dem heutigen Usbekistan und dem südwestlichen Kasachstan entspricht) und später nach Nordindien aus, wo sie das Kuschan-Reich gründeten. Aufgrund der Darstellungen von Yuezhi-Königen auf Münzen vermuten einige Forscher, dass diese Gruppe ein kaukasoides Volk gewesen sein könnte.

Die letzte Gruppe, die dieses Gebiet bewohnte, waren die Tocharer, die als östlichste Volksgruppe eine indo-europäische Sprache benutzten. Einige Gelehrte behaupten, die Tocharer und die Yuezhi seien ein und dasselbe Volk gewesen, wofür es allerdings derzeit noch keinen Beweis gibt. Die Gebiete in Westchina, wo Mumien vom europäischen Typus gefunden wurden, also im nordöstlichen Teil des Tarimbeckens und weiter östlich in der Gegend um Lopnur, entsprechen durchaus der späteren Verbreitung der tocharischen Sprache. Chinesische Schriften erwähnen, dass die Tocharer blondes oder rotes Haar und blaue Augen hatten. Fresken aus buddhistischen Höhlen im Tarimbecken aus dem 9. Jahrhundert zeigen ein Volk mit ausgesprochen europäischen Merkmalen. Die Tocharer blieben im Tarimbecken und übernahmen später den Buddhismus aus Nordindien, und ihre Kultur blieb mindestens bis zum 8. Jahrhundert erhalten, als sie von den uigurischen Turkvölkern der ostasiatischen Steppen assimiliert wurden.

Man hat zwar noch nie tocharische Texte bei den Mumien im Tarimbecken gefunden, doch die fast identische geografische Lage sowie Darstellungen von Tocharern mit europäischen Merkmalen weisen entschieden darauf hin, dass zumindest einige der Mumienmenschen die Vorfahren der Tocharer waren. Aber sind diese Menschen tatsächlich durch ganz Europa und halb Asien gewandert, um sich in den unfruchtbaren Wüsten von Westchina anzusiedeln? Nach den textilen Belegen für den Ursprung des Tartan im südrussischen Kaukasusgebirge sowie nach den linguistischen Belegen zu urteilen, die die Anfänge der indo-europäischen Sprache in demselben Gebiet lokalisieren, hat es ganz den Anschein, dass es vielleicht eine Migration aus dem Kaukasus zu einem sehr frühen Zeitpunkt gegeben hat. Dr. Elizabeth Barber hat die Hypothese aufgestellt, dass es vielleicht zwei Migrationswellen vom möglichen indo-europäischen Heimatland nordöstlich des Schwarzen Meeres gab: eine nach Westen, die zur keltischen Kultur und anderen europäischen Kulturen führte, und eine nach Osten, nämlich die Wanderung der Vorfahren der Tocharer, die schließlich ins Tarimbecken in Zentralasien gelangten. Angesichts der Funde der Tarim-Mumien müssen wir uns wohl von der Theorie verabschieden, dass Ost und West ihre Kulturen völlig isoliert voneinander entwickelt haben.

Die grünen Kinder
von Woolpit

*Thetford Forest in Norfolk, wo sich die
grünen Kinder aufgehalten haben sollen.*
© Scott Brown.

Während der unruhigen Herrschaft von Stephan von Blois, dem
König von England von 1135–54 n. Chr., ereignete sich im Dorf
Woolpit in der Nähe von Bury St. Edmunds in Suffolk Merkwür-

diges: Zur Erntezeit, während die Schnitter in den Feldern arbeiteten, tauchten zwei kleine Kinder aus den tiefen Gräben auf, die zum Schutz vor Wölfen ausgehoben worden waren, den so genannten Wolfsgruben (daher auch der Name des Dorfes). Die Kinder, ein Knabe und ein Mädchen, hatten eine grünliche Haut und trugen Kleidung von einer seltsamen Farbe und aus unbekanntem Material. Sie liefen ein paar Minuten verwirrt herum, bevor sie von den Schnittern ins Dorf gebracht wurden, wo sich die Einheimischen versammelten und sie anstarrten. Niemand verstand die Sprache der Kinder, und daher brachte man sie zum Haus des örtlichen Grundbesitzers Sir Richard de Calne in Wikes. Hier brachen sie in Tränen aus und weigerten sich einige Tage lang, Brot und andere Nahrung zu essen, die man ihnen vorsetzte. Aber als man vor kurzem geerntete Bohnen brachte, an denen noch die Stängel hingen, gaben die hungernden Kinder durch Zeichen zu verstehen, dass sie diese unbedingt essen wollten. Doch als die Kinder die Bohnen entgegennahmen, öffneten sie die Stängel und nicht die Schoten, und als sie nichts darin fanden, begannen sie erneut zu weinen. Nachdem man ihnen gezeigt hatte, wie sie an die Bohnen gelangten, ernährten sich die Kinder viele Monate lang davon, bis ihnen schließlich auch das Brot schmeckte.

Im Laufe der Zeit wurde der Junge, der anscheinend das jüngere der beiden Kinder war, zunehmend niedergeschlagener, er kränkelte und starb. Das Mädchen jedoch passte sich ihrem neuen Leben an und wurde getauft. Allmählich verlor ihre Haut die ursprüngliche grüne Farbe, und sie entwickelte sich zu einer gesunden jungen Frau. Sie erlernte die englische Sprache und heiratete dann einen Mann in King's Lynn in der benachbarten Grafschaft Norfolk, bis sie anscheinend »ziemlich lose und leichtfertig in ihrem Verhalten« wurde. Manche Quellen behaupten, sie habe den Namen Agnes Barre angenommen, und der Mann, den sie heiratete, sei ein Obergesandter von Heinrich II. gewesen. Es heißt auch, der gegenwärtige Earl Ferrers stamme aufgrund einer Mischehe von ihr ab. Worauf sich das stützt, ist unklar, da der einzige nachweisbare Obergesandte mit diesem Namen zur damaligen Zeit Richard Barre gewesen ist, Kanzler von Heinrich II., Erzdiakon von Ely und königlicher Richter des späten 12. Jahrhunderts.

Als man das Mädchen nach seiner Vergangenheit befragte, äußerte es sich nur vage darüber, woher es und sein Bruder kamen und wie sie nach Woolpit gelangt waren. Es behauptete, sie seien Bruder und Schwester gewesen und kämen aus »dem Land des heiligen Martin«, wo immer Dämmerung herrsche und alle Bewohner so grün gefärbt seien, wie sie es gewesen war. Das Mädchen wusste nicht genau, wo ihre Heimat lag, aber man habe ein anderes »leuchtendes« Land auf der anderen Seite eines »beachtlichen Flusses« erkennen können, der es von dem ihrem trennte. Es erinnerte sich, dass sie und ihr Bruder eines Tages die Herden ihres Vaters auf den Feldern hüteten und ihnen in eine Höhle folgten, in der sie den lauten Klang von Glocken vernahmen. Wie verzaubert seien sie eine lange Zeit durch die Dunkelheit gewandert, bis sie die Öffnung der Höhle erreichten (vermutlich die Wolfsgruben), wo sie sofort vom gleißenden Sonnenlicht geblendet wurden. Lange hätten sie benommen dagelegen, bevor der Lärm der Schnitter sie aufschreckte und sie davonzulaufen versuchten, aber den Eingang zur Höhle nicht mehr finden konnten, bevor sie gefangen wurden.

Steckt in dieser außergewöhnlichen Geschichte ein Körnchen Wahrheit, oder muss man sie zu den vielen fantastischen Wunderlegenden zählen, die die Chronisten im mittelalterlichen England festhielten? Die beiden Originalquellen stammen aus dem 12. Jahrhundert. Die erste ist William of Newburgh (1136–98), ein englischer Historiker und Mönch aus Yorkshire. Sein Hauptwerk, die *Historia rerum Anglicarum* (»Geschichte englischer Ereignisse«), ist eine Chronik Englands von 1066 bis 1198, in die er auch die Geschichte der grünen Kinder aufgenommen hat. Die andere Quelle ist Ralph of Coggeshall (gestorben um 1228), der sechste Abt von Coggeshall Abbey in Essex von 1207 bis 1218. Sein Bericht über die grünen Kinder steht im *Chronicon Anglicanum* (»Englische Chronik«), das er zwischen 1187 und 1224 führte. Wie man an den Daten erkennt, berichteten beide Autoren über die Geschehnisse erst viele Jahre, nachdem sie sich ereignet haben sollen. Der Umstand, dass die grünen Kinder nicht in den *Anglo-Saxon Chronicles* erwähnt werden, die sich mit der englischen Geschichte bis zum Tod von König Stephan im Jahr 1154 befassen und viele der seinerzeit populären Legenden enthalten, könnte auf ein Datum für die Geschehnisse in der Frühzeit der Herrschaft von Heinrich II. statt während der Regierungszeit von König Stephan verweisen.

Ralph of Coggeshall, der in Essex, der Nachbargrafschaft von Suffolk, lebte, hätte natürlich direkten Zugang zu den Personen gehabt, die in den Fall verwickelt waren. Tatsächlich erklärt er in seinem *Chronicon*, er habe die Geschichte häufig von Richard de Calne selbst gehört, für den Agnes als Magd arbeitete. Im Gegensatz dazu hatte William of Newburgh, der in einem fernen Kloster in Yorkshire lebte, die Ereignisse nicht aus erster Hand gekannt – allerdings greift er auf zeitgenössische historische Quellen zurück, was aus seiner Erklärung hervorgeht: »Ich war so überwältigt von der Bedeutung so vieler und so zuverlässiger Zeugen.« Die

Geschichte der grünen Kinder hielt sich noch lange in der populären Fantasie, wie Hinweise darauf in Robert Burtons 1621 entstandener *Anatomie der Schwermut* und eine auf den Quellen des 12. Jahrhunderts basierende Schilderung in Thomas Keightleys *The Fairy Mythology* (1828) belegen. Die grünen Kinder wurden angeblich sogar noch ein zweites Mal im August 1887 in einem spanischen Ort namens Banjos gesehen. Doch die Details dieses Vorfalls sind exakt die gleichen wie im Woolpit-Fall, und die Geschichte stammt anscheinend aus John Macklins Buch *Strange Destinies* (1965). Außerdem gibt es in Spanien keinen Ort namens Banjos, und der Bericht ist nichts weiter als eine Nacherzählung der englischen Geschichte aus dem 12. Jahrhundert.

Für das Rätsel der grünen Kinder von Woolpit wurden verschiedene Erklärungen gefunden. Am absonderlichsten sind folgende: Die Kinder würden aus einer verborgenen Welt im Inneren der Erde stammen, sie seien irgendwie durch eine Tür aus einer parallelen Dimension zu uns gelangt oder Außerirdische, die zufällig auf der Erde gelandet waren. Letztere Theorie vertritt auch der schottische Astronom Duncan Lunan, der meint, die Kinder seien durch eine Fehlfunktion in einem Materietransmitter von einem anderen Planeten irrtümlicherweise zur Erde transportiert worden. Eine lokale Legende verbindet die grünen Kinder mit der Volkssage von den Babes in the Wood, die zuerst 1595 in Norwich erschien und wahrscheinlich im Wayland Wood spielt, also ganz in der Nähe des Thetford Forest an der Grenze zwischen Norfolk und Suffolk. Die Geschichte handelt von einem mittelalterlichen Earl in Norfolk, der der Onkel und Vormund von zwei kleinen Kindern war, einem dreijährigen Knaben und einem noch jüngeren Mädchen. Um an ihr Geld zu gelangen, heuerte der Onkel zwei Männer an, die die Kinder in die Wälder bringen und dort ermorden sollten, dies aber nicht über sich brachten und sie stattdessen im Wayland Wood aussetzen, wo sie schließlich verhungern und an Unterkühlung sterben. Die Woolpit-Variante verlegt die Geschichte in den Woolpit Wood gleich außerhalb des Dorfes und lässt die Kinder einen Giftmordanschlag mit Arsen überleben, bis sie dann auf die Woolpit Heath gelangen, wo sie von den Schnittern gefunden werden. Das Arsen, so einige Forscher, sei die Ursache für ihre grüne Haut gewesen. Die Möglichkeit, dass sie die echten Waldkinder aus dem 12. Jahrhundert waren, die die Volkssage anregten, lässt sich nicht völlig von der Hand weisen.

Die gegenwärtig am meisten akzeptierte Erklärung wurde von Paul Harris in dem Buch *Fortean Studies* (1998) vorgetragen. Seine Theorie lautet etwa folgendermaßen: Zunächst einmal muss das Datum für den Vorfall auf 1173 verlegt werden, also in die Regierungszeit von König Stephans Nachfolger Heinrich II. Seit dem 11. Jahrhundert waren immer wieder flämische Weber und Kaufleute nach England ausgewandert, und Harris behauptet, nachdem Heinrich II. König geworden sei, wären diese Einwanderer verfolgt worden, was seinen Höhepunkt in einer Schlacht bei Fornham in Suffolk im Jahr 1173 fand, in der tausende Flamen niedergemetzelt wurden. Harris' Theorie zufolge seien die Kinder Flamen gewesen und hätten wahrscheinlich in oder nahe dem Dorf Fornham St. Martin gelebt – daher die Hinweise auf St. Martin in ihrer Geschichte. Dieses Dorf liegt ein paar Kilometer von Woolpit entfernt und wird durch den Fluss Lark, dem »beachtlichen Fluss« in der Schilderung des Mädchens, von ihm getrennt. Nachdem ihre Eltern in dem Konflikt umgekommen waren, gelang den Kindern die Flucht in das dichte, dunkle Waldland des Thetford Forest.

Falls sich die Kinder dort eine Zeit lang ohne genügend Nahrung versteckt hätten, so Harris, dann hätten sie aufgrund der Unterernährung an Chlorose oder Bleichsucht erkranken können – daher die grünliche Hautfarbe. Er glaubt, dass sie später dem Klang der Kirchenglocken von Bury St. Edmunds gefolgt und in eine der vielen unterirdischen Stollen gewandert seien, die zu den Grimes Graves gehörten, über 4000 Jahre alten Feuersteinminen aus der Jungsteinzeit. Aus diesen Gängen seien sie schließlich bei Woolpit aufgetaucht, und hier seien die verwirrten Kinder in ihrem unterernährten Zustand, mit ihren fremdartigen Kleidern und ihrer flämischen Sprache den Dorfbewohnern, die keinerlei Kontakt mit Flamen hatten, wie Wesen aus einer anderen Welt erschienen.

Harris' geniale Hypothese liefert gewiss plausible Erklärungen für viele Rätsel des Woolpit-Falls. Aber die Theorie, die grünen Kinder seien vertriebene flämische Waisen gewesen, ist in vielerlei Hinsicht unhaltbar. Als Heinrich II. an die Macht kam und beschloss, die zuvor von König Stephan eingesetzten flämischen Söldner aus dem Land zu vertreiben, wären flämische Weber und Kaufleute, die schon seit Generationen im Land lebten, weitgehend unbehelligt geblieben. In der Bürgerkriegsschlacht von Fornham im Jahr 1173 wurden flämische Söldner, die gegen die Truppen von König Heinrich II. kämpfen sollten, zusammen mit den aufständischen Rittern, an deren Seite sie gestritten hatten, niedergemetzelt. Diese Söldner hatten wohl kaum ihre Familien mitgebracht. Nach ihrer Niederlage verteilten sich die verbliebenen flämischen Soldaten übers Land, und viele wurden von den Einheimischen angegriffen und getötet. Mit Sicherheit wäre ein Grundbesitzer wie Richard de Calne oder jemand aus seiner Familie oder von seinen Besuchern gebildet genug gewesen, um zu erkennen, dass die Kinder Flämisch sprachen. Schließlich muss diese Sprache seinerzeit im Osten Englands ziemlich weit verbreitet gewesen sein.

Harris' Theorie, dass die Kinder, die sich im Thetford Forest versteckten, die Glocken von Bury St. Edmunds hörten und so durch unterirdische Gänge bis nach Woolpit geleitet wurden, beinhaltet geografische Widersprüche. Zunächst einmal ist Bury St. Edmunds rund 40 Kilometer vom Thetford Forest entfernt – über eine solche Entfernung hätten die Kinder die Kirchenglocken nicht hören können. Außerdem sind die Feuersteinminen auf das Gebiet des Thetford Forest begrenzt. Es gibt keine unterirdischen Gänge, die bis nach Woolpit reichen, und selbst wenn es welche gäbe, wären es vom Wald bis nach Woolpit über 50 Kilometer, und so weit wären zwei verhungernde Kinder sicher nicht gekommen. Selbst wenn die grünen Kinder aus Fornham St. Martin stammen, ist Woolpit immer noch über 15 Kilometer entfernt, und was den von dem Mädchen erwähnten »beachtlichen Fluss« betrifft, so ist das Flüsschen Lark viel zu schmal, um dafür in Frage zu kommen.

Viele Aspekte der Woolpit-Geschichte finden sich auch im englischen Volksglauben wieder, und für manche Forscher sind die grünen Kinder Personifikationen der Natur, die mit dem grünen Mann oder dem Jack-in-the-Green der englischen Folklore oder sogar mit dem grünen Ritter des Arthusmythos verwandt sind. Vielleicht haben die Kinder auch etwas mit den Elfen und Feen zu tun, an die ein Großteil des Landvolks noch bis vor ein, zwei Jahrhunderten glaubte. Falls die Geschichte der grünen Kinder ein Märchen ist, dann weist es die ungewöhnliche Wendung auf, dass das Mädchen nie wieder in ihre Heimat in der anderen Welt zurückkehrt, sondern verheiratet blieb und als Sterbliche lebte. Vielleicht deutet Ralph of Coggeshalls ein wenig rätselhafte Bemerkung, das Mädchen sei »ziemlich lose und leichtfertig in ihrem Verhalten« gewesen, darauf hin, dass sie sich ein wenig von ihrer Feenwildheit bewahrt hatte. Die Farbe Grün wurde stets mit dem Jenseits und dem Übernatürlichen verbunden. Die Vorliebe der Kinder für grüne Bohnen sind ein weiterer Hinweis auf eine Verbindung mit dem Jenseits, da Bohnen als Nahrung der Toten galten. In der römischen Religion waren die *Lemuria* ein alljährliches Fest, bei dem die Menschen Bohnen opferten, um die bösen Geister der Toten (die Lemuren) aus ihren Häusern zu vertreiben. Im alten Griechenland, Rom und Ägypten ebenso wie im mittelalterlichen England glaubte man, Bohnen enthielten die Seelen der Toten.

Die Woolpit-Geschichte steht zwar in zwei Quellen aus dem 12. Jahrhundert, doch man sollte nicht vergessen, dass die damaligen Chroniken nicht nur politische und religiöse Ereignisse schilderten, sondern auch viele Zeichen, Wunder und Mirakel enthielten, die man heute anzweifelt, an die man aber seinerzeit allgemein, selbst unter gebildeten Männern und Frauen, glaubte. Vielleicht ist das seltsame Erscheinen der grünen Kinder somit ein Symbol für unruhige Zeiten des Wandels, das mit lokalen Mythen und Volkssagen von Feen und vom Jenseits vermischt wurde. Was auch immer daran wahr ist – so lange man sich nicht auf die Suche nach Nachkommen von Agnes Barre macht – wie es einige Forscher vorgeschlagen haben – oder weitere zeitgenössische dokumentarische Belege findet, wird die Geschichte von den grünen Kindern eines der größten Rätsel von England bleiben.

Apollonios von Tyana:
Ein antiker Wundertäter?

Apollonius von Tyana *von Jean-Jacques Boissard,*
wahrscheinlich spätes 16. Jahrhundert.

Apollonios von Tyana war ein Neupythagoreer des 1. Jahrhunderts, ein charismatischer Philosoph, Lehrer, Vegetarier und Wundertäter. Vielleicht war er der berühmteste Philosoph der griechisch-römischen Welt und ein Zeitgenosse von Jesus, mit dem er häufig verglichen wurde. Für seine Zeit war Apollonios weitgereist – unter anderem besuchte er Syrien, Ägypten und Indien –, und man hat ihm viele Wunder und große Weisheit zugeschrieben. Zu seinen Lebzeiten und danach erlangte er beinahe mythischen Ruhm, und seine Lehren haben 2000 Jahre lang das wissenschaftliche wie das spirituelle Denken beeinflusst.

Apollonios schrieb zahlreiche Bücher und Abhandlungen über verschiedene Themen der Philosophie, der Naturwissenschaften und der Medizin, doch leider ist nichts davon erhalten geblieben. Er wird kurz in den Werken christlicher Autoren wie Hieronymus und Augustinus erwähnt, doch die Hauptquelle ist das *Leben von Apollonios* des athenischen Autors Flavius Philostratos (um 170–245). Dieses 216 n. Chr. entstandene Werk besteht aus acht Büchern und ist die einzige erhaltene Biographie des großen Weisen. Sie basiert auf einem angeblich von Apollonios' Gefährten Damis geführten Tagebuch und wurde von Julia Domna aus Syrien, der zweiten Frau des Kaisers Septimius Severus und Caracallas Mutter, in Auftrag gegeben – vermutlich weil Julia den Einfluss des Christentums auf die römische Kultur bekämpfen wollte. Manche haben darin sogar einen Versuch gesehen, einen Wunder wirkenden Konkurrenten für Jesus Christus zu kreieren. Das Werk selbst ist eine merkwürdige Mischung aus historischer Wahrheit und absolut romantischer Fiktion, und das ist einer der Gründe dafür, dass wir über Apollonios so wenig wissen. Tatsächlich gibt es in dem Buch so viele wunderbare Begebenheiten, dass viele Menschen Apollonios von Tyana für eine völlig fiktive Gestalt hielten. Sogar heute noch sind einige Forscher dieser Meinung.

Apollonios wurde um das Jahr 2 n. Chr. in Tyana (dem heutigen Bor im Süden der Türkei) in der römischen Provinz Kappadokien geboren. Als Sohn einer wohlhabenden und angesehenen griechischen Familie wurde ihm die beste Erziehung und Bildung zuteil: Er studierte Grammatik und Rhetorik in Tarsos, Medizin im Tempel des Äskulap in Aegae und Philosophie an der Schule des Pythagoras. Mit 16 Jahren machte er sich die Disziplin der Pythagoreer zu eigen und hielt sich an ihre asketische Lebensweise. Er ließ sein Haar wachsen, verzichtete auf Ehe, Wein und Fleisch, trug nur Leinenkleidung, rasierte sich nie und schlief auf dem nackten Erdboden. Bald wurde Apollonios wegen seiner Gewohnheiten, aber auch wegen seiner harten Kritik an der heidnischen Praxis des Tieropfers, bekannt. Später überließ er den größten Teil seines Familienerbes seinem älteren Bruder und seinen armen Verwandten und behielt nur so viel, dass es für seine Grundbedürfnisse reichte. Dann schwieg er fünf Jahre lang. Dieses Schweigegelübde hat anscheinend die überaus spirituelle Aura verstärkt, die ihn bereits umgab, und seinen Ruf als wissenden Seher vertieft. Philostratos bezeichnet Apollonios als Übermenschen, der ohne jedes Studium alle Sprachen beherrschte, die Gedanken der Menschen lesen konnte, die Sprache der Vögel und anderer Tiere verstand und die Zukunft vorherzusagen vermochte.

Fasziniert von den Geheimlehren der Weltreligionen und bestrebt, die zahlreichen Kulte im ganzen Römischen Reich zu reinigen, machte sich Apollonios daran, seine einzigartige Ausprägung der neupythagoreischen Philosophie zu ergründen, zu reformieren und zu lehren, wo immer er konnte. Er besuchte Ninive und Babylon und durchquerte einen Großteil von Kleinasien, Persien, Indien und Ägypten, wo er die Katarakte des Nils aufsuchte. Auf diesen Reisen trat er in lehrreichen Kontakt mit der orientalischen Mystik der Magi, Brahmanen und Gymnosophen und lernte auch seinen Schreiber und Hauptschüler Damis kennen, dessen Aufzeichnungen der Ereignisse im Leben des Philosophen angeblich die Biographie von Philostratos beeinflusst haben.

Eine Zeit lang ließen sich der bedeutende Weise und sein Schüler in der antiken Stadt Ephesus nieder, wo er dafür bekannt war, dass er den Müßiggang und die materialistische Lebensweise der Bevölkerung verurteilte. Während seines Aufenthalts in Ephesus versuchte Apollonios zu den Mysterien der Göttin der Epheser zugelassen zu werden, wurde aber von den Priestern gewaltsam abgewiesen. Bevor er die Stadt verließ, prophezeite er, dass eine furchtbare Pest sie heimsuchen würde und dass die Priester ihn schon bald um seine Hilfe bitten würden. Zunächst ignorierten sie diese scheinbar grundlose Warnung, doch bald darauf, als die schreckliche Krankheit ausbrach, blieb den Priestern keine andere Wahl, als den großen Magier zurückzuholen. Als er kam, identifizierte er die Ursache der Seuche – einen alten, schmutzigen Bettler, den er sogleich von der Menge zu Tode steinigen lassen wollte. Natürlich waren die Epheser nicht bereit, eine so grausame Tat zu begehen, aber Apollonios blieb bei seinen Anschuldigungen, und so wurde der arme Mann mit Steinen bombardiert. Als das Volk den Steinhaufen entfernte, um den Leichnam herauszuziehen, entdeckte man darunter die Leiche eines großen schwarzen Hundes. Apollonios erkannte darin die Ursache der Pest, die im selben Augenblick verschwand. Nach diesem Auftritt wurde seiner erneuten Bitte, zu den Epheser Mysterien zugelassen zu werden, sofort entsprochen. Anscheinend durfte Apollonios auch an den Mysterien des Apollontempels in Antiochien in Syrien teilnehmen und wurde in die Mysterien von Eleusis, westlich von Athen, eingeweiht.

Eine merkwürdige Geschichte, die man sich über Apollonios erzählt, handelt von der Hochzeit eines seiner ehemaligen Schüler, eines jungen Mannes namens Menippos, der in Korinth lebte. Menippos wollte eine schöne, reiche Frau heiraten, die er zuerst in einer Vision erblickt hatte. Apollonios war einer der Gäste bei diesem Fest und bemerkte, dass mit der Braut etwas nicht stimmte. Nachdem er sie eine Weile aufmerksam beobachtet hatte, erklärte er, sie sei in Wirklichkeit eine *Lamia* (eine Art Vampir), und wandte seine Wunderkräfte an, um das ganze üppige Bankett – samt den Gästen – verschwinden zu lassen und damit zu zeigen, dass sie nur Halluzinationen waren, die die junge Frau herbeigezaubert hatte. Danach verblasste ihre Verkleidung, und die wahre Lamia kam zum Vorschein. Diese bizarre Erzählung diente John Keats 1819 als Ausgangspunkt für sein Gedicht »Lamia« und veranschaulicht als allegorische Geschichte Apollonios' Philosophie im Hinblick auf eine allzu materialistische Gesellschaft.

Während der Herrschaft des berüchtigten Kaisers Nero (54–68) lebten Apollonios und acht seiner Schüler in Rom, obwohl Nero dafür bekannt war, dass er Philosophen verfolgte. Anscheinend war Neros Konsul Tigellinus von der Gruppe beeindruckt, die sogar bei der Modifizierung bestehender Tempelpraktiken mitwirken durfte. Ob das Nero wütend machte, ist zwar nicht bekannt, doch schon bald geriet die Gruppe in Lebensgefahr. Am Ende gelang ihnen irgendwie die Flucht, wahrscheinlich weil Tigellinus Angst vor Apollonios hatte. Während seines Aufenthalts in Alexandria in Ägypten freundete sich der Weise mit Vespasian an, der vor kurzem den großen jüdischen Aufstand in Jerusalem niedergeschlagen hatte und von 69 bis 79 n. Chr. römischer Kaiser war. Durch Vespasians Sohn Titus, der von 79 bis 81 n. Chr. über

Stich mit dem Bildnis Apollonius' aus Antiquity Unveiled
von Jonathan M. Roberts (1892).

das römische Reich herrschte, wurde Apollonios mit vielen bedeutenden römischen Funktionären bekannt, und anscheinend
hat er ein gut geführtes und demokratisches Kaiserreich bevor-
zugt. Leider verbannte Titus' Nachfolger, der paranoide und rück-
sichtslose Titus Flavius Domitianus, alle Philosophen aus Rom
und ließ im ganzen Reich eine Menge Spione und Informanten
tätig werden. Schon bald erfuhren diese Spione, dass Apollonios
Domitians Methoden verurteilte, und Apollonios wurde des
Hochverrats angeklagt. Er kam einer Verfolgung zuvor, indem
er freiwillig nach Rom reiste, wo er sofort verhaftet und ins Gefängnis geworfen wurde. Domitian ließ den berühmten Philosophen zu sich kommen, um ihn persönlich zu vernehmen und
ihm dann öffentlich den Prozess zu machen. Aber mit seiner be-

eindruckenden und doch ehrerbietigen Standhaftigkeit vermochte Apollonios den Kaiser für sich einzunehmen. Vielleicht war dieser aber auch aufs Äußerste von dem Weisen eingeschüchtert – jedenfalls ließ er Apollonios wieder frei.

Einmal hielt Apollonios in Ephesus eine Rede, als ihm plötzlich die Stimme versagte und er die Konzentration zu verlieren schien. Dann schwieg er, starrte zu Boden, bis er unvermittelt schrie: »Erschlagt den Tyrannen, erschlagt ihn.« Die gewaltige Menge der Zuhörer war wie benommen. Der Weise hielt einen Augenblick inne und sagte schließlich: »Nur Mut, Ihr Herren, denn der Tyrann wurde heute erschlagen.« Anschließend stellte sich heraus, dass genau in dem Augenblick, da Apollonios seine prophetischen Worte gesprochen hatte, Kaiser Domitian in Rom ermordet worden war.

Später gründete Apollonios in Ephesus eine Schule, und anscheinend starb er im hohen Alter während der Herrschaft von Kaiser Nerva (96–98 n. Chr.) in dieser Stadt. Allerdings weiß niemand genau, wo und wann er wirklich starb, obwohl ihm zu Ehren in seiner Geburtsstadt Tyana ein Schrein erbaut wurde, zu dem viele Jahre lang Pilger strömten. Als Philosoph war er so berühmt, dass in Tempeln im ganzen Reich Statuen von ihm errichtet wurden. Das Geheimnis um den Tod des Philosophen nährte seinerzeit viele Legenden und Gerüchte. So hieß es, er sei zum Himmel aufgefahren und nach seinem Tod bestimmten Menschen erschienen, die an einem Leben nach dem Tod zweifelten. Philostratos verewigte dieses Geheimnis, als er erklärte: »Was die Art und Weise seines Todes betrifft, falls er denn starb, so gibt es verschiedene Berichte darüber.« In den Jahrhunderten nach seinem Tod gedachte man Apollonios' mit großer Ehrerbietung. Gegen Ende des 3. Jahrhunderts, während der letzten Phase des erbitterten Kampfes zwischen Christentum und Heidentum, versuchten einige Christengegner, Apollonios als Konkurrenten von Jesus von Nazareth zu etablieren. Dabei kamen ihnen die vielen Tempel und Schreine zugute, die dem Weisen in Ephesus und anderen Teilen von Kleinasien errichtet worden waren, ebenso wie die Geschichten um die Wunder, die er vollbracht haben soll, insbesondere im Zusammenhang mit seinem berühmten Einfluss auf böse Geister wie den Lamia. Philostratos' *Leben* diente einem Provinzgouverneur in Diokletians Reich namens Hierokles als Munition gegen das Christentum, und damit setzte eine feindselige Debatte zwischen Heiden und Christen ein. Der christliche Historiker Eusebius erwiderte Hierokles in einem Diskurs, in dem er behauptete, Apollonios sei ein Scharlatan gewesen, und wenn er denn über irgendwelche Kräfte verfügt habe, dann nur mit Hilfe böser Geister.

Beim Wiederaufleben des Okkulten im 19. Jahrhundert erlangte Apollonios von Tyana erheblichen Einfluss. Der französische Okkultist Eliphas Levi (1810–75) versuchte sogar, den Geist des großen Weisen zu beschwören. Als Levi 1854 London besuchte, wurde er angeblich von einer geheimnisvollen Dame in Schwarz gebeten, Apollonios aufzurufen, da sie ihm einige wichtige Fragen stellen wolle. Levis Vorbereitung für dieses Ritual bestand darin, dass er zwei Wochen lang kein Fleisch aß und eine Woche fastete und über Apollonios meditierte. Das Ritual sollte in einem Salon im Haus der Dame stattfinden, an dessen Wänden sich vier konkave Spiegel befanden und in dem ein Marmortisch stand, auf den zwei Metallschalen gestellt wurden. Nach den nötigen Vorbereitungen entzündete Levi, der ein weißes Gewand und ein Schwert trug, in den Schalen ein Feuer und begann den Weisen zu beschwören. Dies zog sich über Stunden hin, bis der Raum unter ihm zu beben begann und im Rauch die schemenhaften Umrisse eines Mannes erschienen, die sich indes rasch wieder auflösten. Levi wiederholte seine Beschwörungen, und dieses Mal verwandelte sich der Schemen in die Erscheinung eines bartlosen Mannes, der von Kopf bis Fuß in ein graues Leichentuch gehüllt war. Als die Erscheinung auf Levi zutrat, erstarrte dieser und vermochte nicht zu sprechen. Das Phantom strich über sein Ritualschwert, und plötzlich wurde Levis Arm taub, und er verlor das Bewusstsein. In seinem Buch *Transzendentale Magie* (1865), in dem er diesen Vorfall ausführlich beschreibt, erklärt Levi, sein Arm habe noch Tage danach geschmerzt. Er behauptet zwar nicht, dass er tatsächlich den Schatten von Apollonios beschworen habe, doch er erwähnt, er habe telepathisch Antworten auf die Fragen der Dame erhalten – allerdings verschweigt er, was sie gefragt hatte.

Auch im 21. Jahrhundert fasziniert Apollonios von Tyana die Menschen. Derzeitigen Theorien zufolge, die eigentlich nur die alten Vorstellungen wiederaufgreifen, sei er der Apostel Paulus oder gar Jesus von Nazareth gewesen, und das Bild auf dem Grabtuch von Turin stamme in Wirklichkeit von ihm. Aber Apollonios von Tyana sollte nicht bloß als Magier oder Wundertäter in Erinnerung bleiben. Unbeirrt widmete er sich einem hohen und reinen Ideal, und diese Unbeirrbarkeit verlieh ihm den Mut, den mächtigsten und gefährlichsten Führern der Welt von Angesicht zu Angesicht gegenüberzutreten, ohne auch nur im Geringsten von seinem Glauben abzuweichen.

König Artus und die Ritter
der Tafelrunde

Artus-Statue von Peter Fischer (1512) aus dem Grabdenkmal
für Kaiser Maximilian in der Innsbrucker Hofkirche
(nach einem Entwurf von Albrecht Dürer).

Es gibt ein Grab für March, ein Grab für Gwythur,
ein Grab für Gwgawn Rotschwert;
wer weiß, wo es ein Grab für Artus gibt.

Englyon y Beddau *(Gräberstanzen)*

Als Nationalheld Großbritanniens, einer Gestalt, die anscheinend sowohl legendär wie historisch ist, ist König Artus der archetypische Kriegerherrscher. Für viele Menschen ist er der einzige Lichtblick in einem finsteren britischen Mittelalter. Allein schon die Erwähnung des Namens König Artus beschwört Bilder ritterlicher Zweikämpfe, schöner Fräulein, geheimnisvoller Zauberer und tückischer Untaten in umkämpften Burgen. Aber was steckt hinter diesen mittelalterlichen romantischen Vorstellungen? Es gibt zunächst einen literarischen Artus, nämlich in einem ganzen Zyklus von Geschichten, den so genannten Artussagen. Auch in der keltischen Literatur findet sich eine mythische, an Artus erinnernde Gestalt – aber wie steht es um den historischen Artus? Gibt es irgendwelche Belege dafür, dass die Geschichten um einen großen britischen König, der seine Landsleute in erbitterte Schlachten gegen die sächsischen Eroberer führte, auf Fakten basieren?

Dies ist der Inhalt der Artussage: Artus kam als erstgeborener Sohn von König Uther Pendragon in äußerst unruhigen und chaotischen Zeiten in Britannien zur Welt. Der weise Magier Merlin empfahl, das Kind an einem geheimen Ort aufzuziehen und niemandem seine wahre Identität preiszugeben. Nach dem Tod von Uther Pendragon war Britannien ohne König. Merlin hatte auf magische Weise in einen Stein ein Schwert gestoßen, auf dem in Gold geschrieben stand, dass derjenige, dem es gelänge, dieses Schwert aus dem Stein zu ziehen, der nächste rechtmäßige König von Britannien wäre. Viele versuchten es, aber niemandem gelang es, bis Artus das Schwert herauszog und Merlin ihn daraufhin krönte. Nachdem das Schwert in einem Kampf mit König Pellinore zerbrach, brachte Merlin Artus an einen See, aus dem eine geheimnisvolle Hand auftauchte und ihm das berühmte Excalibur reichte. Mit diesem Schwert der Dame vom See war Artus im Kampf unbesiegbar.

Nachdem Artus Guinevere geheiratet hatte, deren Vater ihm (in einigen Fassungen der Sage) die runde Tafel schenkte, versammelte er eine eindrucksvolle Gruppe von Rittern um sich und errichtete seinen Hofstaat auf seiner Burg Camelot. Die Ritter der Tafelrunde, wie sie genannt wurden, verteidigten das Volk von Britannien gegen Drachen, Riesen und schwarze Ritter. Sie suchten auch nach einem verlorenen Schatz: dem Kelch, den Christus beim letzten Abendmahl benutzte, auch der Heilige Gral genannt. Nach zahlreichen erbitterten Schlachten gegen die sächsischen Eroberer verhalf Artus den Briten zu einem großartigen Sieg am Mount Badon, wo dem Vormarsch der Sachsen schließlich Einhalt geboten wurde. Doch am Hof ging es drunter und drüber, denn der heldenhafte Ritter Lancelot hatte sich in Artus' Königin Guinevere verliebt. Die Affäre des Paares kam ans Licht, und Guinevere wurde zum Tode verurteilt, während Lancelot verbannt wurde. Lancelot kehrte jedoch zurück, um die Königin zu retten und auf seine Burg in Frankreich zu entführen. Artus unternahm sodann einen Feldzug, um Lancelot zu finden. Während er unterwegs war, versuchte Mordred (Artus' Sohn mit seiner Halbschwester, der Hexe Morguase, mit der er als Jüngling geschlafen hatte, ohne zu wissen, wer sie war) in Britannien die Macht an sich zu reißen. Als Artus zurückkehrte, standen sich Vater und Sohn in der Schlacht von Camlann gegenüber. Artus besiegte Mordred, wurde aber selbst tödlich verwundet. Sein Leichnam wurde auf einer geheimnisvollen Barke aufgebahrt und trieb flussabwärts zur Insel Avalon, wo seine Wunden von drei fremden Königinnen in Schwarz geheilt wurden. Bald nachdem Lancelot und Guinevere von Artus' Tod vernommen hatten, starben sie vor

Kummer. Doch Artus' Leichnam wurde nie gefunden, und viele meinen, er liege schlafend unter einem Berg in Gesellschaft all seiner Ritter – und warte nur darauf, noch einmal loszureiten, um Britannien zu retten.

Die Quellen für die Sage von König Artus und der Ritter der Tafelrunde stammen aus verschiedenen Epochen. Der erste verlässliche Hinweis findet sich in der *Historia Britonum* (»Die Geschichte der Briten«), die einem rätselhaften walisischen Mönch namens Nennius zugeschrieben wird und um 825 n. Chr. entstand. In diesem Werk wird Artus nicht als König, sondern als Feldherr bezeichnet. Nennius führt eine Reihe von zwölf Schlachten auf, in denen er die Sachsen besiegte und die mit dem Sieg am Mount Badon endeten. Leider existieren die Ortsnamen, die Nennius für die Schlachten angibt, schon lange nicht mehr, und keine der Stätten lässt sich heute mit Sicherheit identifizieren. Nach den *Annales Cambriae* (»Die Annalen von Wales«) aus dem 10. Jahrhundert wurden Artus und sein Sohn Mordred 537 n.Chr in der Schlacht von Camlann getötet. Auch der Schauplatz dieser Schlacht konnte nicht ermittelt werden, allerdings hat man zwei mögliche Orte vorgeschlagen, nämlich Queen Camel in Somerset (in der Nähe der Hügelfestung South Cadbury, hinter der manche Camelot vermuten) oder viel weiter im Norden nahe dem römischen Fort von Birdoswald (oder dem bei Castlesteads am Hadrianswall).

Eine der Hauptquellen für Artus ist die *History of the Kings of Britain* (»Geschichte der Könige von Britannien«), die der walisische Geistliche Geoffrey of Monmouth um 1136 verfasste. In Geoffreys Erzählung taucht erstmals das Rittertum auf, das später mit König Artus und seinen Männern verbunden wurde. Hier ist auch zum ersten Mal von Mordred sowie von Excalibur, dem

Zauberer-Ratgeber Merlin und der letzten Fahrt zur Insel Avalon die Rede. Nicht erwähnt werden jedoch Lancelot, der Heilige Gral und die Tafelrunde. Die Werke von Geoffrey of Monmouth (er schrieb außerdem zwei Bücher über die Prophezeiungen Merlins) wurden schon von seinen Zeitgenossen als reine Fiktion kritisiert, und heutige Gelehrte sind im Allgemeinen der gleichen Meinung. Dennoch wird einiges von dem, was Geoffrey schrieb, durch neuere archäologische Funde bestätigt – genau wie dies auch bei dem altgriechischen Historiker Herodot der Fall ist. Da gibt es zum Beispiel den britischen König Tenvantius, der bis vor kurzem nur in Geoffreys *History* erwähnt wurde. Doch inzwischen hat man Münzen aus der Eisenzeit entdeckt, auf denen der Name Tasciovantus steht, der mit diesem Tenvantius anscheinend identisch ist – Geoffreys Werke müssen wohl neu bewertet werden. Vielleicht wird sich eines Tages herausstellen, dass auch andere Elemente der Artussage, wie sie in der *History of the Kings of Britain* erzählt wird, auf Fakten basieren.

Mit Sir Thomas Malorys Werk *Le Morte d'Arthur*, das 1485 erschien, erhält die Geschichte von König Artus und den Rittern der Tafelrunde die Form, in der wir sie heute kennen. Malory, der aus Warwickshire stammte, griff auf frühere französische Quellen zurück, etwa die Werke der Dichter Maistre Wace und Chretien de Troyes aus dem 12. Jahrhundert, die sich wiederum zum Teil auf die keltische Mythologie sowie auf das Werk von Geoffrey of Monmouth stützten. Problematisch an diesen literarischen Quellen ist jedoch, dass sie mindestens drei Jahrhunderte später geschrieben wurden, als Artus existiert haben soll, nämlich um 500 n. Chr. Wie lässt sich diese gewaltige zeitliche Lücke erklären und eine mögliche historische Basis für Artus finden? Da gibt es in der frühen keltischen Literatur, insbesondere in walisischen

Gedichten, verlockende Hinweise auf eine Artusgestalt, die wahrscheinlich noch aus der Zeit vor dem 6. Jahrhundert stammen. Das älteste dieser Gedichte ist wohl *The Gododdin* (um 594), das dem walisischen Dichter Aneirin zugeschrieben wird, der erklärt, »er führte schwarze Raben auf die Wälle, obwohl er kein Artus war«. Das *Black Book of Carmarthen* (»Das schwarze Buch von Carmarthen«) enthält »The Stanzas of the Graves« (»Die Grabesstanzen«), in denen folgende Zeilen stehen: »Es gibt ein Grab für March, ein Grab für Gwythur, ein Grab für Gwgawn Rotschwert, doch wer weiß, wo es ein Grab für Artus gibt.« Diese Verse bedeuten, dass zwar die Gräber anderer Helden der Artussage bekannt sind, doch dass die letzte Ruhestätte von Artus selbst nicht zu finden ist – wahrscheinlich, weil er angeblich noch lebt.

In »The Spoils of Annw« aus dem *Book of Taliesin* wird Artus als Anführer einer Gruppe von Kriegern dargestellt, die auf der Suche nach einem Zauberkessel, dessen Feuer »vom Atem von neun Jungfrauen entfacht« wird, einen Raubzug ins walisische Jenseits (Annw) unternehmen. Der Kessel war nicht bloß ein magischer Gegenstand, sondern auch ein Machtsymbol in der keltischen Religion, worauf Mythen um den obersten Gott Irlands, Dagda, verweisen, der einen Zauberkessel besaß, welcher die Toten wieder zum Leben erwecken konnte. Artus' Suche nach dem Kessel im keltischen Jenseits endete in einer Katastrophe, denn nur sieben seiner Ritter kehrten zurück. Die Parallelen zwischen Artus' mythischer Suche in der keltischen Literatur und der Suche nach dem Heiligen Gral liegen auf der Hand. Doch der mythische Artus ist offenkundig eine andere Gestalt als der Krieger, der dem Vormarsch der Sachsen im Jahr 517 Einhalt gebot.

Vielleicht deuten ja archäologische Belege auf einen historischen Artus hin. Die Orte, die man am ehesten mit dem König

Artus in der Literatur in Verbindung bringt, liegen alle im Westen Englands: Tintagel, der Geburtsort des Königs, Camelot, die Stätte der Treffen der Tafelrunde, und die vermeintliche Grabstätte bei Glastonbury. Die angebliche Entdeckung der Gräber von König Artus und Königin Guinevre durch die Mönche der Glastonbury Abbey im Jahr 1190 gilt heute als raffinierter Schwindel der Geistlichen, die Geld für die Abtei sammeln wollten, die durch einen Brand entweiht worden war. Doch manche Forscher glauben, dass Glastonbury selbst mit Artus zusammenhing – das Gebiet um Glastonbury Tor (einem Hügel außerhalb der heutigen Stadt) könne durchaus die Insel Avalon gewesen sein, wohin Arthur nach seiner tödlichen Verwundung in der Schlacht von Camlann gebracht worden war. Cadbury Castle, das nur knapp 20 Kilometer von Glastonbury entfernt ist, ist eine befestigte Hügelanlage aus der Eisenzeit, die im frühen Mittelalter erneut besetzt wurde und am häufigsten mit Camelot gleichgesetzt wird. Im 6. Jahrhundert wurde sie in eine riesige Zitadelle mit großen Verteidigungswällen umgewandelt, und Funde an dieser Stätte, etwa aus dem Mittelmeerraum importierte Weinkrüge, deuten darauf hin, dass dies der Sitz eines bedeutenden und einflussreichen Herrschers des frühen Mittelalters war. Könnte dies die Basis von Artus' Macht gewesen sein?

Eine andere Stätte, die angeblich Artus' Geburtsort gewesen ist, ist Tintagel Castle in Cornwall, einer Grafschaft, die reich an Ortsnamen aus der Artussage ist. Das Hauptgebäude in Tintagel stammt zwar aus dem Hochmittelalter, doch Ausgrabungen an der Stätte haben ergeben, dass es im frühen Mittelalter ein bedeutender Stützpunkt und Handelszentrum war. Hier hat man große Mengen von Wein- und Ölkrügen aus Kleinasien, Nordafrika und der Ägäis gefunden. 1998 entdeckte man ein Schiefertäfelchen mit einer lateinischen Inschrift: »Artognou, Vater eines Nachkommen von Coll, hat (dies) errichtet.« *Artognou* ist die lateinische Form des keltischen Namens *Arthnou* oder *Artus*. Aber ist dies der König Artus der Sage? Leider haben wir keine Möglichkeit, dies in Erfahrung zu bringen. Wie im Fall von Cadbury Castle haben wir hier eine bedeutende Festung und ein Handelszentrum vor uns, offensichtlich die Behausung eines mächtigen britischen Häuptlings im 6. Jahrhundert, also zur Zeit des Artus der Sage. Dies ist nach der gegenwärtigen Beweislage auch schon alles.

Es gibt viele Spekulationen darüber, wer Artus gewesen sein könnte, wenn er denn eine historische Gestalt war. Einer Theorie zufolge war Artus ein römisch-britischer Heerführer namens Ambrosius Aurelianus, der gegen die Sachsen kämpfte, allerdings nicht im 6., sondern am Ende des 5. Jahrhunderts, ein paar Jahrzehnte nachdem die römischen Legionen Britannien verlassen hatten. Andere Forscher, wie der bekannte Artus-Gelehrte Geoffrey Ashe, setzen Artus mit Riothamus gleich, einem um das 5. Jahrhundert tätigen Heerführer, der in einer Quelle »König der Brittones« genannt wird. Er kämpfte mit einem großen Heer zusammen mit den Römern, und nahm an deren Feldzug gegen Euric, den König der Westgoten in Gallien, teil. Anschließend verschwand er im Jahr 470 irgendwo im Burgund. Der Name *Riothamus* ist anscheinend eine latinisierte Form von *oberster Führer* oder *höchster König* und war damit eher ein Titel als ein Personenname, was erklären würde, warum er nicht mit dem Namen Artus identisch ist. Ein faszinierendes Detail scheint die Theorie zu bestätigen, dass Riothamus Artus war: Die Armeen dieses britischen Königs wurden anscheinend an die Goten durch einen Brief verraten, den ihnen ein gewisser Arvandus schickte, der später wegen Verrats hingerichtet wurde. In einer mittelalterlichen Chronik wird der Name *Arvandus* als *Morvandus* geschrieben, was an eine latinisierte Form von *Mordred* anklingt, dem verräterischen Sohn des legendären Artus. Leider ist außer seinen Aktivitäten in Gallien nichts über Riothamus bekannt, sodass man nicht sagen kann, ob er der Urkeim war, aus dem sich die Sage um König Artus und die Tafelrunde entwickelte.

Nach der archäologischen und textlichen Beweislage besagt die wahrscheinlichste Theorie, dass Artus sich aus einem oder mehreren dieser britischen Häuptlinge zusammensetzt, die Britannien gegen die marodierenden Sachsen verteidigten, und mit Elementen aus der keltischen Mythologie und der mittelalterlichen Epik verschmolzen wurde und so den legendären Artus ergab, wie wir ihn heute kennen. Im Prinzip gibt es somit eine historische Grundlage für die Artusüberlieferungen. Dass die Sage so lange überlebt hat, ist ein Beweis dafür, dass die Figur von Artus einem tief verankerten Bedürfnis entspricht, sich nicht bloß mit einem Helden, sondern mit einem König zu identifizieren, der den Geist des Landes Britannien symbolisiert.

Vierter Teil

Weitere Geheimnisse

Die in diesem Buch enthaltene Sammlung der alten Geheimnisse unserer Welt ist natürlich noch lange nicht vollständig – es gibt noch tausende anderer Rätsel. Da fast täglich neue archäologische und historische Entdeckungen gemacht werden, stehen wir ständig vor neuen faszinierenden Fragen zu Lebensweise, Religion, Technik und Herkunft unserer Ahnen. Hier eine Auswahl von 40 zusätzlichen Geheimnissen aus der Antike, die nach den gleichen Kategorien wie zuvor im Buch aufgeteilt sind und eine kurze Beschreibung der Stätte, des Artefakts oder der Person enthalten.

Geheimnisvolle Orte

Tara – Dieser Hügel im irischen County Meath war vor rund 5000 Jahren der legendäre Sitz der alten Hochkönige von Irland, ein heiliger Ort der Götter und der Zugang zum keltischen Jenseits. Als Zentrum der alten heidnischen Religion wurde Tara angeblich vom heiligen Patrick aufgesucht, als er Irland zum Christentum bekehren wollte.

Der Great Serpent Mound – Diese rätselhafte Anlage der Indianer von Ohio ist der größte künstliche Erdhügel der Welt. Wann und zu welchem Zweck dieser Hügel, der vermutlich eine Schlange darstellt, errichtet wurde, ist nicht bekannt.

Der Steinkreis von Avebury – Dieses Monument inmitten einer prähistorischen Landschaft in Südengland ist älter als Stonehenge und eine der bedeutendsten megalithischen Stätten der Welt.

Rennes-le-Château – Um dieses südfranzösische Dorf ranken sich Spekulationen über den verborgenen Schatz der Tempelritter. Angeblich steht es auch im Zusammenhang mit der Prieuré de Sion und dem Heiligen Gral.

Der Turm von Babel – Könnte dieser himmelstürmende Turm, der im Ersten Buch Mose die Vermessenheit des Menschen symbolisiert, ein historisches Vorbild in einem Bauwerk der antiken Stadt Babylon gehabt haben?

Die Legenden um den Titicacasee – Legenden um versunkene Städte und das Gold der Inkas umgeben diesen höchstgelegenen schiffbaren See der Welt. Könnten neuere archäologische Entdeckungen eindeutige Belege für diese Geschichten liefern?

Glastonbury – Diese Kleinstadt in Somerset in England ist angeblich der Geburtsort des Christentums in Britannien und die Stätte eines möglichen antiken Tierkreises in der Landschaft. Man verbindet mit ihr auch Legenden um Joseph von Arimathia, den Heiligen Gral und König Artus.

Die Mysterien von Eleusis – Im alten Griechenland wurden geheimnisvolle Initiationsriten, die auf dem Kult von Demeter und Persephone basierten, in der Kleinstadt Eleusis westlich von Athen abgehalten. Worum es bei diesen seltsamen Riten letztlich ging, wissen wir nicht.

Carnac – Das an der Südküste der Bretagne im Nordwesten Frankreichs gelegene Dorf Carnac ist berühmt als Heimstatt von über 3000 Megalithen. Der Legende nach sind sie eine vom britischen Zauberer Merlin in Stein verwandelte römische Legion. Warum aber stehen so viele von diesen Steinen in diesem kleinen Gebiet, und wer errichtete sie?

Chaco Canyon – Dieses erstaunliche urbane Zeremonienzentrum der Pueblo-Indianer liegt tief in der Wüste von New Mexico. Welchem Zweck dienten die geheimnisvollen Linien, die in alle Richtungen bis zu 50 Kilometer vom Chaco-Komplex in die Wildnis führen?

Mohenjo-daro – Diese wohldurchdachte Stadt mit ihren 35 000 Einwohnern, die Bäder, eine ausgeklügelte Kanalisation und zweistöckige Gebäude besaß, entstand vor über 5000 Jahren in der Induskultur auf dem Gebiet des heutigen Pakistan und Nordindien.

Tenochtitlan – Die Hauptstadt des Aztekenreiches wurde auf einer künstlich vergrößerten Insel im Texcoco-See erbaut. Ihre Überreste liegen praktisch vollständig unter der heutigen Hauptstadt Mexikos, Mexico City.

Die Kathedrale von Chartres – Diese gotische Kathedrale in der Kleinstadt Chartres südwestlich von Paris wurde angeblich an der Stätte eines heiligen Hains der Druiden erbaut. Man hat sie mit der heiligen Geometrie, der geheimnisvollen Schwarzen Madonna und den Templerrittern in Verbindung gebracht.

Lyonesse – Dieses legendäre versunkene Land soll vor den Scilly-Inseln südwestlich von Cornwall in England gelegen haben und wird manchmal mit König Artus' Avalon ebenso wie mit verschiedenen Orten der keltischen Mythologie gleichgesetzt. Könnten die Legenden um Lyonesse sinnbildlich auf eine Landabsenkung der Scilly-Inseln und eines Teils von Cornwall verweisen?

König Salomos Tempel – Der Bibel zufolge war dies der erste jüdische Tempel in Jerusalem, in dem angeblich die Bundeslade und ein sagenhafter Schatz aufbewahrt wurden. Hat der Tempel wirklich existiert und wenn ja: Liegen seine Überreste noch immer unter dem heutigen Jerusalem?

Nabta-Playa – Im 5. Jahrtausend v. Chr. hatten die Menschen im Nabta-Playa – einem einst gewaltigen See in der Nubischen Wüste 800 Kilometer südlich vom heutigen Kairo – das erste bekannte astronomische Observatorium errichtet. Wer war dieses geheimnisvolle Volk, und wie hoch entwickelt waren ihre astronomischen Kenntnisse?

Mysteriöse Artefakte

Die Bundeslade – Die Bibel beschreibt die Bundeslade als einen heiligen Behälter für die Steintafeln mit den Zehn Geboten. Hat dieses wundersame Artefakt je existiert und wenn ja: Ist es das geheimnisvolle Objekt, das sich heute in einer Kirche in Axum in Äthiopien befindet?

Linearschrift A – Eine Schrift der spätbronzezeitlichen Kultur der Minoer auf Kreta. Beispiele davon wurden auf Krügen und Täfelchen auf einigen ägäischen Inseln und auf dem griechischen Festland entdeckt, doch bislang ist diese Schrift erst teilweise entziffert worden.

Die Ashoka-Säule – Diese bei Delhi in Indien stehende Säule – die anscheinend fast gänzlich aus Eisen besteht – ist überhaupt nicht korrodiert, obwohl sie den Elementen seit über 1000 Jahren ausgesetzt ist. Wer errichtete sie, und welchem Zweck diente sie?

Der Ursprung des Tierkreises – Stammen die zwölf Tierkreiszeichen von den Ägyptern, den Babyloniern oder den Griechen, oder ist der geheimnisvolle Tierkreis prähistorischen Ursprungs?

Der Stein der Weisen – In den mystischen Verfahren der Alchemie war der Stein der Weisen eine Substanz, die jedes Metall in Gold verwandeln und auch ein Elixier erzeugen konnte, das die

Menschen verjüngte. Was steckt hinter diesen geheimnisvollen Vorstellungen, und ist der Stein der Weisen je entdeckt worden?

Die Oxyrhynchos-Papyri – Bei Ausgrabungen in Oxyrhynchos in Ägypten wurde eine riesige Sammlung von antiken Papyrustexten aus der griechisch-römischen Epoche der ägyptischen Geschichte gefunden – unter anderem Gedichte von Sappho, hebräische Evangelien und Exemplare griechischer Dokumente, die sich mit Magie und Astrologie befassen.

Alte Höhlenmalerei – Die bis zu 40 000 Jahre alte prähistorische europäische Höhlenmalerei stellt die älteste Kunst der Welt dar. Was wollten unsere Urahnen mitteilen, als sie auf Höhlenwände malten, und wie entwickelte sich ihre komplexe Kunst?

Die Horusstäbe – Diese kurzen zylindrischen Objekte befinden sich gewöhnlich in den Fäusten von Statuen altägyptischer Pharaonen. Stellen sie Rollen aus gefaltetem Tuch, heilige Symbole oder heilende Stäbe dar?

Der Heilige Gral – In der christlichen Religion war dies die Schale, der Teller oder Becher, den Jesus beim letzten Abendmahl benutzte. Ist der Gral nur eine Metapher für spirituelle Erfüllung, oder existiert er wirklich? Und wo ist er verblieben?

Das Relief von Dendera – Verweisen die merkwürdigen Ritzzeichnungen im Hathor-Tempel im ägyptischen Dendera auf damalige Kenntnisse über Elektrizität, oder müssen sie als Darstellungen mythologischer beziehungsweise religiöser Szenen interpretiert werden?

Der Stein der Vorsehung – Dieser Sandsteinblock, auch Stein von Scone oder Krönungsstein genannt, wurde jahrhundertelang bei der Krönung der Monarchen von Schottland und England verwendet. Woher stammt dieser rätselhafte Stein? Warum hängt er mit dem Königtum zusammen?

Die Ogham-Schrift – Ogham (nach dem irischen Gott Ogma benannt) war ein Alphabet der alten Iren, Waliser und Schotten und sollte vorwiegend die gälischen Sprachen darstellen. Woher stammt diese mysteriöse Schrift, und warum starb sie aus?

Die Bosnischen Pyramiden – Der bei der bosnischen Stadt Visoko gelegene Berg Visočica, nordwestlich von Sarajewo, erlangte weltweite Aufmerksamkeit im Oktober 2005, als der bosnisch-amerikanische Geschäftsmann und Hobbyforscher Semir Osmanagić eine Sensation verkündete: Der Berg sei in Wahrheit eine riesige, von Menschen errichtete Pyramide, die 12 000 Jahre alt sei und bis zur letzten Eiszeit zurückreiche. Osmanagić behauptete, der Hügel, auf dem einst eine mittelalterliche Stadt mit einer Stadtmauer gestanden habe, besitze vier vollkommen symmetrische Hänge, die in die vier Himmelsrichtungen zeigten, eine abgeflachte Spitze und einen Eingang.

Bei Ausgrabungen entdeckten Osmanagić und sein Team große Steinblöcke, die seiner Meinung nach aus der äußeren Schicht der Pyramide stammten, Tunnel, die von den Ausgräbern als Entlüftungsschächte interpretiert wurden, sowie geschnittene und polierte Steintafeln, die sich möglicherweise einst an den abfallenden Seiten der Pyramide befunden hatten. Osmanagić ist überzeugt, dass der Hügel, der um ein Drittel höher ist als die Große Pyramide von Gizeh in Ägypten, von Menschen errichtet wurde, und er hat das riesige Gebilde wegen seiner Ähnlichkeit mit der Pyramide in der präkolumbianischen Stadt Teotihuacán in Mexiko die Pyramide der Sonne getauft. Satellitenfotos und Infrarotaufnahmen des Gebiets machten zwei weitere pyramidenartige Hügel im Visokotal sichtbar. Osmanagić behauptet tatsächlich, es gebe dort einen ganzen Komplex uralter Bauwerke, nämlich die Bosnische Pyramide des Mondes, die Bosnische Pyramide des Drachen, die Bosnische Pyramide der Liebe sowie den Tempel der Erde.

Um die erstaunlichen Entdeckungen im Gebiet des Viscočica-Bergs hat sich eine boomende Touristenindustrie entwickelt, die unter anderem auch Souvenirmodelle der Pyramiden anbietet. Weitere Marketingprodukte wie Touristenanlagen und ein archäologischer Park sind im Entstehen begriffen.

Unter Archäologen auf der ganzen Welt macht sich zunehmend Unbehagen hinsichtlich der Echtheit der Entdeckung breit. Viele glauben nämlich, dass Osmanagićs Funde tatsächlich die Überreste römischer und mittelalterlicher Bauten auf dem Hügel sind. Professor Anthony Harding, Präsident der European Association of Archaeologists, der die Stätte aufsuchte, hält den Berg für eine natürliche Formation. Er kann sich einfach nicht vorstellen, dass die Jäger und Sammler des Altpaläolithikums, die das Gebiet am Ende der letzten Eiszeit durchstreiften, die Zeit, die Ressourcen oder auch nur das Interesse daran gehabt hätten, einen so gewaltigen Bau zu errichten.

Einige Behauptungen von Osmanagić deuten mit Sicherheit auf ein fehlendes Wissen über die europäische Vorgeschichte hin. Seine Behauptung beispielsweise, der Berg Viscočica »ist tatsächlich Europas erste Pyramide im Herzen von Bosnien«, ist einfach falsch. Es gibt nämlich mindestens 16 Pyramiden in Griechenland, wobei die älteste die Pyramide von Hellinikon ist, das süd-westlich von Athen im Argolid liegt. Diese Pyramide wurde zwar auf 2720 v. Chr. datiert, doch einige Archäologen bestreiten dies und glauben, wahrscheinlicher sei eine Entstehungszeit zum Ende des 4. Jahrhunderts v. Chr. In ihrem Aussehen ähneln die griechischen Pyramiden denen in Gizeh, sind aber viel kleiner.

Osmanagićs Ausgrabungen am Visočica-Hügel gehen weiter, während die Welt auf überzeugende Beweise in Form von sicher datierten Bauten oder Artefakten wartet, die seine Behauptung untermauern, in Bosnien gebe es eiszeitliche Pyramiden. Wenn die Ausgrabungen die angeblichen Bauten freilegen, werden sie hoffentlich für sich sprechen können.

Rätselhafte Menschen

Wer ermordete Hypatia? – Die Philosophin, Mathematikerin und Lehrerin, die in der altägyptischen Stadt Alexandria lebte, wurde im frühen 5. Jahrhundert n. Chr. von einem christlichen Mob ermordet.

Merlin der Zauberer – Die Ursprünge dieses mächtigen Zauberers und Propheten aus den Artussagen reichen bis in die keltische Mythologie zurück – und vielleicht sogar noch weiter bis zu einer magischen Ahnengestalt in prähistorischer Zeit, die angeblich das megalithische Monument von Stonehenge errichtet hat.

Die Phönizier – Diese antike Seefahrer- und Handelskultur, die weithin in der antiken Welt aktiv war, bewohnte die Küstenebenen der heutigen Länder Libanon und Syrien. Die Ursprünge dieser außergewöhnlichen maritimen Kultur sind bis heute ein Rätsel.

Heinrich Cornelius Agrippa von Nettesheim – Ein überaus einflussreicher deutscher Magier und okkultistischer Autor, Astrologe und Alchemist des 15. und 16. Jahrhunderts.

Die Rosenkreuzer – Ein legendärer Geheimorden aus dem 15. oder 17. Jahrhundert, dessen mutmaßliche Ursprünge aber viel früher anzusetzen sind und dessen esoterische Riten auf einer Mischung von frühem Christentum und ägyptischen Mysterien basierten. Zweige des Rosenkreuzerordens existieren noch heute, aber was ist sein wahrer Ursprung, und wie hat er das moderne Freimaurertum beeinflusst?

Die Neandertaler – Der Neandertaler war eine Art der Gattung *Homo* und lebte in Europa und Teilen von Westasien vor etwa 130 000 bis 29 000 Jahren, bevor er mit der Entwicklung des *Homo sapiens* verschwand. Was geschah mit den Neandertalern? Warum starben sie aus?

Königin Boudicca – Die Königin des keltischen Stamms der Icener im östlichen Britannien führte ihr Volk im Jahr 61 n. Chr. in einem vernichtenden Aufstand gegen die römischen Eroberer. Boudicca und ihre 250 000 Briten machten das gerade erbaute London dem Erdboden gleich, bevor sie schließlich in einer Schlacht an einem bislang unentdeckten Ort besiegt wurden. Wo fand diese Schlacht statt, und was geschah danach mit Boudicca?

Die Dorier – Vermutlich ein altgriechischer Stamm, der beim Zusammenbruch der spätbronzezeitlichen Palastkulturen in Zitadellen wie Mykene in Südgriechenland einfiel oder einwanderte. Sind die Dorier nur ein Mythos, oder gibt es Belege für die Existenz dieses rätselhaften Volkes?

Die Boxgrove-Menschen – Vor etwa 500 000 Jahren bewohnte eine Gruppe des *Homo heidelbergensis* (einer ausgestorbenen Art der Gattung *Homo*) ein Gebiet in der Nähe des heutigen Dorfes Boxgrove in Sussex in England. Was für ein Leben führten diese fernen Ahnen des heutigen Menschen, und was geschah mit ihnen?

Die Märchenwesen von Großbritannien und Irland – Märchenwesen in Gestalt von Geistern oder übernatürlichen Wesen finden sich zwar in den Legenden, Sagen und Mythen vieler Kulturen, doch in Großbritannien und Irland spielen sie eine ganz besondere Rolle. Was steckt hinter den Mythen und Erzählungen um diese Sagengestalten?

Anhang

Literaturhinweise und Internetseiten

Das versunkene Land Atlantis

Brentjes, B.: *Atlantis. Geschichte einer Utopie*, Köln 1993.

Fagan, B.: *Die siebzig großen Geheimnisse der alten Kulturen*, München 2005.

Franke, T. C.: *Mit Herodot auf den Spuren von Atlantis*, Norderstedt 2006.

Nesselrath, H.-G.: *Platon und die Erfindung von Atlantis*, München/Leipzig 2002.

Vidal-Naquet, P.: *Atlantis. Geschichte eines Traums*, München 2006.

Atlantis im Internet: http://www.atlantis-scout.de/

»Satellitenbilder zeigen Atlantis«, in: http://news.bbc.co.uk/2/hi/science/nature/3766863.stm.

Amerikas Stonehenge: Das Rätsel von Mystery Hill

Feder, K. L.: *Frauds, Myths, and Mysteries: Science and Pseudoscience in Archaeology*, Columbus, Ohio, 2005.

Fell, B.: *America B. C.*, New York 1976.

Williams, S.: *Fantastic Archaeology: The Wild Side of North American History*, Philadelphia 1991.

America's Stonehenge, Homepage: www.stonehengeusa.com.

Petra: Die geheimnisvolle Felsenstadt

Bourbon, F.: *Petra, die geheimnisvolle Felsenstadt*, Köln 2004.

Lindner, M.: *Petra und das Königreich der Nabatäer*, München 1997.

Taylor, J.: *Petra und das versunkene Königreich der Nabatäer,*
Düsseldorf 2002.

Die neuen Weltwunder: http://www.kristian-buesch.de/
weltwunder/petra.htm.

Das Rätsel von Silbury Hill

James, P., und Thorpe, N.: *Ancient Mysteries,* New York 1999.

Pitts, M.: *Hengeworld,* London 2001.

Pollard, J., Reynolds, A.: *Avebury: Biography of a Landscape,*
Gloucestershire 2002.

Anfahrt und Kurzbeschreibung: http://www.english-heritage.org.uk/
server/show/nav.17477.

Troja: Der Mythos einer untergegangenen Stadt

Blum, S., Schweizer, F., Aslan, R.: *Luftbilder antiker Landschaften und
Stätten der Türkei,* Mainz 2006.

Brandau, B., Schickert, H., Jablonka, P.: *Troia. Wie es wirklich aussah,*
München 2004.

Hertel, D.: *Troia. Archäologie, Geschichte, Mythos,* München 2001.

Korfmann, M. (Hrsg.): *Troia. Archäologie eines Siedlungshügels und
seiner Landschaft,* Mainz 2006.

Latacz, J.: *Troia und Homer. Der Weg zur Lösung eines alten Rätsels,*
München 2005.

Schliemann, H.: *Troja. Ergebnisse meiner neuesten Ausgrabungen.*
Nachdruck der Originalausgabe von 1884, Dortmund 1984.

Zimmermann, M. (Hrsg.): *Der Traum von Troia. Geschichte und
Mythos einer ewigen Stadt,* München 2006.

Projekt Troia – die neuen Ausgrabungen:
http://www.uni-tuebingen.de/troia/deu/.

Chichén Itzá: Die Stadt der Maya

Coe, M. D.: *Die Maya*, Bergisch-Gladbach 1977.
Riese, B.: *Die Maya*, München 1995.
Welterbe: http://www.xago.org/mexiko/welterbe/Chichen-Itza.htm.

Die Sphinx: Ein archetypisches Rätsel

Bauval, R.: *Der Schlüssel zur Sphinx*, München 1996.
Fagan, B. M.: *Die siebzig großen Geheimnisse der alten Kulturen*, München 2005.
Stadelmann, R.: *Die ägyptischen Pyramiden*, Mainz 1997.
Zivie-Coche, C.: *Sphinx*, Darmstadt 2004.
Pyramidenbau: http://www.pyramidenbau.info/index.php?id=92.
Alter der Sphinx: http://www.benben.de/SphinxI.html.

Das Labyrinth von Knossos und der Mythos des Minotauros

Baumann, H.: *Löwentor und Labyrinth. Wie Troja, Mykenä und Knossos entdeckt und ausgegraben wurden*, München 1992.
Horwitz, S. L.: *Knossos. Sir Arthur Evans auf den Spuren des Königs Minos*, Bergisch-Gladbach 1983.
Wunderlich, H. G.: *Wohin der Stier Europa trug*, Hamburg 1972.
Knossos, der Hauptpalast der minoischen Kultur:
http://www.antikefan.de/Staetten/Griechenland/Kreta/Knossos/knossos.html.

Die steinernen Wächter der Osterinsel

Barthel, T.: *Grundlagen zur Entzifferung der Osterinselschrift*, Hamburg 1958.

Esen-Baur, H.-M.: *Untersuchungen über den Vogelmann-Kult auf der Osterinsel,* Wiesbaden 1983.

Gatermann, H., Stadler, H.: *Osterinsel,* München 1994.

Heyerdahl, T.: *Aku-Aku. Das Geheimnis der Osterinsel,* Frankfurt a. M., Berlin, Wien 1974.

Private Website über die Osterinsel: http://www.osterinsel.net/.

Das versunkene Land Mu oder Lemuria

Churchward, J.: *Mu, der versunkene Kontinent,* Aitrang 1990.

v. Oppeln-Bronikowski, D.: *Die Kristallstädte von Lemuria. Die Universitäten des Wissens im Magischen Tal,* o. O. 1998.

W. Scott-Elliot: *Lemuria und Atlantis,* Grafing 2006.

Kritische Analyse (französisch): http://ukko.free.fr/mu.htm.

Stonehenge: Kultzentrum und Ahnenverehrung

Geise, G. L.: *Die Megalithanlage von Stonehenge,* München 1994.

Maier, B.: *Stonehenge. Archäologie, Geschichte, Mythos,* München 2005.

Schlosser, W., Cierny, J.: *Sterne und Steine. Eine praktische Astronomie der Vorzeit,* Darmstadt 1996.

Das Stonehenge-Projekt: http://www.thestonehengeproject.org/.

Infos und Video über Stonehenge: http://www.arte.tv/de/ wissen-entdeckung/abenteuer-arte/Stonehenge/1398126.html.

El Dorado: Die Suche nach der goldenen Stadt

v. Hagen, V.: *Auf der Suche nach dem Goldenen Mann,* 1979.

Hemmings, J.: *The Search for El Dorado,* New York 1978.

Westwood, J.: *Legendäre Stätten der Menschheit,* München 1996.

ZDF-Bericht über El Dorado: http://www.zdf.de/ZDFde/ inhalt/11/0,1872,2341003,00.html.

Die untergegangene Stadt Helike

Lafond, Y.: *Die Katastrophe von 373 v. Chr. und das Versinken der Stadt Helike in Achaia*, in: E. Olshausen und H. Sonnabend (Hrsg.), *Naturkatastrophen in der antiken Welt*, Stuttgart 1998, S. 118–123.
Quellentexte antiker Autoren: http://www.eliki.writernetwork.com/index.html.
Helike-Projekt (englisch): http://www.helike.org/.

Verborgene ägyptische Schätze im Grand Canyon?

Christensen, S.: *Frommer's Grand Canyon National Park*, o. O. 2004.
Kaiser, J.: *Grand Canyon: The Complete Guide*, Hoboken, N. J., 2006.
Powell, J. L.: *Grand Canyon: Solving Earth's Grandest Puzzle*, Upper Saddle River, N. J., 2005.
Pyne, S. J.: *How the Canyon Became Grand: A Short History*, Upper Saddle River, N. J., 1999.
Versunkene Totenstadt im Grand Canyon (englisch): www.bibliotecapleyades.net/esp-orionzone-8.htm.
»Belege« für altägyptische Funde im Grand Canyon (englisch): www.philipcoppens.com/egyptiancanyon.html.

Newgrange: Observatorium, Tempel oder Grabstätte?

O'Callaghan, C.: *Newgrange – Temple to Life*, Cork 2004.
O'Kelly, M., O'Kelly, C.: *Newgrange: Archaeology, Art and Legend*, London 1988.
Sy, H.: *Wurde Newgrange von Göttern erbaut?*, Berlin 2000.
Private Website über Newgrange: http://www.irland-tagebuch.de/newgrange.php.
Informationen über Newgrange und andere irische Monumente (englisch): www.knowth.com/newgrange.htm.

Machu Picchu: Die vergessene Stadt der Inkas

Fieber, M.: *Machu Picchu. Die Stadt des Friedens*, Bad Salzuflen 2003.
Riese, B.: *Machu Picchu. Die geheimnisvolle Stadt der Inka*, München 2004.
Salentiny, F.: *Machu Picchu. Steinernes Rätsel im Lande des Kondor*, Frankfurt a. M. 1979.
Infos und Fotos (englisch): http://www.rediscovermachupicchu.com/.

Die Bibliothek von Alexandria

Blanck, H.: *Das Buch in der Antike*, München 1992.
Canfora, L.: *Die verschwundene Bibliothek. Das Wissen der Welt und der Brand von Alexandria*, Hamburg 2002.
Luminet, J.-P.: *Alexandria. Roman einer Bibliothek*, München 2005.
Orru, C.: *Ein Raub der Flammen? Die königliche Bibliothek von Alexandria*, in: Wolfram Hoepfner (Hrsg.): *Antike Bibliotheken*, Mainz 2002.
Bibliotheken in der Antike:
http://www.stub.unibe.ch/stub/vorl96/04/exk.html.
Offizielle Website der neuen Bibliothek: http://www.bibalex.org/English/index.aspx.

Die Große Pyramide: Ein Rätsel in der Wüste

Bauval, R., Gilbert, A.: *Das Geheimnis des Orion. Nach mehr als 4000 Jahren wird das Geheimnis der Pyramiden gelöst*, München 1998.
Edwards, I. E. S.: *Die ägyptischen Pyramiden*, Wiesbaden 1967.
Lehner, M.: *Geheimnis der Pyramiden*, München 2004.
Stadelmann, R.: *Die ägyptischen Pyramiden. Vom Ziegelbau zum Weltwunder*, Mainz 1997.
Timmer, J.: *Die drei großen Pyramiden auf dem Plateau von Gisa. Eine Untersuchung auf den Spuren der Geometrie der alten Ägypter*, Berlin 2005.

Verner, M.: *Die Pyramiden*, Hamburg 1999.

Wirsching, A.: *Die Pyramiden von Giza – Mathematik in Stein gebaut. Stationen der Sonne auf ihrem Lauf durch das Jahr*, Norderstedt 2006.

Infos und Fotos: http://www.weltwunder-online.de/antike/pyramiden.htm.

Bau der Pyramiden: http://www.cheops-pyramide.ch/.

Die Nazca-Linien

Aveni, A.: *Das Rätsel von Nasca. Die gigantischen Bodenzeichnungen in der Wüste Perus*, München 2001.

v. Däniken, E.: *Zeichen für die Ewigkeit. Die Botschaft von Nazca*, München 1999.

Hadingham, E.: *Lines to the Mountain God: Nazca and the Mysteries of Peru*, London 1987.

Karten und Übersicht:
http://www.tboeckel.de/EFSF/efsf_ps/nazca/gesamt.htm.

Maria Reiche: http://www.htw-dresden.de/nazca/projekt.htm.

Die Karte des Piri Reis

Hapgood, C.: *Die Weltkarten der alten Seefahrer. Die Entdeckung der Antarktis vor 6000 Jahren und Amerikas vor Kolumbus*, Frankfurt a. M. 2002.

McIntosh, G. C., Thrower, N. J. W.: *The Piri Reis Map of 1513*, Georgia 2000.

Untersuchung der Karte: http://www.uwgb.edu/dutchs/PSEUDOSC/PiriRies.HTM.

http://www.prep.mcneese.edu/engr/engr321/preis/afet/afet0.htm

Das ungelöste Rätsel des Diskus von Phaistos

Balistier, T.: *Der Diskus von Phaistos. Zur Geschichte eines Rätsels und den Versuchen seiner Auflösung*, Mähringen 2003.

Martin, A.: *Der Diskus von Phaistos. Ein zweisprachiges Dokument, geschrieben in einer frühgriechischen Alphabetschrift*, Donauwörth 2000.

Timm, T.: *Der Diskus von Phaistos – Anmerkungen zur Deutung und Textstruktur*, in: *Indogermanische Forschungen* Nr. 109, 2004, S. 204–231.

Entzifferungsversuche (englisch):
http://users.otenet.gr/~svoronan/phaistos.htm.

Das Grabtuch von Turin

Knight, C., Lomas, R.: *Das Grabtuch von Turin, die Templer und das Geheimnis der Freimaurer*, Bern, München, Wien 1999.

Picknett, L., Prince, C.: *Die Jesus-Fälschung. Leonardo da Vinci und das Turiner Grabtuch*, Bergisch-Gladbach 1995.

Siliato, M. G.: *Und das Grabtuch ist doch echt. Die neuen Beweise*, Augsburg 1998.

Forschungsstand bis 2006: http://www.shroudstory.com/.
http://www.zdf.de/ZDFde/inhalt/10/0,1872,4071786,00.html.

Die Steinkugeln von Costa Rica

Lothrop, S. K.: *Archaeology of the Diquils Delta, Costa Rica*, New York 1978.

Stone, D.: *Introduction to the Archaeology of Costa Rica*, Costa Rica 1966.

Zapp, I., Erikson, G.: *Atlantis in America: Navigators of the Ancient World*, Kempton, Illinois, 1998.

Forum: http://www.allmystery.de/themen/mt2283

Talos: Ein altgriechischer Roboter?

Apollodoros: *Bibliotheke. Götter- und Heldensagen*, Düsseldorf 2005.

Hennig, R.: *Altgriechische Sagengestalten als Personifikation von Erdfeuern und vulkanischen Vorgängen*, in: *Jahrbuch des deutschen archäologischen Instituts* 54, 1939, S. 230–246.

Schoo, J.: *Vulkanische und seismische Aktivität des ägäischen Meeresbeckens im Spiegel der griechischen Mythologie*, in: *Mnemosyne* 3/4, S. 257–294.

Geschichte der Roboter (englisch): www.thocp.net/reference/robotics/robotics.html.

Die Batterie von Bagdad

Welfare, S., Fairley, J., Clarke, A. C.: *Geheimnisvolle Welten. An den Grenzen unserer Wirklichkeit*, Stuttgart, Hamburg, München 1982.

Elektrizität im Altertum: http://www.saeti.at/dendera.htm.

Parther-Batterie: http://www.iranchamber.com/history/articles/parthian_battery.php.

Die alten Hügelfiguren in England

Castledon, R.: *Ancient Hill Figures of Britain*, Sussex 1999.

James, P., und Thorpe, N.: *Ancient Mysteries*, New York 1999.

Newman, P.: *The Lost Gods of Albion: The Chalk Hill-Figures of Britain*, Stroud 1997.

Westwood, J.: *Legendäre Stätten der Menschheit*, München 1996.

Das Artefakt aus den Coso Mountains

Steiger, B.: *Mysteries of Time and Space*, New Jersey 1974.

Ausführliche Untersuchung des Artefakts (englisch): http://www.talkorigins.org/faqs/coso.html.

Die Himmelsscheibe von Nebra

Kaufholz, U.: *Sonne, Mond und Sterne. Das Geheimnis der Himmels-scheibe*, Anderbeck 2004.

Meller, H. (Hrsg.): *Der geschmiedete Himmel. Die weite Welt im Herzen Europas vor 3600 Jahren*, Ausstellungskatalog, Stuttgart 2004.

Reichert, U.: *Der geschmiedete Himmel*, in: *Spektrum der Wissenschaft*, Heidelberg 2004, 11, S. 52–59.

Ausführliche Darstellung: http://www.landesmuseum-fuer-vorgeschichte-halle.de/sterne/

Astronomische Uhr: http://www.landesmuseum-fuer-vorgeschichte-halle.de/aktuelles/presse-daten/1LDA%20Halle.pdf.

Die Arche Noah und die Sintflut

Best, R. M.: *Noah's Ark and the Ziusudra Epic: Sumerian Origins of the Flood Myth*, Winona Lake, Illinois, 1999.

Caduff, G. A.: *Antike Sintflutsagen*, Göttingen 1986.

Fagan, B.: *Die siebzig großen Geheimnisse der alten Kulturen*, München 2005.

Pitman, W., Ryan, W.: *Sintflut. Ein Rätsel wird entschlüsselt*, Bergisch-Gladbach 2001.

Sintfluthypothese: http://www.atlantis-schoppe.de/Sintflut_im_Schwarzen_Meer.htm.

Konstruktion der Arche: http://www.sermon-online.info/Webserver/german/WernerGitt/Das_Sonderbarste_Schiff_Der_Weltgeschichte.html.

Der Kalender der Maya

Calleman, C. J.: *Der Maya-Kalender und die Transformation des Bewusstseins*, Rosenheim 2007.

Martinéz, P.: *Der Mayakalender 2000. Die Prophezeiungen des alten Volkes für jeden Tag des Jahres*, München 1999.
Maya-Kalender:
http://www.art3w.de/index.php?article_id=37&clang=0.

Der Antikythera-Mechanismus:
Ein antiker Computer?

De Solla Price, D.: *Gears from the Greeks: The Antikythera Mechanism – A Calendar Computer from ca. 80 B.C.*, New York 1975.
James, P., Thorpe, N.: *Keilschrift, Kompaß, Kaugummi. Eine Enzyklopädie der frühen Erfindungen*, München 2002.
Russo, L.: *Die vergessene Revolution oder die Wiedergeburt des antiken Wissens*, Berlin, Heidelberg, New York 2005.
Artikel mit Fotos: http://www.geo.de/GEO/kultur/geschichte/52092.html?p=1#
Ausführliche Darstellung: http://cs.uni-muenster.de/Professoren/Lippe/lehre/skripte/geschichte/pdf/Kap2.pdf.

Antike Flugzeuge

James, P., Thorpe, N.: *Keilschrift, Kompaß, Kaugummi. Eine Enzyklopädie der frühen Erfindungen*, München 2002.
Der Saqqara-Vogel ein Modellflugzeug? www.catchpenny.org/model.html
Das Geheimnis von Abydos: www.enigmas.org/aef/lib/archeo/abydosm.shtml.
Prähistorisches »Flugzeug« fliegt! www.philipcoppens.com/bbl_plane.html (siehe auch deutsche Seite http://www.heise.de/tp/r4/artikel/12/12442/1.html)

Die Schriftrollen vom Toten Meer

Baigent, M., Leigh, R.: *Verschlusssache Jesus. Die Qumranrollen und die Wahrheit über das frühe Christentum*, München 1992.

Cross, F. M.: *Die antike Bibliothek von Qumran und die moderne biblische Wissenschaft*, Neukirchen-Vluyn 1967.

Läpple, A.(Hrsg.): *Die Schriftrollen von Qumran. Übersetzung und Kommentar. Mit bisher unveröffentlichten Texten*, Augsburg 1997.

Literatur über Qumran: http://www.qumran.org/homes/literatur/.

Verschwörungstheorien: http://www.wegbegleiter.ch/wegbeg/jesusver.htm.

Die rätselhaften Kristallschädel

Dorland, F.: *Der Kristallschädel von Lubaantun*, in: *Antike Welt*, 6. Jahrgang, Heft 3/1975.

Morant, G. M.: »A Morphological Comparison of Two Crystal Skulls«, in: *Man*, 36 (Juli 1936), S. 105–107.

Morton, C., Thomas, C. L.: *Tränen der Götter. Die Prophezeiung der 13 Kristallschädel*, Augsburg 2003.

Artikel aus *Sceptic's Dictionary*: http://skepdic.com/crystalskull.html.

Das Voynich-Manuskript

Goldstone, L., Goldstone, N.: *The Friar and the Cipher: Roger Bacon and the Unsolved Mystery of the Most Unusual Manuscript in the World*, London 2005.

Kennedy, G., Churchill, R.: *Der Voynich-Code. Das Buch, das niemand lesen kann*, Berlin 2005.

Komplette Scans des Manuskripts:
http://beinecke.library.yale.edu/dl_crosscollex/SetsSearchExec XC.asp?srchtype=ITEM.

Die Moorleichen Nordeuropas

Gebühr, M.: *Moorleichen in Schleswig-Holstein*, Neumünster 2005.

Glob, P. V.: *Die Schläfer im Moor*, München 1966.

van der Sanden, W.: *Mumien aus dem Moor. Die vor- und früh-geschichtlichen Moorleichen aus Nordwesteuropa*, Amsterdam 1996.

Literatur zur Moorleichenforschung: http://www.landesarchaeo-logen.de/news/litverz_nld_moorleiche.pdf.

Ausstellungsinformationen (englisch):
http://www.bogpeople.org/bog_uk/index.html

Geheimnisse um Leben und Tod Tutanchamuns

Brier, B.: *Der Mordfall Tutanchamun*, München, Zürich 2000.

El Mahdy, C.: *Tutanchamun. Leben und Sterben des jungen Pharao*, München 2004.

Reeves, N. C.: *The Complete Tutankhamun – The King. The Tomb. The Royal Treasure*, London 2000.

Gesichtsrekonstruktion von 2005:
http://seabed.nationalgeographic.com/ngm/postcard2.tmpl?issue_id=20050601&postcard_index=1.

Umfangreiche Website über Ausgrabungen (englisch):
http://www.ashmolean.org/gri/4tut.html.

Der wahre Robin Hood

Holt, J. C.: *Robin Hood. Die Legende von Sherwood Forest*, Düsseldorf 1991.

Molyneux-Smith, T.: *Robin Hood and the Lords of Wellow*, Notting-ham 1998.

Pyle, H.: *Robin Hood*, München 2005.

Röhrig, T.: *Robin Hood*, München 1998.

Informationen im Internet: http://www.sherwood-forest.de/.
Robin-Hood-Projekt der Universität Rochester:
http://www.lib.rochester.edu/camelot/rh/rhhome.stm.

Die Amazonen: Kriegerinnen am Rande der Zivilisation

Davis-Kimball, J.: *Warrior Women: An Archaeologist's Search for History's Hidden Heroines*, New York 2002.

Pöllauer, G.: *Die verlorene Geschichte der Amazonen. Neueste Forschungserkenntnisse über das sagenumwobene Frauenvolk*, Klagenfurt 2002.

Rolle, R.: *Die Welt der Skythen. Stutenmelker und Pferdebogner – ein antikes Reitervolk in neuer Sicht*, Luzern, Frankfurt a. M. 1980.

Webster Wilde, L.: *Amazonen. Auf den Spuren kriegerischer Frauen und göttlicher Frauen*, Wien 2001.

TV-Dokumentation: http://www.zdf.de/ZDFde/inhalt/ 25/0,1872,2133081,00.html.

Umfangreiche Materialsammlung: http://www.gilians.de/ amazonen/html_de/amaz_de02.html.

Das Geheimnis von »Ötzi«

Binsteiner, A.: *Der Fall Ötzi – Raubmord am Similaun*, in: *Linzer Archäologische Forschungen*, Sonderheft 38 (Linz 2007) S. 1–72.

Fleckinger, A. (Hrsg.): *Die Gletschermumie aus der Kupferzeit. Neue Forschungsergebnisse zum Mann aus dem Eis*. T 1. Schriften des Südtiroler Archäologiemuseums. Bd 1., Bozen 1999.

Dies.: *Die Gletschermumie aus der Kupferzeit. Neue Forschungsergebnisse zum Mann aus dem Eis*. T 2. Schriften des Südtiroler Archäologiemuseums. Bd 3., Bozen 2003.

Spindler, K.: *Der Mann im Eis. Neue sensationelle Erkenntnisse über die Mumie in den Ötztaler Alpen*, München 2000.
Ötzi-Homepage: http://www.archaeologiemuseum.it/f01_de.html.
Forschungsprojekt der Universität Innsbruck:
   http://www.uibk.ac.at/forschung/alpine_vorzeit/.

Geschichte und Mythos der Tempelritter

Baigent, M.: *Der Tempel und die Loge*, Bergisch-Gladbach 1991.
Barber, M.: *Die Templer. Geschichte und Mythos*, Düsseldorf 2005.
Beck, A.: *Der Untergang der Templer. Größter Justizmord des Mittelalters?*, Freiburg 2005.
Demurger, A.: *Der letzte Templer. Leben und Sterben des Großmeisters Jacques de Molay*, München 2005.
Wolf, D. H. (Hrsg.): *Internationales Templerlexikon*, Innsbruck 2003.
Umfangreiche Informationen über den Templerorden:
   http://www.die-templer.de/.

Das prähistorische Rätsel um den *Homo floresiensis*

Morwood, M., van Oosterzee, P.: *The Discovery of the Hobbit: The Scientific Breakthrough That Changed the Face of Human History*, New York 2007.
Wong, K.: *Die Zwerge von Flores*, in: *Spektrum der Wissenschaft*, Heft 3, 2005.
TV-Beitrag: http://www.3sat.de/3sat.php?http://www.3sat.de/nano/news/72225/.
Schädelvergleich: http://www.heise.de/tp/r4/artikel/21/21136/1.html.

Die Magier und der Stern von Betlehem

Becker-Huberti, M.: *Die Heiligen Drei Könige. Geschichte, Legenden und Bräuche*, Köln 2005.

Ferrari d'Occhieppo, K.: *Der Stern von Bethlehem in astronomischer Sicht*, Giessen 2003.
Astronomische Interpretation: http://www.astronews.com/news/artikel/2002/12/0212-017.shtml.

Die Druiden

Berresford Ellis, P.: *Die Druiden. Von der Weisheit der Kelten*, Köln 2006.
Green, M. J.: *Die Druiden*, Düsseldorf, München 1998.
Le Roux, F., Guyonvarc'h, C.: *Die Druiden. Mythos, Magie und Wirklichkeit der Kelten*, Engerda 1998.

Die Königin von Saba

Clapp, N.: *Die Königin von Saba*, Berlin 2002.
Daum, W. (Hrsg.): *Die Königin von Saba. Kunst, Legende und Archäologie*, Stuttgart 1988.

Das Geheimnis der Tarim-Mumien

Baumer, C.: *Die südliche Seidenstraße. Inseln im Sandmeer. Versunkene Kulturen der Wüste Taklamakan*, Mainz 2002.
Fagan, B.: *Die siebzig großen Geheimnisse der alten Kulturen*, München 2005.
Mallory, J. P., Mair, V. H.: *The Tarim Mummies: Ancient China and the Mystery of the Earliest Peoples from the West*, London 2000.
Wayland Barber, E.: *The Mummies of Urumchi*, New York 2000.

Die grünen Kinder von Woolpit

Appleby, J. T.: *The Troubled Reign of King Stephen*, London 1969.
Briggs, K. M.: *A Dictionary of Fairies*, London 1977.

Moore, S. (Hrsg.): *Fortean Studies*, Nr. 4, London 1998.

Shuker, K.: *The Unexplained: An Illustrated Guide to the World's Natural and Paranormal Mysteries*, London 2003.

Homepage von Woolpit: www.woolpit.org/home.htm.

Apollonios von Tyana: Ein antiker Wundertäter?

Baur, F. C.: *Apollonius von Tyana und Christus*, Hildesheim 2000, Nachdruck der Ausgabe Leipzig 1876.

Burkert, W.: *Griechische Religion der archaischen und klassischen Epoche*, Stuttgart 1977.

Girard, R.: *Ich sah den Satan vom Himmel fallen wie einen Blitz. Eine kritische Apologie des Christentums*, München 2002.

Philostratos: *Das Leben des Apollonios von Tyana* (Griechisch-Deutsch), München 1983.

König Artus und die Ritter der Tafelrunde

Ashe, G.: *König Arthur. Die Entdeckung von Avalon*, Düsseldorf 1986.

Lorre Goodrich, N.: *Die Ritter von Camelot. König Artus, der Gral und die Entschlüsselung einer Legende*, München 1994.

Malory, T.: *Die Geschichte von König Artus und den Rittern seiner Tafelrunde*, 3 Bände, Frankfurt a. M. 1998.

Camelot-Projekt der Universität Rochester:
http://www.lib.rochester.edu/camelot/cphome.stm.

Dank

Für ihre Hilfe bei der Beschaffung der Fotografien danke ich Dr. Erich Brenner von der Universität Innsbruck, David Hatscher Childress, Carlos A. Gomez-Gallo, Julie Gardiner von Wessex Archaeology, Martin Gray von Sacred Sites, John Griffiths, Paul Haughton, Thanassis Vembos und Rien van de Weygaert. Danken möchte ich auch Frank Joseph für sein wunderbar belesenes Vorwort, das er verfasst hat, während er die traumatisierende Erfahrung eines Umzugs machte. Mein besonderer Dank gilt Michael Pye bei New Page sowie meiner stets hilfreichen Agentin Lisa Hagen von Paraview. Last but not least hätte ich dieses Buch nicht ohne die Ermutigung und Unterstützung meiner Frau Dr. A. Siokou schreiben können, die auch das Manuskript gegengelesen hat.

Über den Autor

Brian Haughton wurde 1964 als Sohn irisch-walisischer Eltern in Birmingham geboren. Er studierte Archäologie an den Universitäten von Nottingham und Birmingham und nahm an archäologischen Projekten in England und Griechenland teil. Artikel über ungewöhnliche Menschen in der Geschichte hat er in Zeitschriften und im Internet veröffentlicht, außerdem schrieb er ein Buch über Postkutschen und Straßenräuber in den englischen Midlands, *Coaching Days in the Midlands*. Sein besonderes Interesse gilt den heiligen Landschaften der Prähistorie, den heutigen archäologischen Geheimnissen und den traditionellen Volkssagen um antike Stätten, historische Rätsel und dem Okkulten im 19. und im frühen 20. Jahrhundert. Brian Haughton lebt und arbeitet in Patras/Griechenland.

Die faszinierende Welt der Astral- und Seelenreisen

Aufrüttelnde Thesen in Zeiten des Umbruchs

Armin Risi
Machtwechsel auf der Erde

Die Pläne der Mächtigen, globale Entscheidungen
und die Wendezeit
608 Seiten
ISBN 978-3-453-70057-4
Heyne

HEYNE ‹